KB213864

2025
업종별
회계와 세무

이선표·장대준·손정호 공저

도서출판
어울림
www.aubook.co.kr

머리말

회계와 세무가 전문적인 분야이다 보니 일반인들이 쉽게 접할 수 없는 영역으로 인식되고 있고, 회계와 세무 실무자라고 하더라도 이론을 실무에 적용하는데 어려움을 느끼는 것이 현실이다. 일반적인 회계·세무와 관련된 기본 이론을 업종별로 다양한 특성을 가진 실무에 적용하기는 특히 어렵다. 수시로 개정되는 세법도 더 어려움을 느끼게 한다. 시중에 나와있는 두꺼운 실무서는 전문적인 용어를 사용하여 설명함으로써 이 분야에 사회경험을 하려고 하거나 처음 시작하고 있는 이들에게는 더욱 어렵게 느껴지는 것을 볼 수 있다. 실무자로서 그리고 학교에서 강의하면서 가장 안타까웠던 것은 같은 내용의 기본원리를 업종과 상황이 조금 달라지면 응용하지 못하는 것을 많이 봐왔다.

이 책은 회계와 세법에 관한 기초 지식을 습득한 후 실무에 투입되기 전이나 그 직후에 업종별로 회계·세무의 흐름을 파악하면서 이론을 실무에 적용하고자 하는 사람들에게 이해도를 높일 수 있도록 저술하였다. 회계처리의 방법과 법규정을 단순히 나열하지 않고 그 취지와 원리를 설명하려고 애썼다. 업종별 특수한 세무처리를 놓치지 않도록 핵심적인 내용과 모든 업종에 공통적으로 적용되는 사항들을 이 책 전반에 서술하였다. 또한 다양한 사례를 통하여 원리를 이해하고 다른 다양한 상황에 적용할 수 있도록 신경을 썼다. 이 책의 각 장 끝에 OX문제와 객관식 문제를 수록하여 본문 내용의 이해도를 도울 수 있도록 하였다.

이 책은 업종별로 흐름을 잡을 수 있도록 다음과 같이 구성하였다.

제1장은 도소매 및 제조업과 관련하여 일반적인 회계·세무의 흐름 및 상호관계, 재고자산의 흐름, 세무조정의 기본원리, 개인사업자와 법인사업자간 주요 계정간 세무처리의 차이에 관하여 서술하였다. 이것은 이 책에 설명된 업종들에 공통적으로 적용될 수 있는 사항들임과 동시에 업종별로 자주 나타나는 중요한 사항들이다. 도소매업과 제조업의 특수한 세무처리와 함께 대형마트등 입점업체, 출판업, 전자상거래업에 관하여 서술하였다. 대형마트등 입점업체, 출판업, 전자상거래업는 주로 재고자산의 흐름이 도소매 및 제조업과 유사하기

때문에 이 장에서 설명하였다.

제2장은 건설업과 관련하여 실무에서 가장 실수가 많은 업종으로 주요 이슈에 대하여 설명하였다. 건설업 회계의 흐름, 건설업 기업진단과 기업분석, 건설업의 주요계정 및 국세 · 지방세 세무처리에 관하여 서술하였다. 특히 건설업 기업진단과 기업분석은 건설 면허의 자격취득 및 유지와 관련될 뿐만 아니라 공사입찰 관련 시공능력과 신용평가 등 회계 · 세무와 다른 중요한 실무적 이슈로서 이에 관하여 기본내용을 쉽게 풀어 설명하였고 다양한 사례로 이해도를 높일 수 있도록 하였다.

제3장은 신축판매업 및 부동산매매업과 관련하여 업종 구분의 중요성과 세무처리의 차이, 원가 흐름의 차이, 주택의 개념과 구분에 관하여 상세히 설명하였다. 또한 신축판매업 및 부동산매매업과 유사한 업종인 분양시행업에 관하여 중요한 계정위주로 설명하였다.

제4장은 부동산임대업과 관련하여 부동산의 취득, 보유, 처분에 따른 실물의 흐름에 입각하여 각 단계별 회계와 세무처리에 관하여 설명하였다. 취득단계에서는 취득원가 결정 및 취득세에 관하여, 보유단계에서는 부동산 운용에 따른 임대소득과 회계처리, 재산세와 종합부동산세에 관하여, 처분단계에서는 부가가치세와 양도소득세에 관하여 설명하였다.

또한, 부동산임대를 주택임대와 건물임대 및 토지임대로 구분하여 수입금액의 계산, 필요경비의 처리에 관하여 설명하였다.

제5장은 수출업 및 수입업에 관하여 무역관련 주요 회계 · 세무의 이슈, 무역거래의 흐름 및 주요 용어를 설명하고 무역회계와 세무처리를 다양한 사례를 통하여 쉽게 이해하도록 서술하였다. 또한 요즘 국제거래가 빈번하게 발생함에 따라 비거주자 및 외국법인과의 거래에 관한 원천징수와 해외투자 및 거래 관련 자료제출에 관한 내용도 담았다.

제6장은 음식점업 및 학원업과 관련하여 음식업종과 유흥주점업의 구별, 주요경비의 세무처리, 부가가치세 과세대상과 면세대상 학원업의 종류에 대하여 설명하였다. 또한 4대보험과 원천징수에 관한 주요내용과 사업주의 회계처리 및 원천징수이행상황 신고에 관한 사례, 퇴직연금의 종류와 세무처리에 관한 내용을 서술하였다.

제7장은 병 · 의원업 및 약국업에 관하여 건강보험수입(의료급여)에 관한 업종별 특수한 내용과 의료업 수입금액의 구분, 병 · 의원별 의약품관리에 관한 세무처리, 부가가치세 과세 · 면세 겸영사업자인 약국업의 특성 및 세무처리에 관하여 서술하였다. 또한 장기요양기관에 관한 주요한 내용도 담았다.

제8장은 기타업종으로 프랜차이즈업, 여행사업, 영농조합, 협동조합의 부가가치세 및 소득관련 세무처리에 관하여 서술하였다.

이 책은 업종별 회계·세무에 관한 주요내용을 담으면서, 모든 업종에 공통된 사항은 책 전반에 고루 설명하였다. 따라서 해당 업종의 흐름을 파악하면서 다른 장의 내용도 같이 참고한다면 좀 더 깊이 있는 공부가 될 수 있을 것이라 생각한다.

끝으로 이 책의 출판과 감수에 많은 도움을 주신 모든 분들게 감사를 드린다.

2025년 2월
저 자

제1장
도소매 및 제조업

Ⅰ 도소매 및 제조업

제1절 회계의 과정

❶ 회계의 흐름

개인 및 법인사업자는 거래내용에 관한 기록 및 보고서(재무제표)의 작성이 중요하며 재무제표는 여러 가지 재무정보 내용을 담고 있다. 재무제표에는 업종에 상관없이 공통된 내용을 보고하기도 하고 업종별 특성에 따라 다른 내용을 보고하기도 한다.

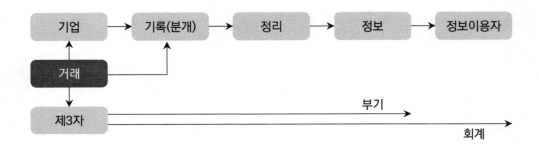

① 기업 : 경제실체라 한다.
② 거래 : 경제사건이라고 하며, 재무제표의 구성요소인 자산, 부채, 자본, 수익, 비용의
　　　　 변화를 가져오는 것을 말한다.
③ 외부정보이용자 : 주로 주주, 채권자, 국가, 종업원을 들 수 있다.
④ 정보 : 정보이용자의 경제적 의사결정에 적합한 유용한 정보로서 재무제표이고 재무상
　　　　 태표, 손익계산서, 현금흐름표, 자본변동표, 주석이 있다.

❷ 재고자산과 재무제표

도소매 및 제조업은 재고자산의 흐름 및 관리가 중요하다. 재고자산은 기업이 판매, 소비할 목적으로 보유하는 자산을 말하므로 기업의 업종 및 취득목적에 따라 다음과 같이 다르게 분류된다.

- 도소매업의 재고자산 – 상품
- 제조업의 재고자산 – 제품, 재공품, 원재료
- 건설업, 주택신축판매업의 재고자산, 제품 = 완성건물, 완성주택
  재공품 = 미완성건물, 미완성주택

(1) 거래와 분개

기업이 외부의 제3자와 거래를 하게 되면 기업의 재산상에 변화가 생기게 되고 이를 장부에 기록하게 되는데 이를 '분개'라 한다. 분개란 복식장부에 기록하게 되는데 복식장부는 왼쪽과 오른쪽, 두 부분으로 나누어서 기록한다. 왼쪽 부분을 차변이라고 하고 오른쪽 부분을 대변이라고 부른다. 분개란 차변과 대변에 '풀어서 펼친다'는 뜻이다. 즉, 거래의 내용을 차변과 대변에 '원인과 결과' 또는 '주는 것과 받는 것'으로 펼친다는 것이다. 거래는 자산, 부채, 자본, 수익, 비용이라는 5가지 요소의 변동이다. 분개는 차변과 대변에 이 5가지 요소의 증가와 감소를 기록하는 것이다. 장부의 차변에 기록하는 사항은 자산의 증가, 부채의 감소, 자본의 감소, 비용의 발생, 수익의 감소를 기록한다. 대변에 기록하는 사항은 자산의 감소, 부채의 증가, 자본의 증가, 수익의 발생, 비용의 감소를 기록한다.

복식 부기

차 변	대 변		차 변	대 변
자산의 증가	자산의 감소		자산의 순증가	
부채의 감소	부채의 증가			부채의 순증가
자본의 감소	자본의 증가	→		자본의 순증가
수익의 감소	수익의 발생			수익의 순발생
비용의 발생	비용의 감소		비용의 순발생	

(2) 손익계산서와 재무상태표의 작성원리

자산의 증가에서 자산의 감소분을 차감 후 남는 자산의 잔액은 차변에 기록되고 부채의 증가에서 부채의 감소분을 차감 후 남는 부채의 잔액은 대변에 기록된다. 자본도 같은 결과로 대변에 기록된다. 수익의 증가에서 수익의 감소분을 차감 후 남는 수익의 잔액이 대변에 기록되고 비용의 증가에서 비용의 감소분을 차감 후 남는 비용의 잔액은 차변에 기록된다.

복식부기 장부의 기록 결과 자산, 부채, 자본의 내용을 보고하는 보고서를 재무상태표라 하고 수익, 비용의 내용을 보고하는 보고서를 손익계산서라 한다. 손익계산서는 수익에서

비용을 차감한 금액을 이익으로 보고한다.

재무상태표			손익계산서	
자 산	부 채		비 용	수 익
	자 본		이 익	

1) 재무상태표(계정식)

자 산	부 채
1. 유동자산	1. 유동부채
1) 당좌자산	2. 비유동부채
2) 재고자산 – 상품	
	자 본
2. 비유동자산	1. 납입자본
1) 유형자산(사업용고정자산)	1) 자본금
2) 무형자산	2) 자본잉여금
3) 투자자산	2. 이익잉여금(실현이익)
	3. 기타포괄손익누계액(미실현이익)

2) 손익계산서(계정식)

비 용	수 익
1. **매출원가(①+②-③)**	
① 기초재고	
② 당기상품매입	
③ 기말재고	
2. 판매비와관리비	
영업이익 및 당기순이익	

손익계산서와 재무상태표는 서로 관련이 있는 보고서이다. 손익계산서의 기말재고는 재무상태의 유동자산 중 재고자산에 보고되는 내용과 같다. 또한 손익계산서의 당기순이익은 재무상태표의 자본 중 이익잉여금으로 대체된다. 이익잉여금으로 보고된 당기순이익은 추후 배당이나 적립금 등과 같은 용도로 사용된다(이를 '이익잉여금의 처분'이라고 한다).

❸ 재무제표의 의미

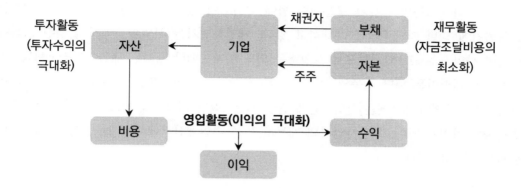

① 자금조달 = 금융(자금의 융통),

직접조달형태의 금융(현금의 회사유입) = 사채발행, 차입금

간접조달형태의 금융(현금 지출의 이연) = 매입채무

② 투자자산의 효율적 운용 및 자산처분이익의 극대화

③ 회계적 관점에서는 비용통제를 통한 비용의 최소화 → 이익의 극대화

❹ 법인 및 개인사업자 재무제표의 차이

(1) 법인사업자

(영리)법인의 활동은 영리를 추구하는 것이므로 활동의 모든 내용, 즉 회계상 거래는 모두 재무제표에 기록된다. 또한 법인은 소득의 종류를 가리지 않고 순자산을 증가시키는 모든 소득에 과세하는데 이를 포괄주의와 순자산증가에 의한 과세라고 한다.

재무상태표의 자본은 순자산 또는 자기자본이라고도 하는데 순자산은 회사가 보유한 자원에 관한 관점에서, 자기자본은 조달한 자금 원천의 관점에서 본 개념이다. 과세와 관련된 순자산의 증가는 일반적으로 자본잉여금, 이익잉여금, 기타포괄이익의 증가에 따라 나타나지만 세법에서 자본잉여금과 기타포괄이익의 증가에 대하여는 과세하지 않는다. 자본잉여금은 주주의 납입자본으로 주주의 투자원금과 같기 때문이며, 기타포괄이익은 자산의 평가이익과 같은 미실현된 이익이기 때문이다. 결과적으로 법인세는 실현된 이익인 이익잉여금의 증가에 대하여만 과세된다.

(2) 개인사업자

　개인은 과세소득의 종류가 구분되어 법에 열거되어 있는 소득에만 과세(열거주의)하는 소득원천에 의한 과세주의를 채택하고 있다. 개인사업자는 사업활동에서 발생된 소득에 대하여 사업소득세로 과세하므로 사업소득 외의 이자·배당·근로·연금·기타·퇴직·양도소득에 대하여는 해당 소득의 종류에 따른 각각의 과세방법으로 과세하게 된다. 따라서 개인사업자의 재무제표에는 사업활동에 관한 원천소득만 기록하게 되므로 법인의 포괄주의 소득과는 차이가 있다. 개인사업자의 재무제표 중 손익계산서에 기록될 수 없는 대표적인 손익은 다음과 같다.

　① 이자수익 : 이자소득으로 과세
　② 배당수익 : 배당소득으로 과세
　③ 근로, 연금, 퇴직소득 : 다른 사업장의 근로자로서 받는 급여와 연금, 퇴직금은 각각 근로소득, 연금소득, 퇴직소득으로 과세되며 해당 사업장 종업원의 근로소득은 사업주가 원천징수하여 필요경비로 계상하게 된다.
　④ 자산처분손익 : 자산처분 중 토지 및 건물, 주식 등에 대하여는 양도소득세 과세
　⑤ 기타손익 : 기타소득으로 열거된 것은 기타소득으로 과세

❶ 회계상 이익과 세법상 소득의 개념

회 계		법 인 세	소 득 세	부가가치세
수 익	→	익 금	총수입금액	매 출 액
비 용	→	손 금	필 요 경비	매 입 액
이 익	→	소 득	소 득	부가가치

그러나 이익 ≠ 소득 및 부가가치는 완전히 같은 개념은 아니다.

❷ 세무조정

세무조정이란 기업회계와 세법의 차이를 당기순이익에서 소득금액으로 조정하는 과정을 말한다. 다음은 법인의 4가지 세무조정 항목이다.

(1) 익금산입 : 회계상 수익으로 처리하지 않았으나 세무상 익금인 경우에는 당기순이익에 가산

(2) 익금불산입 : 회계상 수익으로 처리하였으나 세무상 익금이 아닌 경우에는 당기순이익에서 차이 부분을 차감

(3) 손금산입 : 회계상 비용으로 처리하지 않았으나 세무상 손금인 경우에는 당기순이익에 차감

(4) 손금불산입 : 회계상 비용으로 처리하였으나 세무상 손금이 아닌 경우에는 당기순이익에서 차이 부분을 가산

실무상 대부분의 세무조정은 회계상 비용과 손금의 차이조정이다. 일반적으로 회계에서 지출된 항목은 모두 비용처리하지만 세무상으로는 정책적으로 인정되지 않는 항목들이 많이 있기 때문이다.

개인사업자는 위 세무조정 항목에서 익금 대신 총수입금액으로, 손금 대신 필요경비라는 용어로 대체하면 된다. 따라서 총수입금액산입 및 필요경비불산입, 필요경비산입 및 총수입금액불산입의 4가지 세무조정 항목이 있다.

❸ 법인세의 계산구조

기업회계상 당기순이익에서 기부금을 포함한 세무조정을 가감하여 법인세법상 소득금액을 계산하고 15년 이내에 발생하여 당해연도로 이월된 결손금을 차감한 후 과세표준을 계산한다. 세액의 계산에 있어서 과세표준 이하의 계산은 모든 세금의 구조가 동일하다. 따라서 과세표준 이전까지의 도출하는 과정이 세법마다 다르므로 이를 이해하는 것이 그 세법의 특성을 이해하는 것이다.

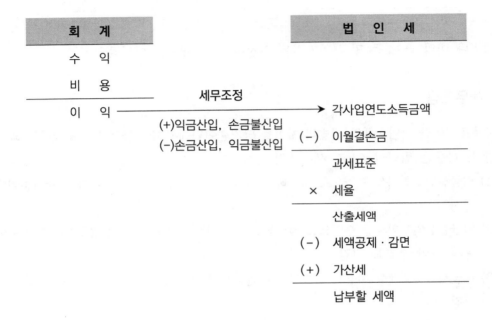

❹ 사업소득세의 계산구조

개인 사업자의 사업소득에 대한 세무조정도 법인세의 경우와 비슷하다. 위 1. 소득의 개념에서 설명한 바와 같이 사용하는 용어가 다르다. 개인 사업자가 이자, 배당 등의 타소득이 있는 경우에 합산하여 계산하고 이월결손금은 소득금액을 계산할 때 공제된다. 또는 과세표준을 계산할 때 종합소득공제를 차감하여 계산하게 된다.

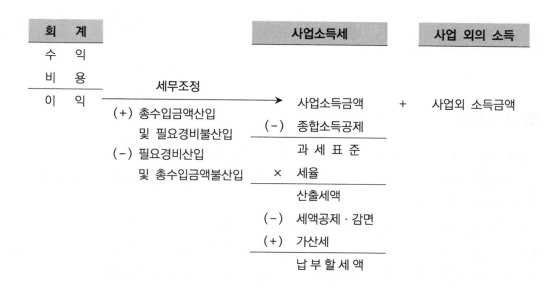

❺ 부가가치세의 계산구조

부가가치세의 계산구조는 법인세 및 사업소득세와 다르다. 매출액이 과세표준이며 매출세액이 산출세액이다. 매입액의 10%는 매입세액으로 공제되지만 매입세액으로 공제되지 않는 항목(매입세액불공제)은 다음과 같다. 자산과 관련된 매입세액불공제는 자산의 취득원가에 포함하고 비용과 관련된 매입세액불공제는 해당 비용에 포함하거나 세금과공과계정으로 비용처리한다.

① 토, 토지 관련 매입세액

② 사, 사업과 무관한 매입세액

③ 세, 세금계산서 관련 불성실 매입세액

④ 비, 비영업용소형승용차 관련 매입세액

⑤ 대, 기업업무추진비(구 : 접대비) 매입세액

⑥ 등, 사업자등록전 매입세액

⑦ 면, 면세사업관련 매입세액, 국민주택규모 이내의 신축 및 설계 등 관련 비용

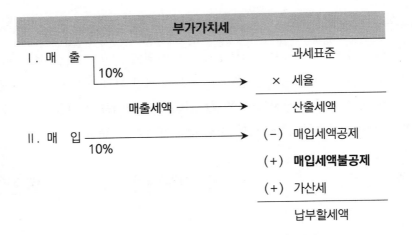

❻ 소득처분

세무조정이 이루어지면 소득처분이 반드시 이루어지게 된다. 소득처분이란 세무조정의 결과 누군가 경제적 이익을 얻은 자가 있는지를 확인하여 이익을 얻은자에게 세금을 과세하기 위한 절차를 말한다.

분개를 통하여 세무조정을 하게 되면 차변과 대변에 차이를 조정하는 수정분개를 하게 된다. 수정분개에서 차변이나 대변 중 한쪽은 수익과 비용을 조정하게 된다. 이 조정이 익금산입과 손금불산입 또는 손금산입과 익금불산입의 세무조정이 된다.

반면, 수정분개의 다른 한쪽은 자산이나 부채 혹은 자본이 조정되게 되는데 이런 조정이 소득처분이 된다. 소득처분은 사내에 남아 누구도 이익을 얻지 않는 '사내유보'와 현금 등 경제적 이익이 사외로 유출되어 누군가 이익을 얻게 되는 사외유출이 있다. 자산과 부채가 조정되면 '유보'로 자본이 조정되면 '기타'로 소득처분한다.

(1) 사내유보

자산이 증가하거나 부채가 감소(수정분개에서 차변에 자산이나 부채가 기록되는 경우)되는 조정이면 '+유보'라 하고 자산이 감소하거나 부채가 증가(수정분개에서 대변에 자산이나 부채가 기록되는 경우)하는 조정이면 '-유보(△유보)'라 한다.

(2) 사외유출

사외로 유출이 되는 경우에는 누가 이익을 얻었는지 확인하여 임직원(주주인 임직원 포함)이 이익을 얻으면 '상여'로, 주주가 이익을 얻으면 '배당'으로, 다른 법인사업자나 개인사업자 또는 국가 등에 귀속되면 '기타사외유출'로, 그 이외에는 '기타소득'으로 처분한다.

(3) 기타

위 외의 경우로서 자본에 관한 항목이 조정되면 '기타'로 소득처분하게 된다.

(4) 소득처분의 유형

세무조정	소득처분		내 용
익금산입 손금불산입	사외유출	배 당	개인 주주귀속(임원, 사용인 제외) → 배당소득으로 과세
		상 여	임원 또는 사용인(주주포함)에 귀속 → 근로소득으로 과세
		기 타 사외유출	법인 또는 개인사업자에 귀속 → 해당 법인 또는 사업소득에 포함 국가 등에 귀속, 세법상 열거된 항목 → 별도의 과세절차 없음
		기타소득	상기 이외의 자에 귀속 → 기타소득으로 과세
	사내유보	유 보	법인세법상 잉여금의 증가
	자본항목	기 타	자본잉여금, 기타포괄이익
손금산입 익금불산입	사내유보	△유보	법인세법상 잉여금의 감소
	자본항목	기 타	자본조정, 기타포괄손실 등 유보 외의 사항

위 표에서 손금불산입 세무조정으로 소득처분된 '사외유출'은 현금 등의 지출로 비용처리한 항목을 부인하면서 발생한 것으로서 사외로 유출된 현금 등 경제적 이익의 귀속자가 누구인지를 판정하여 그 귀속자가 얻은 소득의 종류에 따라 배당, 상여, 기타사외유출, 기타소득으로 과세절차를 밟게 된다.

손금산입 및 익금불산입 세무조정에 대하여는 '유보 또는 △유보'와 '기타'의 소득처분만 하게 되고 사외유출에 대한 소득처분은 없다.

❼ 세무조정과 소득처분 사례

(1) 현금의 유입이 수반된 수익과 부채의 차이조정

① 분개를 통한 세무조정과 소득처분

현금자산 100이 입금되어 기업회계에서는 선수금인 부채로 기록하였으나 세법에서는 수익으로 기록하여야 하는 경우의 세무조정 및 소득처분은 다음과 같다.

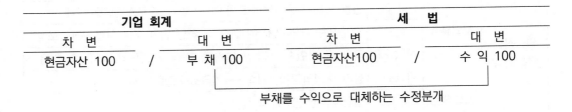

기업 회계		세 법	
차 변	대 변	차 변	대 변
현금자산 100 /	부 채 100	현금자산100 /	수 익 100

부채를 수익으로 대체하는 수정분개

부 채 100 / 수 익 100

(익금산입) 수익 100 (+유보)

② 재무제표를 통한 세무조정과 소득처분

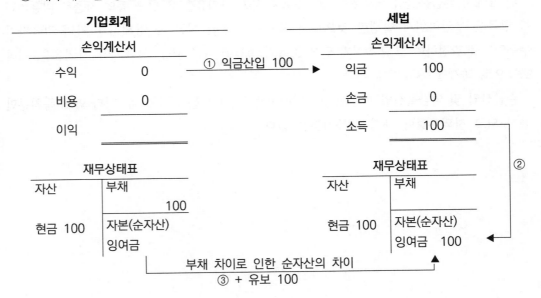

기업회계		세법	
손익계산서		손익계산서	
수익	0	익금	100
비용	0	손금	0
이익		소득	100

① 익금산입 100 ▶

재무상태표		재무상태표	
자산	부채 100	자산	부채
현금 100	자본(순자산) 잉여금	현금 100	자본(순자산) 잉여금 100

②

부채 차이로 인한 순자산의 차이

③ + 유보 100

(2) 현금의 지출이 수반된 비용과 자산의 차이조정

① 분개를 통한 세무조정과 소득처분

현금자산 100이 지급되어 기업회계에서는 선급금인 자산으로 기록하였으나 세법에서는
비용으로 기록하여야 하는 경우의 세무조정 및 소득처분은 다음과 같다.

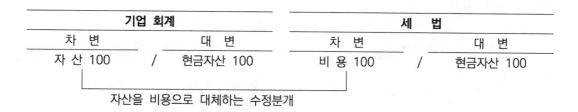

기업 회계		세 법	
차 변	대 변	차 변	대 변
자 산 100	현금자산 100	비 용 100	현금자산 100

자산을 비용으로 대체하는 수정분개

비 용 100 / 자 산 100
(손금산입) 비용 100 (-유보)

② 재무제표를 통한 세무조정과 소득처분

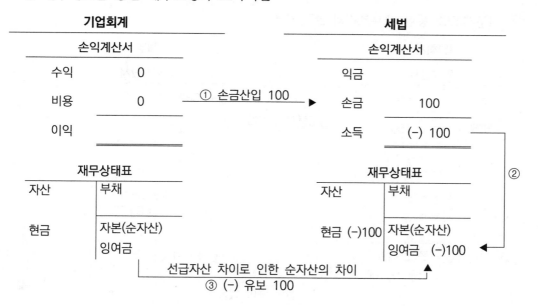

(3) 현금 지출이 있는 비용이 세법상 불인정되는 경우의 조정

① 분개를 통한 세무조정과 소득처분

벌금이 부과되어 현금자산 100을 지출하고 세금공과금등 비용으로 100을 처리하였으나 세법에서는 벌금, 과태료 등은 비용으로 인정되지 않아 발생하는 차이의 세무조정 및 소득처분은 다음과 같다.

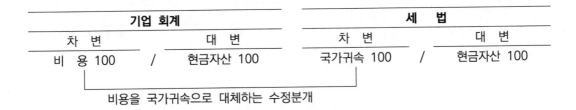

국가귀속 100 / 비 용 100

(손금불산입) 세금과공과 100 (기타사외유출)

② 재무제표를 통한 세무조정과 소득처분

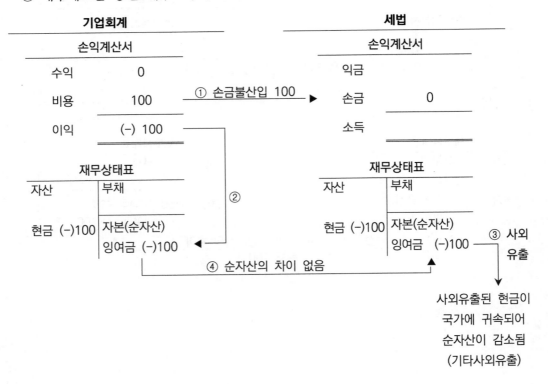

(4) 현금의 유입이 없는 수익에 대한 차이조정

① 분개를 통한 세무조정과 소득처분

주주에게 무상으로 자금 1,000을 대여하고 이자(100으로 가정)를 받지 않았다. 세법에서는 주주 등이 지급하지 않은 이자만큼 주주가 이익을 본 것으로 보며 이자를 받지 않은 회사도 이자를 받은 것으로 간주한다. 이에 대한 세무조정 및 소득처분은 다음과 같다.

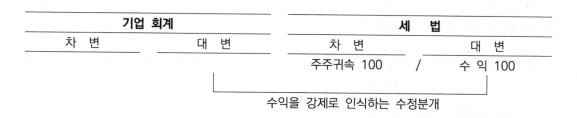

주주귀속 100 / 수 익 100
(익금산입) 이자수익 100 (배당)

② 재무제표를 통한 세무조정과 소득처분

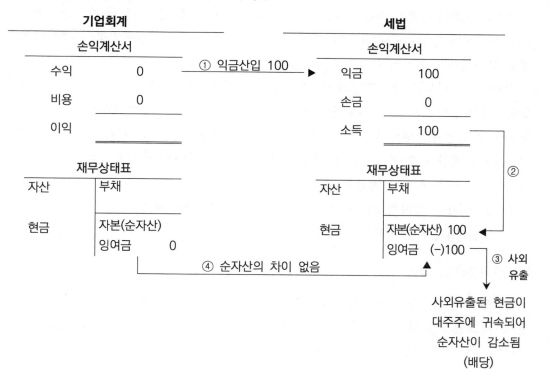

❶ 비용(원가)의 분류

(1) 비용의 정의

비용은 수익을 창출하기 위하여, 소비한(희생한) 경제적 자원을 말한다. 비용은 손익계산서에 분류하여 표시할 때 다음과 같이 구분한다.

회계상 비용, 원가 → 계속적, 반복적, 의도적. 다만, 원가는 재고가능원가, 비용은 기간비용

손실 → 비반복적, 우발적, 비의도적

① 비용 = 판매비와 관리비

② 원가 = 매출원가

③ 손실 = 재해손실, 잡손실

(2) 제조활동 유무에 따른 분류

제품의 제조와 관련된 비용은 제조원가로 분류하고 판매 및 관리활동과 관련된 비제조원가는 판매비와 관리비로 분류한다. 제조원가는 건설업의 경우 공사원가로, 신축판매업의 경우 분양원가로 표시된다.

제조원가는 다음과 같이 직접재료원가, 직접노무원가, 제조간접원가로 구성된다. 직접재료원가와 직접노무원가는 제조활동이나 건설활동에서 관련 원가가 발생되었는지 명확하게 구분할 수 있는 원가로서 직접원가로 분류한다. 반면, 제조간접원가는 제품 생산과 관련하여 직접적으로 계산할 수 없기 때문에 일정 기준에 따라 원가를 배분하여야 한다. 원가의 배부 기준은 인과관계에 따라 배부한다.

① 제조원가 - 직접재료원가, 직접노무원가, 제조간접원가(제조원가의 3요소)

② 비제조원가 - 판매비와 관리비

(3) 원가분류의 의미

제조원가와 비제조원가의 분류가 정확하지 않은 경우 의사결정에 큰 문제가 발생하게 된다. 제조원가는 제품의 판매가격 결정에 영향을 미치게 되고 제품판매에 따른 손익의 크기를 판단하게 하는 중요한 요소이다.

📖 **사례**

원가의 분류와 의미

공장 1,600㎡, 사무실 400㎡, 생산직근로자 10명, 사무직 근로자는 5명이며, 제품 100개를 생산하기 위하여 투입한 원가내역은 다음과 같다. 제조간접원가는 면적기준으로 배부한다.

① 재료비 100만원   ② 인건비   150만원(1인당 10만원)
③ 건물임차료 75만원   ④ 기타원가 50만원

제조원가		비제조원가		합 계
1.직접재료원가	100만원			100만원
2.직접노무원가	100만원	1.급여	50만원	150만원
3.제조간접원가				
1)임차료	60만원	2.임차료	15만원	75만원
2)기타간접비	40만원	3.기타비용	10만원	50만원
계	300만원		75만원	375만원

위 사례에서 제조원가가 300만원으로 제품 1개당 제조원가는 30,000원이다. 제품판매에 따른 이익을 얻기 위하여는 판매가격이 개당 30,000원보다 높은 금액으로 책정하여야 한다. 영업활동까지 고려한 영업이익을 얻기 위해서는 적절한 판매가격 설정이 중요하다. 위 사례에서 제조간접원가를 근로자의 수로 배부하면 제조원가가 달라지게 되므로 의사결정에 차이가 생기게 된다.

❷ 도소매업 재고자산의 흐름

재고자산은 손익계산서와 재무상태표에 모두 영향을 미치는 중요한 자산이다. 손익계산서에서는 매출원가결정의 요소이며 재무상태표에서는 자산가액결정의 요소이다.

기초재고자산과 당기매입액을 가산한 판매가능재고에서 기말재고자산을 차감하면 판매된 상품의 매출원가가 계산된다. 손익계산서의 기말재고자산은 재무상태표의 재고자산에 표시된다.

손익계산서(보고식)		재무상태표	
Ⅱ. 매출원가(1+2-3)	900	Ⅰ. 유동자산	
1. 기초상품재고자산	100		
2. 당기매입재고자산	1,000	2. 재고자산	
3. 기말상품재고자산	200 ⟶	상품	200

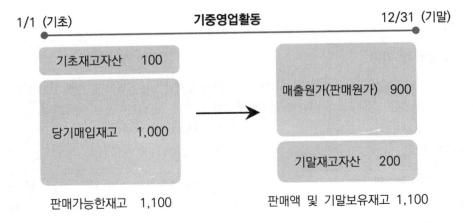

❸ 제조업의 원가흐름과 제조원가명세서

(1) 원가의 흐름

원재료는 제품 생산을 위하여 구입한 원료나 재료의 재고자산이다. 원재료와 인건비 및 기타의 원가가 제품 제조에 투입되면 직접재료원가, 직접노무원가, 제조간접원가로 분류된다. 재공품은 가공(생산)과정에서 완성되지 못한 재고자산이다. 가공중인 재공품이 완성되면 판매목적의 제품인 재고자산이 된다. 판매된 제품은 매출수익에 대응되는 매출원가로 분류된다.

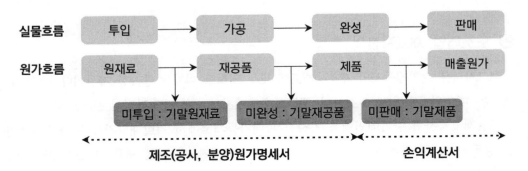

(2) 제조원가명세서

제조원가명세서는 손익계산서의 매출원가 항목과 연결되어 표시된다. 제조원가명세서는 제조원가의 투입, 제조(가공) 및 완성과 관련된 흐름을 나타낸다. 직접재료원가는 생산에 투입된 재료의 원가이다. 직접노무원가는 생산에 투입된 노무원가이며 제조간접원가는 제조에 투입된 직접재료원가 및 직접노무원가 이외의 원가를 말한다.

제조과정에 투입된 직접재료원가, 직접노무원가, 제조간접원가의 합계액이 당기총(투입)제조원가이다.

당기(완성)제품제조원가는 당기에 완성된 제품의 원가로서 당기총(투입)제조원가에 기초재공품의 합계액에서 기말재공품을 차감하여 계산한다. 완성된 제품제조원가가 판매되면 손익계산서 매출원가 항목으로 분류된다.

기초원재료재고에 당기매입원재료의 합계액을 투입가능한 재고라 하고 기초재공품재고에 당기(투입)총제조원가의 합계액을 가공가능한 재고라 한다.

제조원가명세서
1. 직접재료원가(①+②-③)
① 기초원재료
② 당기매입
③ 기말원재료   → 재무상태표의 재고자산
2. 직접노무원가
3. 제조간접원가
4. 당기(투입)총제조원가(1+2+3)
5. 기초재공품
6. 기말재공품   → 재무상태표의 재고자산
7. 당기(완성)제품제조원가(4+5-6) → 손익계산서의 매출원가항목

(3) 손익계산서와 재무상태표

제조원가명세서의 기말원재료재고와 기말재공품재고 및 손익계산서의 기말제품재고는 재무상태표에 재고자산으로 표시된다. 기초제품재고에 당기(완성)제품제조원가의 합계액을 판매가능한 재고라 한다.

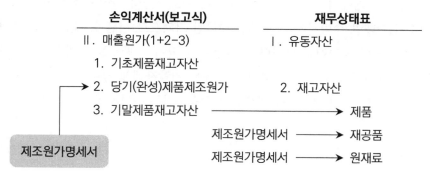

❹ 재고자산 회계

재고자산은 수량에 단가를 곱하여 결정되는데 회계처리의 문제는 다음과 같다. 재고자산은 매입, 판매, 기말보유라는 흐름으로 나타나지만 재고자산의 가장 중요한 처리문제는 재고자산의 수량결정과 가격결정의 문제이다.

(1) 재고자산의 수량결정

재고자산을 매입하여 보관하였다가 기말까지 판매되지 않고 창고에 보관중이라면 기말재고자산에 포함시켜야 한다.

1) 미착상품

재고자산을 매입하여 운송중에 있지만 아직 도착하지 않은 미착상품은 매매계약상 조건에 따른 소유권이전여부에 의하여 판매자와 매입자 중 누구의 소유인지 판단한다.

① F.O.B 선적지 인도조건(free on board shipping point)

상품이 선적된 시점에 소유권이 이전되는 조건으로 선적시점에 판매자는 수익으로 인식하고 매입자는 재고자산에 포함시킨다. 이 경우 매입자가 부담하는 매입운임은 재고자산의 취득원가에 포함한다.

② F.O.B 도착지 인도조건(free on board detination)

상품이 도착지에 도착하여 매입자에게 인도되는 시점에 소유권이 이전되는 조건으로 도착지 인도시점에 판매자는 수익으로 인식하고 매입자는 재고자산에 포함시킨다. 이 경우 판매자가 부담하는 운임비용은 판매자의 매출운임으로 하여 비용처리한다.

2) 적송품

적송품은 위탁(수탁)거래에서 위탁자가 수탁자에게 재고자산의 판매를 부탁하는 상품을 의미한다. 위탁(수탁)거래란 수탁자가 위탁자의 대리인 자격으로 상품을 제3자에게 판매하고 그 대가로 수수료를 받는 거래를 말한다. 적송품은 수탁자가 판매를 의뢰받은 상품으로 제3자에게 판매할 때까지 보관하는 것으로서 소유권은 위탁자에게 있다. 따라서 위탁자의 재고자산에 포함시켜야 한다. 판매의뢰시 발생하는 적송운임은 위탁자의 적송품원가에 포함한다.

3) 반품가능판매

상품을 판매하되 100% 반품을 허용하는 조건으로 판매(반품률이 높은 재고자산)하는 경우 반품률의 합리적 추정가능성 여부에 의하여 재고자산 포함 여부를 결정한다.

① 반품가능성을 예측할 수 있는 경우

상품 인도시점에 판매자의 재고자산에서 감소시키고 구매자는 매입을 인식한다.

② 반품가능성을 예측할 수 없는 경우

반품률을 합리적으로 추정할 수 없는 경우에는 반품기간이 종료된 시점에 수익을 인식하므로 수익인식 전까지는 판매자의 재고자산에 포함한다.

4) 할부판매

상품을 인도하고 판매대금은 미래에 분할하여 회수하는 할부판매의 경우 인도시점(판매시점)에 판매자의 재고자산에서 제외한다. 할부판매의 경우 소유권을 판매자가 가지고 있다고 하더라도 인도시점에 상품에 대한 권리와 의무(위험과 보상)가 구매자에게 이전되기 때문이다.

5) 재고자산의 감모손실

실제 수량이 장부 수량과 차이가 나는 경우 재고자산감모손실로 비용처리한다. 재고자산 감모손실은 매출원가에 가산하여 비용처리하거나 기타비용으로 처리할 수 있다.

> 재고자산감모손실 = (장부수량 - 실제수량) × 장부상 취득원가
> = 장부상 수량의 취득원가 - 실제 수량의 취득원가

(2) 재고자산의 가격결정

1) 재고자산의 취득원가

취득원가는 매입가격에 취득과 직접 관련된 매입부대비용을 가산한 금액을 말한다. 매입부대비용에는 수입관세와 제세금, 보험료, 운반비, 적재비, 하역료 그리고 완제품, 원재료 및 용역의 취득과정에 직접 관련된 기타원가를 포함한 것을 말한다. 매입할인, 매입에누리, 매입환출은 매입원가를 결정할 때 차감한다.

① 매입할인

매입할인은 신용으로 매입한 매입채무를 매입자가 조기상환을 하도록 유도하여 판매자의 자금부담을 최소화하도록 조기상환금액에 대해 일정한 금액을 할인해 주는 제도이다.

② 매입환출과 매입에누리

매입환출이란 상품에 하자가 심각하여 매입자가 판매자에게 반품한 금액으로서 판매자는 매출환입에 해당된다. 매입에누리란 매입한 상품에 하자가 있지만 그 하자가 경미하여 매입 가격을 감소해준 금액으로서 판매자는 매출에누리에 해당된다. 또한 일정기간의 거래동안 우량고객으로서 매입한 상품의 수량과 가액이 큰 경우 감사의 표시로 매입채무 중 일부를 감하여 주는 경우에도 매입자는 매입에누리로 처리한다.

2) 재고자산의 취득단가

판매목적의 재고자산은 빈번하게 매입이 이루어지며 물가상승 요인 등으로 가격이 매입시 점마다 다른 경우에는 원가흐름을 가정하여 평균법, 선입선출법, 후입선출법으로 취득단가 를 결정한다.

보석, 선박, 항공기, 자동차등 고가품이면서 개성이 강한 항목의 재고자산은 원가흐름의 가정을 사용할 수 없고 판매시마다 개별적으로 원가를 인식하는 개별법을 사용한다.

① 개별법

개별법은 개별재고자산을 매입, 매출시마다 항목과 가격을 개별적으로 추적하여 재고자산 의 증감을 기록하고 매출원가를 파악하는 방법이다. 개별법은 물량의 흐름과 원가의 흐름이 일치하기 때문에 일반적으로 보석, 선박, 항공기, 자동차등 고가품이면서 개성이 강한 재고 자산일 경우에 사용한다.

② 평균법

평균법은 기초 재고자산과 회계기간 중에 매입 또는 생산된 재고자산의 원가를 평균하여 재고항목의 단위원가를 결정하는 방법이다. 가중평균법은 재고자산을 계속기록법으로 기록 하는 경우에는 이동평균법이 되고, 실지재고조사법으로 기록하는 경우에는 총평균법이 된다.

③ 선입선출법(FIFO, first-in first-out)

선입선출법은 먼저 매입한 재고자산이 먼저 판매된다는 원가흐름의 가정이다. 따라서 매출원가는 먼저 구입한 재고자산의 원가로 평가되고 기말재고로 보고되는 금액은 늦게 구입한 재고의 원가로 평가된다. 매입하여 빨리 처분하지 않으면 안되는 재고나 진부화가 빨리 진행되는 재고의 경우에 적용한다. 기말재고자산은 현행원가나 공정가치의 근사치로 표시되지만 물가가 상승하는 경우 과거의 취득원가가 현행 매출수익에 대응되므로 익이 과대계상된다.

④ 후입선출법(LIFO, last-in first-out)

후입선출법은 나중에 매입된 재고자산이 먼저 판매된다는 원가흐름의 가정이다.

따라서 늦게 구입한 재고자산의 원가가 매출원가로 평가되고 가장 먼저 구입한 재고자산의 원가가 기말재고로 평가된다. 물가 상승시에는 물가상승의 영향을 완화시키기 때문에 물가상승기에는 좋은 방법이지만 현행 국제회계기준에서는 후입선출법을 인정하지 않는다.[1]

⑤ 재고자산 평가방법의 비교

원가흐름의 가정에 의하여 가중평균법과 선입선출법을 적용할 경우 재무상태표의 자산이나 포괄손익계산서의 수익, 비용에서 나타나는 결과가 상이하다.

> 매출 원가 : 선입선출법 〈 평균법 〈 후입선출법
> 기말 재고 : 선입선출법 〉 평균법 〉 후입선출법
> 매출총이익 : 선입선출법 〉 평균법 〉 후입선출법

현금흐름의 크기는 법인세가 있는 경우에만 영향을 미치고 법인세가 없는 경우에는 영향을 주지 않는다. 따라서 법인세가 있는 경우 법인세는 이익의 크기에 비례하여 이익이 클수록(매출원가가 작을수록) 현금흐름이 나빠지므로 현금흐름의 크기는 이익크기의 반대가 된다.

> 법인세 : 선입선출법 〉 평균법 〉 후입선출법
> 현금흐름 : 선입선출법 〈 평균법 〈 후입선출법

⑥ 저가법에 의한 재고자산의 평가

재고자산의 순실현가능가치가 취득원가 이하로 하락하여 재고자산의 원가를 회수하기 어려운 경우에 순실현가능가치로 장부금액을 감액하게 되는데 이를 저가법이라고 한다. 순실현가능가치란 예상판매금액에서 추가예상원가와 판매비용을 차감한 것을 말한다. 재고자산의 순실현가능가치가 장부금액 이하로 하락하여 발생한 평가손실은 발생한 기간에 매출원가에 반영하거나 기타의 비용으로 인식한다. 평가손실을 별도의 비용으로 인식하는 경우에는 재고자산평가손실의 과목으로 인식하고 동 금액을 재고자산평가충당금의 과목으로

---

[1] 물가가 지속적으로 상승하는 하고 기말재고수량이 기초재고수량보다 많은 경우 후입선출법은 현행수익에 현행원가가 대응되므로 대응원칙에 충실하고 매출원가가 높게 계상되어 당기순이익은 적게 계상되므로 세금납부를 이연할 수 있는 장점이 있는 반면에 기말재고자산이 과거원가로 평가되므로 자산가치가 현행가치를 나타내지 못하고 당기순이익의 과소계상, 실제물량흐름과 불일치, 판매량이 급증하는 경우 과거의 아주 낮은 가격으로 평가된 금액이 매출원가로 대응되어 당기순이익이 증가되는 후입선출청산현상이 발생하는 단점이 있다.

재고자산의 차감계정으로 표시한다. 저가법은 평가손실만을 인식하므로 평가이익은 인식하지 않는다.

> 재고자산평가손실 = 실제수량 × (장부상 취득원가 - 단위당 순실현가능가치)
> = 실제수량의 취득원가 - 실제 수량의 순실현가능가치

재고자산평가손실과 재고자산감모손실이 동시에 발생하는 경우에는 다음과 같이 인식한다.

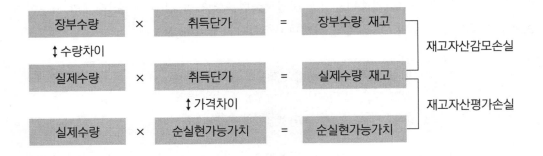

제4절 회계와 세무보고의 흐름

❶ 거래징수와 부가가치세 신고

매출과 매입의 거래징수와 관련된 부가가치세 거래는 세금계산서, 신용카드매출전표, 지출증빙용 현금영수증 등의 적격증빙으로 입증된다.

매출은 기업회계와 법인세법 및 소득세법의 매출액으로 분류된다. 유형자산, 무형자산 등의 매입은 재무상태표의 자산으로 분류된다.

재고자산과 관련된 상품 등의 매입은 판매여부에 따라 달리 처리된다. 재고자산이 판매된 경우에는 손익계산서의 매출원가로 분류하고 판매되지 않고 장부상 남아있는 경우에는 재무상태표에 재고자산으로 분류된다.

지급임차료 및 기업업무추진비 등은 일반비용으로 분류된다. 기업회계에 따라 계상된 기업업무추진비는 세법상 일정 한도내의 금액만 비용으로 인정되고 한도초과액은 손금불산입 또는 필요경비불산입 된다. 차량유지비는 임직원 전용 자동차보험의 가입유무 및 업무와 관련된 차량운행의 비율에 따라 한도액이 달라진다.

❷ 원천징수와 인건비 신고

급여, 상여금 등과 같은 인건비는 원천징수 후 원천징수영수증을 통하여 입증된다.

퇴직급여는 확정기여형(DC)과 확정급여형(DB)의 퇴직연금으로 운용된다. 퇴직연금은 근로자에게 지급할 퇴직금을 외부의 금융기관에 미리 적립하고 금융기관이 이를 운용하다가 근로자가 퇴직하는 경우 금융기관으로부터 일시금이나 연금형태로 지급받는 제도로서 금융기관에 납입하는 시점에 비용 처리된다. 퇴직연금은 금융관련 거래로 납입시점에 원천징수하지 않으며 영수증 등의 수취의무도 없다.

❸ 일반거래의 회계처리

거래징수 또는 원천징수 되지 않는 일반거래는 영수증 및 계약서 등으로 입증된다. 감가상각비나 대손상각비 등은 그러한 증빙도 필요없다. 이러한 거래들은 회계장부에 기록함으로써 보고되지만 세법상 일정 한도내의 금액만 비용으로 인정되고 한도초과액은 손금불산입 또는 필요경비불산입된다.

❹ 거래 보고의 흐름

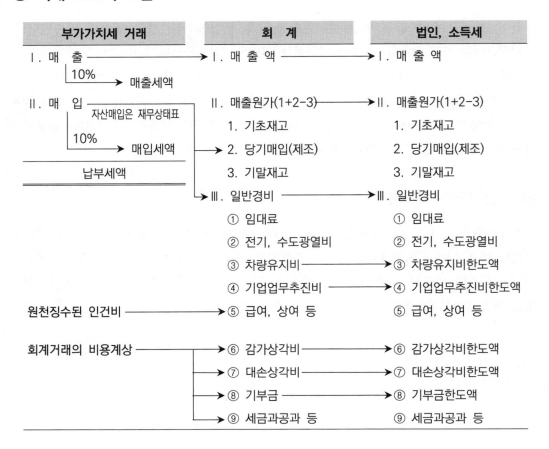

부가가치세 거래	회 계	법인, 소득세
Ⅰ. 매 출 →	Ⅰ. 매 출 액 →	Ⅰ. 매 출 액
↘10% → 매출세액		
Ⅱ. 매 입	Ⅱ. 매출원가(1+2-3) →	Ⅱ. 매출원가(1+2-3)
자산매입은 재무상태표	1. 기초재고	1. 기초재고
10% → 매입세액	2. 당기매입(제조)	2. 당기매입(제조)
	3. 기말재고	3. 기말재고
납부세액	Ⅲ. 일반경비 →	Ⅲ. 일반경비
	① 임대료	① 임대료
	② 전기, 수도광열비	② 전기, 수도광열비
	③ 차량유지비 →	③ 차량유지비한도액
	④ 기업업무추진비 →	④ 기업업무추진비한도액
원천징수된 인건비 →	⑤ 급여, 상여 등	⑤ 급여, 상여 등
회계거래의 비용계상 →	⑥ 감가상각비 →	⑥ 감가상각비한도액
	⑦ 대손상각비 →	⑦ 대손상각비한도액
	⑧ 기부금 →	⑧ 기부금한도액
	⑨ 세금과공과 등	⑨ 세금과공과 등

❺ 재고자산의 폐업시 잔존재화

도소매 및 제조업자가 부가가치세 매입세액으로 공제받은 재고자산이 폐업시에 잔존하는 때에 공제받은 부가가치세를 납부하여야 한다. 이를 폐업시 잔존재화에 대한 부가가치세 간주공급이라고 한다.

제5절 제조업의 세무

❶ 부가가치세

(1) 사업개시일과 사업자등록

제조업의 사업개시일 기준은 제조장별로 재화의 제조를 시작하는 날로 한다. 사업자가 사업개시일로부터 20일 이내에 사업자등록 신청을 하지 않는 경우 미등록가산세(공급가액의 1%)가 부과되며 사업자등록전 매입세액에 대하여 불공제된다. 다만, 공급시기가 속하는 과세기간이 끝난 후 20일 이내에 신청하는 경우 등록신청일부터 공급시기가 속하는 과세기간 기산일(1월 1일 또는 7월 1일)까지 역산한 기간 내의 것은 공제한다.

실무적으로 재화의 제조가 시작되기 전에 기계장치 등을 취득하게 되므로 사업용 고정자산에 대한 부가가치세 환급을 받기 위하여 제조업의 사업개시일 전에 사업자등록 신청을 하여야 한다.

(2) 사업장과 납세지

제조업의 사업장은 최종제품을 완성하는 장소이며 따로 제품의 포장만 하거나 용기에 충전만 하는 장소 및 재화를 보관하고 관리할 수 있는 시설만 갖춘 장소는 사업장이 아니다. 부가가치세의 납세지는 각 사업장 소재지로 한다. 따라서 개인 사업자가 기존사업장 외에 신설사업장을 설치하는 경우 사업장별로 사업자등록을 하여야 한다.

다만, 2개 이상의 사업장이 있는 사업자가 사업자 단위로 해당 사업자의 본점 또는 주사무소에서 모든 의무(사업자등록, 세금계산서발행, 세액계산 및 신고 등)를 총괄(사업자 단위 과세제도)하도록 사업자 단위로 등록 신청할 수 있다. 또한, 각 사업장별 사업자등록이 있는 사업자가 주된 사업장에서 납부 및 환급만을 총괄(주사업장 총괄 납부제도)할 수도 있다.

(3) 과세유형

제조업은 일반과세자로 간이과세적용을 배제한다. 다만, 최종소비자에게 직접 재화를 공급하는 과자점업, 도정업, 제분업 및 떡방앗간, 양복 · 양장 · 양화점업, 기타 자기가 공급하는 재화의 100분의 50 이상을 최종소비자에게 공급하는 사업으로서 국세청장이 정하는 것은 제외한다.

(4) 과세대상과 간주공급

제조업에 생산되는 제품은 부가가치세가 과세되는 재화의 공급에 해당된다. 재화의 공급은 매매계약, 가공계약, 교환계약 등 계약상 또는 법률상 원인에 의하여 인도 또는 양도되는 것으로 대가를 받는 실질적인 공급을 말한다. 그러나 다음과 같이 대가의 수령 없이 인도되는 무상공급이나 간주공급에 해당하는 경우 재화의 시가상당액에 부가가치세가 과세된다.

① 특수관계자에게 무상으로 제공하는 경우

② 자가공급에 해당하는 경우

자가공급이란 자기의 과세사업과 관련하여 생산, 취득한 재화를 자기의 면세사업을 위하여 직접 사용하거나 소비하는 경우(면세전용), 영업 외 용도로 사용하는 개별소비세 과세대상 자동차와 그 유지를 위한 재화로 전용하는 경우로서 재화를 사용, 소비하는 때를 공급시기로 본다. 또한, 사업장이 2개 이상인 사업자가 판매를 목적으로 다른 사업장에 반출하는 경우도 자가공급에 해당되며 재화를 반출하는 때를 공급시기로 본다.

③ 개인적공급에 해당하는 경우

개인적공급이란 자기의 과세사업과 관련하여 생산, 취득한 재화를 사업과 직접적인 관계 없이 자기의 개인적인 목적에 사용, 소비하는 것을 말한다. 재화를 사용, 소비하는 때를 공급시기로 본다.

④ 사업상증여에 해당하는 경우

사업상증여란 자기의 과세사업과 관련하여 생산, 취득한 재화를 자기의 고객이나 불특정 다수에게 증여하는 경우를 말한다. 재화를 증여하는 때를 공급시기로 본다.

⑤ 폐업시 잔존재화에 해당하는 경우

사업자가 폐업할 때 과세사업과 관련하여 생산, 취득한 재화 중 남아 있는 재화는 폐업일에 자기에게 공급하는 것으로 본다.

무상공급이나 간주공급에 대하여 부가가치세를 과세하는 이유는 사업과 관련하여 매입세액을 공제받고 무상공급 및 개인적용도 등으로 사용하는 경우 부가가치세의 부담없이 사용, 소비되는 것을 방지하고자 하는 것이다.

간주공급에 대한 부가가치세법의 규정을 요약하면 다음과 같다.

구 분		매입세액 불공제분	세금계산서 발급의무	과세표준
자가 공급	면세전용	간주공급에서 제외	없음	시가
	비영업용소형승용자유지비 전용	제외	없음	시가
	판매목적 타사업장 반출	간주공급에 포함	의무발행	취득가액
개인적 공급		제외	없음	시가
사업상 증여		제외	없음	시가
폐업시 잔존재화		제외	없음	시가

(5) 의제매입세액공제

제조업자가 계산서나 신용카드로 공급받은 농·축·수·임산물 등의 면세품을 원재료로 제조, 가공하여 과세되는 재화 또는 용역으로 공급하는 경우 구입가액의 일정률을 매입세액으로 공제(의제매입세액공제)받을 수 있다. 의제매입세액으로 공제받은 금액은 원재료의 매입가액에서 차감한다. 또한 농어민으로부터 직접 구입한 후 영수증을 받은 경우에도 의제매입세액공제를 받을 수 있다.

① 제조업(중소기업)의 경우 4/104
② 간이과세 개인제조업(떡집 등)의 경우 6/106

(6) 대손세액공제

재화 또는 용역을 공급하고 외상매출금이나 그 밖의 매출채권(부가가치세를 포함한 것)의 전부 또는 일부가 공급받은 자의 파산, 강제집행 등 일정한 사유로 대손되어 회수할 수 없는 경우 그 대손이 확정된 날이 속하는 과세기간에 매출세액에서 회수하지 못한 대손금액 (부가가치세 포함)의 10/110을 세액공제한다.

대손사유는 다음과 같다.

① 상법·어음법·수표법·민법에 의한 소멸시효가 완성된 채권
② 채무자의 파산, 강제집행, 사업의 폐지, 사망·행방불명 및 회생계획인가의 결정 또는 법원의 면책 결정에 따라 회수불능으로 확정된 채권과 채무자 재산에 대한 경매가 취소된 압류채권
③ 부도발생일로부터 6개월 이상 경과된 수표·어음상의 채권 및 외상매출금. 다만, 저당권이 설정된 것은 제외한다.
④ 중소기업의 외상매출금, 미수금으로서 회수기일이 2년 이상 지난 것

대손세액의 회계처리는 다음과 같다.

● 외상매출시

(차) 매출채권   1,100   (대) 매출액   1,000
                                        부가세예수금   100

● 대손확정시

(차) 대손충당금   1,000   (대) 매출채권   1,100
     부가세예수금   100

공급자가 대손세액공제를 받은 후 대손금의 전부 또는 일부를 회수한 경우에는 당초 공제받은 대손세액을 회수한 날이 속하는 과세기간의 매출세액에 가산한다.

● 대손금의 일부 회수시

(차) 현금   550   (대) 대손충당금   500
                                          부가세예수금   50

(7) 판매장려금

판매장려금은 판매촉진, 시장개척 등을 목적으로 사전에 약정된 계약에 의하여 거래의 수량이나 거래금액에 따라 무상으로 지급하는 금전 또는 물품으로서 보상금, 기업업무추진비, 판촉비, 장려금 등의 명칭여하에 불구하고 판단한다.

① 금전으로 지급하는 판매장려금은 부가가치세 과세표준에서 공제하지 않는다.

② 물품으로 지급하는 판매장려금은 부가가치세 과세표준에서 공제하지 않으며, 사업상증여로서 시가를 과세표준으로 부가가치세가 과세된다. 이 경우 판매장려금은 재화의 공급대가가 아니므로 세금계산서 발행대상은 아니다.

물품으로 지급하는 판매장려금의 회계처리는 다음과 같다.

● 법인이 500,000원에 매입하고 판매가액 800,000원(부가가치세 별도)에 해당하는 물품을 판매장려금으로 무상제공한 경우

(차) 판매장려금(판촉비 등)   880,000   (대) 매입or상품(타계정대체)   500,000
                                                영업외수익   300,000
                                                부가세예수금   80,000

판매촉진비에 해당하는 광고선전용 샘플, 견본품, 시용품 등을 거래처에 무상제공하는 경우에는 간주공급으로서 부가가치세가 과세되지 않는다.

(8) 조기환급

제조업 관련 사업설비를 신설, 취득, 확장, 증축하는 때에는 매월, 매2월, 예정신고기간 단위로 조기환급 신고를 할 수 있다. 조기환급은 신고기한 경과 후 15일 이내에 환급된다.

❷ 소득 · 법인세

(1) 일반적인 사업소득과 법인소득 계산의 차이

사업활동을 통해 얻은 (개인)사업소득과 법인소득은 기업회계상 재무제표를 기초로 세무조정을 통하여 산출하는 과정이 유사하다. 그러나 소득원천에 따라 과세되는 사업소득과 순자산의 증가에 따른 법인소득은 과세소득의 개념이 다르며, 사업소득금액과 각사업연도소득금액의 계산과정이 다르다. 따라서 법인의 익금 및 손금과 사업소득금액의 총수입금액 및 필요경비는 차이가 있다. 또한, 세무조정에 따른 소득처분 시 법인이 각사업연도소득금액을 계산할 때 유보와 사외유출에 대한 소득처분을 반드시 하여야 하지만 사업소득금액을 계산할 때는 소득처분에 대한 규정이 없다. 다만, 유보에 대하여는 사후적으로 관리한다.

(2) 사업소득 총수입금액과 법인의 익금액

① 가사용으로 소비하는 재고자산

개인사업자가 재고자산을 가사용으로 소비하거나 종업원 또는 타인에게 무상으로 증여(부가가치세법상 간주공급에 해당하는 개인적공급)한 경우 재고자산의 시가를 사업소득 총수입금액에 산입하고 원가를 필요경비에 산입한다. 그러나 법인세법은 재고자산의 가사용소비에 관하여 규정이 없다. 다만, 법인의 재고자산을 종업원 등 특수관계인에게 무상 또는 저가로 제공하는 경우에는 부당행위계산부인 규정이 적용될 수 있으며 이 경우 세무조정으로 익금 또는 손금 등에 산입한다.

개인 사업자가 가사용으로 소비(개인적공급)하는 재고자산의 회계처리는 다음과 같다.

• 개인 사업자가 500,000원에 매입하고 판매가액 500,000원(부가가치세 별도)에 해당하는 물품을 가사용으로 소비(차량유지비)한 경우(원가와 시가에 차이가 없는 경우)

(차) 차량유지비	550,000	(대) 매입(타계정대체)	500,000
		부가세예수금	50,000

물품의 시가에 해당하는 총수입금액 산입에 대한 처리는 수입금액조정명세서와 조정후수입금액명세서에 세무조정으로 다음과 같이 수행한다.

(총수입금액산입) 개인적 공급   500,000

② 판매장려금인 금전 또는 물품의 수입액

법인과 개인 사업자가 거래상대방으로부터 받는 판매장려금 및 기타 이와 유사한 성질의 금액은 익금 및 총수입금액(자산수증이익 등 영업외수익)에 산입한다. 지급받는 판매장려금은 재화나 용역의 공급대가가 아니므로 세금계산서 발급 및 수취대상이 아니다.

③ 자산수증이익과 채무면제이익

법인 순자산을 증가시키는 자산수증이익과 채무면제이익은 법인의 익금에 산입한다. 그러나 사업소득에서는 사업과 관련된 자산수증이익과 채무면제이익만 사업소득의 총수입금액에 산입하고 사업과 관련 없는 것은 증여세 등으로 과세된다.

④ 유가증권처분손익과 유형·무형자산의 처분손익

법인 순자산을 증가 또는 감소시키는 유가증권처분손익과 유형·무형자산의 처분손익은 법인의 익금 또는 손금에 산입한다. 그러나 사업소득에서는 유가증권처분손익과 유형·무형자산의 처분손익을 사업소득의 총수입금액 또는 필요경비에 산입하지 않으며 복식부기사업자의 경우에만 사업용 유형자산처분손익을 총수입금액과 필요경비에 산입한다.

주식 및 파생상품 등에 해당하는 유가증권처분손익과 부동산 및 부동산에 관한 권리 등에 해당하는 유형·무형자산처분손익은 양도소득세 과세대상이 될 수 있다.

⑤ 가지급금에 대한 인정이자

법인 출자자의 업무무관 가지급금에 대하여 인정이자를 익금에 산입하고, 지급이자에 대하여는 손금불산입한다. 그러나 개인사업자가 출자금을 인출하는 것은 가지급금으로 보지 않으므로 인정이자를 계산하지 않는다.

⑥ 금융소득

법인의 금융소득은 이자수익이나 배당수익으로 익금에 산입되지만, 개인은 소득원천별로 과세하므로 사업소득 총수입금액에 산입되지 않고 이자소득이나 배당소득으로 과세된다.

(3) 사업소득 필요경비와 법인의 손금액

① 대표자의 인건비

법인의 대표자는 법인에 근로를 제공하고 급여 등 인건비를 받는 임원으로서 지급받는 인건비 등은 손금에 산입된다. 다만, 임원 급여 및 상여금과 퇴직금이 세법상 한도액을 초과하는 경우에는 손금으로 인정되지 않는다.

개인 사업자가 받는 급여는 본인 출자금의 인출로 보므로 필요경비에 산입하지 않는다. 또한 대표자와 관련된 복리후생비 등의 비용도 필요경비에 산입하지 않는다. 다만, 직장가입자로서 부담하는 대표자의 국민건강보험료 및 고용보험료와 지역가입자(1인 사업자)로서 부담하는 건강보험료는 필요경비에 산입한다.

② 판매장려금(현금) 지급액

기업회계상 판매장려금의 지급자는 매출액에서 차감하고 받은 자는 매입액에서 차감하도록 하고 있다.

법인이 매출실적에 따라 현금 지급하는 판매장려금은 매출액에서 차감하고 매출실적에 관계없이 지급하는 판매장려금은 판매비와 관리비로 처리한다. 다만, 실무적으로 매출액에서 차감하지 않고 비용처리하는 것이 사후관리를 위해서 편리할 수 있다.

개인 사업자가 거래 상대방에게 현금 지급하는 판매장려금은 총수입금액에서 차감하지 않는다. 판매비와 관리비로 필요경비에 산입한다.

판매장려금(현금) 손익의 귀속시기는 기업회계와 세법에 차이가 있다. 기업회계는 매출이 발생한 연도의 매출액에서 차감하지만 법인세 및 소득세법에서는 지급일이 속하는 사업연도의 매출액에서 차감하므로 세무조정이 필요하다.

〈판매장려금(현금)의 회계처리와 세무조정〉

판매장려금 5,000,000원 지급에 대한 산정기준연도가 20×1년이며 지급약정일은 20×2년 3월 21일인 경우

- 20×1년
(차) 판매장려금   5,000,000   (대) 미지급금   5,000,000
- 20×1년의 세무조정   (손금불산입) 판매장려금 5,000,000(유보)

- 20×2년 3월 21일
(차) 미지급금   5,000,000   (대) 현금 등   5,000,000
- 20×2년의 세무조정   (손금산입)   판매장려금 5,000,000(△유보)

③ 판매장려금(물품) 지급액

법인이 물품으로 지급하는 판매장려금은 물품의 시가를 접대비, 판매촉진비, 판매장려금 등으로 손금에 산입되며 원가를 매출원가에서 차감한다. 원가와 시가의 차이는 영업외수익으로 처리한다.

법인이 물품으로 지급하는 판매장려금의 회계처리는 다음과 같다.

- 법인이 500,000원에 매입하고 판매가액 800,000원(부가가치세 별도)에 해당하는 물품을 판매장려금으로 무상제공한 경우(원가와 시가에 차이가 있는 경우)

(차) 판매장려금(기업업무추진비 등) 880,000   (대) 매입or상품(타계정대체) 500,000
영업외수익   300,000
부가세예수금(세금과공과) 80,000

법인이 제공한 판매장려금(물품)은 금전 외의 자산에 대한 기업업무추진비 가액의 계산방법에 따라 장부가액과 시가 중 큰 금액으로 평가한다. 또한 부가가치세 과세표준은 시가로 계산한다. 판매장려금과 영업외수익을 상계한 금액만큼 비용처리되며 부가가치세 납부세액(부가세예수금)에 해당하는 금액은 비용(거래징수된 금액이 아니므로 납부세액을 세금과공과로 처리)에 가산되므로 법인세율만큼 절세효과를 얻을 수 있다.

한편, 판매장려금을 기업업무추진비로 계상한 경우에는 세법상 기업업무추진비한도액을 초과하여 손금불인정될 수 있으므로 한도가 없는 판매촉진비 등으로 계상할 것인지 여부에 대하여 실무적인 판단(사전약정 없이 지급하는 경우에는 기업업무추진비에 해당됨)이 필요하다.

개인사업자가 판매장려물품을 거래 상대방에게 지급(부가가치세법상 간주공급에 해당하는 사업상증여)한 경우 재고자산의 시가를 사업소득 총수입금액에 산입하고 원가를 기업업무추진비, 판매촉진비, 판매장려금 등 필요경비(매출원가에서 차감)에 산입한다. 원가와 시가에 차이가 있는 경우에는 영업외수익으로 처리한다.

개인 사업자가 물품으로 지급하는 판매장려금의 회계처리는 다음과 같다.

- 개인 사업자가 500,000원에 매입하고 판매가액 500,000원(부가가치세 별도)에 해당하는 물품을 판매장려금으로 무상제공한 경우(원가와 시가에 차이가 없는 경우)

(차) 판매장려금(기업업무추진비) 550,000   (대) 매입or상품(타계정대체) 500,000
부가세예수금(세금과공과) 50,000

개인 사업자가 제공한 판매장려금(물품)은 금전 외의 자산에 대한 기업업무추진비 가액의 계산 방법에 따라 장부가액과 시가 중 큰 금액으로 평가한다. 부가가치세 과세표준은 시가로 계산한다. 부가가치세 납부세액(부가세예수금)에 해당하는 금액은 비용에 가산되므로 소득세율만큼 절세효과를 얻을 수 있다.

물품의 시가에 해당하는 총수입금액 산입(소득세법에만 규정됨)에 대한 처리는 기업회계상 분개하지 않으며 수입금액조정명세서와 조정후수입금액명세서에 세무조정으로 다음과 같이 수행한다.

(총수입금액산입) 사업상증여 　　　　500,000

부가가치세 간주공급에 대한 법인·소득세법의 처리는 다음과 같다.

간주 공급	법인세	소득세
• 개인적공급 • 사업상증여	• 원가 : 손금에 산입	• 시가 : 총수입금액에 산입 • 원가 : 필요경비에 산입
자가공급 중 • 면세전용 • 비영업용 소형승용차 유지	• 원가 : 손금에 산입	• 총수입금액 산입 대상 아님 • 원가 : 필요경비에 산입
자가공급(2개 이상 사업장) • 판매목적 타사업장 반출	• 세금계산서 발행 대상임 • 반출한 사업장은 매출, 반입된 사업장은 매입 (이때 반출금액과 반입금액은 원가로 계산됨) 다만, 소득세법은 제조장에서 판매장으로 반출한 금액은 제조장의 총수입금액에 산입하지 않는다.	
• 폐업시 잔존재화	• 회계처리 없음 (단, 처분하는 연도의 총수입금액에 산입) • 소득세법은 폐업시 잔존재화가 다른 사업장의 판매 목적으로 반출한 경우 실제로 판매한 사업장의 총수입금액에 산입함	

간주공급에 대한 부가가치세 납부세액(부가세예수금) 및 위 사례에서와 같이 판매장려금 등 비용에 포함된 부가가치세 상당액에 대한 비용처리 여부는 다음과 같다.

구 분		부가가치세 납부세액 (부가세 예수금)	부가가치세 상당액
자가 공급	면세전용	손익과 무관	법인·소득세율만큼 절세효과
	비영업용소형승용자유지비 전용		
	판매목적 타사업장 반출		
	개인적 공급		
	사업상 증여		
폐업시 잔존재화		필요경비(손금, 세금과공과)	해당 없음

④ 기업업무추진비 한도액의 계산

법인은 법인 전체를 기준으로 기업업무추진비 손금한도액을 계산하며 사업소득을 계산하는 경우에도 사업장 단위가 아닌 개인 사업자를 기준으로 손금한도액을 계산한다. 따라서 개인 사업자가 여러 사업장이 있는 경우에는 기본한도액(일반기업 1,200만원, 중소기업

3,600만원)을 사업장별 수입금액의 비율로 안분계산한다. 다만, 개인 사업자의 복수사업장 중 공동사업장이 있는 경우에 공동사업장은 별개의 1거주자로 보므로 단독사업장과 별도로 계산한다.

⑤ 기부금의 한도

법인의 특례기부금은 기준소득금액의 50%를 한도액으로, 일반기부금은 특례기부금 손금산입 후 소득금액의 10%를 한도액으로 한다. 사업소득의 특례기부금은 기준소득금액의 100%를 한도액으로, 일반기부금은 특례기부금 손금산입 후 소득금액의 30%(종교단체 10%)를 한도액으로 한다.

⑥ 가지급금(초과인출금)에 대한 지급이자 필요경비 및 손금불산입

법인 차입금 지급이자에 대하여 업무무관자산 및 가지급금의 비율만큼 손금불산입하며 개인 사업의 차입금 지급이자에 대하여도 업무무관자산 및 초과인출금의 비율만큼 필요경비 불산입한다.

다만, 법인의 경우에는 업무무관자산 및 가지급금에 대한 지급이자 손금불산입 순서에 상관 없이 동시에 계산하지만 개인 사업자가 필요경비불산입하는 경우 순서는 초과인출금에 대한 지급이자를 필요경비불산입한 후 업무무관자산에 대한 지급이자를 필요경비불산입한다.

⑦ 대손충당금 설정채권

법인은 대손충당금 설정채권에 대여금 및 고정자산 매각대금의 미수금도 포함하지만 개인은 제외한다. 따라서 개인의 매출채권에 대하여만 대손충당금으로 설정할 수 있다.

⑧ 생산설비의 폐기손실 및 고정자산의 평가손익

기업회계에서 고정자산에 대한 자산재평가를 허용하여 평가손익의 계상이 가능하다. 세법상 법인 및 개인은 고정자산의 평가손익을 인정하지 않는다. 다만, 다음 사유에 해당하는 생산설비 폐기의 경우 법인과 개인은 손금 또는 필요경비에 산입할 수 있다. 생산설비는 기존 건축물, 차량운반구, 공구와기구, 비품 및 인테리어 시설장치 등을 말한다.

- 천재, 지변 등으로 파손되거나 멸실된 경우
- 시설의 개체 또는 기술의 낙후로 인하여 생산설비의 일부를 폐기한 경우(일부의 폐기만 해당되며 전체 시설의 개체 및 폐기는 해당되지 않는다.)
- 사업의 폐지 또는 사업장의 이전으로 임대차계약에 따라 임차한 사업장의 원상회복을 위하여 시설물을 철거하는 경우

위 사유에 대하여 법인은 해당 자산의 장부가액에서 1,000원(비망금액)을 공제한 금액

을 폐기일이 속하는 사업연도의 손금에 산입한다. 개인은 폐기손실 전액을 필요경비에 산입한다.

재해손실에 대하여는 필요경비 및 손금에 산입하는 것과 별도로 세액공제도 가능하다. 천재, 지변 등 파손되거나 멸실된 경우(도난이나 분실은 제외) 재해로 인한 소실 비율이 20% 이상인 경우에는 재해손실세액공제를 받을 수 있다. 또한 재해자산이 보험에 가입되어 보험금을 수령할 경우에도 재해 자산가액에서 차감하지 않고 보험차익을 별도의 수입금액에 포함한다.

⑨ 외화자산·부채의 평가손익 및 환산차손익

기업회계에서 화폐성 외화자산·부채에 대하여 결산일의 적절한 환율로 평가하고, 비화폐성 자산과 부채는 원칙적으로 취득 당시의 환율로 환산한 가액을 재무제표에 표시하도록 하고 있다.

법인은 외화자산·부채의 평가손익을 익금 또는 손금에 산입할 수 있다. 외화평가를 하고자 하는 경우 법인세 신고시 신청하여야 하며 5년간 의무 적용된다. 또한 외화환산의 차손익은 해당 사업연도의 익금 또는 손금에 산입한다.

개인은 법인과 달리 외화자산·부채의 평가손익을 총수입금액 또는 필요경비에 산입할 수 없으나 외화환산 차손익은 해당 사업연도의 총수입금액 또는 필요경비에 산입한다.

⑩ 재고자산 취득원가의 결정

재고자산의 취득원가는 매입가액 또는 제조원가에 부대비용(관세, 운임, 수수료, 취득세 등)을 가산한 금액으로 한다.

세무상 재고자산의 제조, 매입, 건설에 소요되는 차입금의 이자비용(건설자금이자)은 취득원가에 포함되지 않는다.

매입에누리와 환출 및 매입할인과 의제매입세액공제액은 매입가액에서 차감한다.

신용장거래에서 수입자가 부담하는 Usance 이자와 어음거래에서 수입자가 부담하는 D/A이자는 이자비용으로 처리한다.

신용장거래에서 수출자가 수출대금의 회수를 위해 수출환어음을 발행하여 만기전에 할인할 때 발생하는 이자를 Shipper's Usance 이자라고 하며 수입자가 수출자에게 이자를 별도로 지급하는 경우 수입자가 이자를 부담하게 된다. 또한 수입대금을 금융기관에서 차입하여 결제한 후 금융기관에 지급하는 이자를 Banker's Usance 이자라고 한다. 어음거래는 외상으로 대금결제를 유예하는 것으로 수입자가 일정기간의 이자를 부담하는 경우 이를 D/A이자라 한다. 다만, 법인세법에서는 수입자가 부담하는 Banker's Usance 이자와 D/A 이자는 이자비용과 재고자산의 원가로 선택하여 처리할 수 있다.

⑪ 재고자산의 평가손익

기업회계에서 원가법(평균법, 선입선출법 등)에 의한 평가를 원칙으로 하고 시가가 원가보다 하락한 경우 저가법에 따라 평가한다.

재고자산의 평가에 있어서 법인과 개인은 동일하게 적용된다. 따라서 원가법에 따른 재고자산의 평가감, 평가증을 익금 및 손금, 총수입금액산입 및 필요경비에 산입한다.

재고자산평가감이란 회사의 장부상 기말재고자산평가액이 세법상 평가액보다 과소평가된 것을 말하므로 차액만큼 익금산입하게 된다. 또한 재고자산평가증이란 회사의 장부상 기말재고자산평가액이 세법상 평가액보다 과대평가된 것을 말하므로 차액만큼 익금불산입하게 된다.

세법상 재고자산은 신고한 평가방법에 따르고 무신고한 경우에는 선입선출법을 적용하여 평가한다. 매매목적의 부동산은 평가방법을 무신고한 경우 개별법으로 평가한다. 또한 재고자산이 파손, 부패 등의 사유로 정상가격으로 판매할 수 없는 것은 사업연도 종료일 현재 처분가능한 시가로 평가한 가액으로 감액하고 그 금액을 손금 또는 필요경비에 산입할 수 있다.

⑫ 유가증권의 평가손익

기업회계에서 유동자산에 해당하는 주식으로서 시장성이 있는 단기매매증권, 매도가능증권은 공정가액법에 의하여 평가하며, 시장성이 없는 매도가능증권, 만기보유증권은 원가법을 적용한다.

세법상 유가증권의 평가는 원가법(개별법, 총평균법, 이동평균법)에 따른 방법 중 하나를 선택하여 신고한 후 평가하며 무신고한 경우에는 총평균법을 적용한다. 법인과 개인은 유가증권의 평가손익을 총수입금액 및 필요경비에 산입하지 않는다. 다만, 법인으로서 투자회사가 소유한 유가증권의 시가에 따른 평가손익을 익금 또는 손금에 산입할 수 있다.

(4) 제조업의 조세특례

다음의 주요 조건이 충족되는 경우 조세특례제한법의 여러 세액감면이나 세액공제를 적용받을 수 있다.

① 제조업을 영위하는 경우

② 중소기업의 요건에 충족되는 경우

세액감면 및 세액공제를 적용받는 경우 수도권 및 과밀억제권역 내 감면배제 대상인지, 최저한세 및 농어촌특별세 과세대상인지, 이월공제가 가능한지, 다른 세액감면 및 세액공제와 중복공제가 가능한지 등을 검토하여야 한다.

제6절 도·소매업의 세무

도매업은 구입한 상품을 변형하지 않고 소매업자나 다른 도매업자에게 재판매하는 업종을 말하며 소매업은 개인 및 소비용 상품을 변형하지 않고 일반 대중에게 재판매하는 업종을 말한다. 이러한 소매업은 일반적으로 판매상품에 대한 소유권을 갖고 판매하지만 위탁판매 또는 수수료에 의하여 소유자를 대리하여 상품을 판매하기도 한다.

❶ 부가가치세

(1) 사업개시일과 사업자등록

도·소매업의 사업개시일 기준은 재화의 공급을 시작하는 날로 한다.

실무적으로 재화의 공급이 시작되기 전에 사업설비 등을 취득하게 되므로 사업용 고정자산과 재고자산 매입 등에 대한 세금계산서의 수취 및 부가가치세 환급을 받기 위하여 사업개시일 전에 사업자등록 신청을 하여야 한다.

(2) 사업장과 납세지

도·소매업의 사업장은 거래의 전부 또는 일부가 이루어짐으써 부가가치를 창출할 수 있는 장소로서 사업자가 신청하는 장소이다. 부가가치세의 납세지는 각 사업장 소재지로 한다.

(3) 과세유형

도매업은 연간 공급대가가 기준공급대가인 1억 4백만원에 미달하는 경우에도 간이과세 적용을 배제하므로 일반과세자로 사업자등록하여야 한다.

소매업은 연간 공급대가가 1억 4백만원에 미달하는 경우 간이과세로 등록하거나 일반과세자에서 간이과세자로 유형 전환이 될 수 있다. 일반과세자가 간이과세자로 유형 전환이 되는 경우에는 재고납부세액을 계산하여 납부할 수 있으며, 간이과세자가 일반과세자로 유형 전환이 되는 경우에는 재고매입세액이 공제될 수 있다.

재고납부세액이란 일반사업자가 간이과세자로 과세유형이 변경되는 경우에 일반사업자로서 공제받은 매입세액을 간이과세자로서 공제받을 매입세액과의 차이를 다시 정산하여 납부하는 절차를 말한다. 이때 정산대상이 되는 자산은 간이과세자로 전환시 남아있는 재고와 감가상각대상자산에 대해 과세된다.

재고매입세액의 공제란 간이과세자가 일반과세자로 변경되는 경우 변경일 현재, 재고자산, 건설중인자산 및 감가상각대상자산으로서 매입세액공제 대상인 경우 일반과세자로 변경된 날로부터 6개월이 되는 날까지의 기간이 속하는 예정신고 또는 확정신고 기간의 거래에 대한 납부세액에서 공제하는 것을 말한다.

(4) 과세대상과 간주공급

도·소매업의 상품은 부가가치세가 과세되는 재화의 공급에 해당되므로 제조업과 같이 대가의 수령 없이 인도되는 무상공급이나 간주공급에 해당하는 경우 재화의 시가상당액에 부가가치세가 과세된다.

(5) 세금계산서와 신용카드매출전표

도매업은 도매업자가 소매업자에게 재고자산을 판매하는 경우로 사업자간의 거래에 해당된다. 따라서 세금계산서를 발행하여야 한다. 반면 소매업은 일반소비자와의 거래가 일반적이므로 신용카드매출전표, 현금영수증 등을 발행한다. 개인 사업자가 신용카드매출전표 등을 발행한 경우에는 발행금액(부가가치세 포함금액)의 1.3%(연간 1,000만원 한도, 2024년부터 공제율 1%, 연간 500만원 한도)를 납부세액에서 공제한다.

❷ 소득·법인세

(1) 수익의 인식기준

도·소매업자가 재고자산을 자기의 위험과 책임으로 판매하는 경우에는 매출총액을 수익으로 인식하며 판매한 상품의 원가를 매출원가로 인식한다. 반면, 중개무역이나 광고대행 및 여행사와 백화점의 경우에는 고객에게 청구한 금액에서 제3의 공급자에게 지급할 금액을 제외한 순액을 수수료수익으로 인식한다. 따라서 이 경우에는 매출원가를 계산하지 않는다.

(2) 재고자산의 취득원가결정과 평가손익

재고자산의 취득원가는 매입가액 또는 제조원가에 부대비용(관세, 운임, 수수료, 취득세 등)을 가산한 금액으로 한다. 세무상 재고자산의 제조, 매입, 건설에 소요되는 차입금의 이자비용(건설자금이자)은 취득원가에 포함되지 않는다.

매입에누리와 환출 및 매입할인은 매입가액에서 차감한다. 신용장거래에서 수입자가 부담하는 Usance 이자와 어음거래에서 수입자가 부담하는 D/A이자는 이자비용으로 처리한다. 다만, 법인세법에서는 수입자가 부담하는 Banker's Usance 이자와 D/A이자는 이자비용과 재고자산의 원가로 선택하여 처리할 수 있다.

기업회계에서 원가법(평균법, 선입선출법 등)에 의한 평가를 원칙으로 하고 시가가 원가보다 하락한 경우 저가법에 따라 평가한다. 원가법에 따른 재고자산의 평가감, 평가증을 익금 및 손금, 총수입금액산입 및 필요경비에 산입한다.

세법상 재고자산은 신고한 평가방법에 따르고 무신고한 경우에는 선입선출법을 적용하여 평가한다. 매매목적의 부동산은 평가방법을 무신고한 경우 개별법으로 평가한다. 또한 재고자산이 파손, 부패 등의 사유로 정상가격으로 판매할 수 없는 것은 사업연도 종료일 현재 처분가능한 시가로 평가한 가액으로 감액하고 그 금액을 손금 또는 필요경비에 산입할 수 있다.

(3) 전문점·대리점의 판매장려금의 수령

세무서장은 매년 1월 1일부터 12월 31일까지 수집대상사업자가 지급한 판매장려금 등의 지급내역을 다음해 2월 말일까지 수집한다.

제조업자나 도매업자로부터 재화를 공급받아 판매하는 소매업자가 판매수량에 따라 판매장려금을 지급받는 경우 익금산입 또는 총수입금액에 산입하며 일반적으로 영업외수익으로 처리한다. 판매장려금은 부가가치세 과세대상이 아니므로 세금계산서 발급대상도 아니다.

판매장려금으로 500,000원 수령한 경우 회계처리는 다음과 같다.

(차) 현금 등   500,000   (대) 영업외수익   500,000

판매장려금을 지급한 제조업자나 도매업자는 지급일에 매출액에서 차감하거나 판매관리비로 처리한다. 다만, 사전약정 없이 지급하는 경우에는 접대비에 해당된다.

(4) 도·소매업의 조세특례

중소기업에 해당하는 도·소매업은 중소기업특별세액감면을 받을 수 있다. 중소기업특별세액감면은 최저한세가 적용되며 농어촌특별세가 과세되지 않는다. 또한 이월과세가 적용되지 않으며 다른 감면과 중복적용을 하지 않는다.

수도권 및 수도권외 지역 및 중기업, 소기업 여부에 따라 감면율이 다르다.

법인세, 소득세 감면시 무신고, 기한후 신고, 조사 및 수정신고에 의한 경정결정, 사업용계좌와 현금영수증 미가입자, 신용카드와 현금영수증을 사실과 다르게 발급하거나 발급을 거부한 경우 감면을 배제한다.

❶ 대형마트 등 입점·납품업체의 계약형태

(1) 수수료매장

대형마트 및 백화점의 입점·납품업체가 매출액의 일정률을 대형마트 등에 수수료로 지급하는 약정을 맺는 계약을 수수료매장이라고 하며 다음과 같은 형태가 있다. 이러한 계약에서는 입점·납품업체 매출액의 증감에 따라 지급할 수수료가 변동된다.

① 책임판매 형태(입점업체)

대형마트등의 판매장에 입점하거나 대리판매 형식으로 입점업체의 책임하에 재고관리를 하며 판매에 따른 대금청구권을 가지면서 매출액의 일정률을 수수료로 지급하는 형태를 말한다. 임대매장과 유사하지만 월 임차료가 아닌 수수료를 지급하는 것에 차이가 있다.

② 위탁판매 형태(납품업체)

대형마트등이 관리하는 판매장에 재고를 납품하고 대형마트 등에 판매를 위탁하거나 납품업체의 직원이 직접 판매를 하고, 판매되지 않은 재고는 전량 납품업체로 반품가능한 형태의 매출을 말한다. 매출액의 일정률을 수수료로 지급하여야 한다.

(2) 임대매장(입점업체)

입점업체가 대형마트등과 판매장을 임대계약하여 입점하는 계약형태를 임대매장이라고 한다. 따라서 입점업체의 매출액의 증감에 상관없이 임차료를 지급하면 된다.

❷ 매출수익의 계산

(1) 입점업체의 매출수익

대형마트등에 입점한 업체는 판매장에서 최종소비자에게 재화가 판매되는 때에 총액을 매출액으로 인식한다. 이는 기업회계와 부가가치세 및 법인(소득)세가 모두 동일하다.

한편, 대형마트등에 지급할 수수료 또는 임차료는 판매비와관리비로 계상한다.

(2) 납품업체의 매출수익

① 최종소비자에 판매시 손익인식하는 경우(위탁판매)

대형마트등에 반품가능한 조건으로 위탁판매하는 형태는 매출액의 일정률을 수수료로 지급하고 세금계산서를 발급하는 경우로서 매장에서 최종소비자에게 판매되는 때가 기업회계 및 (법인)소득세 수익인식시기이며 부가가치세 공급시기이다.

위탁판매형태는 수탁자가 판매를 의뢰받은 것으로 제3자에게 판매할 때까지 소유권은 위탁자에게 있다. 따라서 반품추정부채를 설정할 필요가 없으며 반품되더라도 별도의 회계처리를 하지 않는다. 다만, 반품과정에서 파손, 운반비, 보관료, 폐기 등의 비용이 발생하는 경우에는 반품비용을 손비로 처리한다. 또한, 반품에 따른 비용발생이 예상되며 그 비용이 합리적인 경우 반품예상액을 추정하여 반품추정부채로 계상한다. 세법상 반품추정부채는 인정되지 않으므로 세무조정의 문제가 발생된다. 세법에서는 퇴직급여충당금, 일시상각충당금, 압축기장충당금, 대손충당금을 제외한 충당금은 손금으로 인정하지 않기 때문에 충당부채를 손금불산입 유보처분하고 추후 실제 비용이 발생하는 시점에 손금산입 유보처분하게 된다.

사례에 관한 회계처리와 세무조정은 제8절 출판업의 비용부분에 설명된 내용과 같다.

대형마트등은 판매된 상품에 대하여 수수료매출을 인식한다. 수수료 매출과 관련된 세금계산서를 교부하고 수수료매출의 순액에 대하여 부가가치세를 신고하게 된다.

🗃 사례1

㈜상훈물산은 송정백화점에 스포츠용품 판매에 대한 수수료매장계약을 체결하였으며 수수료율은 20%로 결정하였다. 또한, 재고반품조건부로 재화위탁판매계약이 체결되었다.

① 20×1년 10월 4일 다음과 같은 상품이 백화점에 입고되었다.(부가가치세 별도)

품 목	백화점 판매가	백화점 납품가	매출원가
검도용품	2,000,000원	1,600,000원	1,000,000원
야구용품	5,000,000원	4,000,000원	3,000,000원
합 계	7,000,000원	5,600,000원	4,000,000원

② 백화점에 입고된 상품 중 검도용품은 20×1년 12월 중 모두 판매되었으나 야구용품은 판매되지 않았다.

③ 판매대금은 20×2년 1월 25일 백화점에서 수수료를 제외한 금액을 ㈜상훈물산에게 지급하였다.

〈요구사항〉㈜상훈물산과 송정백화점의 20×1년 회계처리를 하시오.

(1) 상㈜상훈물산의 회계처리

   ① 20×1년 10월 4일 : 회계처리 없음

   ② 20×1년 12월 31일 : 12월 중에 판매된 상품에 대하여 수익을 인식하고, 백화점에 지급할 수수료를 인식한다. 또한 판매된 상품에 대한 부가세예수금 및 수수료지급에 대한 부가세대급금을 인식한다.

(차) 매출채권	2,200,000	(대) 매출수익	2,000,000
		부가세예수금	200,000
(차) 지급수수료	400,000	(대) 미지급금	440,000
부가세대급금	40,000		

   ③ 20×2년 1월 25일

(차) 현금 등	1,760,000	(대) 매출채권	2,200,000
미지급금	440,000		

(2) 송정백화점의 회계처리

   ① 20×1년 10월 4일 : 회계처리 없음

   ② 20×1년 12월 31일 : 12월 중에 판매된 상품에 대하여 백화점 수수료매출을 인식하고, 수수료 매출과 관련된 세금계산서를 교부한다. 이 경우 백화점은 수수료매출의 순액에 대하여 부가가치세를 신고하게 된다.

(차) 현금 등	2,200,000	(대) 미지급금	1,760,000
		수수료수익	400,000
		부가세예수금	40,000

   ③ 20×2년 1월 25일

(차) 미지급금	1,760,000	(대) 현금 등	1,760,000

② 대형마트등 인도시기에 손익인식하는 경우

재화를 대형마트등에 위탁판매가 아니면서 반품가능조건으로 납품(실질적으로 공급)을 하고 수수료를 차감한 대가만 사후에 지급받기로 한 경우(대형마트등의 직영매장)에는 대형마트등에 재화를 인도하는 때에 세금계산서를 발급(판매가)하여야 하며 (법인)소득세의 손익귀속사업연도로 한다. 그러나 기업회계에서는 최종소비자에게 재화가 판매되는 때에 매출수익으로 인식하므로 세무조정의 문제가 발생되며 판매분에 대한 매출 부가가치세 예수금도 인식하지 않는다. 반품가능조건에 따라 반품비용이 발생할 것으로 예상되는 경우 반품예상액을 추정하여 반품추정부채를 계상한다.

대형마트등은 수입수수료에 대하여 세금계산서를 발급하여야 하며, 재화가 최종소비자에게 판매되는 시기에 매출부가가치세가 발생되고 이를 입고시에 선급한 부가가치세 대급금과 상계하여 차액을 납부하게 된다.

💼 사례2

㈜상훈물산은 송정백화점에 재고반품조건부로 스포츠용품 판매에 대한 수수료매장계약을 체결하였으며 수수료율은 20%로 결정하였다.

① 20×1년 10월 4일 다음과 같은 상품이 백화점에 입고되었다.(부가가치세 별도)

품 목	백화점 판매가	백화점 납품가	매출원가
검도용품	3,000,000원	1,600,000원	1,000,000원
야구용품	5,000,000원	4,000,000원	2,500,000원
합 계	8,000,000원	5,600,000원	3,500,000원

② 백화점에 입고된 상품 중 검도용품은 20×1년 12월 중 모두 판매되었으나 야구용품은 판매되지 않았다.

③ 판매대금은 20×2년 1월 25일 백화점에서 수수료를 제외한 금액을 ㈜상훈물산에게 지급하였다. 야구용품은 20×2년 2월 10일에 판매되었다.

〈요구사항〉 ㈜상훈물산은 송정백화점의 20×1년 및 20×2년 회계처리와 세무조정을 하시오.

(1) ㈜상훈물산의 회계처리와 세무조정

① 20×1년 10월 4일 : 백화점 입고시에 기업회계상 수익을 인식하지 않지만, 부가가치세법상 공급시기에 해당하므로 세금계산서를 발급하여야 한다.(납품가)

(차) 미수금　　　　　　　　560,000　　(대) 부가세예수금　　　　　560,000

② 20×1년 12월 31일 : 12월 중에 판매된 상품에 대하여 수익을 인식하고, 백화점에 지급할 수수료를 인식한다. (법인)소득세 계산상 인도시기가 속하는 사업연도에 익금 및 손금을 인식하여야 하므로, 야구용품에 대하여 인도시기를 기준으로 익금과 손금 세무조정을 한다.

(차) 매출채권　　　　　　　3,000,000　　(대) 매출수익　　　　　　3,000,000
　　지급수수료　　　　　　　600,000　　　　미지급금　　　　　　　600,000

(차) 매출원가　　　　　　　1,000,000　　(대) 상 품　　　　　　　1,000,000

〈세무조정〉 (납품가와 원가)

(익금산입)　　야구용품 수익인식　　　　4,000,000원 (유보)

(손금산입)　　야구용품 매출원가　　　　2,500,000원 (△유보)

③ 20×2년 1월 25일 : 대금회수시 미수금 및 매출채권과 미지급금을 정산하여 지급받는다.

(차) 현금 등　　　　　　　2,960,000　　(대) 미수금　　　　　　　　560,000
　　미지급금　　　　　　　　600,000　　　　매출채권　　　　　　3,000,000

④ 20×2년 2월 10일 : 20×2년에 판매된 야구용품을 기업회계상 매출로 인식하고 전기에 세무조정으로 익금산입한 금액은 이월익금에 해당되어 익금불산입하고 대응원가는 손금불산입한다.

(차) 매출채권	5,000,000	(대) 매출수익	5,000,000
지급수수료	1,000,000	미지급금	1,000,000
(차) 매출원가	2,500,000	(대) 상 품	2,500,000

〈세무조정〉

| (익금불산입) | 야구용품 수익인식 | 4,000,000원 (△유보) |
| (손금불산입) | 야구용품 매출원가 | 2,500,000원 (유보) |

(2) 송정백화점의 회계처리

① 20×1년 10월 4일 : 백화점 입고시 세금계산서를 교부받는다.

| (차) 부가세대급금 | 560,000 | (대) 미지급금 | 560,000 |

② 20×1년 12월 31일 : 12월 중에 판매된 상품에 대하여 백화점 수수료매출을 인식하고, 수수료매출과 관련된 세금계산서를 교부한다.

(차) 현금 등	3,300,000	(대) 수수료수익	600,000
		부가세예수금	300,000
		미지급금	2,400,000

③ 20×2년 1월 25일 : 대금지급시 미지급금을 정산하여 지급한다.

| (차) 미지급금 | 2,960,000 | (대) 현금 등 | 2,960,000 |

④ 20×2년 2월 10일

(차) 현금 등	5,500,000	(대) 수수료수익	1,000,000
		부가세예수금	500,000
		미지급금	4,000,000

❶ 출판업의 개요

출판사는 출판을 업으로 하는 인적·물적 시설을 갖춘 회사를 말한다. 출판이란 저작물을 종이 또는 전자적 방법으로 간행물을 발행하는 행위를 말한다. 출판물은 제3자에 의하여 제작되거나 회사 자체에서 직접 창작된 창작물을 편집, 구입 또는 계약에 의하여 인쇄물이나 전자매체의 형태로 출판된다. 이러한 출판물은 재고자산으로 분류되어 매출원가로 계산하여야 하고 판매수익은 제품매출 또는 상품매출로 기록하게 된다.

출판업으로 사업을 하고자 하는 경우 시장·군수·구청장(자치구를 말함)에게 신고하여야 하며 신고필증을 교부받게 된다. 시장 등은 신고된 사항을 문화체육관광부장관에게 보고한다.

❷ 출판업 제조원가의 흐름

출판사는 '기획, 저자의 섭외 및 저작권계약, 원고의 집필, 편집 및 교정, 디자인, 제작 또는 제작발주(외주), 인쇄, 제본, 배본(책의 배달), 마케팅, 판매, 관리 및 결산'의 과정을 거친다. 기획부터 제본까지 발생된 원가는 제조원가로, 배본부터 결산까지 발생된 원가는 판매관리비로 구분한다.

(1) 제조원가

① 직접제조원가

제조에 직접관련되는 직접제조원가는 원고료(인세, 저작권료, 번역료, 사용료 등), 외주편집, 외주교정, 외주디자인비, 출력비, 용지비, 인쇄비, 제본비 등의 계정을 사용한다.

② 제조간접원가

제조간접원가는 적절한 배부기준에 따라 제품(도서)에 배부하여야 하며 기획비(회의비, 섭외 및 취재 등), 내부 편집·교정·디자인 등 인건비, 전력비, 소모품 등의 계정으로 구분된다.

(2) 판매관리비

판매관리비는 물류비, 광고선전비, 견본기증비, 기부금(도서기증), 재고자산 폐기처분손실 등의 계정으로 구분된다.

❸ 출판업의 부가가치세

도서(도서대여 용역 포함)와 전자출판물, 신문, 잡지의 공급은 부가가치세가 면세된다. 또한 도서의 내용을 담은 음반, CD 등을 도서에 첨부하여 하나의 공급단위로 공급되는 것도 면세된다.

출판사가 저작권과 출판권 및 한글서체 등을 양도하는 경우에도 부가가치세가 면세된다. 출판사가 보유한 지형(서적 출판용 필름)을 대여하는 경우에도 면세된다. 다만, 광고수입은 과세대상이다.

면세되는 전자출판물은 출판문화산업 진흥법의 전자출판물을 말하며 음악 및 영화나 게임 등 진흥에 관한 법률의 적용을 받는 것은 제외되어 부가가치세가 과세된다.

(1) 면세관련 사례

① 운영자인 법인회사를 통해 제공하는 '앱북'의 공급에 대해 전자출판물로 보아 부가가치세가 면세된다.
② 학생들의 지식 보급 등을 위하여 판매하는 일일학습지에 대하여 면세된다.
③ 비영리출판물 및 이러한 출판물과 관련된 용역은 부수공급으로 부가가치세가 면세되며 비영리출판물 및 기관지에 게재된 광고는 면세되는 공급에 필수적으로 부수되는 용역으로 면세된다.

(2) 과세관련 사례

① 컴퓨터를 이용한 통신망으로 학습자료를 제공하고 학습결과를 통신망으로 전송받아 성적을 평가하여 주고 대가를 받는 경우에는 부가가치세가 과세된다.
② 도서를 출판하고 남은 종이를 이용하여 다이어리, 수첩, 달력을 제작하여 판매하는 경우 부가가치세가 과세된다.
③ 원고나 사진을 제공받아 편집, 인쇄, 제본 등의 용역을 공급하는 경우에는 부가가치세가 과세된다.

❹ 출판업의 소득·법인세

(1) 매출수익의 인식

매출수익의 인식시기는 원칙적으로 서점 등 공급받는 자에게 인도되는 때이다. 또한, 도서를 서점에 위탁판매가 아니면서 재고반품가능조건으로 납품(실질적으로 공급)을 하고 수수료를 차감한 대가를 사후에 지급받기로 한 경우에도 도서가 인도되는 때를 총수입금액(익금)의 귀속사업연도로 한다. 이 경우 재고가 반품되는 경우 매출환입으로 매출액을 줄여야 한다.

출판사가 납품한 도서 중 파손, 분실 등으로 인한 재고손실은 그 손금이 확정된 날이 속하는 사업연도로 한다.

다양한 판매형태에 따른 수익의 귀속시기는 다음과 같다.

① 위탁판매

위탁판매가 일반적인 거래형태로서 총판이나 특약점, 서점과의 약정에 따라 판매되는 경우 수탁자인 총판이나 서점 등이 도서를 판매한 때에 매출수익을 인식한다. 판매대금은 수수료를 차감한 후 정산하여 서점사업자가 출판사에게 지급한다.

서점에 입고된 서적(실질적 공급이 아님)은 판매 전까지 출판사의 장부에 재고자산으로 기록되며 판매시 매출원가로 기록한다.

재고반품조건인 위탁판매로서 재고가 반품되는 경우에는 재생비, 운송료, 보관료, 폐기비용 등의 반품비용을 손비로 처리한다. 기업회계상 반품예상액을 추정하여 반품추정부채로 계상한다.

② 임치계약 판매

서점과 특약에 따라 서적을 진열하여 판매하고 서점은 도서의 재고에 대하여 출판사에 주문하여 보충하고 미판매분은 반품하는 거래형태로서 위탁판매형태와 유사하다. 따라서 서점이 도서를 고객에 판매할 때 매출수익으로 인식한다.

③ 할부판매

아동도서나 전집 등 도서를 인도하고 대금을 분할하여 지급받는 할부판매가 이루어진 경우 인도일이 속하는 사업연도의 매출수익으로 인식한다. 다만, 장기할부판매(대가를 2회 이상 분할하고 회수기일이 1년 이상)의 경우에는 회수기일도래기준을 적용하여 수익을 인식할 수 있다.

④ 통신판매

출판사가 직접 전자상거래 등의 방법으로 통신판매하는 경우에는 서적을 발송한 때에 매출수익을 인식한다. 시용판매의 경우에는 고객이 구입의사를 표시한 때에 수익을 인식한다.

(2) 출판업의 비용

① 원고료 및 저작권 등 사용료소득

저작자에게 지급하는 원고료는 소득자의 직업, 계속·반복성 여부에 따라 기타소득이나 사업소득으로 구분한다. 원고료(문예창작소득)가 기타소득에 해당하는 경우에는 총지급액의 60%를 차감한 소득금액에 22%(지방소득세 포함)를 원천징수한다. 사업소득에 해당하는 경우에는 수입금액에 3.3%(지방소득세 포함)를 원천징수한다.

저작권 및 외국의 사진작품이나 그림 등을 국내 출판사가 사용하기로 하고 지급하는 대가를 국내에서 사용하거나 국내에서 지급하는 경우 국내원천 사용료소득에 해당되므로 20%의 세율로 원천징수(분리과세)하여야 하지만 국내 원천징수세율이 조세조약상 제한세율보다 높은 경우에는 조세조약상 제한세율을 적용한다.

비거주자의 국내원천소득에 대한 과세체계는 다음과 같다.

국내원천소득		국내사업장이 있는 비거주자	국내사업장이 없는 비거주자	원천징수세율
1호	이자소득	종합과세	분리과세 (완납적 원천징수)	20%
2호	배당소득			
11호	사용료소득			
13호	기타소득			
6호	인적용역소득		분리과세 (종합과세 선택가능)	
5호	사업소득		분리과세 (완납적 원천징수)	2%
7호	근로소득			거주자와 동일
8호의2	연금소득			거주자와 동일

해외작가나 출판사에게 저작권 등의 대가를 지급하는 경우에는 부가가치세가 면제되며 국내의 출판사는 부가가치세를 대리납부할 의무가 없다.

부가가치세의 대리납부란 국내에 사업장이 없는 비거주자 또는 외국법인과 국내사업장이 있는 비거주자 또는 외국법인(국외사업자)으로부터 용역 또는 권리를 공급받는 경우 해당 용역 등을 공급받은 자가 그 대가를 지급하는 시점에 국외의 공급자를 대리하여 부가가치세를 징수·납부하는 것을 말한다. 다만, 부가가치세가 면제되는 재화 또는 용역을 공급받는 경우에는 대리납부의무가 없다.

② 인세

인세는 출판물의 발행부수를 기준으로 지급하는 발행인세와 출판물의 판매부수를 기준으로 지급하는 매출인세로 구분된다. 매출인세의 경우 일반적으로 매출액의 10%~20% 내외로 결정된다. 인세(문예창작소득)는 저작자에 따라 기타소득이나 사업소득으로 구분한다. 기타소득에 해당하는 경우에는 총지급액의 60%를 차감한 소득금액에 22%(지방소득세 포함)를 원천징수한다. 사업소득에 해당하는 경우에는 수입금액에 3.3%(지방소득세 포함)를 원천징수한다.

③ 저자에게 무상 제공하는 도서

저자에게 무상으로 제공하는 도서의 가액은 인세와 유사한 비용으로서 기업업무추진비에 해당하지 않으며 판매부대비용으로 처리한다. 원천징수대상이 아니다.

④ 외주(가공)비

출판사가 서적의 제작을 인쇄업자에게 외주로 의뢰하는 경우 계상한다. 외주제작시 세금계산서를 수취하여야 한다.

⑤ 재고반품조건 위탁판매의 반품비용

반품비용은 진열 후 반품과정에서 발생하는 파손, 서점 브랜드가 새겨진 도장을 지우기 위한 재생비, 반품에 따른 운송비, 보관료, 폐기와 관련된 비용이다.

출판사와 서점간 반품조건의 위탁판매 형태인 경우 반품예상액을 추정하여 반품추정부채로 계상한다. 반품조건이 있는 경우에는 반품추정부채를 기업회계상 계상하게 되지만 세법상 반품추정부채가 인정되지 않으므로 세무조정(유보 또는 △유보)의 문제가 발생된다. 위탁판매는 재고자산의 소유권이 출판사에게 있으므로 재고반품에 따라 매출수익과 재고자산(매출원가)의 변동에 따른 회계처리는 하지 않는다.

위탁판매에 관한 회계처리는 제7절 대형마트등 납품업체의 위탁판매와 같다.

• 도서 반품예상액을 추정하는 경우

(차) 반품비용   xxx   (대) 반품충당부채   xxx
〈세무조정〉
(손금불산입) 반품비용   xxx (유보)

• 도서가 실제 반품된 경우(추정액보다 더 많은 경우)

(차) 반품충당부채 　　　　　　xxx 　　(대) 현금 등 　　　　　　　　xxx
　　 반품비용 　　　　　　　　xxx

〈세무조정〉

(손금산입) 　　전기부인 반품비용 　　　　xxx(△유보)

⑥ 마일리지 비용

출판사 또는 서점에서 우수고객에 대하여 마일리지 포인트를 부여하는 경우 기업회계는 마일리지 포인트 부여시 마일리지 사용금액을 합리적으로 추정하여 충당부채로 인식하지만 세법에서는 충당부채를 손금으로 인정하지 않는다. 따라서 세무조정(유보 또는 △유보)의 문제가 발생된다.

• 서점이 도서를 카드로 판매하고 마일리지 포인트 부여하는 경우

(차) 매출채권 　　　　　　　　xxx 　　(대) 매출수익 　　　　　　　　xxx
　　 마일리지비용 　　　　　　xxx 　　　　 마일리지 충당부채 　　　xxx

〈세무조정〉

(손금불산입) 　마일리지비용 　　　　　xxx(유보)

• 고객이 도서를 구매하면서 적립했던 마일리지 포인트의 행사 및 구매에 따른 마일리지
　포인트의 추가적립

(차) 매출채권 　　　　　　　　xxx 　　(대) 매출수익 　　　　　　　　xxx
　　 마일리지 충당부채 　　　　xxx
(차) 마일리지 비용 　　　　　　xxx 　　(대) 마일리지 충당부채 　　　xxx

〈세무조정〉

(손금산입) 　　전기부인 마일리지비용 　xxx(△유보)
(손금불산입) 　추가적립 마일리지비용 　xxx(유보)

⑦ 할인쿠폰의 할인비용

도서 판매시 출판사가 부담하는 할인쿠폰의 할인비용은 판매부대비용으로 처리한다.

⑧ 감가상각비

출판사의 사업용고정자산인 비품, 시설장치, 건물, 차량운반구 등에 대한 감가상각비를 계상한다. 다만, 출판사가 보유한 지형(서적 출판용 필름)은 사업용고정자산이 아니라 내구성 소모품에 해당되므로 감가상각을 하지 않고 효익을 제공하는 기간동안 소모품비로 안분

하여 비용처리한다.

⑨ 재고자산의 평가손실 및 폐기손실

출판서적이 출간일로부터 판매지연으로 진부화되거나 파손 등 본래의 용도대로 판매할 수 없는 경우에는 처분가능한 시가로 평가하여 재고자산평가손실을 영업외비용으로 처리한다.

해당 시즌에만 판매가능한 출판서적이 시즌이 경과되어 판매가치가 없는 것은 폐기하여 폐기손실이 발생한 경우 재고자산폐기손실로 영업외비용 처리한다. 이러한 손실에 대하여는 파손, 진부화 및 폐기에 따른 증거사진, 폐기목록과 사유 등의 입증자료를 작성하여 보관하여야 한다.

❺ 출판업의 조세특례

출판업은 제조원가의 흐름이 제조업과 유사하지만 제조업이 아닌 정보통신업(출판·영상·방송통신 및 정보서비스업)에 해당되며 중소기업으로 분류된다. 따라서 중소기업과 관련된 조세특례를 적용받을 수 있다.

제9절 전자상거래업

❶ 전자상거래업

(1) 전자상거래업의 개념

전자상거래(EC; Electronic Commerce)란 인터넷을 이용한 가상공간에서 광고, 발주, 수주 등의 상거래 및 대금결제를 수행하는 것을 말한다. 인터넷의 보급 확산에 따라 일반 소비자를 대상으로 물품을 판매하거나 서비스를 제공하는 사이버 쇼핑 등이 많이 증가하고 있다. 또한 시간과 공간의 제약이 없고 유통비용 등 부대비용이 들지 않는 장점으로 인하여 실물거래에서부터 교육·의료·금융서비스 분야 등으로 확대되고 있다. 결제수단으로는 신용카드, 은행의 계좌 간 자금이체, 전자화폐 등이 이용된다.

(2) 전자상거래업의 유형

통신판매업자 등으로 사용하던 용어를 대신하여 전자상거래법이 적용되는 사업자를 온라인 플랫폼 운영사업자 및 온라인 플랫폼 이용사업자, 자체 인터넷 사이트 사업자로 구분하여 정의하고 있다.

1) 온라인 플랫폼 운영사업자(플랫폼 사업자)

온라인 플랫폼을 운영하는 사업자로서 숙박앱, 배달앱 등 거래를 중개하거나, 가격비교사이트와 같은 연결수단의 제공 및 SNS, C2C 중고마켓과 같은 정보교환을 매개로 하는 플랫폼 사업자에 해당된다.

2) 온라인판매 사업자

온라인판매 사업자는 사이버몰 운영자(온라인 쇼핑몰)로서 다음과 같이 구분된다.

① 온라인 플랫폼 이용사업자(입점업체)

온라인 플랫폼을 이용하는 사업자는 마트나 백화점의 매장에 일정 공간을 차지하여 영업을 하듯이 온라인에서 같은 방식으로 운영하는 입점업체를 말한다. 열린장터, 블로그나 카페 등 SNS플랫폼을 이용하여 판매하는 사업자 등이 이에 해당된다. 입점업체는 쇼핑몰업체와 대금결제, 사후관리, 반품, 환불, 재고관리 및 배송 등의 다양한 계약을 하고 쇼핑몰의 사이트에서 판매한다.

② 자체인터넷 사이트 사업자

홈쇼핑, 종합쇼핑몰, 개인쇼핑몰, 온라인 동영상 서비스(OTT)의 사업자로 사이버 스토어를 직접 구축하여 운영하는 사업자를 말한다. 주문 받은 물품의 배송을 직접 배송하거나 전문 택배업체에 배송을 위임하기도 한다.

❷ 전자상거래 사업자등록

(1) 사업자등록 및 통신판매업 신고

전자상거래를 업으로 하는 자는 사업자등록을 하여야 한다. 또한, 전자상거래법에 따라 통신판매업 신고를 하여야 한다. 다만, 연 매출 1,200만원 미만의 소규모 판매자에 해당되는 경우에는 통신판매업 신고가 면제된다. 통신판매업 신고는 다음의 순서에 따라 한다.

① 인터넷 도메인을 개설

② 구매안전서비스 이용확인증(에스크로서비스) 발급

선지급식 통신판매의 경우에는 구매안전서비스 이용확인증을 오픈마켓(네이버 스마트스토어, G마켓, 11번가, 쿠팡 등)이나 은행(국민, 기업, 농협, 우체국 등)에서 발급이 가능하다. 사업자가 직접 쇼핑몰을 운영하면서 전자결제서비스(PG)에 가입하는 경우에는 에스크로 서비스가 제공된다.

구매안전서비스 이용확인증은 에스크로 서비스에 가입되어 있는지를 확인해 주는 증빙서류이다.

에스크로(escrow) 서비스란 전자상거래시 판매자와 구매자 사이에 믿을 수 있는 중립적인 제3자가 중개하여 금전 또는 물품 거래를 하도록 서비스하는 것을 말한다. 즉, 구매자가 구매물품에 대하여 제3자에게 송금하면 판매자가 입금을 확인하고, 구매자에게 물품을 배송한다. 구매자는 배송받은 물품에 대하여 최종 결정을 하면 제3자는 판매자에게 물품 대금을 송금하여 거래가 종료되는 방식이다.

③ 통신판매업 신고 및 등록증 발급

민원24 서비스에서 통신판매업 신고를 할 수 있다. 이 경우 등록면허세(면허분)를 확인하여 납부하여야 한다.

④ 통신판매업자 정보 표기

SNS마켓 등에서 제품의 판매 시 상호, 대표자 성명, 주소, 전화번호, 통신판매 신고번호 등을 표시해야 한다.

(2) 온라인판매 사업자등록의 업종분류

① SNS마켓

유튜브, 페이스북, 인스타그램, 블로그, 까페 등 SNS계정을 기반으로 물품 판매, 구매 알선(홍보), 중개 등을 통해 수익을 얻는 경우에는 SNS마켓으로 분류한다.

② 전자상거래 소매업

네이버 스마트스토어, G마켓, 11번가, 쿠팡 등의 오픈마켓 판매자와 온라인 쇼핑몰 판매자는 전자상거래 소매업으로 분류한다.

③ 전자상거래 소매중개업

소셜커머스(할인쿠폰 공동 구매형 전자상거래중개) 등 온라인상에서 재화나 용역을 판매할 수 있도록 중개업무를 하는 경우에는 전자상거래 소매중개업으로 분류한다.

④ 기타 통신판매업

전화, TV홈쇼핑, 우편, 인쇄물 광고, 카탈로그 등 온라인 통신망 이외의 방법으로 각종 상품을 소매하는 산업활동은 기타 통신판매업으로 분류한다.

⑤ 해외직구 대행업

온라인 몰을 통해 해외에서 구매 가능한 재화 등에 대하여 정보를 제공하고 온라인 몰 이용자의 청약을 받아, 해당 재화 등을 이용자의 명의로 대리하여 구매한 후 이용자에게 전달해 줌으로써 수수료를 받아 수익을 얻는 활동은 해외직구 대행업으로 분류한다.

❸ 전자상거래업의 세무

(1) 온라인 플랫폼 운영사업자(플랫폼 사업자)

① 수입수수료

온라인 플랫폼 운영사업자(플랫폼 사업자)가 판매중개만을 하고 수수료를 받는 경우에는 수입수수료에 대하여 부가가치세가 과세되며 이 경우 온라인 플랫폼 이용사업자(입점업체)에게 세금계산서를 발급하여야 한다. 또한, 수입수수료는 소득세 계산시 익금 또는 총수입금액에 해당된다.

플랫폼 사업자가 대금결제시스템을 갖추고 인터넷 쇼핑몰 이용자로부터 신용카드를 통하여 대금을 결제받아 입점업체가 공급한 재화 또는 용역의 대가를 정산하여 주는 경우(결제대금 정산시스템) 수수료를 차감한 후의 정산금은 부가가치세가 과세되거나 수입금액에 포함하지 않는다.

재화 또는 용역을 공급한 입점업체가 인터넷 쇼핑몰 이용자에게 세금계산서 또는 현금영수증을 발급하여야 하지만 결제대금 정산시스템을 이용하는 경우에는 플랫폼 사업자가 인터넷 쇼핑몰 이용자에게 입점업체에 갈음하여 현금영수증을 발행할 수 있다.

② 광고수입

웹사이트에 다른 회사의 광고를 올려주고 받은 수입에 대하여 부가가치세가 과세되며 세금계산서를 발행하여야 한다. 또한 광고수입은 소득세 계산시 총수입금액 또는 익금에 포함된다.

③ 기타수입수수료

인터넷을 이용하여 각종 정보를 제공하고 대가를 받는 경우 부가가치세가 과세되며 세금계산서를 발행하여야 한다. 이러한 기타수입수수료는 소득세 계산시 총수입금액 또는 익금에 포함된다. 다만, 정보제공에 대한 산업활동은 데이터베이스업으로서 정보처리 및 컴퓨터운영관련업에 해당되며 당해 업종에 적용되는 (청년)창업중소기업에 대한 세액감면 등의 조세특례를 받을 수 있다.

(2) 온라인판매 사업자

1) 재화 또는 용역의 공급에 대한 수입

재화 또는 용역의 공급에 대하여 부가가치세가 면제되는 경우 외에는 부가가치세가 과세되며 온라인판매 사업자가 구매자에게 세금계산서 또는 현금영수증을 발급하여야 한다. 다만, 입점업체가 결제대금 정산시스템을 사용하면서 플랫폼 사업자명의로 신용카드매출전표를 발행하는 경우에도 입점업체의 부가가치세 과세표준은 지급수수료를 포함한 전체 신용카드매출전표 발행금액이다.

무통장입금으로 결제받은 금액에 대하여는 현금매출누락이 발생하지 않도록 주의하여야 한다.

2) 신용카드매출전표 등 발행세액공제

신용카드나 현금영수증 매출비율이 상대적으로 높은 전자상거래업종은 신용카드 등 매출액에 대하여 부가가치세 세액공제를 적용받을 수 있다. 특히 결제대행업체(전자지급결제대행업을 등록한 사업자로서 신용카드업자와 결제대행업체계약을 체결한 경우)를 통하여 발생한 신용카드매출전표 등에 대하여도 발행세액공제가 가능하다. 다만, 법인사업자의 경우에는 공제대상에 해당되지 않는다.

3) 마일리지(적립금)

마일리지(적립금)은 판매촉진을 위하여 회원인 고객에게 거래금액을 적립시킨 후 일정조건이 충족되면 사은품의 제공 및 현금, 상품권 등을 제공하여 주는 제도를 말한다. 주로 쿠폰, 사이버머니, 포인트 등의 형태로 사용된다.

① 마일리지 제공시 회계처리와 세무조정

마일리지와 관련된 부채는 충당부채의 범위에 포함되는데, 충당부채는 과거사건이나 거래의 결과에 의한 현재의무로서 지출의 시기 또는 금액이 불확실하지만 그 의무를 이행하기 위하여 자원이 유출될 가능성이 매우 높고 당해 금액을 신뢰성 있게 추정할 수 있는 의무를 말한다. 다만, 세법에서 충당부채는 비용으로 인정되지 않기 때문에 다음과 같이 세무조정을 한다.

〈고객에게 마일리지 100을 제공한 경우의 회계처리〉

회계처리 (차) 판매촉진비　　　　　　100　　(대) 마일리지충당부채　　　　　100
세무조정 (손금불산입or필요경비불산입) 판매촉진비(충당부채) 100(유보)

② 마일리지 사용시

재화를 500에 공급(부가세 별도)하면서 대금 중 일부인 40에 대하여 마일리지가 사용되는 경우(현금지급조건) 마일리지 제공시 설정된 충당부채의 일부를 다음과 같이 차감하고 세무조정으로 손금불산입(필요경비불산입)되었던 유보의 일부를 △유보로 대체한다. 즉, 마일리지의 지급의무가 확정되는 시점에 손금(필요경비)에 산입한다.

(차) 현금(or 매출채권)　　　　　　550　　(대) 판매수익　　　　　　　　　500
　　　　　　　　　　　　　　　　　　　　　　　　부가세예수금　　　　　　　50
(차) 마일리지충당부채　　　　　　　40　　(대) 현금(or 매출채권)　　　　　40
세무조정 (손금산입or필요경비산입) 판매촉진비(충당부채) 40(△유보)

③ 마일리지와 부가가치세

　ⓐ 자기적립 마일리지

마일리지 사용에 따라 재화 또는 용역의 공급자가 마일리지만큼 감액된 대금을 결제받아 결과적으로 할인된 금액으로 판매된 경우에는 마일리지 사용액만큼 부가가치세 과세표준에 포함하지 않는다. 따라서 이 경우에는 마일리지 적립시 충당부채를 설정하지 않고 할인 판매되는 때에 매출에누리로 회계처리한다.

　• 마일리지 사용시

　(차) 현금(or 매출채권)　　　　　506　　(대) 판매수익　　　　　　　　　500
　　　매출에누리　　　　　　　　　40　　　　부가세예수금　　　　　　　46

　ⓑ 제3자적립 마일리지

가맹점 등이 적립하여 주는 제3자 적립 마일리지의 사용에 따라 재화 또는 용역의 공급자가 마일리지만큼 감액된 대금을 정산하여 지급받는 경우에는 부가가치세 과세표준에서 제외하지 않는다. 따라서 위 ① 및 ②와 같이(마일리지 충당부채를 설정) 회계처리하고 추후 정산받는 금액은 다음과 같이 회계처리한다. 수령하는 판매장려금은 마일리지 사용시 이미 부가가치세가 과세되었으므로 과세표준에 포함하지 않는다.

- 정산받는 때

(차) 현금   40   (대) 판매장려금(수익)   40

④ 마일리지 소멸시

고객이 일정 기한내에 누적된 마일리지를 사용하지 않은 경우에는 이를 소멸하도록 약정할 수 있는데, 당해 마일리지가 소멸되는 시점에 별도의 회계처리를 하지 않고 결산일 현재 최선의 추정치를 반영하여 충당부채의 금액을 증감조정한다.

⑤ 사업자가 받은 마일리지

사업자가 자기 사업과 관련하여 구입한 물품대금을 구매카드로 결제하고 카드회사로부터 그 결제금액의 일정비율을 포인트로 부여받아 이를 캐쉬백, 마일리지 적립금 등으로 사용하는 경우, 해당 마일리지 등은 총수입금액 또는 익금 산입대상에 해당한다.

4) 소득세 세액감면

전자상거래업(통신판매업)의 경우 창업중소기업세액감면 대상 업종으로서 조세특례를 받을 수 있다.

내용 이해를 위한 OX 문제

1. 재무제표의 구성요소는 자산, 부채, 자본, 수익, 비용이다.

2. 제조원가는 직접재료원가, 직접노무원가, 제조간접원가로 구성된다.

3. 제조업의 매출원가는 기초재공품원가 + 당기총제조원가 – 기말재공품원가로 구성된다.

4. 손익계산서와 재무상태표는 서로 관련이 없는 보고서이다.

5. 재무상태표의 부채와 자본은 자금조달, 즉 재무활동과 관련된다.

6. 원재료 등의 투입, 가공, 완성에 관한 흐름을 나타내는 보고서는 제조원가보고서이다.

7. 세무조정에 의하여 경제적 이익이 사외로 유출되어 임원이 혜택을 본 경우에는 '배당'으로 소득처분한다.

8. 손금불산입은 회계상 비용으로 처리하였으나 세무상 손금이 아닌 경우에 당기순이익에서 차이 부분을 가산한다.

9. 기업은 영업활동에 따른 수익을 극대화하거나 비용을 극소화하여 이익을 극대화하는 것이 목표이다. 그러나 회계적 관점에서는 비용을 통제하여 이익을 극대화하고자 한다.

10. 회계상 이익과 세법상 소득 및 부가가치는 같은 개념이다.

11. 급여 및 상여금의 인건비는 부가가치세 신고에 의하여 입증된다.

12. 신용카드매출전표를 수취하여 부가가치세 매입으로 신고한 기업업무추진비는 기업회계 및 법인세 및 소득세법과 차이없이 보고된다.

13. 세금계산서를 수취히여 부가가치세 신고에 반영된 매입은 기업회계나 법인세법 또는 소득세법에 비용으로만 반영된다.

14. 확정기여형 또는 확정급여형의 퇴직연금은 회사부담으로 금융기관에 납입하는 시점에 비용처리된다.

15. 법인세 과세표준의 계산과정은 개인 사업소득세 과세표준의 계산과정과 같다.

16. 개인사업자의 사업소득금액은 기업회계의 당기순이익에 세무조정으로 가감된 금액이다.

17. 제조업의 사업장은 최종제품을 완성하는 장소이며 따로 제품의 포장만 하거나 용기에 충전만 하는 장소도 사업장이다.

18. 자가공급 중 판매목적으로 타사업장에 반출하는 경우에는 세금계산서 발행의무가 있다.

19. 물품으로 지급하는 판매장려금은 부가가치세 과세표준에서 공제하지 않으며, 사업상증여로서 시가를 과세표준으로 부가가치세가 과세된다.

20. 법인과 개인 사업자가 거래상대방으로부터 받는 판매장려금 및 기타 이와 유사한 성질의 금액은 익금 및 총수입금액(자산수증이익 등 영업외수익)에 산입한다.

21. 도 · 소매업의 사업개시일 기준은 재화의 공급을 시작하는 날로 한다.

22. 세무상 재고자산의 제조, 매입, 건설에 소요되는 차입금의 이자비용(건설자금이자)은 취득원가에 포함된다.

23. 세법상 재고자산은 신고한 평가방법에 따르고 무신고한 경우에는 평균법을 적용하여 평가한다.

24. 대형마트등에 입점한 입점업체의 매출수익은 판매장에서 최종소비자에게 재화가 판매되는 때에 총액을 매출액으로 인식한다.

25. 대형마트등에 반품가능한 조건으로 위탁판매하는 형태는 매출액의 일정률을 수수료로 지급하고 세금계산서를 발급하는 경우로서 매장에 인도하는 때가 기업회계 및 (법인)소득세 수익인식시기이며 부가가치세 공급시기이다.

26. 재화를 대형마트등에 위탁판매가 아니면서 반품가능조건으로 납품(실질적으로 공급)을 하고 수수료를 차감한 대가만 사후에 지급받기로 한 경우(대형마트등의 직영매장)에는 대형마트등에 재화를 인도하는 때를 (법인)소득세의 손익귀속사업연도로 한다.

27. 면세되는 전자출판물은 출판문화산업 진흥법의 전자출판물을 말하며 음악 및 영화나 게임 등 진흥에 관한 법률의 적용을 받는 것은 제외되어 부가가치세가 과세된다.

28. 컴퓨터를 이용한 통신망으로 학습자료를 제공하고 학습결과를 통신만으로 전송받아 성적을 평가하여 주고 대가를 받는 경우에는 부가가치세가 면세된다.

29. 출판업은 위탁판매가 일반적인 거래형태이며 총판이나 특약점, 서점과의 약정에 따라 판매되는 경우 수탁자인 총판이나 서점 등이 도서를 판매한 때에 매출수익을 인식한다.

30. 저작자에게 지급하는 원고료는 소득자의 직업, 계속·반복성 여부에 따라 기타소득이나 사업소득으로 구분한다.

31. 저작권 및 외국의 사진작품이나 그림 등을 국내 출판사가 사용하기로 하고 지급하는 대가를 국내에서 사용하거나 국내에서 지급하는 경우에도 원천징수의무는 없다.

32. 출판사와 서점간 반품조건의 위탁판매 형태인 경우 반품예상액을 추정하여 반품추정부채로 계상한다. 다만, 세법상 반품추정부채가 인정되지 않으므로 세무조정의 문제가 발생된다.

33. 출판사 또는 서점에서 우수고객에 대하여 마일리지 포인트를 부여하는 경우 기업회계는 마일리지 포인트 부여시 마일리지 사용금액을 합리적으로 추정하여 충당부채로 인식하지만 세법에서는 충당부채를 손금으로 인정하지 않는다.

34. 전자상거래를 업으로 하는 자는 사업자등록을 하여야 한다. 또한, 전자상거래법에 따라 통신판매업 신고를 예외 없이 하여야 한다.

35. 온라인 플랫폼 운영사업자(플랫폼 사업자)가 판매중개만을 하고 수수료를 받는 경우에는 수입수수료에 대하여 부가가치세가 과세되며 수입수수료는 소득세 계산시 익금 또는 총수입금액에 해당된다.

36. 온라인판매 과세사업자인 입점업체가 결제대금 정산시스템을 사용하면서 플랫폼 사업자명의로 신용카드매출전표를 발행하는 경우에도 입점업체의 부가가치세 과세표준은 지급수수료를 포함한 전체 신용카드매출전표 발행금액이다.

37. 온라인판매 사업자가 자기적립 마일리지로서 할인된 금액으로 판매된 경우에는 마일리지 사용액만큼 부가가치세 과세표준에 포함하지 않으며 할인판매되는 때에 매출에누리로 회계처리한다.

1. O

2. O

3. X 제조업의 매출원가는 기초제품재고자산 + 당기제품제조원가 – 기말제품재고자산으로 구성된다.

4. X 손익계산서와 재무상태표는 서로 관련이 있는 보고서이다. 손익계산서의 기말재고는 재무상태표의 유동자산 중 재고자산에 보고된다. 또한 손익계산서의 당기순이익은 재무상태표의 자본 중 이익잉여금으로 대체된다.

5. O

6. X 제조원가명세서라고 한다.

7. X 경제적 이익이 사외로 유출되어 임원이 혜택을 본 경우에는 '상여'로 소득처분한다.

8. O

9. O

10. X 회계상 이익은 세법상 소득 및 부가가치의 개념과 비슷하지만 다르다. 세법 및 조세정책적 목적과 회계의 목적, 개념이 다르기 때문이다.

11. X 원천징수되는 인건비는 거래징수되는 부가가치세와 관련이 없다. 따라서 소득세법상 원천징수 후에 원천징수영수증으로 입증된다.

12. X 기업회계의 기업업무추진비는 한도액이 없지만 법인세법 및 소득세법에서는 일정 한도 내에서만 비용으로 인정되므로 한도초과액은 세무조정으로 손금불산입 또는 필요경비불산입하여야 한다.

13. X 부가가치세 매입은 다음과 같이 3가지 형태로 구분된다.
    ① 사업용자산의 취득과 관련된 경우에는 재무상태표에 유형자산, 무형자산으로 계상된다.
    ② 상품 등의 재고자산은 판매되지 않고 장부상 남아있으면 기말재고자산으로 계상되고 판매되면 손익계산서의 매출원가로 비용처리된다.
    ③ 기업업무추진비 및 임차료 등의 매입은 모두 비용처리된다.

14. O 납입시점에 원천징수하거나 다른 증빙이 필요없다. 금융관련 거래는 증빙의 수취의무가 면제된다.

15. X 법인은 각사업연도소득금액에 이월결손금을 공제하여 과세표준을 계산한다. 개인은 이자, 배당 등 사업소득 외의 금액을 합산하면서 이월결손금을 공제하여 소득금액을 구하고 여기에 종합소득공제를 차감하여 과세표준을 계산하므로 법인의 계산과정과 다르다.

16. O

17. X 제품의 포장만 하거나 용기에 충전만 하는 장소 및 재화를 보관하고 관리할 수 있는 시설만 갖춘 장소는 사업장이 아니다.

18. O

19. O

20. O

21. O

22. X 세무상 재고자산의 제조, 매입, 건설에 소요되는 차입금의 이자비용(건설 자금이자)은 취득원가에 포함되지 않는다.

23. X 세법상 재고자산은 신고한 평가방법에 따르고 무신고한 경우에는 선입선출법을 적용하여 평가한다.

24. O

25. X 대형마트등에 반품가능한 조건으로 위탁판매하는 형태는 매출액의 일정률을 수수료로 지급하고 세금계산서를 발급하는 경우로서 매장에서 최종소비자에게 판매되는 때가 기업회계 및 (법인)소득세 수익인식시기이며 부가가치세 공급시기이다.

26. O

27. O

28. X 컴퓨터를 이용한 통신망으로 학습자료를 제공하고 학습결과를 통신망으로 전송받아 성적을 평가하여 주고 대가를 받는 경우에는 부가가치세가 과세된다.

29. O

30. O

31. X 저작권 및 외국의 사진작품이나 그림 등을 국내 출판사가 사용하기로 하고 지급하는 대가를 국내에서 사용하거나 국내에서 지급하는 경우 국내원천 사용료소득에 해당되므로 20%의 세율로 원천징수(분리과세)하여야 하지만 국내원천징수세율이 조세조약상 제한세율보다 높은 경우에는 조세조약상 제한세율을 적용한다.

32. O

33. O

34. X 연 매출 1,200만원 미만의 소규모 판매자에 해당되는 경우에는 통신판매업신고가 면제된다.

35. O

36. O

37. O

내용 이해를 위한 객관식 문제

01 제조원가의 흐름에 관한 설명 중 틀린 것은?

① 원재료란 제품의 생산을 위해서 구입해 온 원료, 재료와 같은 재고자산을 의미한다.

② 재공품은 제품의 생산을 위하여 생산공정에서 현재 가공 단계에 있는 재고자산을 의미한다.

③ 제품이란 생산 가공하여 완성된 재고자산, 즉 판매를 목적으로 보유하고 있는 재고자산이다.

④ 원재료와 직접재료원가는 같은 의미이다.

🔍**정답** ④

원재료는 재고자산이며 직접재료원가는 비용에 해당되므로 같은 의미가 아니다.

02 다음 중 제조원가가 아닌 것은?

① 판매비와 관리비

② 직접재료원가

③ 직접노무원가

④ 제조간접원가

🔍**정답** ①

판매비와 관리비는 영업관련 비용이다.

03 다음 중 재무제표에 해당하지 않는 것은?

① 손익계산서   ② 재무상태표

③ 주석   ④ 이익잉여금처분계산서

🔍 **정답** ④

이익잉여금처분계산서는 재무제표에 해당하는 주석에 포함된다.

04 재무상태표의 자산 구성항목의 분류가 나머지와 다른 것은?

① 유형자산   ② 재고자산

③ 투자자산   ④ 무형자산

🔍 **정답** ②

재고자산은 유동자산으로 분류되고 유형자산, 무형자산, 투자자산은 비유동자산으로 분류된다.

05 손익계산서의 매출원가의 구성항목과 관계가 없는 것은?

① 기초제품재고   ② 당기제품제조원가

③ 당기총제조원가   ④ 기말제품재고

🔍 **정답** ③

당기총제조원가는 제조원가명세서와 관련 있다.

06 다음 중 세무조정의 항목과 관련이 없는 것은?

① 익금산입   ② 손금산입

③ 손금불산입   ④ 소득처분

🔍 **정답** ④

법인의 세무조정은 익금산입, 익금불산입, 손금산입, 손금불산입으로 4가지이다. 개인사업자의 경우에는 총수입금액산입, 총수입금액불산입, 필요경비산입, 필요경비불산입으로 4가지이다.

07 소득처분의 항목 중 사외로 유출된 것과 관련이 없는 것은?

① 유보   ② 상여
③ 배당   ④ 기타사외유출

🔍**정답** ①

사외유출에는 배당, 상여, 기타사외유출, 기타소득이 있다.

08 세무조정결과 자산이 증가한 경우 소득처분의 내용으로 맞는 것은?

① 배당   ② 기타
③ +유보   ④ 상여

🔍**정답** ③

자산의 증가 및 부채의 감소는 +유보로 소득처분한다.

09 세무조정결과 경제적 자원이 사외로 유출이 되어 주주인 임원이 이익을 얻은 경우에 소득처분은 무엇인가?

① 배당   ② 기타소득
③ +유보   ④ 상여

🔍**정답** ④

경제적 이익이 임원 및 직원, 주주인 임직원에게 귀속되면 상여로 처분한다. 주주인 임직원에게 귀속되는 경우에 배당으로 소득처분하지 않으므로 주의하여야 한다.

10 세법상 계산구조에서 과세표준에 세율을 곱하면 도출되는 것은 무엇인가?

① 소득금액   ② 산출세액
③ 세액공제   ④ 납부할 세액

🔍**정답** ②

11 제조원가명세서에 나타나지 않는 제조원가 흐름상 내용은 무엇인가?

① 투입
② 가공
③ 완성
④ 판매

🔍정답 ④

판매는 손익계산서의 매출 및 매출원가계산 과정에서 나타난다.

12 업종별 사업내용에 따른 재무제표가 갖는 의미와 상관 없는 것은?

① 자본조달금액의 극대화
② 투자수익의 극대화
③ 자본조달비용의 극대화
④ 영업활동 이익의 극대화

🔍정답 ③

부채와 자본을 통하여 자본조달금액을 극대화하고 자본조달에 따른 비용을 극소화하여야 한다.

13 거래징수와 관련없는 계정은?

① 재고자산의 매입
② 차량유지비
③ 기업업무추진비
④ 인건비

🔍정답 ④

인건비는 원천징수와 관련된다.

14 사업소득세의 계산과 가장 관련이 없는 것은?

① 사업소득금액
② 손금
③ 총수입금액
④ 필요경비

🔍정답 ②

손금은 법인세의 계산과 관련된 항목이다.

15 소득세법상 이월결손금의 공제가능한 기간은?

① 5년　　　　　　　　　　② 6년

③ 8년　　　　　　　　　　④ 15년

🔍정답　④

16 회계상 손익계산서에 계상된 비용이 세법상 한도액을 계산하지 않는 것은?

① 세금과공과　　　　　　　② 감가상각비

③ 기업업무추진비　　　　　④ 대손상각비

🔍정답　①

17 다음 재화의 간주공급에 해당하는 경우로서 세금계산서 발행의무가 있는 것은?

① 폐업시 잔존재화　　　　　② 사업상증여

③ 판매목적 타사업장 반출　　④ 개인적공급

🔍정답　③

18 다음 중 부가가치세법상 대손세액공제를 받을 수 있는 대손사유에 해당하지 않는 것은?

① 상법 · 어음법 · 수표법 · 민법에 의한 소멸시효가 완성된 채권

② 채무자의 파산, 강제집행, 사업의 폐지, 사망 · 행방불명 및 회생계획인가의 결정 또는 법원의 면책 결정에 따라 회수불능으로 확정된 채권과 채무자 재산에 대한 경매가 취소된 압류채권

③ 부도발생일로부터 6개월 이상 경과된 수표 · 어음상의 채권 및 외상매출금. 다만, 저당권이 설정된 것은 제외한다.

④ 중소기업의 외상매출금, 미수금으로서 회수기일이 2년 이상 지난 것

Q정답 ②

대손은 채권자가 채무자에게 대금을 회수하지 못하는 상황에 대하여 적용하는 것이므로 채무자의 파산, 강제집행, 사업의 폐지, 사망·행방불명 및 회생계획인가의 결정 또는 법원의 면책결정에 따라 회수불능으로 확정된 채권과 채무자 재산에 대한 경매가 취소된 압류채권에 대하여 적용되는 것이다.

19 다음 중 부가가치세와 관련된 판매장려금에 대한 설명으로 틀린 것은?

① 금전으로 지급하는 판매장려금은 부가가치세 과세표준에서 공제하지 않는다.

② 물품으로 지급하는 판매장려금은 부가가치세 과세표준에서 공제하지 않는다.

③ 물품으로 지급하는 판매장려금은 사업상증여로서 시가를 과세표준으로 부가가치세가 과세된다.

④ 물품으로 지급하는 판매장려금은 재화의 공급대가에 해당하므로 세금계산서를 발행하여야 한다.

Q정답 ④

물품으로 지급하는 판매장려금은 재화의 공급대가가 아니므로 세금계산서 발행대상이 아니다.

20 다음 중 법인세 및 소득세와 관련된 판매장려금에 대한 설명으로 틀린 것?

① 법인과 개인 사업자가 거래상대방으로부터 받는 판매장려금 및 기타 이와 유사한 성질의 금액은 익금 및 총수입금액(자산수증이익 등 영업외수익)에 산입한다.

② 법인이 현금으로 지급하는 판매장려금은 매출액에서 차감하여야 한다.

③ 법인이 물품으로 지급하는 판매장려금은 물품의 시가를 기업업무추진비, 판매촉진비, 판매장려금 등으로 손금에 산입되며 원가를 매출원가에서 차감한다. 원가와 시가의 차이는 영업외수익으로 처리한다.

④ 판매장려금(현금) 손익의 귀속시기는 지급일이 속하는 사업연도의 매출액에서 차감한다.

Q정답 ②

법인이 매출실적에 따라 현금 지급하는 판매장려금은 매출액에서 차감하고 매출실적에 관계없이 지급하는 판매장려금은 판매비와 관리비로 처리한다. 다만, 실무적으로 매출액에서 차감하지 않고 비용처리하는 것이 사후관리를 위해서 편리할 수 있다.
개인 사업자가 거래 상대방에게 현금 지급하는 판매장려금은 판매비와 관리비로 필요경비에 산입한다.

21 다음 중 재고자산의 취득원가 결정에 관한 설명으로 틀린 것은?

① 재고자산의 취득원가는 매입가액 또는 제조원가에 부대비용(관세, 운임, 수수료, 취득세 등)을 가산한 금액으로 한다.

② 세무상 재고자산의 제조, 매입, 건설에 소요되는 차입금의 이자비용(건설자금이자)은 취득원가에 포함되지 않는다.

③ 매입에누리와 환출 및 매입할인과 의제매입세액공제액은 매입가액에서 차감한다.

④ 신용장거래에서 수입자가 부담하는 Usance 이자와 어음거래에서 수입자가 부담하는 D/A이자는 취득원가에 포함한다.

Q정답 ④

신용장거래에서 수입자가 부담하는 Usance 이자와 어음거래에서 수입자가 부담하는 D/A이자는 이자비용으로 처리한다.

22 다음 중 재고자산의 평가손익에 관한 설명으로 틀린 것은?

① 기업회계에서 원가법(평균법, 선입선출법 등)에 의한 평가를 원칙으로 하고 시가가 원가보다 하락한 경우 저가법에 따라 평가한다.

② 원가법에 따른 재고자산의 평가감, 평가증을 익금 및 손금, 총수입금액산입 및 필요경비에 산입한다.

③ 매매목적의 부동산은 평가방법을 무신고한 경우 선입선출법으로 평가한다.

④ 재고자산이 파손, 부패 등의 사유로 정상가격으로 판매할 수 없는 것은 사업연도 종료일 현재 처분가능한 시가로 평가한 가액으로 감액하고 그 금액을 손금 또는 필요경비에 산입할 수 있다.

Q정답 ③

세법상 재고자산은 신고한 평가방법에 따르고 무신고한 경우에는 선입선출법을 적용하여 평가한다. 매매목적의 부동산은 평가방법을 무신고한 경우 개별법으로 평가한다.

23 다음 중 대형마트 입점(납품)업체의 매출수익에 관한 설명으로 틀린 것은?

① 대형마트에 입점한 업체는 판매장에서 최종소비자에게 재화가 판매되는 때에 총액을 매출액으로 인식한다.

② 대형마트에 반품가능한 조건으로 위탁판매하는 형태는 매장에서 최종소비자에게 판매되는 때가 기업회계 및 (법인)소득세 수익인식시기이며 부가가치세 공급시기이다.

③ 재화를 대형마트에 위탁판매가 아니면서 반품가능조건으로 납품을 하고 수수료를 차감한 대가만 사후에 지급받기로 한 경우 최종소비자에게 판매되는 때가 기업회계 및 (법인)소득세 수익인식시기이며 부가가치세 공급시기이다.

④ 재화를 대형마트에 위탁판매가 아니면서 반품가능조건으로 납품을 하고 수수료를 차감한 대가만 사후에 지급받기로 한 경우 백화점은 수입수수료에 대하여 세금계산서를 발급하여야 한다.

Q정답 ③

재화를 대형마트 등에 위탁판매가 아니면서 반품가능조건으로 납품(실질적으로 공급)을 하고 수수료를 차감한 대가만 사후에 지급받기로 한 경우(대형마트 등의 직영매장)에는 대형마트 등에 재화를 인도하는 때에 세금계산서를 발급하여야 하며 (법인)소득세의 손익귀속사업연도로 한다. 그러나 기업회계에서는 최종소비자에게 재화가 판매되는 때에 매출수익으로 인식하므로 세무조정의 문제가 발생된다.

24 다음 중 출판업의 부가가치세 과세 및 면세에 관한 설명으로 틀린 것은?

① 도서를 출판하고 남은 종이를 이용하여 다이어리, 수첩, 달력을 제작하여 판매하는 경우 부가가치세가 면세된다.

② 학생들의 지식 보급 등을 위하여 판매하는 일일학습지에 대하여 면세된다.

③ 원고나 사진을 제공받아 편집, 인쇄, 제본 등의 용역을 공급하는 경우에는 부가가치세가 과세된다.

④ 운영자인 법인회사를 통해 제공하는 '앱북'의 공급에 대해 전자출판물로 보아 부가가치세가 면세된다.

Q정답 ①

도서를 출판하고 남은 종이를 이용하여 다이어리, 수첩, 달력을 제작하여 판매하는 경우 부가가치세가 과세된다.

25 다음 중 출판업의 매출수익 인식에 관한 설명으로 틀린 것은?

① 매출수익의 인식시기는 원칙적으로 서점 등 공급받는 자에게 인도되는 때이다.

② 총판이나 특약점, 서점과의 약정에 따라 위탁판매되는 경우 수탁자인 총판이나 서점 등이 도서를 판매한 때에 매출수익을 인식한다.

③ 출판사가 직접 전자상거래 등의 방법으로 통신판매하는 경우에는 서적을 발송한 때에 매출수익을 인식한다.

④ 임치계약 판매의 경우 서점이 도서를 출판사에 주문하여 인도되는 때에 매출수익으로 인식한다.

Q 정답 ④

임치계약 판매의 경우 서점이 도서를 고객에 판매할 때 매출수익으로 인식한다.

26 다음 중 출판업의 비용에 관한 설명으로 틀린 것은?

① 저작자에게 지급하는 원고료는 소득자의 직업, 계속반복성 여부에 따라 기타소득이나 사업소득으로 구분한다.

② 인세(문예창작소득)는 저작자에 따라 기타소득이나 사업소득으로 구분한다.

③ 저자에게 무상으로 제공하는 도서의 가액은 접대비에 해당된다.

④ 출판사가 보유한 지형(서적 출판용 필름)은 사업용고정자산이 아니라 내구성 소모품에 해당되므로 감가상각을 하지 않고 효익을 제공하는 기간동안 소모품비로 안분하여 비용처리한다.

Q 정답 ③

저자에게 무상으로 제공하는 도서의 가액은 인세와 유사한 비용으로서 접대비에 해당하지 않으며 판매부대비용으로 처리한다.

27 다음 중 출판업과 관련된 추정부채에 관한 설명으로 틀린 것은?

① 출판사와 서점간 반품조건의 위탁판매 형태인 경우 반품예상액을 추정하여 반품추정 부채로 계상한다.

② 출판사 또는 서점에서 우수고객에 대하여 마일리지 포인트를 부여하는 경우 마일리지 사용금액을 합리적으로 추정하여 충당부채로 인식한다.

③ 반품추정부채는 기업회계와 세법상 처리가 같다.

④ 마일리지 충당부채는 기업회계상 계상하지만 세법상 인정되지 않는다.

🔍**정답** ③

세법상 반품추정부채가 인정되지 않으므로 세무조정(유보 또는 △유보)의 문제가 발생된다.

28 다음 중 전자상거래의 사업자등록 및 통신판매등록과 관련된 설명으로 틀린 것은?

① 구매안전서비스 이용확인증은 에스크로 서비스에 가입되어 있는지를 확인해 주는 증빙서류이다.

② 에스크로(escrow) 서비스란 전자상거래시 판매자와 구매자 사이에 믿을 수 있는 중립적인 제3자가 중개하여 금전 또는 물품 거래를 하도록 서비스하는 것을 말한다.

③ 전자상거래를 업으로 하는 자는 사업자등록을 하여야 한다.

④ 전자상거래법에 따라 통신판매업 신고를 하여야 한다. 다만, 연 매출 5,000만원 미만의 소규모 판매자에 해당되는 경우에는 통신판매업 신고가 면제된다.

🔍**정답** ④

전자상거래법에 따라 통신판매업 신고를 하여야 한다. 다만, 연 매출 1,200만원 미만의 소규모 판매자에 해당되는 경우에는 통신판매업 신고가 면제된다.

29 다음 중 전자상거래의 온라인 플랫폼 운영사업자(플랫폼 사업자)와 관련된 설명으로 틀린 것은?

① 온라인 플랫폼 운영사업자(플랫폼 사업자)가 판매중개만을 하고 수수료를 받는 경우에는 수입수수료에 대하여 부가가치세가 과세된다.

② 플랫폼 사업자가 결제대금 정산시스템을 갖춘 경우 수수료를 포함한 정산금 총액에 대하여 부가가치세가 과세된다.

③ 웹사이트에 다른 회사의 광고를 올려주고 받은 수입에 대하여 부가가치세가 과세된다.

④ 재화 또는 용역을 공급한 입점업체가 결제대금 정산시스템을 이용하는 경우에는 플랫폼 사업자가 인터넷 쇼핑몰 이용자에게 입점업체에 갈음하여 현금영수증을 발행할 수 있다.

🔍정답 ②

플랫폼 사업자가 대금결제시스템을 갖추고 인터넷 쇼핑몰 이용자로부터 신용카드를 통하여 대금을 결제받아 입점업체가 공급한 재화 또는 용역의 대가를 정산하여 주는 경우(결제대금 정산시스템) 수수료를 차감한 후의 정산금은 부가가치세가 과세되거나 수입금액에 포함하지 않는다.

30 다음 중 전자상거래의 온라인판매 사업자와 관련된 설명으로 틀린 것은?

① 입점업체가 결제대금 정산시스템을 사용하면서 플랫폼 사업자명의로 신용카드매출전표를 발행하는 경우에도 입점업체의 부가가치세 과세표준은 지급수수료를 포함한 전체 신용카드매출전표 발행금액이다.

② 자기적립 마일리지에 따라 할인된 금액으로 판매된 경우에는 마일리지 사용액만큼 부가가치세 과세표준에 포함하지 않는다.

③ 개인사업자인 온라인판매 사업자는 신용카드 등 매출액에 대하여 부가가치세 세액공제를 적용받을 수 있으나 결제대행업체를 통하여 발생한 신용카드매출전표등에 대하여는 적용받을 수 없다.

④ 제3자 적립 마일리지의 사용에 따라 재화 또는 용역의 공급자가 마일리지만큼 감액된 대금을 정산하여 지급받는 경우에는 부가가치세 과세표준에서 제외하지 않는다.

🔍정답 ③

신용카드나 현금영수증 매출비율이 상대적으로 높은 전자상거래업종은 신용카드 등 매출액에 대하여 부가가치세 세액공제를 적용받을 수 있다. 특히 결제대행업체를 통하여 발생한 신용카드매출전표 등에 대하여도 발행세액공제가 가능하다. 다만, 법인사업자의 경우에는 공제대상에 해당되지 않는다.

제2장
건 설 업

II 건설업

제1절 건설업과 공사원가명세서

❶ 건설업 및 주요용어

건설업은 계약 또는 자기계정에 의하여 지반조성을 위한 지반공사, 건설용지에 각종 건물 및 구축물을 신축, 증축 및 보수, 해체 등을 수행하는 산업활동을 말한다. 이러한 건설활동은 도급, 자영건설업자, 종합 또는 전문건설업자에 의하여 수행된다. 직접 건설활동을 수행하지 않더라도 건설공사에 대한 총괄적인 책임을 지면서 건설공사 분야별로 도급 또는 하도급을 주어 전체적으로 건설공사를 관리하는 경우에도 건설활동으로 본다.

(1) 도급계약, 하도급계약

도급계약은 건설공사를 완성할 것을 약정하고 수행결과에 따라 대가를 지급하기로 하는 것을 말한다. 하도급계약은 원사업자가 수급사업자에게 건설공사를 위탁하는 것을 말한다.

(2) 예약매출(자체공사, 직영공사) → 분양수익

예약매출은 아파트, 상가 등을 신축, 분양하는 경우에 매수하는 자로부터 대금을 수령한 후 매매목적물을 건설하여 인도하는 형태의 매출을 말한다. 분양수익은 인도기준이 원칙이 지만, 완공 전에 분양하는 경우에는 분양된 금액에 공사진행기준에 따라 수익을 인식한다. 일반적인 예약매출은 부가가치세법상 중간지급조건부에 해당되어 대가의 각 부분을 받기로 한때에 세금계산서를 발행하여야 한다.

(3) 도급공사(외주공사) → 공사수익

장기공사의 경우 공사원가기준 진행률에 따라 공사수익을 인식하고, 단기공사의 경우에도 중소기업에 해당하는 경우에는 인도기준이 아닌 진행기준에 따라 수익을 인식할 수 있다. 인도기준은 공사가 완성되어 인도되는 시점에 도급금액 총액을 공사수익으로 인식하고 발생 된 공사비를 공사원가로 인식하는 방법이다.

❷ 공사원가 명세서

공사원가명세서에 나타나는 공사원가의 흐름은 제조업의 제조원가 흐름과 같다. 하도급계약에 의하여 건설공사를 수행하는 경우에는 계약금액에 해당되는 금액이 기타공사원가계정으로 분류된다. 하도급에 따른 공사를 하면서 원재료나 인건비를 일부 부담하는 경우에는 직접재료원가나 직접노무원가에 해당 금액이 표시된다.

직접공사를 수행하는 경우에는 발생된 원가를 직접재료원가, 직접노무원가, 기타공사원가로 분류하여야 한다. 결산시점에 공사가 진행중인 경우 당기에 투입된 총공사원가를 기말미완성공사로 대체한다. 기말미완성공사는 기말시점에 투입되지 않은 기말원재료와 함께 재무상태표에 재고자산에 표시된다.

공사가 완료되면 당기완성공사원가로 인식하고 손익계산서의 매출원가 항목으로 분류한다. 공사의 완료와 동시에 공사수익을 모두 인식하게 되므로 당기완성공사원가는 기말재고자산으로 분류되지 않고 바로 매출원가로 분류한다.

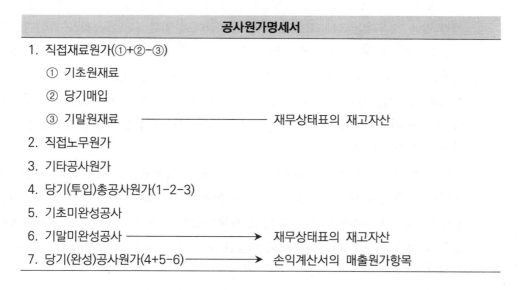

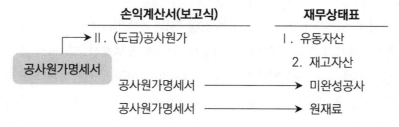

❸ 건설업의 주요 이슈

(1) 다른 업종과 달리 재무제표의 작성목적에 차이가 있다. 아래 ②, ③, ④를 위해서는 이익의 과대계상 등 자산의 과대계상의 문제가 있을 수 있다.
  ① 결산완료 후 세무신고목적
  ② 실질자본금심사 → 건설업등록(법정자본금출자 및 유지), 건설면허 자격유지조건
  ③ 경영(시공능력)평가 → 공사입찰 등
  ④ 신용평가(경영비율분석등 점수산정 : 신용도 up을 위해 꾸준한 매출발생 및 이익의 발생, 매출액 및 이익률 증가) → 차입금조달, 유지 및 상환
  실질자본금심사 등 특정 목적을 위하여 이익 및 자산이 과대계상될 수 있으나 세무신고 목적과도 부합하도록 하는 것은 신고조정 방법을 이용한 세무조정을 활용할 수 있다. 세무상 세무조정에는 결산조정과 신고조정이 있는데 결산조정은 결산서인 재무제표에 수익과 비용이 계상된 경우에만 과세소득에 반영하는 방법을 말한다. 결산조정 중 결산조정항목은 손금항목으로서 결산서상 비용으로 계상하지 않은 경우에는 신고조정에 의하여 손금에 산입할 수 없는 것을 말한다. 즉, 결산조정에 의해서만 손금에 산입할 수 있는 항목을 말하며 현금의 유출이 없는 비용으로서 감가상각비, 평가손실, 대손충당금 및 법인세법상 준비금이 있다. 신고조정은 결산서에 수익과 비용으로 계상하지 않은 익금 또는 손금을 세무조정을 통하여 과세소득에 반영하는 방법을 말한다. 신고조정항목은 결산조정과 신고조정이 모두 허용되는 항목들이다.
  이와 같이 건설업에서 실질자본금심사 등 특정 목적을 위하여 결산조정항목에 해당하는 손금은 재무제표에 반영한 후 이익을 산출하고, 신고조정에 해당하는 손금항목은 결산서에 반영하지 않고 세무조정으로 손금산입하면 재무제표에는 많은 이익과 자산을 계상하면서도 세금은 본래의 이익에 맞게 적절히 납부할 수 있게 된다.

(2) '부가가치세 공급시기 = 세금계산서 발행시기'가 매우 중요

(3) 부가가치세 과세매출(과세현장 : 상가, 오피스텔 등)과 면세매출(면세현장 : 국민주택)의 구분이 중요. 과세표준의 안분계산, 공통매입세액 안분계산 및 정산 등

(4) '공사수익과 공사원가를 공사진행률'에 따라 회계처리와 세무처리를 하게 되므로 세무조정이 발생할 수 있다. 또한, '부가가치세법상 공급시기'와 '회계 및 법인세법상 공사수익'의 인식시기 및 금액이 다를 수 있기 때문에 차이조정이 매우 중요하다.

(5) 노무비의 비중이 높으며 산재보험의 신고 및 납부에 주의를 요한다. 외주비의 경우에도 산재보험의 보수총액 산정에 매우 중요한 계정과목이다.

(6) 견본주택, 가설재, 하자보수충당금, 출자금 등의 다양한 계정과목이 존재한다.

❹ 건설업 업종의 구분

(1) 업종구분의 중요성

건설업은 중소기업의 범위에 포함되며 각종 중소기업세액감면, 세액공제, 결손금소급공제, 기업업무추진비한도계산시 기본한도의 차이(36,000,000원, 일반업종 12,000,000원), 최저한세계산시 낮은 최저한세율(7%) 등의 세제혜택이 있다. 또한 재화의 공급인지 용역의 공급인지에 따라 부가가치세법상 취급(간주공급)이 다르다. 건설업은 용역의 공급으로 본다.

중소기업인 건설업은 진행기준 또는 인도기준에 따라 수익을 인식할 수 있다. 진행기준은 공사의 진행 정도에 따라 각 사업연도마다 수익을 인식하므로 세율의 분산효과가 있다. 인도기준은 용역의 제공이 완료되어 인도되는 때까지 수익을 이연할 수 있다.

건설업인 중소기업 개인사업자는 위와 같은 유리한 혜택이 부여되지만 당해연도 수입금액이 7.5억 이상이면 성실신고 확인의무(부동산매매업은 15억)가 부여된다.

* 간주공급 = 대가를 받는 실질공급이 아니지만 공급으로 보는 것.

	재 화	용 역

간주공급
(대가없는 공급)
	1. 자가공급
	  1) 면세전용
	  2) 판매목적 타사업장 반출
	2. 개인적공급
	3. 사업상증여
	4. 폐업시잔존재화
	  → 부가가치세 과세
		없음-부가가치세과세 x

(2) 건설업

건설활동을 직접수행하거나 직접 건설활동을 수행하지 않더라도 건설공사에 대한 총괄적인 책임을 지면서 관리하는 경우에는 건설업으로 본다. 건설공사업의 매매목적물은 용역의 공급으로 본다.

(3) 시행사(부동산개발업자)

아파트, 상가나 오피스텔 등을 개발하여 분양하는 시행사는 대부분 시공사(건설회사)에 건설을 의뢰하기 때문에 건설업이 아닌 부동산매매업으로 구분한다. 부동산매매업의 매매목적물은 재화의 공급으로 본다.

(4) 주택신축판매업

직접 건설활동을 수행하는 경우 건설업으로 보아 세제혜택을 보나 직접 건설활동을 수행하지 않고 도급을 주는 경우에는 건설업으로 보지만 중소기업세액감면 등 일부의 세제혜택에서는 배제된다. 주택신축판매업은 건설업이지만 주택의 공급은 재화의 공급으로 본다.

(5) 건물신축판매업

주택외의 건물을 신축하여 판매하는 경우 건설업이 아닌 부동산공급업으로 본다. 건물신축판매업의 건물은 재화의 공급으로 본다.

제2절 건설업 기업진단

건설업 등록을 위해서는 다음과 같은 등록기준에 충족하여야 한다.

① 기술능력 - 기술자격취득자

② 자본금(개인의 경우 영업용자산평가액) - 법인 및 개인의 건설업종에 따라 정해진 법정자본금 이상이 납입되어야 한다.

③ 시설, 장비, 사무실

④ 그 밖의 필요한 사항 - 보증가능금액확인서

보증가능금액확인서는 건설업등록시 보증기관에서 재무상태, 신용상태를 평가받고 등급결과에 따라 법정자본금의 20%~60%를 예치하여 확인받은 서류를 말한다.

❶ 실질자본의 평가

건설업 사업자의 부실화, 부적격업체의 부실시공, 입찰질서 저해 방지 등을 위하여 상시적으로 실태조사를 하게 된다.

건설업의 기업진단이란 건설산업기본법에서 규정하고 있는 등록기준 자본금을 상시 충족하고 있는지에 대하여 기업의 재무상태를 평가하고 이를 평정하여 진단하는 실무절차를 말한다. 이러한 기업진단은 건설업 기업진단지침에 의거하여 세무사, 공인회계사, 경영지도사(재무관리)가 실시하게 된다.

> ■ **실질자본 = 실질자산 - 실질부채**
> 실질자산 = 재무제표 계상 자산 - 부실자산 - 겸업자산
> 실질부채 = 재무제표 계상 부채 + 미계상 부채 - 겸업부채

❷ 부실자산

기업진단시 부실자산은 기업진단 지침에 따라 부실자산으로 분류된 자산, 진단을 받는 자가 법적 또는 실질적으로 소유하지 않은 자산을 말한다. 다음의 자산은 부실자산에 해당되는 자산이다.

무기명상품(실재하지 않거나 출처가 불분명한 유가증권), 가지급금, 대여금, 미수금, 미수수익, 선급금, 선납세금, 선급비용, 부도어음, 장기성매출채권, 대손처리 자산, 무형자산

제2장 건설업 ·· **91**

❸ 실질자산의 진단

실질자산의 평가는 진단기준일의 재무제표에 계상된 다음 자산에 대하여 평가한다. 진단기준일은 신규신청(건설업종 추가 등록을 위한 신청을 포함)의 경우 등록신청일이 속하는 달의 직전월 마지막 날로 하고, 신설법인의 경우에는 설립등기일을 말한다.

① 현금 - 자본총계의 1% 초과금은 부실자산 처리
② 예금 - 진단기준일을 포함한 30일 동안의 은행거래실적의 평균잔액
③ 매출채권 - 계약서, 세금계산서발행 내역과 회수내역 검토, 필요시 채권조회 실시, 2년 이상 경과한 장기성매출채권은 부실자산 처리
④ 재고자산 - 원재료 등 재고자산은 부실자산 처리, 그러나 보유기간이 1년 이내로 세금계산서수취, 금융증빙내역, 공사계약서 등으로 입증
⑤ 보증금 - 계약서, 금융자료로 평가
⑥ 유형자산 - 취득관련 계약서, 등기 및 등록서류, 감가상각명세서 등으로 평가
⑦ 부채 - 부채의 발생사유를 공사원가, 비용의 발생 및 관련 자산의 규모 등과 비교 분석하여 그 적정성 및 부외부채 유무를 평가
⑧ 자본 - 납입자본금은 법인등기사항으로 등기된 자본금으로 평가
⑨ 수익과 비용 - 기업회계기준에 따라 평가

❹ 겸업자산 및 겸업부채

기업진단 대상 사업 이외의 사업에 따라 보유하고 있는 자산 및 부채를 말한다. 겸업자산으로 열거되거나 겸업자산으로 분류된 다음의 자산을 겸업자산으로 한다.

① 투자자산과 기타의 비유동자산은 겸업자산으로 본다.
② 진단대상 사업과 겸업사업에 공통으로 사용하는 자산은 매출액 또는 자본금의 비율 등으로 안분한다.

❺ 실질자본 미달시 대처

① 자본금 증자 및 가수금 등의 자본금전환 및 채무면제를 통한 이익계상
② 부실자산의 회수 - 가지급금 및 장기성매출채권, 대여금, 미수금 등
③ 유형자산의 재평가

❻ 기업진단 사례

(1) 실질자본의 진단

㈜티에스건설의 재무상태표는 다음과 같고 진단기준일은 20×2년 12월 31일이다.

재 무 상 태 표
제4기 20×2년 12월 31일 현재
제3기 20×1년 12월 31일 현재

회사명 : (주)티에스건설 (단위 : 원)

과 목	제4(당)기		제3(전)기	
	금 액		금 액	
자　　　　　산				
Ⅰ.유　동　자　산		1,706,345,891		1,140,822,818
①당　좌　자　산		1,591,020,235		941,706,519
현　　　금		10,638,290		9,696,497
보　통　예　금		532,512,950		382,456,014
공　사　미　수　금		950,186,700		445,359,357
가　지　급　금		73,748,657		84,234,846
선　급　비　용		23,933,638		19,959,805
②재　고　자　산		115,325,656		199,116,299
원　　　재　　　료		115,325,656		199,116,299
Ⅱ.비　유　동　자　산		429,160,992		452,346,019
①투　자　자　산		142,682,600		139,496,000
출　자　금		142,682,600		139,496,000
②유　형　자　산		136,478,392		162,850,019
비　　　품	58,443,000		58,443,000	
감　가　상　각　누　계　액	41,540,147	16,902,853	23,171,323	35,271,677
차　량　운　반　구	142,253,779		103,196,341	
감　가　상　각　누　계　액	53,161,213	89,092,566	27,965,245	75,231,096
시　설　장　치	83,772,440		83,772,440	
감　가　상　각　누　계　액	53,289,467	30,482,973	31,425,194	52,347,246
③기　　　타		150,000,000		150,000,000
임　차　보　증　금		150,000,000		150,000,000
자　산　총　계		2,135,506,883		1,593,168,837
부　　　채				
Ⅰ.유　동　부　채		206,256,893		185,309,310
예　수　금		15,043,320		14,995,473
외　상　매　입　금		143,209,573		100,856,055
미　지　급　비　용		28,004,000		39,457,782
단　기　차　입　금		20,000,000		30,000,000
Ⅱ.비　유　동　부　채		575,523,334		658,462,704
장　기　차　입　금		575,523,334		658,462,704
부　채　총　계		781,780,227		843,772,014
자　　　본				
Ⅰ.자　　　본　　　금		500,000,000		500,000,000
자　본　금		500,000,000		500,000,000
Ⅱ.자　본　잉　여　금				
Ⅲ.자　본　조　정				
Ⅳ.기 타 포 괄 손 익 누 계 액		10,979,200		7,792,600
매도가능증권평가이익		10,979,200		7,792,600
Ⅴ.이　익　잉　여　금		842,747,456		241,604,223
미 처 분 이 익 잉 여 금		842,747,456		241,604,223
(당　기　순　이　익)				
당기 : 601,143,233				
자　본　총　계		1,353,726,656		749,396,823
부 채 와 자 본 총 계		2,135,506,883		1,593,168,837

㈜티에스건설은 토목공사업을 영위하며 등록기준 자본금은 5억원이다. 토목공사업의 기업진단을 위해 20×2년 재무상태표 계정을 확인한 결과는 다음과 같다.

① 보통예금의 진단기준일 기준 30일간의 평균잔액은 313,227,943원이다.

② 공사미수금 중 2년 이상 장기미회수 채권의 합계액은 125,824,972원이다.

③ 부실채권 외의 공사미수금 824,361,728원에 대한 대손충당금(1%)은 8,243,617원이다.

④ 가지급금과 선급비용은 모두 부실자산으로 처리한다.

⑤ 원재료 중 계좌이체 등 거래 사실이 확인되지 않는 금액은 27,964,756원이다.

⑥ 외상매입금 중 장부에 계상되지 않은 금액 152,469,882원을 확인하였다.

⑦ 세법상 퇴직급여충당부채 설정액 325,493,770원이 누락되었다.

〈기업진단〉

1. 자산총액	2,135,506,883	4. 부채총액	781,780,227
2. 부실자산 등 차감		5. 부외부채 등 가산	
① 예금평잔초과액	219,285,007	① 부외부채	152,469,882
② 부실채권	125,824,972	② 퇴직급여충당금	325,493,770
③ 대손충당금설정	8,243,617	계	477,963,652
④ 가지급금	73,748,657		
⑤ 선급비용	23,933,638		
⑥ 미확인 원재료	27,964,756		
계	479,000,647		
3. 실질자산(1-2)	1,656,506,236	6. 실질부채(4+5)	1,259,743,879
7. 등록기준자본	500,000,000	9. 진단의견	부적격
8. 실질자본(3-6)	396,762,357		

(2) 겸업자본의 진단

㈜티에스건설의 재무상태표는 다음과 같고 진단기준일은 20×2년 12월 31일이다.

재 무 상 태 표

제4기 20×2년 12월 31일 현재
제3기 20×1년 12월 31일 현재

회사명 : (주)티에스건설   (단위 : 원)

과 목	제4(당)기 금 액		제3(전)기 금 액	
자산				
Ⅰ.유 동 자 산		1,806,345,891		1,240,822,818
①당 좌 자 산		1,591,020,235		1,041,706,519
현 금		10,638,290		9,696,497
보 통 예 금		427,512,950		282,456,014
공 사 미 수 금		650,186,700		285,359,357
외 상 매 출 금(제조)		373,748,657		244,234,846
선 급 금		128,933,638		119,959,805
②재 고 자 산		215,325,656		199,116,299
원 재 료(제조)		215,325,656		199,116,299
Ⅱ.비 유 동 자 산		329,160,992		352,346,019
①투 자 자 산		42,682,600		39,496,000
출 자 금		42,682,600		39,496,000
②유 형 자 산		136,478,392		162,850,019
비 품	58,443,000		58,443,000	
감 가 상 각 누 계 액	41,540,147	16,902,853	23,171,323	35,271,677
차 량 운 반 구	142,253,779		103,196,341	
감 가 상 각 누 계 액	53,161,213	89,092,566	27,965,245	75,231,096
기 계 장 치	83,772,440		83,772,440	
감 가 상 각 누 계 액	53,289,467	30,482,973	31,425,194	52,347,246
③기 타		150,000,000		150,000,000
임 차 보 증 금		150,000,000		150,000,000
자 산 총 계		2,135,506,883		1,593,168,837
부채				
Ⅰ.유 동 부 채		206,256,893		185,309,310
예 수 금		15,043,320		14,995,473
외 상 매 입 금		143,209,573		100,856,055
미 지 급 비 용		28,004,000		39,457,782
단 기 차 입 금		20,000,000		30,000,000
Ⅱ.비 유 동 부 채		575,523,334		658,462,704
장 기 차 입 금		575,523,334		658,462,704
부 채 총 계		781,780,227		843,772,014
자본				
Ⅰ.자 본 금		500,000,000		500,000,000
자 본 금		500,000,000		500,000,000
Ⅱ.자 본 잉 여 금				
Ⅲ.자 본 조 정				
Ⅳ.기 타 포 괄 손 익 누 계 액		10,979,200		7,792,600
매 도 가 능 증 권 평 가 이 익		10,979,200		7,792,600
Ⅴ.이 익 잉 여 금		842,747,456		241,604,223
미 처 분 이 익 잉 여 금		842,747,456		241,604,223
(당 기 순 이 익)				
당기 : 601,143,233				
자 본 총 계		1,353,726,656		749,396,823
부 채 와 자 본 총 계		2,135,506,883		1,593,168,837

㈜티에스건설은 등록기준 자본금 1.5억의 전문공사업과 제조업을 겸업하고 있으며 전문공사업의 기업진단을 위해 20×2년 재무상태표 계정을 확인한 결과는 다음과 같다. 손익계산서에 계상된 공사수입금액은 20억이고 제조매출액은 30억이다.

① 보통예금의 진단기준일 기준 30일간의 평균잔액은 295,227,943원이다.

② 공사미수금 중 2년 이상 장기미회수 채권의 합계액은 285,824,972원이다.

③ 부실채권 외의 공사미수금 564,361,728원에 대한 대손충당금(1%)은 5,643,617원이다.

④ 선급금은 부실자산으로 처리한다.

⑤ 세법상 퇴직급여충당부채 설정액 125,493,770원이 누락되었다.

⑥ 재무상태표 계상 자산 중 진단대상 자산은 공사미수금, 출자금이고 겸업사업자산은 외상매출금(제조), 원재료(제조), 기계장치이다. 나머지 자산은 공통사용자산으로서 매출액의 비율로 안분한다. 공통사용자산은 총자산에서 부실자산(진단대상 외의 부실자산), 진단대상 사용자산, 겸업자산을 차감하여 계산한다.

⑦ 부채는 모두 공통사용부채에 해당한다.

〈기업진단〉

1. 공통사용자산 및 부채에 대한 겸업비율

   매출액기준 (30억/50억) = 60%

2. 공통사용자산 중 겸업자산

   ① 공통사용자산(부실자산 제외) 556,218,035원 × 60% = 333,730,821원

   ② 공통사용부채(부외부채 포함) 907,273,997원 × 60% = 544,364,398원

1. 자산총액	2,135,506,883	6. 부채총액	781,780,227
2. 진단대상 자산의 부실자산차감		7. 공통사용겸업부채차감	544,364,398
① 예금평잔초과액	132,285,007		
② 부실채권	285,824,972		
③ 대손충당금	5,643,617		
④ 선급금	128,933,638		
계	552,687,234		
3. 겸업자산 차감			
① 외상매출금(제조)	373,748,657		
② 원재료(제조)	215,325,656		
③ 기계장치	30,482,973		
계	619,557,286		
4. 공통사용겸업자산차감	333,730,821		
5. 실질자산(1-2-3-4)	629,531,542	8. 실질부채(6-7)	237,415,829
9. 등록기준자본	150,000,000	11. 진단의견	적격
10. 실질자본(5-8)	392,115,713		

제3절 건설업 시공능력 평가

❶ 시공능력 평가제도

건설업 시공능력 평가제도란 발주자가 적합한 건설업자를 선정할 수 있도록 그 건설업자의 공사실적, 경영평가, 기술능력, 신인도 등의 시공능력을 평가하여 공시하는 제도를 말한다. 연1회 평가하여 능력평가의 결과를 공시일(매년 7월 31일)부터 다음연도 공시일 이전까지 적용한다. 시공능력평가는 대한건설협회(종합건설), 대한전문건설협회 등 건설협회가 주관하여 공사실적, 경영평가, 기술능력, 신인도를 합산하여 평가하며 일간신문 등에 게재(공시)한다.

공시된 시공능력 평가액은 공사수주의 자격제한, 입찰자격 기준설정 및 입찰자격 제한, 도급하한제를 통한 대기업의 참여제한 등의 용도로 활용된다.

(1) 공사실적 평가

공사실적평가는 최근 3년 간의 해당 업종의 건설공사실적(도급금액)을 다음과 같이 가중평균하여 산정하고 산정된 금액의 70%를 평가금액으로 한다.

> 공사실적가중평균액 = {(평가기준 이전 1차년도 실적 × 1.2 + 이전 2차년도 실적 × 1
> + 이전 3차년도 실적 × 0.8) ÷ 3} × 70%

(2) 경영평가

경영평가액은 다음과 같이 산정한다.

> • 경영평가액 = 실질자본금 × 경영평점 × 80/100
> • 경영평점은 다음과 같이 산정한다.
>   경영평점 = (차입금의존도평점 + 이자보상비율평점 + 자기자본비율평점 + 매출액순이익률평점
>   + 총자본회전율평점) ÷ 5

(3) 기술능력평가

기술능력평가액은 다음과 같이 산정한다.

- 기술능력평가액 = 기술능력생산액(전년도 동종 업계의 기술자 1인당 평균생산액 × 건설업자
  가 보유한 기술자 수 × 30/100) + (퇴직공제납입금 × 10) + 최근 3년
  간의 기술개발투자액
- 기술능력생산액 = Min(실질자본금 × 2, 공사실적평가액 × 50/100)

(4) 신인도평가

신인도평가액은 다음과 같이 산정한다.

- 신인도 평가액 = 3년간 공사실적의 연차별 가중평균액의 30% 내외
- 3년간 공사실적의 연차별 가중평균액 = {(평가기준 이전 1차년도 실적 × 1.2 + 이전 2차년도
  실적 × 1 + 이전 3차년도 실적 × 0.8) ÷ 3}

❷ 경영상태 평가(재무비율분석)

재무비율분석은 분석대상 기업의 재무비율이 기준율보다 높은지 작은지에 따라 평가된다. 기준율은 산업평균비율, 동종업종비율 등을 사용하며 평가보고서를 요구하는 기관이 기준율을 제시하는 경우에는 그 비율로 한다.

건설협회가 제시(매년 공시)하는 업종별 경영상태 평균비율은 다음과 같다.

① 종합건설업(적용기간 : 20×1.7.1.부터 20×2.6.30. 입찰공고분까지 적용)

구 분	단위	평균비율
부채비율	%	90.19
유동비율	%	149.28

② 전문건설업(적용기간 : 20×1.7.1.부터 20×2.6.30. 입찰공고분까지 적용)

구분	실내건축	지반조성, 포장	조경식재, 시설물	철근 콘크리트	도장, 습식, 방수, 석공	금속지붕
부채비율	70.80%	57.28%	78.43%	59.76%	62.34%	72.61%
유동비율	192.87%	219.34%	129.60%	214.72%	195.05%	152.36%

구분	상하수도	철도궤도	구조물해체, 비계	철강구조물	수중, 준설	승강기, 삭도
부채비율	53.13%	88.17%	57.81%	121.42%	133.52%	71.24%
유동비율	240.05%	138.91%	157.82%	141.13%	135.25%	112.59%

③ 전기공사업

평가항목	단위	연도별 평균비율		
		20×1년	20×2년	20×3년
부채비율	%	148.16	140.57	135.22
유동비율	%	138.56	143.57	148.43
매출액 순이익율	%	3.06	3.5	3.58
자산회전율	회	0.88	0.81	0.80
매출액 영업이익율	%	3.78	4.01	4.05
영업이익대 이자보상비율	배	2.74	3.15	3.22
총자산순이익율	%	2.70	2.83	2.87

④ 정보통신공사업

평가항목	단위	연도별 평균비율	
		20×1년	20×2년
부채비율	%	144.64	141.97
유동비율	%	129.32	144.43
매출액 순이익율	%	1.84	2.43
자산회전율	회	1.02	1.33
매출액 영업이익율	%	3.74	2.72
차입금의존도	%	21.41	15.74
총자산순이익율	%	1.79	2.75

※ 20×2년 경영상태평균비율은 20×3.7.31.~20×4.7.30. 동안 활용된다.

(1) 유동성비율

유동성이란 쉽게 현금화될 수 있는 것을 말하며 유동성비율은 기업의 단기채무 지급능력을 확인할 수 있는 측정 지표이다. 단기 상환의무가 있는 유동부채에 대하여 기업이 보유한 유동자산 또는 당좌자산으로 변제할 능력이 있는지를 판단하므로 유동자산(당좌자산)이 유동부채보다 많은 경우에 높은 평가를 받을 수 있다.

① 유동비율 $= \dfrac{\text{유동자산}}{\text{유동부채}} \times 100$

② 당좌비율 $= \dfrac{\text{당좌자산}}{\text{유동부채}} \times 100$

③ 현금비율 $= \dfrac{\text{현금및현금성자산}}{\text{유동부채}} \times 100$

📖 사례1

기준율 : 유동비율 130%, 당좌비율 80%, 현금비율 20%로 가정

서경기업	재무상태표		(단위 : 백만원)
현 금	500	매입 채무	1,000
매출 채권	1,500	단기차입금	2,000
재고 자산	3,000	장기차입금	3,000
비유동자산	4,000	자 본	3,000
자산 총계	9,000	부채와 자본총계	9,000

유동자산 = 500 + 1,500 + 3,000 = 5,000

당좌자산 = 500 + 1,500 = 2,000

유동부채 = 1,000 + 2,000 = 3,000

① 유동비율 $= \dfrac{5,000}{3,000} \times 100 = 167\%$ (양호)

② 당좌비율 $= \dfrac{2,000}{3,000} \times 100 = 67\%$ (불량)

③ 현금비율 $= \dfrac{500}{3,000} \times 100 = 16.6\%$ (불량)

위 사례1에서 서경기업의 유동비율은 기준율에 비해 양호하고, 당좌비율과 현금비율은 기준율에 비해 좋지 않다. 서경기업은 단기채무를 변제할 정도의 유동자산을 보유하고 있으나 현금이 적고 재고자산이 많아 실제 단기채무의 지급능력이 기준율에 비해 떨어진다. 따라서 외형적으로 유동성을 확보하고 있는 것처럼 보이지만 실제로는 유동성이 부족한 상태로 평가된다.

경기가 좋아 재고자산의 순환이 잘 되어 판매가 잘되는 상황이라면 재고자산이 많은 것이 문제가 되지 않을 수 있지만 재고자산의 순환이 잘 되지 않아 매출이 부진한 경우라면 단기채무의 지급에 문제가 될 수 있다. 또한 판매가 잘 되는 경우라도 판매대금이 현금으로 회수되지 않거나 매출채권이 단기간에 회수되지 않는 경우라면 역시 문제가 될 수 있다.

이러한 문제를 해결하기 위해서는 판매를 촉진하여 재고자산의 순환을 높이고 이를 현금화함으로써 현금비율과 당좌비율을 높여 지급불능상태에 빠지지 않도록 해야 한다.

(2) 안전성비율

안전성비율은 타인자본의 의존도를 나타내며 레버리지비율이라고도 한다. 레버리지비율은 타인자본과 자기자본의 비중에 따라 기업경영에 따른 위험을 누가 부담하는지를 나타낸다.

레버리지비율이 높을수록 즉, 타인자본이 자기자본보다 총자본에서 차지하는 비중이 클수록 기업위험은 채권자들이 부담하게 된다. 또한 레버리지비율이 높을수록 기업의 소유주는 적은 자기자본으로 기업을 지배할 수 있는 이점이 있으며 재무레버리지효과(손익확대효과)가 나타난다.

재무레버리지효과(손익확대효과)란 총자산(본)의 영업이익률이 타인자본이자율을 초과하는 경우, 레버리지비율이 높을수록 자기자본이익률이 확대되는 것을 말한다.

총자산이 1,000, 영업이익 200, 타인자본 500(이자율 10%), 자기자본이 500이라고 가정하자. 총자산영업이익률은 20%, 타인자본 이자비용은 50으로서 채권자에게 귀속된다. 영업이익 중 나머지 150은 소유주에게 귀속된다. 즉, 총자산의 영업이익률 20%가 타인자본이자비용 10%를 초과하므로 자기자본이익률이 30%(150/500)로 확대된다.

총자산이 1,000, 영업이익 50, 타인자본 500(이자율 10%), 자기자본이 500이라고 가정하자. 총자산영업이익률은 5%이며 타인자본 이자비용은 50으로서 채권자에게 귀속되고 영업이익 중 소유주에게 귀속되는 이익은 0이 된다. 즉, 총자산의 영업이익률 5%가 타인자본이자비용 10%보다 작은 경우, 소유주에게 귀속되는 자기자본이익률은 0%로 줄어든다.

이와 같이 총자산영업이익률의 변화보다 자기자본이익률의 변화가 더 큰데, 이런 효과는 부채의 사용이 많을수록 심해진다. 부채의 규모가 지렛대처럼 작용하는 것이다.

부채비율과 차입금의존도는 차입금 등의 부채와 자본크기를 비교하므로 일반적으로 차입금 등의 부채가 작을수록 높은 평가를 받는다.

자기자본비율은 자기자본과 총자본의 크기를 비교하므로 자기자본이 클수록 높은 평가를 받는다. 이자보상비율은 영업이익이 타인자본을 사용하여 발생하는 이자비용을 감당할 수 있는지를 나타내는 비율이므로 영업이익이 클수록 높은 평가를 받는다.

① 부채비율 $= \dfrac{\text{부채}}{\text{자기자본}} \times 100$

② 차입금의존도 $= \dfrac{\text{사채} + \text{장, 단기차입금}}{\text{총자본}} \times 100$

③ 자기자본비율 $= \dfrac{\text{자기자본}}{\text{총자본}} \times 100$

④ 이자보상비율 $= \dfrac{\text{영업이익}}{\text{이자비용}}$

🔖 사례2

기준율 : 부채비율 100%, 자기자본비율 50%, 차입금의존도 40%, 이자보상비율 3배로 가정

서경기업	재무상태표		(단위 : 백만원)
현 금	500	매입 채무	1,000
매출채권	1,500	단기차입금	2,000
재고자산	3,000	장기차입금	3,000
비유동자산	4,000	자 본	3,000
자산 총계	9,000	부채와 자본총계	9,000

손익계산서	(단위 : 백만원)
매 출 액	15,300
− 매 출 원 가	10,100
매 출 총 이 익	5,200
− 판 관 비	3,200
영 업 이 익	2,000
+ 이 자 수 익	50
이 자 비 용	300
세 전 순 이 익	1,650
법 인 세	450
당 기 순 이 익	1,200

부채 = 1,000 + 2,000 + 3,000 = 6,000

자기자본 = 3,000

총자본 = 9,000

차입금 = 5,000

① 부채비율 $= \dfrac{6,000}{3,000} \times 100 = 200\%$ (불량)

② 자기자본비율 $= \dfrac{3,000}{9,000} \times 100 = 33\%$ (불량)

③ 차입금의존도 $= \dfrac{5,000}{9,000} \times 100 = 56\%$ (불량)

④ 이자보상비율 = $\dfrac{2,000}{300}$ = 6.67배 (양호)

서경기업은 기준율에 비해 부채비율이 높고 차입금의존도가 높다. 그러나 부채사용에 따른 이자비용의 상환 능력인 이자보상비율은 양호하다.

단기적 관점에서 현재 상황의 서경기업은 이자비용을 지급하는 것에 문제가 없으며 차입금과 같은 타인자본을 효율적으로 사용하면서 부채의 수용능력이 있다는 것을 보여준다.

그러나 장기적 관점에서 서경기업은 차입금이 비중이 높고 원금상환과 이자비용의 지급에 문제가 있을 수 있다. 경기가 불황인 경우에는 재고자산의 회전이 원활하지 못하거나 매출채권의 회수가 원활하지 못하여 유동성(특히 현금) 부족으로 만기가 도래한 차입금과 매입채무등 부채의 원금상환과 이자비용의 지급에 문제가 생길 수 있다. 발생주의 회계에 따라 재고자산의 증가는 영업이익의 증가로 이어지기 때문에 분석 대상인 이자보상비율이 양호하게 나타날 수 있지만 보고서상의 높은 영업이익이 매출의 증가에 따른 이익인지, 실제 현금으로 회수될 이익인지를 고려하여야 한다. 따라서 사례1의 유동성비율 및 사례3에서 볼 활동성비율도 함께 고려하여 판단해야 한다.

(3) 활동성비율

활동성비율은 기업이 보유하고 있는 자산을 얼마나 효율적으로 활용하고 있는 지를 평가하는 지표이다. 회전률은 매출액을 자산으로 나누어 평가한다. 회전률이 높을수록 자산을 효율적으로 운용하는 것이므로 높은 평가를 받을 수 있다. 매출채권회전률은 매출채권의 현금화 속도를 측정하는 지표이며 재고자산회전률은 재고자산이 판매되어 당좌자산으로 얼마나 전환되었는지를 나타내는 지표이다. 매출채권회수기간은 매출채권이 현금화되는 기간이며 재고자산회전기간은 재고자산이 매출액으로 전환되는 기간을 의미한다. 매출채권회수기간과 재고자산회전기간은 짧을수록 자금압박을 덜 받게 된다.

아래 공식의 분모에 해당하는 매출채권, 재고자산, 매입채무는 기초와 기말잔액의 평균액으로 하되, 평균액을 구할 수 없는 경우 등에는 기말잔액으로 계산한다.

재고자산회전률 계산시 분자는 매출액 대신 매출원가로 평가하기도 하는데, 매출액은 판매가격에 대한 변수가 포함되어 있어 과대평가될 수 있기 때문이다.

매입채무회전률은 매입채무의 지급속도를 측정하는 지표이다. 매입채무의 변제 속도를 나타내는 것으로, 일반적으로 동일 업종의 평균 비율과 비교하여 비율이 높을수록 기업의 지급 능력이 양호한 상태로 판단한다. 매입채무회전기간은 회전기간이 길수록 매입채무 지급에 대한 자금압박을 덜 받게 된다.

① 매출채권회전률 $= \dfrac{\text{매출액}}{\text{매출채권}}$

② 매출채권회수기간 $= \dfrac{365일(12개월)}{\text{회전률}}$

③ 재고자산회전률 $= \dfrac{\text{매출액}}{\text{재고자산}}$

④ 재고자산회전기간 $= \dfrac{365일(12개월)}{\text{회전률}}$

⑤ 매입채무회전률 $= \dfrac{\text{매출액}}{\text{매입채무}}$

⑥ 매입채무회전기간 $= \dfrac{365일(12개월)}{\text{회전률}}$

🏢 사례3

기준율 : 매출채권회전률 11회전, 재고자산회전률 8회전, 매입채무회전율 10회로 가정

서경기업	재무상태표	(단위 : 백만원)		
현 금	200	매입 채무	400
단기금융자산	300	단기차입금	500
매출 채권	700	비유동부채	800
재고 자산	1,200	자 본 금	400
비유동자산	1,600	잉 여 금	1,900
자산 총계	4,000	부채와 자본총계	4,000

손익계산서 (단위 : 백만원)	
매 출 액	6,800
－ 매 출 원 가	5,500
매 출 총 이 익	1,300
－ 판 관 비	600
영 업 이 익	700
이 자 비 용	100
세 전 순 이 익	600
법 인 세	120
당 기 순 이 익	480

① 매출채권회전률 $= \dfrac{6,800}{700} = 9.7$회전 (불량)

② 매출채권회수기간 = 365일 / 9.7회전 = 37.6일/1회전

③ 재고자산회전률 $= \dfrac{6,800}{1,200} = 5.6$회전 (불량)

④ 재고자산회전기간 = 365일 / 5.6회전 = 65.2일/1회전

⑤ 매입채무회전률 $= \dfrac{6,800}{400} = 17$회전(양호)

⑥ 매입채무회전기간 $= \dfrac{365일}{17회전} = 21.47$일/1회전

서경기업은 매출채권의 규모가 매입채무 규모보다 높고 재고자산의 규모도 크지만 매출채권과 재고자산의 회전률이 좋지 않다. 반면 매입채무의 규모가 상대적으로 작고 회전률이 높아 변제 속도가 빠르다. 즉, 매출채권의 현금회수기간(37.6일)이 매입채무의 현금지급기간(21.47일)보다 느리다. 따라서, 매출채권과 매입채무의 규모가 균형을 이루지 못하여 신용을 공여하는 수준(매출채권)이 신용을 공여받는 수준(매입채무)보다 많고 재고자산의 규모가 큰 반면 회전률이 좋지 않으면서 판매된 재고자산의 현금회수율(매출채권회전률)도 좋지 않아 단기간의 자금운영에 문제가 있다.

(4) 수익성비율

수익성비율은 경영성과에 대한 비율을 말한다. 매출총이익률과 영업이익률, 당기순이익률은 매출액에 대한 마진률이다. ROI와 ROE는 경영활동에 투하된 자본에 대한 마진률이다. 손익계산서에 구분된 이익이 높을수록 높은 평가를 받는다.

① 매출총이익률 $= \dfrac{매출총이익}{매출액} \times 100$

② 영업이익률 $= \dfrac{영업이익}{매출액} \times 100$

③ 당기순이익률 $= \dfrac{당기순이익}{매출액} \times 100$

④ 총자산(본)이익률(ROI) $= \dfrac{당기순이익}{총자산(본)} \times 100$

⑤ 자기자본이익률(ROE) $= \dfrac{당기순이익}{자기자본} \times 100$

사례4

기준율 : 매출총이익률 14%, 영업이익률 7.5%, 당기순이익률 3.2%, 총자산이익률 8%, 자기자본이익률 15.2%, 부채비율 100%, 차입금의존도 40%, 이자보상비율 3배, 유동비율 130%, 당좌비율 80%, 총자산회전률 2.6회전, 매출채권회전률 9회전, 매입채무회전률 10회전으로 가정

서경기업	재무상태표		(단위 : 백만원)
현 금	200	매입 채무	1,100
단기금융자산	100	단기차입금	100
매출 채권	500	장기차입금	200
재고 자산	1,000	자 본 금	700
비유동자산	1,200	잉 여 금	900
자산 총계	3,000	부채와 자본총계	3,000

손익계산서	(단위 : 백만원)
매 출 액	5,000
− 매 출 원 가	4,100
매 출 총 이 익	900
− 판 관 비	500
영 업 이 익	400
이 자 비 용	10
세 전 순 이 익	390
법 인 세	200
당 기 순 이 익	190

① 매출총이익률 $= \dfrac{900}{5,000} \times 100 = 18\%$ (양호)

② 영업이익률 $= \dfrac{400}{5,000} \times 100 = 8\%$ (보통)

③ 당기순이익률 $= \dfrac{190}{5,000} \times 100 = 3.8\%$ (보통)

④ 총자산이익률 $= \dfrac{190}{3,000} \times 100 = 6.3\%$ (불량)

⑤ 자기자본이익률 $= \dfrac{190}{1,600} \times 100 = 11.8\%$ (불량)

서경기업은 판매마진인 매출총이익률은 양호하지만 영업마진인 영업이익률과 총마진인 당기순이익률은 보통이다. 판매마진에 비하여 영업마진이 낮아진 것은 판매및관리활동에 문제가 있는 것으로 판단된다.

서경기업의 단기차입금이나 장기차입금의 비율이 낮아(차입금의존도 300/3,000 = 10%로 양호) 이자비용의 부담이 높지 않지만(이자보상비율 400/10 = 40배로 양호) 세전이익에 비하여 법인세비용의 부담이 너무 높다. 이로 인하여 총마진이 현저히 낮아진 것으로 보이는데 이는 일반적인 상황은 아니며 세무조사등 특별한 사유로 일시적인 세부담이 높아진 것일 수도 있다. 따라서 단기적 관점에서만 이를 고려하여야 한다. 만일 정상적인 법인세비용을 부담하였다면 영업외활동은 효율적으로

관리가 된 것이므로 당기순이익률은 양호한 상태일 수도 있다.

서경기업의 총자산(자본)이익률(ROI)은 산업평균에 비하여 낮다. 이는 자산의 효율적인 관리에 문제가 있는 것으로 판단할 수 있는데 총자산회전률(매출액/총자산 = 5,000/3,000) 1.67회전이 산업평균 2.6회전에 비하여 많이 떨어진 것으로 확인할 수 있다. 불량한 ROI는 매출액의 증대와 자산규모의 효율적 관리를 통하여 개선할 수 있다. 만일 세무조사등의 특수한 상황이 아닌 세전이익에 정상적인 법인세비용(법인세율 20%가정)을 납부하였다면 총자산(자본)이익률(ROI)은 10.4%로 양호한 상태가 된다. 장기적 관점에서 총자산의 효율적관리는 다음과 같이 진단할 수 있다. 유동비율이 150%로 양호함에도 당좌비율이 66.6%로 낮고 재고비율이 과다하게 높은 것으로 보이므로 매출부진으로 인한 재고의 보유인지 등에 대한 검토가 필요하다. 단기적 관점에서 총자산의 효율적관리는 다음과 같이 진단할 수 있다. 매출채권회전률(5,000/500 = 10회전)이 비교적 양호하고 매입채무회전률(5,000/1,100 = 4.5회전)이 불량하다는 것은 매출부진에 따른 것으로 판단되므로 매출액을 증대시켜 현금회수 및 빠른 매출채권의 회전을 통하여 총자산을 효율적으로 관리하고 매입채무회전률도 개선할 수 있는 것에 대한 검토가 필요하다.

자기자본이익률(ROE)은 산업평균에 비하여 낮다. 이는 투하한 자기자본에 대한 투자수익성이 좋지 않음을 의미한다. 다만, 부채비율(부채/자기자본)이 87.5%로 양호하고 양호한 차입금의존도(300/3,000 = 10%)와 이자보상비율(400/10 = 40배)이 나타남에도 ROE가 낮은 것은 비정상적인 법인세비용의 계상에 의한 것으로 보인다. 따라서 세전이익에 정상적인 법인세비용을 부담한 상황이라면 ROE는 양호한 상태로 개선될 것으로 보인다.

(5) 성장성비율

성장성비율은 전년도 대비 매출액이나 순이익의 증가율을 말한다. 성장성은 기업의 경쟁력이나 미래수익창출능력을 나타내는 지표로 평가할 수 있다.

① 매출액증가율 $= \dfrac{\text{당기매출액} - \text{전기매출액}}{\text{전기매출액}} \times 100$

② 순이익증가율 $= \dfrac{\text{당기순이익} - \text{전기순이익}}{\text{전기순이익}} \times 100$

(6) 시장가치 분석

기업의 시장가치는 주식시장에서 주가로 평가된다. 또한 '주가 = EPS × PER'로도 평가할 수 있다. EPS(Earning Per Share, 주당순이익)는 투자한 주식 1주당 얻은 순이익을 의미한다. PER(Price Earning Ratio, 주가수익비율)는 주가에 대한 이익의 비율로서 투자한 주가의 투자수익률로 이해할 수 있다. 다만 PER는 주가를 주당순이익으로 나누어 계산하기 때문에 비율로 나타나지 않고 주가가 1주당순이익의 몇배가 되는지 나타내는 지수로 표현된다. 투자금액에 대한 투자수익이 EPS라면 PER는 투자금액에 대한 투자수익률의 개념이다.

① EPS $= \dfrac{당기순이익}{주식수}$

② PER $= \dfrac{주가}{EPS(주당순이익)}$

A회사와 B회사의 예를 들면,

	A회사	B회사
총수익	10억	10억
총비용	9억	8억
당기순이익	1억	2억
추가정보		
주식수	5,000주	20,000주
주가	@15,000/주	@5,000/주
① EPS(주당순이익)	20,000원/주	10,000원/주
② PER(투자수익률)	0.75 (133%)	0.5 (200%)

두 회사의 당기순이익을 비교하면 B회사가 더 많은 순이익을 보고하여 더 좋은 회사로 평가될 수 있지만 실제 기업가치는 두 가지 측면을 같이 고려하여 평가해야 한다.

EPS는 1주당 20,000원의 이익을 얻는 A회사가 B회사보다 더 좋게 평가된다. 주주입장에서는 1주를 투자하여 10,000원의 이익을 얻는 B회사보다는 20,000원의 이익을 얻는 A회사가 투자가치가 있는 것처럼 보인다. 그러나 PER의 경우에 A회사 주가는 15,000원이므로 15,000원을 투자하여 20,000원의 수익이 발생되었고 B회사의 주가는 5,000원이므로 5,000원을 투자하여 10,000원의 수익이 발생되었다. A회사는 133%의 투자수익률을 나타낸 반면 B회사의 투자수익률은 200%이다. 따라서 EPS와 PER를 모두 고려하면 B회사의 가치가 더 높은 것으로 평가할 수 있다.

(7) 현금흐름 분석

현금흐름 분석은 일정기간 동안 기업의 현금유입액과 현금유출액에 대한 정보를 확인하기 위하여 발생기준에 기초하여 작성된 재무상태표 및 포괄손익계산서를 현금주의로 전환하는 분석이다. 현금흐름 분석은 유동성비율(현금비율) 분석에서 현금흐름에 관한 추가 정보를 얻는데 도움에 되며 미래 현금흐름의 예측에 도움을 주는 역할을 한다.

현금이란 현금과 현금성자산을 포함한다. 화폐인 현금은 거래의 지급수단으로서 기능을 하며 가장 완벽한 유동성을 갖으며 현금성자산은 현금처럼 유동성이 크지는 않지만 현금에 준하는 높은 유동성을 갖는다. 현금성자산은 유동성이 매우 높은 단기투자자산으로서 확정된 금액의 현금으로의 전환이 용이하고 가치변동의 위험이 중요하지 않은 자산을 말한다.

1) 기업활동에 의한 현금흐름의 구분

현금흐름에 따른 현금유입과 유출은 기업의 활동별로 구분하며 영업활동, 투자활동, 재무활동으로 구분된다.

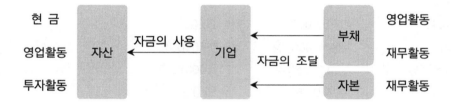

① 영업활동

영업활동은 기업의 주요 수익창출활동과 투자활동 및 재무활동에 속하지 않는 모든 활동을 말한다. 따라서 영업활동 현금흐름은 기업의 주요 수익창출활동에서 발생하는 것으로서 기업의 당기순이익의 결정에 영향을 미치는 거래와 사건에서 창출된다.

② 투자활동

투자활동은 장기성 자산 및 현금성자산이 아닌 기타투자자산의 취득과 처분활동을 말한다. 투자활동 현금흐름은 미래수익과 미래현금흐름을 창출할 자원의 확보를 위하여 지출된 정도를 나타낸다.

③ 재무활동

재무활동은 기업의 납입자본과 차입금의 크기 및 구성내용에 변동을 가져오는 활동을 말한다. 재무활동 현금흐름은 미래현금흐름에 대한 자본 제공자의 청구권을 예측하는데 유용하다.

2) 발생주의를 현금주의로 전환

발생기준이란 현금의 유출입과 관계없이 거래가 발생하기만 하면 거래나 그 밖의 사건의 영향을 발생한 기간에 인식하여 재무제표에 표시하는 것을 말한다. 반면, 현금기준이란 기업이 거래에 대하여 현금을 수취하거나 지급하는 경우에만 장부에 기록하고 재무제표에 표시하는 것을 말한다. 재무상태표와 포괄손익계산서는 발생주의에 따라 작성되며 이를 현금주의로 전환하는 것이 현금흐름 분석의 핵심이다.

🔖 사례5

발생주의를 현금주의로 전환

㈜다이준의 발생주의에 의한 재무제표의 일부가 다음과 같다.

손익계산서	
매출액	10,000
매입비용	8,000
이자비용	1,000
감가상각비	500
당기순이익	500

재무상태표	기초	기말		기초	기말
매출채권	3,000	6,000	매입채무	2,000	3,000
			미지급이자	1,000	500

발생주의에 따른 손익계산서상의 당기순이익은 500원이다. 손익계산서와 관련된 재무상태표의 계정을 서로 관련지어 보면,

① 당기의 매출액 10,000원 중에는 현금으로 회수하지 못한 매출채권이 있는데 그 금액이 3,000원이다. 매출채권의 기초잔액보다 기말잔액이 3,000원만큼 증가하였으므로 당기 발생 매출액 10,000원 중에서 현금으로 회수하지 못한 금액은 3,000원이다. 따라서 현금주의에 따른 매출액은 7,000원이 된다. 이러한 결과를 분개하여 보면 다음과 같다.

(차) 현금	7,000	(대) 매출액	10,000
매출채권	3,000		

  현금주의에서는 현금으로 회수한 부분만 매출액이 되므로 현금주의 매출액은 7,000원이다.

② 당기의 매입비용 8,000원 중에는 현금으로 지급하지 않은 매입채무가 있는데 그 금액이 1,000원이다. 매입채무의 기초잔액보다 기말잔액이 1,000원만큼 증가하였으므로 당기 매입액 8,000원 중에서 현금으로 지급하지 않은 금액은 1,000원이다. 따라서 현금주의에 따른 매입비용은 7,000원이다. 이러한 결과를 분개하여 보면 다음과 같다.

(차) 매입비용	8,000	(대) 현금	7,000
		매입채무	1,000

  현금주의에서는 현금으로 지급한 부분만 매입비용이 되므로 현금주의 매입비용은 7,000원이다.

③ 당기의 이자비용 1,000원 중에는 현금으로 지급한 이자가 1,000원보다는 더 많은데 그 금액이 1,500원이다. 미지급이자의 기초잔액보다 기말잔액이 500원만큼 감소하였으므로 당기 이자비용 1,000원은 전부 현금으로 지급하였고 전기에 지급하지 않았던 미지급이자 중에서 일부인 500원도 추가로 지급한 것이다. 따라서 현금주의에 따른 이자비용은 1,5000원이다. 이러한 결과를 분개하여 보면 다음과 같다.

(차) 이자비용		1,000	(대) 현금		1,500
미지급이자		500			

현금주의에서는 현금으로 지급한 부분이 이자비용이 되므로 현금주의 이자비용은 1,500원이다.

④ 당기 감가상각비 500원은 현금의 지급과는 상관없는 비용이므로 현금주의와는 아무런 관계가 없으므로 해당 비용은 0원이다.

⑤ 이를 종합하여 보면 현금주의 당기순이익은 (1,500원)이 되므로 발생주의에 따른 당기순이익 500원과 큰 차이를 보인다. 이러한 결과는 '흑자부도'의 결과를 초래할 수 있다. 발생주의에 따른 결과는 이익이지만 현금 유동성에서는 손실이기 때문이다.

⑥ 현금주의 손익계산서로 작성하여 보면 다음과 같다.

손익계산서	
현금매출액	7,000
현금매입비용	7,000
현금이자비용	1,500
현금당기순이익	(1,500)

3) 현금흐름 증감분석

발생주의를 현금주의로 전환하기 위한 결과를 일반화한 방법이 현금흐름 증감분석이다. 현금흐름 증감분석이란 재무상태표와 포괄손익계산서의 상호 관련된 계정을 재무상태표상 자산, 부채, 자본의 기초잔액과 기말잔액의 증감을 분석하여 현금유입인지 현금유출인지를 판단하는 방법이다.

현금의 유입		현금의 유출	
자산	기초잔액 〉 기말잔액	자산	기초잔액 〈 기말잔액
부채	기초잔액 〈 기말잔액	부채	기초잔액 〉 기말잔액
자본	기초잔액 〈 기말잔액	자본	기초잔액 〉 기말잔액

위 표에서 자산의 경우 기초잔액보다 기말잔액이 더 크면 자산이 증가한 것으로서 자산취득으로 인한 현금유출로 보는 것이고 부채(자본)의 경우 기초 잔액보다 기말잔액이 더 크면 부채가 증가한 것으로서 자금의 조달에 따른 현금 유입으로 이해하는 논리이다.

현금흐름증감분석에서 재무상태표와 포괄손익계산서의 계정이 서로 관련된 경우에 현금유출입의 판단은 다음에 의한다.

현금의 유입	
수익,비용	수익 〉 비용
자산	기초잔액 〉 기말잔액
부채	기초잔액 〈 기말잔액
자본	기초잔액 〈 기말잔액

현금의 유출	
수익,비용	수익 〈 비용
자산	기초잔액 〈 기말잔액
부채	기초잔액 〉 기말잔액
자본	기초잔액 〉 기말잔액

📖 사례6

현금흐름증감분석 1 – 재무상태표만 관련된 경우

갑회사의 서로 다른 자산과 부채의 현황이 다음과 같다.

	기초잔액	기말잔액
건 물	100	120
장기차입금	40	50

〈현금흐름증감분석〉

건 물 기말잔액의 증가 20 → 현금유출 20
장기차입금 기말잔액의 증가 10 → 현금유입 10

📖 사례7

현금흐름증감분석 2 – 재무상태표만 관련된 경우

갑회사의 건물에 관련된 자산과 부채의 현황이 다음과 같다.

	기초잔액	기말잔액
건 물	100	120
미지급금	40	50

〈현금흐름증감분석〉

건 물 기말잔액의 증가 20 → 현금유출 20
미지급금 기말잔액의 증가 10 → 현금유입 10
건물관련 순현금흐름 → 순현금유출 10

사례8

현금흐름증감분석 3 – 재무상태표와 포괄손익계산서가 관련된 경우

갑회사의 매출액 및 매출채권관련 현황이 다음과 같다.

재무상태표	기초잔액	기말잔액
매출채권	200	300

손익계산서	당기발생액
매출액	1,000

〈현금흐름증감분석〉

매출액 1,000	→	현금유입 1,000
매출채권 기말잔액의 증가 100	→	현금유출 100
순현금흐름	→	순현금유입 900

사례9

영업활동으로 인한 현금흐름

갑회사의 재무제표의 일부가 다음과 같다.

재무상태표	기초잔액	기말잔액
매출채권(순액)	400	600
재고자산	120	80
매입채무	360	200
미지급급여	140	100
미지급이자	80	90
미지급법인세	70	90

손익계산서	당기발생액
감가상각비	700
유형자산처분손실	120
이자비용	260

당기의 법인세비용차감전순이익은 200이고 법인세비용은 40이다.

Ⅰ. 영업활동으로 인한 현금흐름

법인세비용차감전 순이익	**200**
가감	
감가상각비	700
유형자산처분손실	120
이자비용	260
	1,280
영업활동 관련 자산 부채의 변동	
매출채권의 증가	(200)
재고자산의 감소	40
매입채무의 감소	(160)
미지급급여의 감소	(40)
영업에서 창출된 현금흐름	**920**
이자지급	(250) *
법인세의 납부	(20) **
영업활동 순현금흐름	**650**

* 이자비용 현금유출 260 − 기말 미지급이자의 증가 현금유입 10 = 현금유출 250
** 법인세비용 현금유출 40 − 기말 미지급법인세의 증가 현금유입 20 = 현금유출 20

🏆 사례10

투자활동으로 인한 현금흐름

갑회사는 취득원가 350,000원, 감가상각누계액이 275,000원인 기계장치를 매각하였다. 유형자산 처분손실이 16,000원으로 손익계산서에 계상되어 있다.

〈현금흐름증감분석〉

취득원가 − 감가상각누계액 = 350,000 − 275,000	=	75,000
유형자산처분손실	=	16,000
자산처분으로인한 현금유입액	→ 순현금유입	59,000

이를 분개하여 보면 다음과 같다.

(차) 현금	59,000	(대) 기계장치(순액)	75,000
유형자산처분손실	16,000		

📖 사례11

재무활동으로 인한 현금흐름

다음은 갑회사의 사채에 관련된 자료이다.

사채상환금액 80,000원, 사채상환이익 20,000원이며 사채상환 후의 재무상태표

재무상태표	기초잔액	기말잔액
사 채(순액)	238,000	415,000

사채의 발행과 사채의 상환에 관한 2가지 분석이 이루어져야 한다.

① 사채의 상환

　사채의 상환에 관한 거래를 분개하여 보면 다음과 같다.

　(차) 사채　　　　　　　　　　100,000　　(대) 현금　　　　　　　　80,000

　　　　　　　　　　　　　　　　　　　　　　　사채상환이익　　　　　20,000

　따라서 사채상환에 따른 현금유출액은 80,000원이다.

② 사채의 발행

　재무상태표상 사채의 기말 잔액의 순증가액이 177,000원인데 이를 분석하면 다음과 같다.

　기초의 사채잔액　　　　　238,000
　당기의 사채상환액　　　　(100,000)
　당기의 사채발행액　　　　277,000
　기말의 사채잔액　　　　　415,000

　따라서 사채발행에 따른 현금유입액은 277,000원이다.

③ 현금흐름증감분석

　현금유입액 277,000 - 현금유출액 80,000 = 순현금유입액 197,000

❶ 공사미수금과 공사선수금

공사미수금은 공사수익으로 인식한 금액보다 공사대금의 입금액이 적은 경우에 계상하며 공사선수금은 공사대금의 입금액이 많은 경우에 계상하는 계정이다.

도급공사 계약에 따라 선수금(또는 기성금) 수령시에는 공사선수금계정으로 회계처리한다.

(차) 현금 등   1,000   (대) 공사선수금   1,000

공사가 진행되어 공사원가가 발생하면 공사비용으로 처리하고 완성기준 또는 진행률에 따라 공사수익을 인식한다. 이때 기수령하여 공사선수금으로 처리한 금액과 상계처리하고 미수령한 잔액은 공사미수금으로 회계처리한다.

(차) 공사선수금   1,000   (대) 공사수익   1,500
      공사미수금   500

🎒 사례1

공사미수금과 공사선수금의 회계처리

도급공사금액 : 10억원(부가가치세는 고려하지 않음)

① 계약시 선수금 20% 수령

② 1차 기성 40%, 선수금 정산후 청구

③ 결산시 진행률 50%

① 선수금 수령시(과세분, 면세분 균등수령)

     (차) 현금 등   2억   (대) 공사선수금   2억

     * 도급공사금액 10억 × 20% = 2억

② 1차 기성금(40%) 청구

     (차) 공사미수금   3.2억   (대) 공사선수금   3.2억

     * 선수금 20%를 제외한 도급금액 8억 × 40% = 3.2억

③ 결산시(진행률 50%)

     (차) 공사선수금   5억   (대) 공사수익   5억

---

❷ 공사수익과 공사원가

① 진행기준의 적용

진행기준(percentage of completion method)이란 수익과 그에 대응하는 원가를 각 회계기간 동안에 이루어진 생산의 진행률에 비례하여 인식하는 것을 말한다. 진행률은 수행할 작업 중 진행된 비율로서 투하된 원가기준 등 비례관계를 가지고 전체 용역 중에서 이미 투입되었거나 완성된 부분의 비율로 진행기준을 적용한다.

② 진행률의 의미

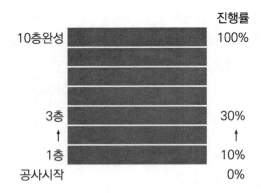

③ 원가기준에 의한 진행률(당기발생, 누적)

원가기준에 의한 진행률과 공사수익은 다음과 같이 계산한다.

$$진행률 = \frac{당기\ 원가발생액}{총\ 공사원가}$$

누적진행률을 사용하는 경우,

당기까지 인식될 누적수익 = 용역제공계약총액 × 누적진행률(누적원가/총원가)

당기 인식될 수익액 = 당기까지 인식될 누적수익 – 전기까지 인식한 누적수익

④ 공사진행률의 계산

공사진행률을 계산하는 경우 공사원가발생액이란 해당공사에서 공사원가의 구성요소가 되는 재료원가, 노무원가, 기타 공사원가를 말한다. 다만, 다음의 금액은 진행률 계산시 공사원가 발생액에서 제외한다.

ⓐ 자기가 부담하지 않는 자재원가

ⓑ 하도급계약에 따라 하도급업자에게 선급한 금액

ⓒ 공사원가 중 손금부인된 금액

ⓔ 모델하우스 설치비용

ⓜ 건설자금이자

ⓗ 공사손실충당부채전입액

ⓢ 건설용지의 취득원가

ⓞ 분양대행 수수료 등 판관비

위 항목 중 공사손실충당부채전입액과 달리 하자보수비(하자보수충당부채설정액)는 법인세법상 손금으로 인정되지 않는 것이지만 총공사예정원가에 포함되고 공사원가발생액에도 포함된다.

공사진행률 계산시 총공사원가는 도급공사 계약에 따라 공사를 수행함에 있어서 발생될 공사원가의 추정액이다. 따라서 총공사원가는 공사진행 과정에서 계속적으로 변동된다. 당해연도에 합리적으로 추정한 총공사원가를 이용하여 진행기준에 따라 익금과 손금에 산입한 후 추정액이 변동된다 하더라도 전년도 이전에 계상한 손익에 대하여는 소급하여 세무조정을 하지 않는다. 사례11은 공사손실충당부채와 연관하여 총공사예정원가의 변동에 따라 진행률을 산정하는 내용을 담고 있다.

⑤ 인도기준의 예외적 적용

진행기준이 아닌 인도기준을 예외적으로 적용할 수 있다. 인도기준이란 공사가 완성된 시점에 모든 수익과 비용을 인식하는 것을 말한다. 회계상 비상장중소기업이 단기공사일 때 인도기준을 적용한다. 또한 세법에서는 중소기업이 1년 미만의 단기공사일 때 인도기준을 적용한다.

🔖 사례2

진행기준의 회계처리 : 도급공사 건설계약

갑회사는 공사기간 2년의 10층 건물을 건설하기로 하였다. 공사에 대한 계약금액은 1,200,000원이고 총공사원가는 1,000,000원이다. 공사대금을 청구하면서 세금계산서를 발행하였고, 회계상 공사수익으로 인식하였다.(부가가치세 회계처리 제외)

	1차년도	2차년도
당기발생원가	400,000	600,000
공사대금청구	450,000	750,000

① 진행률의 계산

	1차년도	2차년도	합 계
진행률	40% (40만÷100만)	60% (60만÷100만)	
공사수익	480,000 (120만×40%)	720,000 (120만×60%)	1,200,000
공사원가	400,000	600,000	1,000,000
공사이익	80,000	120,000	200,000

② 회계처리 및 세무조정

  ⓐ 1차년도 회계처리

  당기중 (차) 공사원가   400,000   (대) 현금 등   400,000

  결산시 (차) 공사미수금   450,000   (대) 공사수익   450,000

  세무상 공사수익은 480,000원이므로 다음과 같이 세무조정한다.

  (익금산입)   공사수익   30,000 (유보)

  ⓑ 2차년도 회계처리

  당기중 (차) 공사원가   600,000   (대) 현금 등   600,000

  결산시 (차) 공사미수금   750,000   (대) 공사수익   750,000

  세무상 공사수익은 720,000원이므로 다음과 같이 세무조정한다.

  (익금불산입)   공사수익   30,000 (△유보)

❸ 공사선급금

  공사선급금은 건설용지, 원재료 등 재고자산 및 외주비 등의 대금 지급을 공사의 진행과 관계없이 미리 지급하는 금액을 말한다. 공사선급금으로 처리된 후 공사가 진행되면 해당 계정으로 대체하여 공사원가로 처리한다. 유형자산으로 분류되는 토지와 같은 자산의 선급액은 건설중인자산으로 회계처리한다.

  ① 외주비 계약금 10,000,000원을 선지급한 경우

  (차) 공사선급금   10,000,000   (대) 현금 등   10,000,000

  ② 공사가 완료되어 40,000,000원의 대금지급을 완료하고 공사원가 처리하는 경우

  (차) 외주비   50,000,000   (대) 현금 등   40,000,000

                                              공사선급금   10,000,000

❹ 외주비

하도급계약에 의하여 공사의 일부를 타 건설사업자에게 재도급하는 경우 외주비 등의 계정으로 설정하고 공사원가로 처리한다. 외주비는 고용보험료와 산재보험료의 산정 기준에 포함된다. 외주비의 발생시점은 하도급공사의 진행정도(기성고)에 따라 공사원가에 산입하여야 한다. 따라서 대가의 각 부분을 받기로 한 때에 세금계산서가 발행된 경우 발행된 금액과 공사원가로 처리하는 금액에 차이가 발생된다.

❺ 견본주택(모델하우스)

당해 공사와 관련하여 견본주택의 건립비용은 견본주택 계정의 재고자산으로 회계처리한 후 공사진행에 따라 공사원가로 대체한다. 견본주택을 운영하기 위한 비용은 건물분양을 위한 비용으로서 일반관리비에 해당된다. 분양이 완료되어 견본주택을 철거하는 경우 철거비는 일반경비 처리한다. 결산시에 공사진행정도에 따라 재고자산을 직접차감하여 공사원가로 대체한다.

견본주택의 존치기간이 1년 이상인 경우에는 취득일부터 60일 이내에 취득세를 납부하여야 한다.

🏃 사례3

견본주택(모델하우스)의 회계처리			
① 모델하우스 건립비용 5억원 지출			
(차) 견본주택(재고자산)	5억	(대) 현금 등	5억
(or 선급공사원가)			
② 공사진행률 20%이며 결산시 공사원가로 대체			
(차) 견본주택손료	1억	(대) 견본주택	1억

❻ 가설재

건설공사에 사용되는 임시적으로 설치되어 사용되는 가설재는 공사완료 후 철거되는 보조적인 자재이다. 가설철재 등의 내구재는 유형자산으로 계상한 후 감가상각비로 공사원가 처리한다. 내구재 외의 가설목재 등은 재고자산으로 계상한 후 결산시에 감모된 부분을 재고자산에서 직접 차감하여 가설재손료 계정으로 공사원가에 대체한다.

유형자산으로서 감가상각하는 경우 정액법, 정률법, 연수합계법 등 합리적인 방법과 경제적 내용연수로 상각하여야 한다. 다만, 세법상 기준내용연수는 5년으로 하고 정액법과 정률법 중 선택 가능하지만 감가상각 방법을 무신고한 경우에는 정률법으로 상각하여야 한다.

당해 가설재가 특정 공사에만 사용가능한 경우에는 사용기간 동안 합리적인 방법으로 배분된 금액을 공사원가에 대체하고 여러 공사에 사용가능한 경우에는 당해연도에 감모된 가액을 합리적으로 계상하여 각각의 공사원가에 대체한다.

처분예정인 가설재로서 유형자산으로 계상되었던 것은 장부금액을 투자자산으로 대체한 후 감가상각을 인식하지 않고 손상차손 발생여부를 보고기간 말에 검토한다. 투자자산의 회수가능액이 장부금액보다 하락하여 손상차손이 발생하면 손상차손액을 영업외비용으로 처리하고 손상차손누계액을 계상하여 투자자산에서 차감하는 형식으로 표시한다. 재고자산으로 계상되었던 가설재는 저가기준으로 평가한다. 재고자산의 순실현가능가치가 하락하여 저가기준을 적용하는 경우에는 재고자산평가손실로 영업외비용 처리하고 재고평가손실충당금을 계상하여 재고자산에서 차감하는 형식으로 표시한다. 재고자산 회계는 제1장 제3절에 설명되어 있다.

🔖 사례4

가설재의 회계처리

① 가설재 1억 취득시

    (차) 가설재(재고자산)   1억   (대) 현금 등   1억

② 결산시 가설재 평가후 차감 및 공사원가로 인식

    (차) 가설재손료   1억   (대) 가설재   1억

③ 가설재손료로 0.6억 계상 후 나머지 부분 0.4억은 처분예정인 경우로서 보유하고 있는 가설재의 순실현가치가 0.25억으로 하락한 경우

    (차) 가설재손료   0.6억   (대) 가설재   0.6억

    (차) 재고자산평가손실   0.15억   (대) 재고평가손실충당금   0.15억

    * 재고자산평가손실 = 순실현가치 0.25억 - 0.4억(1억-0.6억)

      저가기준에 의한 재고자산평가손실은 법인세법에서도 인정되므로 세무조정은 없다.

④ 유형자산으로 계상(취득원가 1억)한 가설재의 감가상각

    세법상 무신고시 : 정률법, 내용연수 5년, 상각률 0.45

    결산시 (차) 감가상각비   0.45억   (대) 감가상각누계액   0.45억

    * 회계상 감가상각비와 세법상 감가상각비가 일치하므로 세무조정은 없다.

---

⑤ 유형자산 감가상각(④) 후 나머지 부분 0.55억은 처분예정인 경우로서 손상이 발생한 경우

• 감가상각 후 가설재(유형자산)의 회수가능액이 0.39억으로 예상되는 경우

처분예정시 (차) 가설재(투자자산)	0.55억	(대) 가설재(유형자산)		0.55억
결산시 (차) 투자자산손상차손	0.16억	(대) 손상차손누계액		0.16억

* 손상차손 = 감가상각 후 장부금액 0.55억 – 회수가능액 0.39억 = 0.16억(세법상 인정사유)

법인세법상 원칙적으로 손상차손은 손금으로 인정되지 않지만 천재 · 지변 · 화재 등의 사유로 인하여 파손 또는 멸실된 경우에는 당해 자산을 시가로 평가하여 장부에 계상하고 손실을 인식하는 경우 손금으로 인정된다. 위 손상차손은 법인세법상 인정되는 사유를 가정하므로 세무조정은 없다.

❼ 건설용장비

건설용장비는 건설공사에 사용되는 건설용 기계장비로서 취득세 과세대상이며 건설기계 등록원부에 소유자가 기록된다.

건설용장비를 임차하여 사용하는 경우에는 사용료를 지불하고 매입세금계산서를 수취하며 임차료비용 등의 계정을 사용하여 공사원가에 산입한다.

건설용장비를 취득하여 사용하는 경우로서 유형자산으로 계상된 당해 장비가 특정 공사에만 사용가능한 경우에는 공사기간과 경제적 내용연수 중 짧은 기간 동안 감가상각하고 공사원가에 산입한다. 여러 공사에 사용되는 경우에는 경제적 내용연수 동안 감가상각하고 각각의 공사원가에 배분한다. 감가상각하는 경우 정액법, 정률법, 연수합계법 등 합리적인 방법과 경제적 내용연수로 상각하여야 한다. 다만, 세법상 기준내용연수는 5년으로 하고 정액법과 정률법 중 선택 가능하지만 감가상각 방법을 무신고한 경우에는 정률법으로 상각하여야 한다.

처분예정인 유형자산은 장부금액을 투자자산으로 대체하고 감가상각을 하지 아니하며, 손상차손 여부를 보고기간 말에 검토한다.

❽ 유형자산의 재평가 및 손상

(1) 유형자산 재평가

기업회계에서 유형자산 재평가를 허용하고 있으며 재평가를 함으로써 기업진단시 실질자산의 증가, 부채비율의 감소 등 재무지표의 개선 효과를 얻을 수 있다. 유형자산의 재평가는 기업의 필요에 따라 원가모형이나 재평가모형을 선택하여 적용할 수 있다. 원가모형은 취득원가에서 감가상각누계액과 손상차손누계액을 차감하는 형식으로 재무상태표에 표시하는

방법을 말한다. 따라서 원가모형을 적용한다는 것은 재평가를 하지 않는 것을 말한다. 재평가모형으로 재평가를 실시한 경우 주기적(매년, 3년, 5년)으로 하고 유형자산 분류별(토지, 건물, 차량운반구, 기계장치, 건설용장비 등)로 동일하게 적용하여야 한다.

재평가모형을 적용하는 유형자산은 재평가일의 공정가치에서 이후의 감가상각누계액과 손상차손누계액을 차감한 재평가금액을 장부금액으로 한다. 유형자산의 장부금액이 재평가로 인하여 증가된 경우에 그 증가액(재평가잉여금)은 기타포괄손익으로 인식하고 감소된 경우에는 재평가손실을 당기손익으로 인식한다.

장부금액이 증가된 경우에 그 증가액(재평가잉여금)은 기타포괄손익으로 인식하되 동일한 유형자산에 대하여 이전에 당기손익으로 인식한 재평가손실액이 있다면 그 금액을 한도로 재평가이익을 당기손익으로 인식한다.

한편, 재평가로 장부금액이 감소하여 재평가손실을 인식하는 경우 동일한 유형자산에 대하여 이전에 기타포괄손익으로 인식한 재평가잉여금이 있다면 그 금액을 한도로 재평가손실을 기타포괄손익에서 차감한다.

감가상각 대상 자산이 아닌 유형자산의 재평가에 관하여 법인세법에서는 재평가를 인정하지 않으므로 다음과 같이 세무조정을 하여야 한다.

(익금산입)	재평가잉여금	×××(기타)
(익금불산입)	유형자산	×××(△유보)

위의 세무조정 및 소득처분은 제1장 제2절(세무조정과 소득처분 사례)과 같이 분개를 통하여 설명하면 다음과 같다.

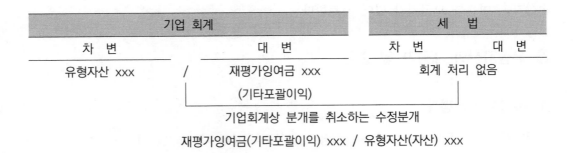

수정분개 후 '수익과 비용'은 세무조정 항목으로 '자산과 부채, 기타자본'은 소득처분 항목으로 조정한다. 그러나 위 수정분개에서는 세무조정과 관련된 '수익과 비용' 계정이

없고 자산감소와 기타자본(기타포괄이익) 감소의 분개로 소득처분 항목만 나타난다. 따라서 이런 경우에는 세무조정 항목이 생략된 것으로 보아 소득처분을 먼저 한 후 세무조정을 한다.

　자산(유형자산)감소의 소득처분은 '△유보' 항목이고, 기타자본(재평가잉여금, 기타포괄이익)감소의 소득처분은 '기타' 항목이다. '△유보' 항목이 나타날 수 있는 세무조정은 익금불산입(또는 손금산입)이고, 차변에 기록된 기타포괄이익의 변동에 따라 대변에 기록될 세무조정은 익금산입(또는 손금불산입)이므로 위와 같이 2번의 세무조정과 소득처분을 하게 된다.

　자본에 계상된 재평가이익은 유형자산이 제거(폐기나 처분)될 때 재평가잉여금환입액(영업외수익)으로 대체하여 당기손익으로 인식한다. 대체시의 회계처리와 세무조정(재평가시 수행한 세무조정)은 다음과 같다.

(차) 현금 등	xxx	(대) 유형자산	xxx
		유형자산처분이익	xxx
(차) 재평가잉여금	xxx	(대) 재평가잉여금환입액	xxx

(익금산입)　유형자산　　　　　　　xxx (유보)
(익금불산입)　재평가잉여금　　　　xxx (기타)

위 분개에서 제거된 유형자산 중 재평가된 부분과 재평가잉여금은 세법에서 인정되지 않으므로 다음과 같이 세무조정한다. 결국 재평가시의 세무조정을 반대로 하면된다.

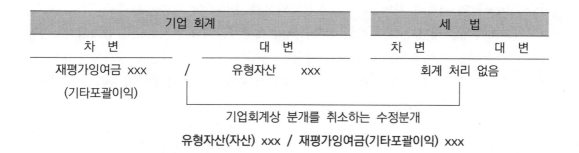

제2장 건설업 •• **125**

사례5

유형자산(비상각자산)의 재평가모형

㈜티에스건설은 20×1년 중에 토지를 1,000,000원에 취득하였다. 20×1년말에 공정가치가 1,100,000원이었다. 20×2년말에 1,200,000원에 처분하였다. 재평가모형을 적용하는 경우 매 년도말의 일반기업회계기준에 의한 회계처리와 세무조정을 하시오.

20×1년 중 (차) 토 지	1,000,000	(대) 현 금 등	1,000,000
20×1년 말 (차) 토 지	100,000	(대) 재평가잉여금	100,000
(익금산입) 재평가잉여금		100,000 (기타)	
(익금불산입) 토지		100,000 (△유보)	
20×2년 말 (차) 현 금 등	1,200,000	(대) 토 지	1,100,000
		유형자산처분이익	100,000
(차) 재평가잉여금	100,000	(대) 재평가잉여금환입액	100,000

* ① 기업회계상 유형자산 처분이익 1,200,000원 − 1,100,000원 = 100,000원
　② 법인세법상 유형자산 처분이익 1,200,000원 − 1,000,000원 = 200,000원
　③ 재평가이익의 환입액 = 100,000원

　(익금산입)　유형자산(처분이익)　　　100,000 (유보)
　(익금불산입)　재평가잉여금　　　　　100,000 (기타)

감가상각 대상 자산인 유형자산의 재평가에 대한 회계처리와 세무조정은 다음과 같다.

① 재평가잉여금이 발생하는 경우

감가상각 후 장부금액이 재평가금액과 일치하도록 감가상각누계액을 제거하고 재평가잉여금(기타포괄이익)과의 차액을 해당 자산가액으로 증액한다.

기업회계에서는 재평가 후 자산의 장부금액이 재평가금액과 일치하도록 감가상각누계액과 총장부금액을 비례적으로 수정하는 방법과 총장부금액에서 기존의 감가상각누계액을 제거하여 자산의 순장부금액이 재평가금액이 되도록 수정하는 방법 중에서 후자의 방법으로 회계처리하도록 하고 있다.

　(차) 유형자산　　　　　　　　　xxx　(대) 재평가잉여금　　　　　　xxx
　　　감가상각누계액　　　　　　　xxx
　(익금산입)　재평가잉여금　　　　　　xxx (기타)
　(손금산입)　유형자산　　　　　　　　xxx (△유보)

(손금산입)　　감가상각누계액　　　　　　　　　　xxx (△유보)

　재평가모형을 선택하여 공정가치로 재평가한 이후에도 감가상각을 하여야 한다. 재평가 이후 감가상각은 회계추정의 변경에 해당하므로 전진법에 따라 처리한다. 따라서 재평가 후의 감가상각은 조정된 새 장부금액에 기초한 감가상각대상금액에 잔여내용연수에 걸쳐서 재평가 전에 사용하던 감가상각방법으로 감가상각한다. 이 경우 재평가하기 전의 취득원가로 계산한 세법상 감가상각비(한도액)와 차이를 세무조정하여 손금불산입한다.

　해당 유형자산의 제거(처분, 폐기)시 재평가잉여금을 감소시키고 당기손익으로 인식한 후 손금산입(기타)의 세무조정을 해야 한다.

🏆 사례6

유형자산(상각자산)의 재평가모형 – 재평가잉여금

1. ㈜티에스건설은 2×22년 회계연도부터 건물에 대하여 재평가모형을 적용하기로 하였다. 해당 건물은 2×15년 1월 1일에 1,000,000원에 취득하였고, 내용연수 40년으로 정액법에 의하여 감가상각을 하고 있다. 2×22년 12월 31일 건물의 장부금액은 800,000(감가상각누계액 200,000원), 공정가액이 1,200,000원인 상태일 때 재평가모형을 적용하는 경우 일반기업회계기준에 의한 회계처리와 세무조정을 하시오.

　(차) 건　물　　　　　　　　　　200,000　　(대) 재평가잉여금　　　　　　400,000
　　　　감가상각누계액　　　　　　200,000

　* ① 장부금액 = 1,000,000원 – 감가상각누계액 200,000원 = 800,000원
　　② 재평가잉여금 = 공정가액 1,200,000원 – 장부금액 800,000원 = 400,000원

　(익금산입)　　재평가잉여금　　　　　　400,000 (기타)
　(손금산입)　　건물　　　　　　　　　　200,000 (△유보)
　(손금산입)　　감가상각누계액　　　　　200,000 (△유보)

2. 2×23년 12월 31일 재평가금액을 기준으로 감가상각을 하는 경우의 회계처리와 세무조정을 하시오. 기존의 내용연수는 변경이 없다.

　(차) 감가상각비　　　　　　　　37,500　　(대) 감가상각누계액　　　　　37,500
　* ① 기업회계상 감가상각비 1,200,000(재평가금액) ÷ 32년(잔존내용연수) = 37,500
　　② 법인세법상 감가상각비 한도 1,000,000(최초취득원가) ÷ 40년(기존내용연수) = 25,000
　　③ 감가상각비 부인액 = 37,500 – 25,000 = 12,500
　(손금불산입)　　감가상각비한도초과액　　　12,500 (유보)

② 재평가손실이 발생하는 경우

감가상각누계액을 제거하고 장부금액과 재평가금액의 차이를 재평가손실(당기비용)로 인식한다. 감가상각누계액과 재평가손실의 합계액만큼 자산가액을 감액한다.

(차) 재평가손실	xxx	(대) 유형자산		xxx
감가상각누계액	xxx			
(손금불산입) 재평가손실		xxx (유보)		
(익금산입) 유형자산		xxx (유보)		
(손금산입) 감가상각누계액		xxx (△유보)		

당기손익으로 인식한 재평가손실은 법인세법상 인정되지 않으므로 손금불산입(유보)로 세무조정을 하게 된다. 이 경우 손금불산입(유보)는 감가상각비로 비용 처리한 것을 감가상각비한도초과와 같은 성격으로 세무조정한 것으로 본다. 따라서 재평가 이후 감가상각비시 인부족액이 발생한 경우 부족액의 범위 내에서 손금산입(△)하게 된다.

🔖 사례7

유형자산(상각자산)의 재평가모형 - 재평가손실

1. ㈜티에스건설은 2×22년 회계연도부터 건물에 대하여 재평가모형을 적용하기로 하였다. 해당 건물은 2×15년 1월 1일에 1,000,000원에 취득하였고, 내용연수 40년으로 정액법에 의하여 감가상각을 하고 있다. 2×22년 12월 31일 건물의 장부금액은 800,000원, 공정가액이 600,000원인 상태일 때 재평가모형을 적용하는 경우 일반기업회계기준에 의한 회계처리와 세무조정을 하시오.

(차) 재평가손실	200,000	(대) 건 물	400,000
감가상각누계액	200,000		

* ① 장부금액 = 1,000,000원 - 감가상각누계액 200,000원 = 800,000원
  ② 재평가손실 = 공정가액 600,000원 - 장부금액 800,000원 = 200,000원

(손금불산입) 재평가손실(건물)	200,000 (유보)	
(익금산입) 건 물	200,000 (유보)	
(손금산입) 감가상각누계액	200,000 (△유보)	

2. 2×23년 12월 31일 재평가금액을 기준으로 감가상각을 하는 경우의 회계처리와 세무조정을 하시오. 기존의 내용연수는 변경이 없다.

(차) 감가상각비	18,750	(대) 감가상각누계액	18,750

> * ① 기업회계상 감가상각비 600,000(재평가금액) ÷ 32년(잔존내용연수) = 18,750
> ② 법인세법상 감가상각비 한도 1,000,000(최초취득원가) ÷ 40년(기존내용연수) = 25,000
> ③ 감가상각비 시인부족액 = 18,750 − 25,000 = 6,250
> ④ 시인부족액은 재평가손실 손금부인액의 범위내에서 손금산입된다
> (손금산입)　　감가상각비시인부족액　　　　　　6,250 (△유보)

(2) 손상

손상차손이란 유형자산의 급격한 시가하락이나 홍수, 화재 등으로 인한 물리적 손상 또는 진부화로 인하여 나타난 자산가치의 근본적인 훼손을 말한다. 즉, 자산가치의 근본적 훼손으로 인한 자산가치의 하락을 손상이라고 한다. 손상에 의한 자산가치 하락의 측정은 장부금액을 회수가능액으로 감액하여 조정하고 이를 손상차손으로 당기손익에 반영한다. 회수가능액이란 순공정가치와 사용가치 중 큰 금액을 말한다. 순공정가치는 공정가치(합리적인 당사자사이의 거래에서 자산의 매각을 통하여 수취할 수 있는 금액)에서 판매부대원가를 차감한금액을 말한다. 사용가치는 자산이 사용과 처분에 따라 유입될 미래의 기대현금흐름을 현재가치로 측정한 금액을 말한다.

재평가모형에 의한 재평가손실이란 자산의 공정가치와 장부금액의 차이로서 자산의 시장가격의 단순한 변동을 의미한다. 반면, 손상차손이란 자산의 회수가능액과 장부금액의 차이로서 시장가격의 급격한 하락이나 물리적 손상 등에 따른 자산의 근본적인 훼손을 의미한다.

재평가모형에서 손상이 발생한 경우에는 재평가손실이 곧 손상차손이 된다. 따라서 재평가시 손상으로 인한 재평가손실은 손상차손으로 회계처리한다.

① 손상차손의 인식

매 회계기간말마다 회수가능액을 측정하여 회수가능액이 장부금액보다 작다면 손상차손을 인식한다. 손상은 감가상각비를 우선 인식한 후에 손상차손 인식 여부를 판단한다. 손상차손은 당기손익으로 인식하고 회수가능액과 장부금액의 차이를 손상차손누계액으로 자산에서 차감하는 형식으로 재무상태표에 반영한다.

원가모형에서 자산의 장부금액은 최초인식금액에서 감가상각누계액과 손상차손누계액을 차감한 금액이 된다.

법인세법은 고정자산의 손상차손을 원칙적으로 인정하지 않는다. 기업회계에서 손상차손을 인식하는 경우에는 손금불산입(유보)로, 손상차손환입을 인식하는 경우에는 익금불산입(△유보)로 세무조정하게 된다. 다만, 법인세법에서 고정자산으로서 천재·지변·화재 등의 사유로 인하여 파손 또는 멸실된 경우에는 당해 자산을 시가로 평가하여 장부에 계상하고

손실을 인식하는 경우 손금으로 인정된다.

기업회계기준에 따라 손상차손을 계상한 경우에는 재평가손실의 세무조정 내용과 같이 해당 금액을 감가상각비로서 비용처리한 것으로 보아 감가상각 시부인규정을 적용한다.

② 손상인식 후의 감가상각

손상차손은 회계추정의 변경에 해당하므로 전진법에 따라 처리한다. 손상인식 후의 감가상각은 조정된 새 장부금액에 기초한 감가상각대상금액에 잔여내용연수에 걸쳐서 손상차손 전에 사용하던 감가상각방법으로 감가상각한다.

③ 손상차손의 환입

차기 이후에 감액된 자산의 회수가능액이 장부금액을 초과하는 경우에는 그 자산이 감액되기 전의 장부금액의 감가상각 후 잔액을 한도로 하여 그 초과액을 손상차손환입으로 처리한다.

사례8

손상차손의 회계처리와 세무조정

1. 20×1년 초 기계장치의 최초인식금액이 10,000원이고 내용연수 5년이고 잔존가치 0, 정액법으로 감가상각한다. 20×2년 말에 자산 손상에 따른 회수가능액이 5,000원이다. 매 년도의 회계처리와 세무조정을 하시오

20×1년

(차) 감가상각비	2,000	(대) 감가상각누계액	2,000

* 20×1년도 세무조정 없음
  ① 기업회계상 감가상각비 = 10,000 ÷ 5년 = 2,000
  ② 법인세법상 감가상각비 한도 = 10,000 ÷ 5년 = 2,000

20×2년

(차) 감가상각비	2,000	(대) 감가상각누계액	2,000
(차) 손상차손	1,000	(대) 손상차손누계액	1,000

* 손상차손 = (10,000 - 4,000) - 5,000 = 1,000
* 20×2년의 재무상태표의 표시(2차연도)

	손상 전	손상 후
기계장치	10,000	10,000
감가상각누계액	(4,000)	(4,000)
손상차손누계액		(1,000)
장부금액	6,000	5,000

(손금불산입) 손상차손　　　　　　　　　　1,000 (유보)

20×3년

(차) 감가상각비   1,666   (대) 감가상각누계액   1,666

* 손상인식 후 장부금액 5,000에 기초하여 잔여내용연수 3년에 걸쳐 감가상각비를 인식한다.
* 20×3년의 재무상태표의 표시(3차연도)

	손상 이후
기계장치	10,000
감가상각누계액	(5,666)
손상차손누계액	(1,000)
장부금액	3,334

* ① 손상차손 인식 후 기업회계상 감가상각비 = 5,000 ÷ 3년(잔여내용연수) = 1,666
* ② 법인세법상 감가상각비 한도 = 10,000 ÷ 5년 = 2,000
* ③ 감가상각비 시인부족액 = 2,000 - 1,666 = 334
* ④ 시인부족액은 손상차손 손금부인액의 범위 내에서 손금산입된다.

(손금산입)   손상차손(부인액)   334 (△유보)

2. 20×4년 기계장치의 회수가능액이 2,500원으로 회복된 경우 회계처리와 세무조정을 하시오.

① 먼저 감가상각을 한 후에 장부금액을 산출한다.

(차) 감가상각비   1,666   (대) 감가상각누계액   1,666

* 20×4년의 감가상각 이후 손상회복 전 재무상태표의 표시(4차연도)

	손상회복 전
기계장치	10,000
감가상각누계액	(7,332)
손상차손누계액	(1,000)
장부금액	1,668

* ① 손상차손 인식 후 기업회계상 감가상각비 = 5,000 ÷ 3년(잔여내용연수) = 1,666
* ② 법인세법상 감가상각비 한도 = 10,000 ÷ 5년 = 2,000
* ③ 감가상각비 시인부족액 = 2,000 - 1,666 = 334
* ④ 시인부족액은 손상차손 손금부인액의 범위 내에서 손금산입된다.

(손금산입)   손상차손(부인액)   334 (△유보)

② 손상차손된 기계장치 가액을 회복시켜 줄 수 있는 한도액 산출

(차) 손상차손누계액   332   (대) 손상차손환입액   332

* ① 회수가능액 = 2,500
* ② 손상차손을 인식하지 않고 정상적으로 감가상각하여 왔더라면 산출되었을 20×4년 12월 31일의 장부금액
  = 10,000 - (2,000 × 4년) = 2,000
* ③ 20×4년의 장부금액 = 1,668
* ④ 회수가능액이 2,500이지만 정상적으로 감가상각하여 왔더라면 산출되었을 장부금액 2,000을 한도로,
  20×4년 감가상각 후의 장부금액 1,668과의 차액 332(2,000 - 1,668)를 손상차손환입으로 처리한다.
* ⑤ 손상차손 손금불산입액 1,000은 20×3년 및 20×4년에 손금추인된 합계금액 668과 손상차손환입이 손금
  산입된 금액 332로 완전히 정리(668 + 332 = 1,000)된다.

(손금산입)　　　손상차손(환입)　　　　　　　　　332 (△유보)
* 20×4년의 손상회복 후 재무상태표의 표시(4차연도)

	손상회복 이후
기계장치	10,000
감가상각누계액	(7,332)
손상차손누계액	(668)
장부금액	2,000

* 손상회복 후 장부금액 2,000에 기초하여 잔여내용연수 1년에 걸쳐 감가상각비(2,000)를 인식한다. 재무제표에는 남아 있으나 세무조정으로 정리된 손상차손누계액은 유형자산의 제거시 별다른 세무조정 없이 정리된다.

❾ 출자(예치)금

(1) 출자와 결산 회계

출자금은 건설업등록을 위해 건설공제조합에 출자하는 금액으로 건설업 등록기준에 따라 업종별 자본금의 일정액을 예치하였음을 확인하는 보증가능금액확인서를 공제조합으로부터 발급받아 제출하여야 한다. 보증가능금액확인서는 건설공제조합, 전문건설공제조합 및 서울보증보험주식회사 등의 보증기관에서 재무상태, 신용상태를 평가받고 그 등급 결과에 따라 등록기준 업종별 법정자본금의 20%~60%에 해당하는 금액을 예치하였음을 확인하는 서류이다. 공제조합에 출자하게 되면 조합원으로서 입찰정보조회, 조합 보증서비스, 건설근로자 사고대비 공제상품, 무료 법률상담서비스, 신용평가기관 할인, 저율 대출 등의 혜택을 받게 된다.

출자에 따른 출자증권은 매도가능증권(출자금)계정으로 회계처리하고 투자자산으로 분류한다.

기말에 출자증명원 등으로 출자금을 평가한 후 평가손익을 인식한다. 출자금에 대하여 배당금을 받는 경우에는 배당수익(영업외수익)으로 계상한다.

출자금의 평가와 관련하여 기업회계기준과 건설업 기업진단지침에서는 시가평가를 하도록 하고 있으므로 출자좌수에 대하여 1좌당 변동액을 반영한 평가금액을 재무제표에 계상하여야 한다. 다만, 법인세법에서는 시가평가를 인정하지 않으므로 다음과 같이 세무조정을 하여야 한다.

| (익금산입) | 매도가능증권평가이익 | xxx (기타) |
| (익금불산입) | 매도가능증권 | xxx (△유보) |

위의 세무조정 및 소득처분은 제1장 제2절(세무조정과 소득처분 사례)과 같이 분개를 통하여 설명하면 다음과 같다.

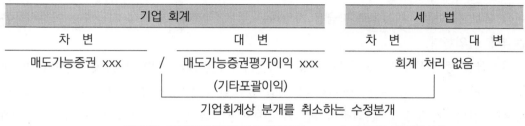

기업 회계		세 법	
차 변	대 변	차 변	대 변
매도가능증권 xxx	매도가능증권평가이익 xxx	회계 처리 없음	
	(기타포괄이익)		

기업회계상 분개를 취소하는 수정분개

매도가능증권평가이익(기타포괄이익) xxx / 매도가능증권(자산) xxx

수정분개 후 '수익과 비용'은 세무조정 항목으로 '자산과 부채, 기타자본'은 소득처분 항목으로 조정한다. 그러나 위 수정분개에서는 세무조정과 관련된 '수익과 비용' 계정이 없고 자산감소와 기타자본(기타포괄이익)감소의 분개로 소득처분 항목만 나타난다. 따라서 이런 경우에는 세무조정 항목이 생략된 것으로 보아 소득처분을 먼저한 후 세무조정을 한다.

자산(매도가능증권)감소의 소득처분은 '△유보' 항목이고, 기타자본(매도가능증권평가이익, 기타포괄이익)감소의 소득처분은 '기타' 항목이다. '△유보' 항목이 나타날 수 있는 세무조정은 익금불산입(또는 손금산입)이고, 차변에 기록된 기타포괄이익의 변동에 따라 대변에 기록될 세무조정은 익금산입(또는 손금불산입)이므로 위와 같이 2번의 세무조정과 소득처분을 하게 된다.

건설회사가 건설공제조합의 출자금에 대하여 받은 배당수익은 법인원천소득에 대한 이중과세를 조정하기 위하여 다음과 같은 출자비율에 따라 일정금액을 익금불산입으로 세무조정하여야 한다. 다만, 건설공제조합으로부터 차입한 자금에 대한 이자비용이 있는 경우 수입배당금에서 이자비용을 차감한 금액에 익금불산입률을 적용하여 계산한 금액을 익금불산입한다.

※ 출자비율에 따른 익금불산입 비율

피출자법인에 대한 출자비율	익금불산입률
50% 이상	100%
20% 이상 50% 미만	80%
20% 미만	30%

한편, 건설회사는 조합 가입 후 2년이 경과하면 건설공제조합 출자금의 약 60%를 한도로 이를 담보하여 낮은 이자율로 자금을 차입하는 경우가 있다. 이 경우 지급하는 이자비용은 손금에 산입한다.

가지급금 등 업무무관자산이 있을 때는 지급이자 손금불산입 및 가지급금 인정이자[아래 '12. 가지급금(진단시 부실자산처리)과 지급이자 및 인정이자' 참고]에 관한 세무조정을 하여야 한다. 가지급 등에 인정이자를 계산하여 세무조정을 할 때에 공제조합 출자금에 대한 차입금 이자율이 낮으므로 가중평균차입이자율을 적용하는 것이 인정이자를 적게 계상하게 되어 유리하다.

📖 사례9

출자금의 회계처리

① 건설공제조합에 1억원을 출자하였다.

   (차) 매도가능증권(출자금)   1억   (대) 현금 등   1억

② 기말 결산시 출자금 평가금액이 1.1억원이었다.

   (차) 매도가능증권   0.1억   (대) 매도가능증권평가이익   0.1억

〈참고〉 법인세법에서 평가이익은 미실현이익(회계상 기타포괄손익)으로 과세대상이 아니다. 다음과 같이 세무조정하여야 한다.

   (익금산입)   매도가능증권평가이익 0.1억 (기타)

   (익금불산입) 매도가능증권 0.1억 (△유보)

③ 건설공제조합으로부터 배당금 500,000원을 수령한 경우

   (차) 현금 등   500,000   (대) 배당수익   500,000

〈참고〉 법인세법에서 출자금에 대하여 받는 배당수익은 이중과세 조정대상으로 출자비율의 일정비율만큼(상장법인 및 비상장법인에 따라 비율이 상이)은 익금에 산입하지 않는다. 건설공제조합의 수익사업에 대하여 법인세를 납부한 후 배당받은 수익에 과세하면 하나의 소득에 2번 과세하게 되어 이를 이중과세라고 한다. 이중과세는 허용되지 않으므로 조정되어야 한다. 따라서 익금불산입 비율이 30%(가정)일 때 다음과 같이 세무조정하여야 한다.

   (익금불산입)   배당수익   150,000원 (기타)

---

(2) 출자증권(영업권)의 양도

건설업등록에 따른 건설업 면허는 영업권에 포함[2]된다. 개인사업자가 이러한 영업권과 함께 양도하는 출자증권은 양도소득세가 과세된다. 일반적인 영업권의 양도는 기타소득에 해당되지만 사업용고정자산과 함께 양도하거나 영업권에 포함되는 건설면허를 단독으로 양도하는 경우에는 양도소득세가 과세된다. 한편, 출자증권은 증권거래세 과세대상에 포함된다.

⑩ 하자보수비

공사종료 후 하자보수 의무가 있는 경우 하자보수비를 계상하고 전액 공사원가에 반영하며 상대계정은 하자보수충당부채로 설정한다. 이때 하자보수금액은 합리적이고 객관적인 기준에 따라 추정한 금액으로 한다. 실제 하자로 인하여 비용이 발생되는 경우에는 하자보수충당부채와 상계한다. 하자보수충당부채를 초과하여 하자보수로 인한 비용이 발생한 경우에는 초과되는 금액을 하자보수비로 회계처리한다. 하자보수기간이 경과하였으나 충당금잔액이 남아있는 경우에는 하자보수충당부채환입으로 영업외수익으로 처리한다.

다만, 하자보수충당부채는 세법에서 인정되지 않기 때문에 충당부채설정시 손금불산입 유보처분한 후 실제 하자보수로 인한 비용이 발생하면 손금산입 △유보로 처리한다.

📖 사례10

하자보수비의 회계처리

① 하자보수비 계상

   (차) 하자보수비   1억   (대) 하자보수충당부채   1억

   (손금불산입) 하자보수비(하자보수충당부채설정액)   1억 (유보)

② 하자로 인한 실제 비용 발생시

   (차) 하자보수충당부채   1억   (대) 현금 등   1억

   (손금산입) 전기 부인 하자보수비(하자보수충당부채)   1억 (△유보)

③ 하자보수충당부채를 초과하여 하자보수로 인한 비용이 발생한 경우

   (차) 하자보수충당부채   1억   (대) 현금 등   1.5억

      하자보수비   0.5억

   (손금산입) 전기 부인 하자보수비(하자보수충당부채)   1억 (△유보)

---

[2] 소기통 94-2, 행정관청으로부터 인가, 허가, 면허 등을 받음으로써 얻는 경제적 이익. 법규상 이전이 금지된 인·허가를 양도하는 경우에도 사실상 이전에 해당되면 양도소득세 과세대상인 영업권에 포함된다.

④ 하자보수기간이 경과하였으나 충당부채잔액이 남아있는 경우

　　(차) 하자보수충당부채　　　　　　0.3억　　　(대) 하자보수충당부채환입　　　　0.3억

　　(손금산입)　전기 부인 하자보수비(하자보수충당부채)의 환입　　　0.3억 (△유보)

⓫ 공사손실충당부채

공사손실충당부채는 특정공사와 관련하여 공사손실의 발생이 예상되는 경우 예상손실을 공사손실충당부채로 계상(주요 내용을 주석으로 기재)하고 이에 상당하는 추정공사손실(공사손실충당부채전입액)은 당기의 비용으로 처리한다. 추정공사손실은 공사원가에 포함된다.

당기에 계상하는 추정공사손실(공사손실충당부채전입액)은 공사기간 중 총공사예정원가가 총공사계액금액을 초과하는 시점에 계상하며, 당기 이후의 잔여공사기간 중에 발생이 예상되는 공사손실액이다. 당기 이후의 잔여공사기간 중에 발생이 예상되는 공사손실액은 잔여공사기간의 예상공사원가가 예상공사수익을 초과하는 금액으로 계산한다.

특정공사에서 실제 손실이 발생한 경우에는 공사손실충당부채와 상계하고 공사손실충당부채를 초과하여 공사손실이 발생한 경우에는 초과되는 금액을 당기의 공사손실로 회계처리한다. 공사가 완료되고 공사손실충당부채가 남아있는 경우에는 공사손실충당부채를 환입하고 환입액은 공사원가에서 차감하되 공사원가명세서에서 차감하는 형식으로 표시한다.

공사손실충당부채는 각각의 공사계약에 대하여 계상하며 여러 개의 공사계약이 단일공사계약으로 병합된 경우에는 하나의 단위로 공사손실충당부채를 계상한다.

공사손실충당부채는 법인세법에서 인정되지 않으므로 손금불산입(유보)로 세무조정한 후 실제 공사손실이 발생하였을 때 손금산입(△유보)한다.

📖 사례11

공사손실충당부채의 회계처리 및 세무조정

㈜티에스건설은 ㈜다이준의 사옥을 건설하기 위한 도급계약을 체결하였다. 총공사계약금액은 100,000,000원이며 공사와 관련된 자료는 다음과 같을 때 2차 회계연도의 회계처리와 세무조정을 하시오.

	1차 회계연도	2차 회계연도	3차 회계연도
실제 발생한 누적공사원가	32,000,000	77,000,000	110,000,000
추가 발생 원가추정액	48,000,000	33,000,000	0
총공사예정원가	80,000,000	110,000,000	0
누적공사진행률	40%	70%	100%
공사진행에 따른 누적공사수익	40,000,000	70,000,000	100,000,000

위 자료에서 2차 회계연도에 총공사예정원가가 총공사계약금액을 초과하게 되어 공사손실이 예상된다. 따라서 3차 회계연도의 공사손실액을 추정하여 공사손실충당부채를 계상하여야 한다.

1) 2차연도 후 3차연도에 예상되는 추정공사손실액(공사손실충당부채전입액)

① 예상수익 : 100,000,000 - 70,000,000(2차 연도까지의 공사수익) = 30,000,000

② 예상원가 : 110,000,000 - 77,000,000(2차 연도의 누적공사원가) = 33,000,000

③ 3차 회계연도의 추정공사손실액 3,000,000원을 2차 회계연도의 공사손실충당부채로 계상한다.

2) 2차 연도 진행기준에 따른 공사이익의 계산 및 공사손실충당부채

① 공사손실충당부채의 계상 및 세무조정

    (차) 추정공사손실   3,000,000   (대) 공사손실충당부채   3,000,000

       (손금불산입) 추정공사손실(공사손실충당부채전입액)   3,000,000 (유보)

② 진행기준에 따른 공사이익의 계산

	1차 회계연도	2차 회계연도	계
당기 공사진행률	40%	30%(70%-40%)	
공사수익	40,000,000	30,000,000	70,000,000
공사원가	32,000,000	48,000,000	80,000,000
공사이익	8,000,000	△18,000,000	△10,000,000

  * 2차 회계연도의 당기 공사원가 = 77,000,000 - 32,000,000 + 3,000,000(추정공사손실액)

  ** 공사손실충당부채전입액(추정공사손실)은 공사진행률 계산시 제외되는 항목이다.

3) 3차 회계연도의 공사이익의 계산

① 공사수익 100,000,000 - 70,000,000(2차 연도까지의 누적공사수익) = 30,000,000

② 공사원가 110,000,000 - 77,000,000(2차 연도까지의 누적공사원가) - 3,000,000(2차 연도에 계상한 공사손실충당부채) = 30,000,000

③ 공사이익   0

4) 3차 회계연도의 공사손실충당부채의 회계처리 및 세무조정

① 공사손실충당부채의 잔액을 초과하여 공사손실이 발생한 경우

    (차) 공사손실충당부채   3,000,000   (대) 현금및현금성자산   5,000,000

       공사손실(당기비용)   2,000,000

       (손금산입)   전기 공사손실충당부채 부인액의 환입   3,000,000 (△유보)

② 공사완료 후 공사손실충당부채의 잔액이 남아 있는 경우

    (차) 공사손실충당부채   3,000,000   (대) 공사손실충당부채환입   3,000,000

    * 공사손실충당부채환입액은 공사원가명세서상 당기공사원가에서 차감하는 형식으로 표시한다.

      (손금산입) 전기 공사손실충당부채 부인액의 환입   3,000,000 (△유보)

⓬ 노무비

노무비는 건설공사와 직접 관련이 있는 근로자와 현장소장, 노무관리자, 경비원, 청소원 등의 기본급, 수당, 상여금, 퇴직급여충당부채를 말한다. 회계상 직접노무원가, 임금, 잡급, 상여금, 퇴직급여 등의 계정을 사용한다. 노무비와 관련된 소득을 지급할 때 원천징수하고 원천징수영수증을 발급 보관하여야 하며 이를 비용으로 처리한다.

(1) 일용근로자

① 일용근로소득의 원천징수

건설현장의 일용근로자는 동일한 고용주에게 1년 미만 고용된 건설노무자를 말하며 잡급으로 회계처리한다. 일용근로소득을 지급하는 때에는 일 급여액에서 150,000원을 공제(근로소득공제)한 후 원천징수세율 6%를 적용하고 산출된 세액에서 55%를 세액공제(근로소득세액공제)하여 계산한 금액을 원천징수한다.

또한 일용근로소득에 대한 일용노무비지급대장 등 지급명세서를 비치하고 주민등록증사본 또는 주민등록등본, 외국인의 경우 외국인등록증 사본, 여권사본 등과 금융기관 지급내역을 증빙서류로 보관하는 하는 것이 좋다. 일용근로소득을 지급한 달이 속하는 분기의 마지막 달의 다음달 말일까지 일용근로소득 지급명세서를 제출하여야 한다.

일용근로자를 고용한 경우 근무일수, 근로시간과 상관없이 고용보험과 산재보험의 가입이 강제되어 있으며 인건비 총액에 대하여 보험료를 신고·납부하여야 한다.

월 소정근로시간이 60시간 미만(1주간 소정근로시간이 15시간 미만)인 단시간근로자의 경우에는 고용보험은 제외되고 산재보험은 신고·납부하여야 한다.

	국민연금	건강보험	고용보험	산재보험
일용근로자	적용제외	적용제외	적용대상	적용대상
단시간근로자			적용제외	

② 작업관리자에게 일괄지급하는 임금

건설현장에서 편의를 위하여 일용근로자에게 직접 임금을 지급하지 않고 작업관리자에 해당하는 작업반장, 오야지, 십장, 현장소장 등에게 일괄지급하는 경우가 있다. 작업반장 등의 작업관리자는 팀을 구성하여 건설현장에서 근로를 제공하고 작업관리자가 일괄 지급받아 팀원에게 분배하는 방식으로 일을 진행하는 경우가 많다.

건설회사가 작업관리자에게 임금을 일괄지급하고 근로자들의 인적사항과 노무비 내역을 받아 일용근로자지급명세서를 제출하게 되면 지급내역과 일용근로자지급명세서가 달라 적격증빙미수취가산세를 적용받을 수 있게 된다. 반면, 작업관리자는 선수취 후분배가 사업성이 있는 경우 사업자로 보아 부가가치세와 사업소득세를 추징받을 수 있다.

(2) 외부업체로부터 인력을 공급받는 경우

고용알선업체(직업소개소)는 고용주와 구직자를 대리하여 인력고용에 관련된 인력조사, 선발, 알선 등의 서비스를 제공하는 업체를 말한다. 고용알선업체로부터 인력을 공급받는 경우 부가가치세가 면제되는 용역에 해당되어 고용알선업체에 지급하는 용역수수료에 대하여 계산서를 발급받게 된다. 이 경우 고용된 인력에 대하여는 건설회사가 직접 임금을 지급하고 일용근로자 지급명세서를 제출하여야 한다.

인력공급업체는 업체소속의 인력을 미리 확보하고 계약에 의하여 타업체에 임시로 수요인력을 제공하는 업체를 말한다. 이 경우 타업체에 배정된 근로자를 파견근로자라고 하며 파견근로는 기본적으로 1년을 초과하지 못한다. 인력공급업체로부터 인력을 공급받는 경우 부가가치세가 과세되며 인력공급업체에 지급하는 수수료와 인건비에 대하여 세금계산서를 발급받게 된다. 다만, 인력공급업체를 통한 근로자의 파견은 직접고용이 원칙이기 때문에 일부 업종 등에서는 허용되지 않고 행정·운송·청소 등 일부 업종만 허용된다.

⓭ 퇴직공제부금비

퇴직공제제도는 건설근로자가 여러 현장에서 근로하고 건설사업주가 부담한 퇴직공제부금비를 향후 건설업종에서 완전히 퇴직할 때 퇴직공제금을 지급받을 수 있도록 마련된 제도를 말한다. 건설사업주는 착공 시 퇴직공제가입(성립신고)을 하고 공사 진행 중 매달 근로일수에 대하여 공제부금(직접노무원가의 2.3%)을 납부하여야 한다. 납부된 퇴직공제부금비는 공사원가에 반영한다.

건설사업자가 부담해야 퇴직공제부금비는 다음과 같은 건설공사에만 해당된다.

① 공공공사로서 국가 등이 발주하는 공사예정금액이 1억원 이상인 공사

② 민자유치공사로서 사회기반시설 등 민간투자사업으로 시행되는 공사예정금액이 1억원 이상인 공사

③ 공동주택, 주상복합, 오피스텔의 건설공사로서 200호 이상의 공사

④ 민간공사로서 공사예정금액이 50억원 이상인 공사

⓮ 보상비

보상비는 건설공사와 관련하여 정상적인 영업활동에서 발생한 잘못으로 인하여 공사현장에 인접한 도로, 하천, 주택 등을 훼손하거나 철거, 소음, 분진, 지반침하 등에 따라 발생하는 피해보상금 및 수리비와 현장근로자의 안전사고 등에 의하여 지급하는 인명피해보상금·부상위로금를 말한다. 보상비는 공사원가에 산입한다. 건설공사 중 피해를 줌으로써 지급하는 보상금과 정신적 고통에 대한 배상금·위자료로서 지급하는 보상금은 수령자의 기타소득에 해당하지 않는다.

피해보상금이 아닌 민원에 따른 보상금·합의금·사례금은 접대비에 해당되고 수령자는 기타소득(22% 원천징수)에 해당된다.

⓯ 안전관리비

안전관리비는 작업현장에서 발생하는 산업재해 및 건강장애예방을 위하여 법령에 의하여 계상이 요구되는 비용을 말하며 공사원가에 산입한다. 건설업 산업안전보건관리비 계상 및 사용기준은 고용노동부에 고시된다.

⓰ 장비사용료

중기임차료, 중기유류대, 중기운반비 등 당해 공사에 사용된 지출금액을 말하며 공사원가에 산입한다.

⓱ 전도금

전도금은 공사현장이 여럿인 경우 현장별 운영비 및 인건비와 관련하여 본사에서 현장으로 지급되어 현장소장의 책임하에 집행된다. 집행된 금액에 대하여 적절한 계정과목으로 대체하기 위하여 지출증빙이 필요하다.

전도금은 다음과 같이 회계처리한다.

① 전도금 지출
(차) 전도금(공사현장별)   xxx   (대) 현금 등   xxx

② 현장별 전도금의 정산
(차) 노무원가 등   xxx   (대) 전도금   xxx

⓲ 가지급금(진단시 부실자산처리)과 지급이자 및 인정이자

(1) 가지급금과 가지급금 인정이자

가지급금이란 회사의 자금이 업무에 사용하지 않고 대표이사 등의 개인적 용도로 사용되는 것을 말한다. 가지급금에 해당되는 경우에는 대표이사 등에게 대여한 것으로 보아 이자를 받아 이자수익을 계상하여야 한다. 그러나 이자를 받지 못한 경우에도 대여한 자금에 가지급금인정이자율을 곱하여 계산된 금액을 이자수익으로 인식하여야 한다. 이를 가지급금 인정이자라고 하는데 이렇게 이자수익으로 인식하는 이유는 대표이사 등이 회사자금을 댓가 없이 사용하는 것을 방지하고자 함이다.

다만, 다음 사유에 해당하는 경우 인정이자를 계산하지 않는다.

① 사용인에 대한 월정급여액 범위 안에서 일시적인 급료의 가불금
② 사용인에 대한 경조사비의 대여액 및 사용인과 그 가족에 대한 학자금의 대여액
③ 중소기업의 근로자에 대한 주택구입 및 전세자금의 대여액

인정이자는 다음의 산식과 같이 대표이사 및 대주주 등 특수관계인 각각에 대해 계산하여야 한다.

$$\text{인정이자} = \text{가지급금} \times \text{인정이자율} \times \frac{\text{가지급일수}}{365}$$

인정이자율은 가중평균차입이자율을 적용한다. 가중평균차입이자율이란 가지급 등의 대여시점 현재 회사의 차입금 잔액에 차입 당시 각각의 이자율을 곱한 금액의 합계액을 차입금 잔액의 총액으로 나눈 이자율을 말한다. 다만, 가중평균차입이자율을 적용할 수 없는 경우에는 금융기관의 당좌대출이자율을 고려하여 국세청장이 정한 이자율을 적용할 수 있다.

인정이자율은 연이자율이므로 대여한 금액에 365일 중 대여한 일수를 곱하여 대여한 기간에 대한 이자를 계산한다.

1) 사전약정이 없는 경우

사전약정이 없는 경우 인정이자를 익금산입하고 상여 또는 배당으로 처분한다. 이에 따라 법인은 인정이자에 대한 법인세를 부담하여야 하고 이자를 지급하지 않은 당사자는 상여 또는 배당으로 소득세를 부담하여야 한다.

2) 사전약정이 있는 경우

사전약정에 따라 가지급금에 대해 다음과 같이 미수이자를 계상한 경우에는 법인세법에 따라 소득처분한 것으로 보아 이를 허용한다. 따라서 별도의 세무조정은 필요없다. 다만, 약정에 의한 이자가 세법상 계산된 인정이자보다 작은 경우에는 그 차액을 익금산입하고 상여 등으로 소득처분한다.

| (차) 미수이자 | xxx | (대) 이자수익 | xxx |

그러나 미수이자는 이자발생일이 속하는 사업연도 종료일로부터 1년 이내에 계좌이체 등 입증될 수 있는 방법에 의하여 회수하여야 한다. 이자발생일이 속하는 사업연도 종료일로부터 1년 이내에 회수하지 못한 미수이자는 1년이 되는 날 또는 특수관계가 소멸되는 날에 다음과 같이 세무조정하고 상여 등으로 소득처분한다. 상여 등으로 소득처분하기 위하여 익금산입하지만 미수이자에 대하여 이미 과세소득에 포함되었으므로 손금산입하고 △유보 처분한다.

| (익금산입) | 인정이자 | xxx (상여 등) |
| (손금산입) | 미수이자 | xxx (△유보) |

사업연도 종료일부터 1년 이내에 회수되지 않아서 △유보로 소득처분한 미수이자를 그 후에 회수하는 때에는 회수하는 사업연도에 다음과 같이 익금산입하여 유보를 정리하고 익금산입 미수이자를 이월익금으로 보아 손금산입 기타로 소득처분한다.

| (익금산입) | 미수이자 | xxx (유보) |
| (손금산입) | 이월익금 | xxx (기타) |

3) 원천징수와 지급조서제출

금융보험업이 아닌 법인의 이자수익은 소득세법상 비영업대금의 이익에 해당한다. 비영업대금 이익의 수입시기(=원천징수시기, 원천징수세율 25%)는 약정에 의한 이자지급일이다.

세무조정에 의하여 익금산입하고 상여, 배당, 기타소득으로 소득처분하는 경우 원천징수시기와 지급조서제출의무는 다음과 같다. 지급조서(이자소득지급명세서)는 해당연도의 다음연도 2월 말일까지 제출하여야 한다.

귀 속 자	소득처분	소득세법		
		소득의 종류	귀속시기 (원천징수시기)	지급조서제출의무
개인주주	배 당	배당소득	결산확정일 (세무조정일)	있음
임원 및 주주임원	상 여	근로소득	근로제공일	있음
제3자	기타소득	기타소득	결산확정일 (세무조정일)	없음

원천징수의무자는 이자소득을 법인에게 지급하는 임원 또는 주주로서, 사업자등록번호가 없는 경우 주민등록번호를 이용하여 원천징수의무이행을 하여야 한다. 다만, 임원 또는 주주가 법인과 원천징수를 대리·위임함에 따라 법인이 원천징수의무를 이행할 수 있다. 이 경우 해당 법인은 원천징수이행상황신고서를 작성함에 있어서 원천징수의무자이면서 이자소득의 소득자에 해당한다.

(2) 가지급금 지급이자 손금불산입

회사가 자금을 차입하여 업무용 자산을 취득하지 않거나 개인적 용도로 사용하는 경우 차입금에서 발생되는 이자비용 중에서 업무와 무관하게 사용한 금액의 비율만큼 이자비용을 부인한다. 이를 가지급금에 대한 지급이자 손금불산입이라고 한다.

가지급금에 대한 지급이자 손금불산입은 모든 법인을 대상으로 하며 다음과 같이 계산한다.

$$\text{손금불산입액} = \text{지급이자} \times \frac{\text{가지급금적수} + \text{업무무관자산적수}}{\text{차입금적수}}$$

차입금적수와 가지급금 및 업무무관자산적수는 해당금액에 차입일(가지급대여일, 업무무관차산취득일)부터 사업연도종료일 등 해당하는 기간을 곱한 것을 말한다. 기간이 동일한 경우에는 적수의 계산을 하지 않을 수 있다.

업무무관자산 및 가지급금에 대한 지급이자는 이를 손금불산입하고 기타사외유출로 처분한다.

(3) 가지급금으로 받는 세법상 불이익

가지급금에 관하여 세법상 다음과 같은 불이익이 발생할 수 있다.

① 기업진단 및 경영평가시 가지급금은 부실자산으로 처리된다.

② 가지급금은 대손충당금 설정대상 채권이 아니므로 대손처리할 수 없다.

③ 이자를 받지 않거나 법인세법상 이자율보다 낮은 이자를 받는 경우 익금산입하여 법인세를 과세하고 상여, 배당 등으로 소득처분하여 경제적 이익의 귀속자에게 소득세가 과세된다.

④ 자산에 가지급금이 계상되어 있고 차입금과 차입금에 대한 지급이자가 재무제표에 계상된 경우 지급이자가 손금불산입될 수 있다.

⑤ 법인이 폐업, 청산시 회수하지 않은 가지급금은 귀속자에게 상여, 배당 등으로 소득처분하여 소득세가 과세된다.

📖 사례12

가지급금 관련 지급이자손금불산입 및 인정이자의 계산

재무상태표와 손익계산서의 일부는 다음과 같다.

재무상태표				손익계산서	
자 산		부 채		비 용	수 익
업무용자산 50,000		차입금 100,000		이자비용 5,000	
가지급금 50,000		자 본		이 익	

과세기간은 1.1~12.31이고 4.1일에 100,000원을 차입하였으며 바로 업무용자산을 50,000원 구입하고 대표이사에게 50,000원을 대여하였다. 연말에 대표이사는 회사에 이자를 지급하지 않았다. 세법상 인정이자율은 4%이다. 이 자료를 이용하여 해야 할 세무조정은 다음과 같다.

위 사례에서 회사가 자금을 100,000원을 차입하여 대표이사에 대여한 가지급금은 50,000원이다. 가지금과 관련된 세무조정은 다음과 같다.

① 가지급금 관련 지급이자 손금불산입

$$5,000원 \times \frac{50,000원(가지급금)}{100,000원(차입금)} = 2,500원$$

* 차입일과 가지급금 대여일이 동일하므로 적수계산을 생략하였다.

(손금불산입) 이자비용   2,500 (기타사외유출)

② 가지급금 인정이자 수익인식(월할계산)

$$50,000원 \times 4\% \times \frac{9개월(4{\sim}12월)}{12개월} = 1,500원$$

(익금산입)   인정이자   1,500원 (상여)

미수이자 계상, 원천징수와 지급명세서 제출에 관한 회계처리와 절차는 다음의 사례와
같다.

🧑‍💼 사례13

1. 약정일에 회수한 이자수익을 계상하는 경우

㈜티에스건설은 20×1년 7월 1일 임원인 김대표에게 자금 1억원을 연 5%로 대여하고 1년 후인
20×2년 6월 30일에 원금과 이자를 회수하기로 약정하였다. 인정이자율은 5%로 가정한다. 이자수
익에 관한 회계처리와 세무조정을 하시오.

① 20×2년 6월 30일

(차) 보통예금	5,000,000	(대) 이자수익	5,000,000

* 100,000,000 × 5% = 5,000,000

이자수익에 대한 원천징수는 임원의 대리·위임에 따라 법인이 수행하므로 이자소득(비영업대금
이익)의 수입시기에 원천징수를 할 필요가 없다.

② 20×2년 7월 10일 원천징수이행상황신고서 제출 및 원천징수 세액의 납부

(차) 선급법인세	1,250,000	(대) 보통예금	1,375,000
선급지방소득세	125,000		

* 선급법인세 5,000,000 × 25%(비영업대금의 이자 원천징수세율) = 1,250,000
　선급지방소득세 1,250,000 × 10% = 125,000

③ 20×3년 2월 28일 원천징수세액에 대한 지급명세서 제출

인정이자 원천징수세액에 대하여 20×3년 2월 28일까지 세무서장에게 인정이자에 대한 지급명
세서를 제출하여야 한다.

2. 약정일 이전에 미수이자를 계상한 경우

① 20×1년 12월 31일(계산편의를 위해 월할계산) 미수이자의 계상

(차) 미수이자	2,500,000	(대) 이자수익	2,500,000

* 100,000,000 × 5% × 6/12 = 2,500,000

(익금불산입)　수입시기 미도래 이자수익　　2,500,000 (△유보)

② 20×2년 6월 30일　약정일에 이자회수

(차) 보통예금	5,000,000	(대) 미수이자	2,500,000
		이자수익	2,500,000

* 이자수익 100,000,000 × 5% = 5,000,000

(익금산입)　　수입시기 도래한 이자수익　　2,500,000 (유보)

③ 20×2년 7월 10일 원천징수이행상황신고서 제출 및 원천징수 세액의 납부

| (차) 선급법인세 | 1,250,000 | (대) 보통예금 | 1,375,000 |
| 선급지방소득세 | 125,000 | | |

* 선급법인세 5,000,000 × 25%(비영업대금의 이자 원천징수세율) = 1,250,000
  선급지방소득세 1,250,000 × 10% = 125,000

④ 20×3년 2월 28일 원천징수세액에 대한 지급명세서 제출

20×2년의 이자수익 원천징수세액에 대하여 20×3년 2월 28일까지 세무서장에게 지급명세서를 제출하여야 한다.

제5절 건설업 세무

❶ 국민주택 공급, 건설용역의 부가가치세 면세

주택법에 따른 국민주택이란 세대당 주거전용면적이 85㎡(수도권 이외의 읍, 면 지역은 100㎡) 이하인 상시주거용 주택을 말하며, 별장, 주말농장주택 등 임시주거주택은 포함하지 않는다. 다가구주택의 경우에는 가구당 전용면적을 기준으로 판단한다. 국민주택에 해당되는 경우 부가가치세 면세여부는 다음과 같다.

국민주택	면세여부
신축하여 공급	○ (사업자 및 등록여부불문)
건설용역, 리모델링	○ (건설면허 등록자만)
설계용역	○ (건축사 등록자만)
부대설비, 옵션	○ (분양가액에 포함시)
감리용역	×

❷ 부가가치세법상 공급시기 = 세금계산서 발행시기

① 중간지급조건부

계약금을 받기로 한 날의 다음 날부터 재화를 인도하는 날 또는 재화를 이용가능하게 하는 날까지의 기간이 6개월 이상인 경우 대가의 수령이 3회 이상(계약금, 중도금, 잔금) 분할하여 지급받는 것을 말한다. 대가의 각 부분을 지급받기로 한 때가 공급시기이다. 다만,

약정일 이전에 선납한 경우에는 선납받은 날 세금계산서를 발급할 수 있다. 분양건설공사(자체공사 후 일반분양 또는 예약매출)일 때 해당된다.

② 완성도기준지급조건부

건설용역의 제공이 완료되기 전에 그 대가를 역무의 완성도에 따라 분할하여 받기로 하는 약정에 따라 지급받은 것을 말한다. 대가의 각 부분을 지급받기로 한 때가 공급시기이다. 도급공사(외주)의 경우 기성에 의한 계약이 이에 해당된다.

진행기준과 유사하지만 완성도와 진행률 계산의 개념상 차이가 있을 수 있다.

③ 회계 및 법인세법상 수익인식

부가가치세법에 따라 세금계산서를 발행하여 공급가액으로 보는 경우에도 회계 및 세법상 수익으로 보는 것은 아니다. 회계 및 세법상 수익은 진행기준에 따라 인식한다. 진행기준이 아닌 인도기준을 예외적으로 적용할 수도 있다. 회계상 비상장중소기업이 단기공사인 경우 및 법인세법에서 중소기업이 1년 미만의 단기공사일 때 인도기준을 적용한다.

❸ 건설 현장의 부가가치세 과세표준 안분

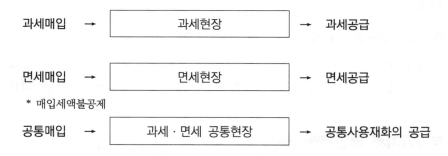

(1) 과세, 면세사업 공통사용의 재화, 용역의 공급

과세와 면세를 겸업함으로써 과세와 면세에 공통으로 사용하던 재화나 용역을 공급하는 경우 과세표준을 과세와 면세로 안분하여야 한다. 이 경우 과세와 면세부분을 구분할 수 없는 경우 직전과세기간의 공급가액을 기준으로 안분한다. 다만, 과세부분과 면세부분이 함께 제공되는 건물신축용역의 과세표준은 면적을 기준으로 안분계산한다.

🔖 사례1

부가가치세 과세표준의 안분(면적으로 안분)

다가구주택에 대한 건설용역에 대하여 과세(국민주택 초과)부분과 면세(국민주택 이하)의 구분 없이 공사비 400,000,000원(부가세 별도)으로 계약한 경우 부가가치세의 과세표준은 다음과 같다. 과세면적은 1,500㎡, 면세면적은 2,500㎡이다.

$$과세부분\ 400,000,000원 \times \frac{1,500㎡}{4,000㎡} = 150,000,000원$$

과세부분에 대한 부가가치세(세금계산서 발행) 15,000,000원
면세부분(계산서 발행) 250,000,000원

(2) 과세, 면세사업 공통사용의 재화, 용역의 실지거래가액 등이 확인되는 경우

과세부분과 면세부분의 구분이 계약서 등으로 실거래가격이 합리적인 것으로 확인이 되는 경우에는 그 가액으로 구분한다. 다만, 실거래가격이 없는 경우에는 감정가액으로 하고 감정가액이 없는 경우에는 기준시가로 안분한다.

🔖 사례2

부가가치세 과세표준의 안분(실지거래가액이 확인되는 경우)

공사계약금액은 10억(부가세별도)이며 근린생활시설(과세)이 30%, 도시형생활주택(면세)이 70%인 경우 세금계산서 발행 과세공급가액은 3억(부가세별도), 계산서 발행 면세공급가액은 7억이다.

❹ 부가가치세 매입세액불공제

매출세액에서 매입세액을 공제한 후 부가가치세 납부세액을 계산하지만, 다음의 경우에는 매입세액을 공제하지 않는다. 불공제된 매입세액은 건설업 자산의 취득원가(매입원가)에 포함한다. 비용과 관련된 매입세액불공제는 해당 비용에 포함하거나 세금과공과계정으로 비용처리한다.

① 토, 토지 관련 매입세액, 토지와 건물을 취득하여 건물을 철거하고 토지 위에 새 건물을 신축하는 경우 건물의 취득가액 및 철거비용은 매입세액 불공제한다.
② 사, 사업과 무관한 매입세액
③ 세, 세금계산서 관련 불성실 매입세액
④ 비, 비영업용소형승용차 관련 매입세액

⑤ 대, 기업업무추진비(구 : 접대비) 매입세액

⑥ 등, 사업자등록전 매입세액

⑦ 면, 면세사업관련 매입세액, 국민주택규모 이내의 신축 및 설계 등 관련 비용

❺ 공통매입세액의 안분계산 및 정산

과세와 면세사업에 공통으로 사용되는 재화, 용역에 대하여 실지귀속이 불분명한 경우 당해 과세기간의 공급가액기준(예외 : 재화를 공급받은 과세기간에 바로 공급한 경우에는 직전과세기간의 공급가액기준 또는 예정사용면적기준)으로 안분계산한다. 다만, 건물을 신축 또는 취득하여 과세사업과 면세사업에 제공하는 경우에는 예정면적비율로 안분계산한다.

예정신고기간에 예정신고분 공통매입세액을 안분계산한 후 확정신고기간에는 확정신고 전체분의 공통매입세액으로 다음 사례와 같이 정산한다. 이와 같이 예정신고분을 확정신고에 정산하는 이유는 부가가치세의 과세기간이 6개월(1기와 2기)이므로 예정신고 3개월분을 6개월 단위로 확정하기 위함이다.

🔖 **사례3**

확정신고시(예정신고분정산)의 감리용역에 대한 공통매입세액불공제액의 계산

기간	공통매입세액	국민주택 분양가액	상가 분양가액	분양가 합계
예 정	3,500,000	35,000,000	80,000,000	115,000,000
확 정	3,000,000	25,000,000	30,000,000	55,000,000
계	6,500,000	60,000,000	110,000,000	170,000,000

① 예정신고 불공제세액

$$3,500,000 \times \frac{35,000,000}{115,000,000} = 1,065,217$$

따라서 예정신고의 공통매입세액 3,500,000원 중 1,065,217원은 공제받지 못한다.

② 확정신고시 불공제세액 정산

$$6,500,000 \times \frac{60,000,000}{170,000,000} = 2,294,117$$

확정신고시 공제받지 못할 매입세액의 총액은 2,294,117원이다. 그러나 예정신고시에 공제받지 못한 금액이 1,065,217원 있었으므로 이를 차감하여 정산한 1,228,900원만을 불공제한다.

2,294,117 – 1,065,217 = 1,228,900원

따라서, 확정신고시의 공통매입세액 3,000,000원 중에서 1,228,900원은 공제받지 못한다.

---

❻ 외국에서 제공하는 건설용역의 영세율적용

사업장이 국내에 있는 건설회사가 국외에서 건설용역을 제공하는 경우에는 부가가치세 영세율을 적용한다. 또한 국외에서 건설공사를 도급받은 사업자로부터 당해 건설공사를 재도급받아 국외에서 건설용역을 제공하고 그 대가를 원도급자인 국내사업자로부터 받는 경우(영세율 세금계산서 발급)에도 영세율을 적용한다.

이 경우 부가가치세 신고시 외화획득명세서, 외국환은행이 발급하는 외화입금증명서 또는 건설용역 계약서, 하도급의 경우 하도급계약서를 첨부하여 제출하여야 한다.

❼ 자진신고 사업장(건설업)의 산재, 고용 보험료신고 및 납부와 정산

(1) 개산보험료

사업주는 보험연도마다 그 1년 동안에 사용할 근로자에게 지급할 임금총액의 추정액에 고용보험료율 및 산재보험료율을 각각 곱하여 산정한 금액을 그 보험연도의 3월 31일(보험연도중에 보험관계가 성립한 경우에는 그 보험관계 성립일부터 70일)까지 신고·납부하여야 한다. 개산보험료를 일시납할 경우에는 3%를 공제하나 분기별로 연 4회 분할납부할 수 있다.

(2) 확정보험료

사업주는 전년도 중 사용한 모든 근로자에게 지급한 임금총액에 보험료율을 곱하여 산정한 금액인 확정보험료를 당해연도 3월 31일까지 신고·납부하여야 한다. 기납부한 전년도분 개산보험료를 공제한 후 부족액이 발생하였을 경우에는 추가납부하고 반환액이 발생하였을 경우에는 당해연도에 납부하여야 할 개산보험료액에 충당하여야 한다.

확정보험료를 신고·납부하면서 개산보험료도 동시에 신고·납부하는 것이다.

(3) 고용보험료 및 산재보험료의 세무상처리

사업자가 부담한 고용보험료의 법정부담금은 근로자의 경우 비과세처리하고 사업자의 경우는 필요경비 또는 손금에 산입한다. 산재보험은 사업주가 전액 부담하므로 사업주의 필요경비 또는 손금에 산입한다.

❽ 과점주주의 간주취득과 제2차 납세의무

(1) 간주취득

주식의 취득으로 법인의 과점주주가 된 때에는 법인이 취득한 부동산, 차량 등의 취득세 과세대상에 대하여 과점주주의 지분만큼 취득한 것으로 보아 취득세 납세의무를 진다. 이를 과점주주의 간주취득이라 한다. 과점주주란 비상장법인인 발행주식을 주주 1인과 그와 특수관계인 소유주식의 합계액이 50%를 초과 취득하여 법인에 관한 권리를 실질적으로 행사하는 자를 말한다. 다만, 법인의 최초 설립시에 과점주주가 된 경우에는 취득세 납세의무가 없다. 과점주주의 간주취득에 따른 취득세 납세의무를 지우는 이유는 과점주주가 실제 취득하지는 않았지만 당해 법인의 자산에 대하여 실질적으로 관리 운용할 수 있는 지위에 있으므로 실질적인 측면에서 자기소유재산과 다를 바 없고 비상장법인의 주식이나 지분을 특정인이 독점하는 것을 억제하여 기업공개를 유도하여 자본시장을 육성하려는 취지이다.

🏃 사례4

주식의 취득과 세금(간주취득세)

이초연씨는 (주)새마을(비상장법인)의 60%의 지분을 갖는 과점주주이다. (주)새마을은 시가 10억의 건물을 매입하면서 4,000만원의 취득세(취득세율 4%)를 납부하였다. 단, 주어진 자료는 과점주주의 간주취득에 관한 요건이 모두 충족된다고 가정한다.

〈이초연씨의 간주취득에 따른 취득세〉

10억 × 4%(취득세율) × 60%(과점주주지분율) = 24,000,000원

(2) 제2차 납세의무

법인이 납부해야 할 세금을 법인이 납부하지 못하는 경우에 과점주주는 법인이 내지 못하는 세금 중에서 보유한 지분율만큼 납부할 의무를 지게 된다. 이를 과점주주의 제2차 납세의무라고 한다.

또한 과점주주가 납부해야 할 세금을 과점주주가 납부하지 못하는 경우에는 법인은 과점주주가 내지 못하는 세금 중에서 지분율만큼 납부할 의무를 지게 된다. 이를 법인의 제2차 납세의무라고 한다.

❾ 지방세

(1) 종업원분 주민세

종업원에게 급여를 지급하는 사업주는 급여를 지급한 다음달 10일까지 급여총액의 0.5%를 신고, 납부하여야 한다. 다만, 급여총액의 월 평균값이 1억 8,000만원 이하인 경우에는 부과되지 않는다.

(2) 재산분 주민세

매년 7월 1일 현재 사무소의 연면적당 250원을 매년 8월 31일까지 신고, 납부하여야 한다. 다만, 사무소의 연면적이 330㎡ 이하인 경우에는 면제된다.

❿ 법인 폐업 및 청산시점의 과세문제

(1) 가지급금

법인이 특수관계 소멸시기 및 폐업·청산시점까지 회수하지 못한 가지급금은 해당 귀속자에게 상여(배당)으로 과세한다. 폐업·청산 전에 특수관계가 소멸한 후 회수하지 못한 가지급금에 대하여는 다음과 같이 세무조정한다.

(손금산입)	가지급금	×××(△유보)
(익금산입)	귀속자에 대한 처분	×××(상여 등)

특수관계 소멸 후 가지급금을 회수하는 경우에도 이미 상여 등으로 처분된 금액에 대하여 환급하지 않으며 다음과 같이 세무조정한다.

(익금산입)	가지급금	×××(유보)
(익금불산입)	가지급금 회수	×××(기타)

다만, 다음의 사유에 해당하는 경우에는 해당 귀속자에게 상여(배당)으로 과세하지 않는다.
① 채권·채무에 대한 쟁송으로 회수가 불가능한 경우
② 해당 채권과 상계할 수 있는 채무를 보유하고 있는 경우
③ 특수관계인이 회수할 채권에 상당하는 재산을 담보로 제공하였거나 특수관계인의 소유 재산에 대한 강제집행으로 채권을 확보하고 있는 경우

(2) 누적된 이익잉여금

이익잉여금은 주주에게 배당으로 분배하여야 하지만 법인에 폐업·청산시점까지 이익잉여금이 누적되어 남아 있는 경우 해당 금액은 폐업·청산시점에 모두 분배한 것으로 보아 주주에게 배당소득으로 과세한다.

(3) 청산소득

법인이 폐업 후 해산으로 법인이 소멸하게 되면 법인이 가지고 있던 자산을 처분하는 청산절차를 거치게 된다. 법인의 자산은 취득할 때 원가로 기록하고 보유하므로 해산되어 소멸될 때의 시장가치와 차이가 발생하게 된다. 따라서 자산의 실제 처분가액에서 부채를 상환하고 남는 잔여재산가액에서 주주가 출자한 투자원금에 해당하는 자기자본을 차감하고 남는 이익을 청산소득이라고 하며 이에 대하여 법인세가 과세된다.

- 청산소득 = 잔여재산가액(자산총액 - 부채총액) - 자기자본 총액
- 자기자본 총액 = 납입자본금 + 잉여금 - 이월결손금

1. 부가가치세법상 중간지급조건부에 해당되는 경우 대가를 지급받기로 한 때가 공급시기이다.

2. 재화에 대하여 개인적 공급, 사업상 증여 등이 있는 경우에는 간주공급에 해당되어 부가가치세가 과세된다.

3. 건설업의 기업진단시 3년 경과된 장기미회수채권은 부실자산으로 본다.

4. 유동비율은 유동부채를 유동자산으로 나눈 비율이다.

5. 건설업등록을 위해 건설공제조합에 출자하는 금액은 단기매매증권으로 분류한다.

6. 주택법에 따른 국민주택규모는 세대당 전용면적이 85㎡(수도권 이외의 읍, 면지역은 100㎡) 이하인 상시주거용 주택을 말한다.

7. 기업진단시 겸업자산은 실질자산에 포함된다.

8. 예약매출은 아파트, 상가 등을 신축, 분양하는 경우에 매수하는 자로부터 대금을 수령한 후 매매목적물을 건설하여 인도하는 형태의 매출을 말한다.

9. 일반적인 예약매출은 부가가치세법상 완성도기준지급조건부에 해당되어 대가의 각 부분을 받기로 한 때에 세금계산서를 발행하여야 한다.

10. 부가가치세법상 공급시기와 회계 및 법인세법상 공사수익의 인식시기 및 금액은 항상 같다.

11. 건설업은 중소기업에 해당되므로 예외없이 세액공제 등 각종 세금혜택이 있다.

12. 주택신축판매업은 건설업에 해당되므로 신축하여 공급한 주택은 용역의 공급으로 본다.

13. 건설업 기업진단대상 사업과 겸업사업에 공통으로 사용하는 자산은 매출액 또는 자본금의 비율 등으로 안분한다.

14. 유동성비율은 단기 상환의무가 있는 유동부채에 대하여 기업이 보유한 유동자산 또는 당좌 자산으로 변제할 능력이 있는지를 판단하므로 유동자산(당좌자산)이 동 부채보다 많은 경우에 높은 평가를 받을 수 있다.

15. 부채비율과 차입금의존도는 차입금 등의 부채와 자본크기를 비교하므로 일반적으로 차입금 등의 부채가 높을수록 높은 평가를 받는다.

16. 매출채권회수기간은 매출채권이 현금화되는 기간이며 재고자산회전기간은 재고자산이 매출액으로 전환되는 기간을 의미한다.

17. PER(Price Earning Ratio, 주가수익비율)는 투자한 주식 1주당 얻은 순이익을 의미한다.

18. 중소기업에 해당하는 건설업은 무조건 진행기준을 적용하여야 하고 인도기준은 적용할 수 없다.

19. 견본주택의 존치기간이 1년 이상인 경우에는 취득일부터 60일 이내에 취득세를 납부하여야 한다.

20. 가지급금이란 회사의 자금이 업무에 사용하지 않고 대표이사 등의 개인적 용도로 사용되는 것을 말한다.

21. 중간지급조건부란 계약금을 받기로 한 날의 다음 날부터 재화를 인도하는 날 또는 재화를 이용가능하게 하는 날까지의 기간이 6개월 이상인 경우 대가의 수령이 3회 이상(계약금, 중도금, 잔금) 분할하여 지급받는 것을 말한다.

22. 과세부분과 면세부분이 함께 제공되는 건물신축용역이 구분되지 않는 경우에 과세표준의 계산은 직전과세기간의 공급가액을 기준으로 안분계산한다.

23. 불공제된 매입세액은 건설업 자산의 취득원가(매입원가)에 포함하고 비용과 관련된 매입세액불공제는 해당 비용에 포함하거나 세금과공과계정으로 비용처리한다.

24. 건설업의 사용할 근로자의 산재, 고용보험료는 부과하여 고지되므로 따로 신고, 납부할 필요가 없다.

25. 종업원에게 급여를 지급하는 사업주는 급여를 지급한 다음달 10일까지 급여총액의 5%를 재산분 주민세로 신고, 납부하여야 한다.

1. O
2. O
3. O 건설업 기업진단시 2년 이상의 장기미회수 채권은 부실자산으로 본다.
4. X 유동비율은 유동자산을 유동비율로 나눈 비율이다.
5. X 건설업등록을 위해 건설공제조합의 출자에 따른 출자증권은 매도가능증권 (출자금)계정으로 회계처리하고 투자자산으로 분류한다.
6. O
7. X 겸업자산 및 겸업부채는 기업진단 대상 사업 이외의 사업에 따라 보유하고 있는 자산 및 부채를 말하며 실질자산 및 실질부채 평가시 제외한다.
8. O
9. X 일반적인 예약매출은 부가가치세법상 중간지급조건부에 해당된다.
10. X 공사수익과 공사원가를 공사진행률에 따라 회계처리와 세무처리를 하게 되므로 세무조정이 발생할 수 있다. 따라서 부가가치세법상 공급시기와 회계 및 법인세법상 공사수익의 인식시기 및 금액이 다를 수 있다.
11. X 건설업은 중소기업의 범위에 포함될 수 있다. 매출액기준 등 중소기업의 범위를 벗어나면 중소기업에 대한 세제혜택을 받을 수 없다.
12. X 주택신축판매업은 건설업에 해당되지만 신축하여 공급한 주택은 재화의 공급으로 본다.
13. O
14. O
15. X 부채비율과 차입금의존도는 차입금 등의 부채와 자본크기를 비교하므로 일반적으로 차입금 등의 부채가 낮을수록 높은 평가를 받는다.
16. O
17. X EPS(Earning Per Share, 주당순이익)는 투자한 주식 1주당 얻은 순이익을 의미하고 PER(Price Earning Ratio, 주가수익비율)는 주가에 대한 이익의 비율을 의미한다.
18. X 진행기준이 아닌 인도기준을 예외적으로 적용할 수 있다. 회계상 비상장중소기업이 단기공사일 때 인도기준을 적용한다. 또한 세법에서는 중소기업이 1년 미만의 단기공사일 때 인도기준을 적용한다.
19. O
20. O
21. O

22. X 과세부분과 면세부분이 함께 제공되는 건물신축용역이 구분되지 않는 경우에 과세표준의 계산은 면적을 기준으로 안분계산한다.

23. O

24. X 사업주는 보험연도마다 그 1년 동안에 사용할 근로자에게 지급할 임금총액의 추정액에 고용보험료율 및 산재보험료율을 각각 곱하여 산정한 금액을 그 보험연도의 3월 31일(보험연도 중에 보험관계가 성립한 경우에는 그 보험관계 성립일부터 70일)까지 신고·납부하여야 한다.

25. X 종업원에게 급여를 지급하는 사업주는 급여를 지급한 다음달 10일까지 급여 총액의 0.5%를 종업원분 주민세로 신고, 납부하여야 한다.

내용 이해를 위한 객관식 문제

01 다음 중 건설업의 주요 이슈가 아닌 것은?

① 실질자본금심사 ② 경영(시공능력)평가

③ 회계감사 ④ 신용평가

Q정답 ③

기업진단의 주요 이슈는 실질자본금심사, 경영(시공능력)평가, 신용평가 및 결산완료 후 세무
신고목적이다.

02 건설업 업종구분의 중요성에 해당되지 않는 것은?

① 건설업은 중소기업의 범위에 포함된다.

② 건설업은 용역의 공급으로 본다.

③ 결손금 소급공제 혜택이 있다.

④ 부가가치세법상 간주공급이 있다.

Q정답 ④

건설업은 용역의 공급이며 용역의 간주공급에 해당되는 것은 없다.

03 건설업의 부실자산에 해당되지 않는 것은?

① 예금

② 가지급금

③ 부도어음

④ 대여금

Q정답 ①

예금은 실질자산으로 30일간의 평균잔액으로 평가하고 예외적으로 비정상적인 예금거래 등이 있는 경우에만 실질자산에서 제외한다.

04 건설업의 시공능력(경영상태)평가 항목 중 성격이 다른 하나는?

① 부채비율

② 유동비율

③ 자기자본비율

④ 이자보상비율

Q정답 ②

부채비율, 자기자본비율, 이자보상비율은 안전성비율이며 유동비율은 유동성비율이다.

05 건설업 경영상태(시공능력)평가 항목 중 활동성비율과 관련이 없는 것은?

① 차입금의존도

② 매출채권회전률

③ 재고자산회전률

④ 매출채권평균회수기간

Q정답 ①

차입금의존도는 안전성비율이다.

06 건설업의 주요계정에 대한 설명 중 틀린 것은?

① 견본주택(재고자산)은 결산시 공사진행률에 따라 공사원가로 대체한다.

② 결산시 출자금(매도가능증권)을 평가하여 평가이익 또는 평가손실을 계상한다.

③ 공사종료 후 하자보수 의무가 있는 경우 하자보수비를 계상한다.

④ 하도급계약에 의하여 공사의 일부를 타 건설사업자에게 재도급하는 경우 외주비등으로 계상하고 판매비와관리비로 처리한다.

Q정답 ④

하도급계약에 의하여 공사의 일부를 타 건설사업자에게 재도급하는 경우 외주비 등으로 계상하고 공사원가로 처리한다.

07 건설업의 주요계정 중 가지급금과 관련된 설명으로 틀린 것은?

① 회사가 자금을 차입하여 업무용 자산을 취득하지 않고 대표이사 등의 개인적 용도로 사용하는 경우 이를 가지급금이라고 한다.

② 가지급금은 기업진단시 부실자산 처리되므로 재무제표에 계상하여서는 안된다.

③ 차입금에서 발생되는 이자비용은 업무와 무관하게 사용한 금액의 비율만큼 이자비용이 부인되며 이를 업무무관 자산 및 가지급금 지급이자 손금불산입이라고 한다.

④ 법인의 업무와 관련이 없이 자금을 대여한 가지급금에 해당되는 경우에는 대여한 자금에 가지급금인정이자율을 곱하여 계산된 금액을 이자수익('가지급금인정이자'라고 한다)으로 인식하여야 한다.

Q정답 ②

기업진단은 재무제표에 계상된 계정에 대하여 진단하는 것이므로 계상여부에 대하여 판단하는 것이 아니다. 실질자본의 부족이 예상되는 경우에 가지급금을 회수하여 재무제표에서 없애는 전략을 활용한다.

08 건설업의 국민주택 공급에 대한 설명으로 틀린 것은?

① 국민주택규모는 수도권의 경우 세대당 전용면적이 85㎡인 상시주거용 주택을 말한다.

② 다가구주택의 경우에는 가구당 전용면적을 기준으로 판단한다.

③ 별장, 주말농장주택도 주택이므로 국민주택에 포함된다.

④ 국민주택의 설계용역은 부가가치세가 면세된다.

Q정답 ③

별장, 주말농장주택은 상시주거용이 아니므로 주택에 포함하지 않는다.

09 건설업과 관련하여 공사가 완성되어 인도되는 시점에 도급금액 총액을 공사수익으로 인식하고 발생된 공사비를 공사원가로 인식하는 방법으로 이 설명과 가장 관계 깊은 것은?

① 진행기준　　　　　　　② 인도기준
③ 중간지급조건부　　　　④ 완성도기준지급조건부

Q정답 ②

10 공사원가명세서에 표시될 수 없는 계정은?

① 기말원재료　　　　　　② 기말미완성공사
③ 직접재료원가　　　　　④ 공사매출액

Q정답 ④

공사매출액은 손익계산서에 표시되는 수익계정이다.

11 다음 업종 중에서 매매목적물의 공급을 재화의 공급으로 보지 않는 것은?

① 건설업　　　　　　　　② 주택신축판매업
③ 분양시행업　　　　　　④ 건물신축판매업

Q정답 ①

건설업은 매매목적물의 공급을 용역의 공급으로 본다.

12 건설업 등록을 위해서 필요한 등록기준의 충족기준에 해당하지 않는 것은?

① 기술능력　　　　　　　② 신용평가보고서
③ 자본금　　　　　　　　④ 시설, 장비, 사무실

Q정답 ②

13 건설업의 기업진단시 실질자산의 평가방법과 관련이 없는 것은?

① 현금 - 자본총계의 1%를 초과하는 경우 부실자산 처리
② 재고자산 - 보유기간과 상관없이 무조건 부실자산 처리
③ 예금 - 진단기준일을 포함한 30일 동안의 은행거래실적의 평균액
④ 자본 - 납입자본금은 법인등기사항으로 등기된 자본금으로 평가

🔍정답 ②

원재료 등 재고자산은 부실자산 처리하지만 보유기간이 1년 이내의 재고자산은 세금계산서수취, 금융증빙내역, 공사계약서 등으로 평가한다.

14 건설업 기업진단에 따라 실질자본이 미달된 경우 대처방법에 해당하지 않는 것은?

① 자본금의 증자　　　　　　② 부실자산의 회수
③ 유형자산의 재평가　　　　④ 자금의 차입

🔍정답 ④

자금을 차입하는 경우 자산이 증가하지만 동 금액만큼 부채가 증가하므로 실질 자본에 변동이 없다.

15 건설업 기업진단시 겸업자산 및 겸업부채에 관한 설명으로 틀린 것은?

① 기업진단 대상 사업과 관련된 자산과 부채를 말한다.
② 겸업자산 및 겸업부채로 열거되어 있거나 겸업자산 등으로 분류되어 있다.
③ 투자자산과 기타의 비유동자산은 겸업자산으로 본다.
④ 진단대상과 겸업사업에 공통으로 사용하는 자산은 매출액 또는 자본금의 비율 등으로 안분한다.

🔍정답 ①

겸업자산 및 겸업부채는 기업진단 대상 사업 이외의 사업에 따라 보유하고 있는 자산 및 부채를 말한다.

16 자기자본에 대한 순이익률로서 건설업 기업진단시 수익성의 평가지표로 평가되는 항목은?

① ROI   ② ROE

③ PER   ④ EPS

Q정답 ②

자기자본이익률(ROE)에 대한 설명이다.

17 건설업 기업진단시 시장가치를 분석하는 방법으로서 투자한 1주당 얻은 순이익을 의미하는 것은?

① ROI   ② PER

③ ROE   ④ EPS

Q정답 ④

EPS(Earning Per Share, 주당순이익)에 관한 설명이다.

18 건설업의 공사수익 인식에 대한 설명으로 틀린 것은?

① 진행기준에 따라 공사수익을 인식하되 인도기준을 예외적으로 적용할 수 있다.

② 진행기준에 따라 공사수익을 인식하는 경우 일반적으로 원가기준에 의하여 진행률을 계산한다.

③ 중소기업의 경우 1년 이상 장기공사일 때 인도기준을 적용할 수 있다.

④ 인도기준이란 공사가 완성된 시점에 모든 수익과 비용을 인식하는 것을 말한다.

Q정답 ③

중소기업의 경우 1년 미만 단기공사일 때 인도기준을 적용할 수 있다.

19 건설업의 외주비계정에 관한 설명으로 틀린 것은?

① 다른 건설업자에게 재도급하는 경우 외주비계정으로 판매비와 관리비로 처리한다.

② 외주비는 고용보험료와 산재보험료의 산정기준에 포함된다.

③ 대가의 각부분을 받기로 한 때에 세금계산서가 발행된 경우 발행된 금액과 공사원가로 처리하는 금액에 차이가 발생된다.

④ 외주비의 발생시점은 하도급공사의 진행정도(기성고)에 따라 처리한다.

🔍정답 ①

다른 건설업자에게 재도급하는 경우 등 외주비계정은 공사원가로 처리한다.

20 건설업의 견본주택계정에 관한 설명으로 틀린 것은?

① 당해 공사와 관련하여 견본주택의 건립비용은 견본주택 계정의 재고자산으로 회계처리한 후 공사진행에 따라 공사원가로 대체한다.

② 견본주택을 운영하기 위한 비용은 공사원가에 해당된다.

③ 분양이 완료되어 견본주택을 철거하는 경우 철거비는 일반경비 처리한다.

④ 견본주택의 존치기간이 1년 이상인 경우에는 취득일부터 60일 이내에 취득세를 납부하여야 한다.

🔍정답 ②

견본주택을 운영하기 위한 비용은 건물분양을 위한 비용으로서 일반관리비에 해당된다.

21 건설업에 관련된 부가가치세법상의 공급시기에 대한 설명으로 틀린 것은?

① 부가가치세법의 공급시기는 세금계산서의 발행시기에 해당된다.

② 중간지급조건부에 해당되는 경우에는 대가를 지급받은 때가 공급시기이다.

③ 완성도지급조건부에 해당되는 경우에는 진행기준과 유사하지만 완성도 및 진행률계산에 차이가 있을 수 있다.

④ 부가가치세법에 따라 세금계산서를 발행하여 공급가액으로 보는 경우에도 회계 및 소득세법상 수익으로 보는 것은 아니다.

중간지급조건부에 해당되는 경우에는 대가의 각 부분을 지급받기로 한 때가 공급시기이다.

22 건설업 건설현장의 부가가치세 과세표준에 관한 설명으로 틀린 것은?

① 과세와 면세를 겸업하면서 과세와 면세에 공통으로 사용하던 재화나 용역을 공급하는 경우에는 과세표준을 과세와 면세로 안분하여야 한다.
② 과세와 면세를 구분할 수 없는 경우 당해과세기간의 공급가액을 기준으로 안분한다.
③ 과세와 면세되는 건물신축용역을 함께 제공하는 경우에는 면적기준으로 안분한다.
④ 과세와 면세부분의 구분이 합리적인 실거래가액 등으로 확인되는 경우에는 그 가액으로 구분한다.

과세와 면세를 구분할 수 없는 경우 직전과세기간의 공급가액을 기준으로 안분한다.

23 부가가치세의 매입세액불공제 사유에 해당하지 않는 것은?

① 기업업무추진비 관련 매입세액   ② 면세사업 관련 매입세액
③ 토지 관련 매입세액   ④ 영업용소형승용차 관련 매입세액

비영업용소형승용차와 관련된 매입세액은 불공제된다. 따라서 영업용소형승용차와 관련된 매입세액은 공제된다.

24 부가가치세 공통매입세액의 안분계산 및 정산에 관한 다음의 설명 중 틀린 것은?

① 과세와 면세사업에 공통으로 사용되는 재화, 용역에 대하여 실지귀속이 불분명한 경우 당해과세기간의 공급가액기준으로 안분계산한다.
② 건물을 신축 또는 취득하여 과세사업과 면세사업에 제공하는 경우에는 예정면적비율로 안분계산한다.
③ 예정신고분과 확정신고분을 각각 따로 안분계산하므로 정산이 필요없다.
④ 확정신고시에는 예정신고분 매입세액불공제액을 차감한 잔액만 불공제한다.

정답 ③

예정신고기간에 예정신고분 공통매입세액을 안분계산한 후 확정신고기간에는 확정신고 전체분의 공통매입세액으로 정산한다.

25 건설업의 산재, 고용보험과 관련된 설명으로 틀린 것은?

① 건설업과 관련된 임금의 산재, 고용보험은 고지되므로 자진신고할 필요가 없다.
② 개산보험료를 납부한 후 확정보험료로 정산한다.
③ 사업주가 부담한 법정부담금은 필요경비 또는 손금에 산입된다.
④ 산재보험은 사업주가 100% 부담한다.

정답 ①

건설업과 관련된 임금의 산재, 고용보험은 자진신고 및 납부해야 한다.

26 건설업과 관련된 지방세에 관한 설명으로 틀린 것은?

① 종업원에게 급여를 지급하는 사업주는 급여를 지급한 다음달 10일까지 급여총액의 0.5%를 종업원분 주민세로 신고, 납부하여야 한다.
② 급여총액이 월 평균값 1억 5,000만원 이하인 경우에는 종업원분 주민세가 부과되지 않는다.
③ 매년 6월 1일 현재 사무소의 연면적당 250원을 매년 6월 30일까지 재산분 주민세로 신고, 납부하여야 한다.
④ 재산분 주민세는 사무소의 연면적이 330㎡ 이하인 경우에는 면제된다.

정답 ③

재산분 주민세는 매년 7월 1일 현재 사무소의 연면적당 250원을 매년 8월 31일까지 신고, 납부하여야 한다.

업 종 별
회 계 와 세 무

III 신축판매업과 부동산매매업

제1절 신축판매업

❶ 신축판매업과 부동산매매업의 사업성의 판단

(1) 업종의 구분

법인 또는 개인이 사업목적으로 건물을 신축하여 매매함으로써 발생한 소득에 대하여는 신축판매업으로 하여 사업소득세로 과세한다. 이 경우 주택을 건설하여 판매하는 사업을 주택신축판매업(건설업)이라 하고, 상가등 주택외의 건물을 건설하여 판매하는 사업을 건물 신축판매업(부동산매매업)이라 한다. 건물을 양도하는 경우로서 동 건물이 사업용 자산에 해당하는 경우에는 부동산이라도 상품(재고자산)에 해당하므로 상품(재화)공급으로서 부가 가치세가 과세3)된다.

(2) 사업성의 판단기준

개인의 경우 사업목적(영리목적, 계속성, 반복성)의 판단은 다음과 같다. 신축판매업의 상품인 부동산은 그 거래규모가 일반상품에 비하여 크기 때문에 다음 ① 건설업(주택신축판 매)과 ② 부동산업 중 부동산매매업4)(건물신축판매업)에 관하여 매매회수, 규모, 기간, 거래 형태 등을 종합적으로 고려하여 판단하게 된다. 위 ①, ②를 사업목적으로 나타내어 부동산 을 판매하거나, 사업상의 목적으로 1과세기간 중에 1회 이상 부동산을 취득하고 2회 이상 판매하는 경우에는 사업으로 보아 종합소득세로 과세하도록 하고 있다.

법인(순자산증가설)의 경우에는 설립목적이 사업적이므로 사업성 판단에 큰 문제가 없어 보인다.

---

3) 상가등 건물인 경우에는 당연히 부가가치세가 과세되고, 주택으로서 국민주택규모 이하인 경우에는 면세, 그 이상인 경우에는 과세된다.
4) 부동산매매업에는 주택 및 상가외의 건물을 자가건설하여 분양, 판매하는 경우를 포함한다.

170 •° 업종별 회계와 세무

(3) 과세방법의 차이

사업성 판단에 따라 종합소득세로 과세되는 경우와 양도소득세로 과세되는 경우에는 다음과 같은 세금계산방법(소득원천설)의 차이가 발생하게 된다.

	종합소득세 과세시	양도소득세 과세시
과세방법	다른 소득과 합산과세	양도소득의 분류과세
장기보유 후 매매시	장기보유 공제 없음	장기보유 공제 있음(결집효과방지)
필요경비 인정	접대비, 이자비용 등 필요경비 인정	이자비용, 재산세 등 필요경비 인정 안됨
단기매매시	일반 누진세율	단기 보유 중과세율
소득공제	종합소득공제, 세액공제	연 250만원 공제

❷ 주택신축판매업과 분양원가명세서

분양원가명세서에 나타나는 분양원가의 흐름은 건설업의 공사원가 흐름과 같다. 도급계약에 의하여 건설공사를 수행하는 경우에는 계약금액에 해당되는 금액이 외주비 또는 외주공사비계정으로 분류된다. 도급계약에 의하여 외주공사를 하면서 원재료나 인건비를 일부 부담하는 경우에는 직접재료원가나 직접노무원가에 해당 금액이 표시된다.

직접공사를 수행하는 경우에는 발생된 원가를 직접재료원가, 직접노무원가, 기타공사원가로 분류하여야 한다. 결산시점에 공사가 진행중인 경우 당기에 투입된 총공사원가를 기말미완성주택으로 대체한다. 기말미완성주택은 기말원재료와 함께 재무상태표에 재고자산에 표시된다.

공사가 완료되면 당기완성주택으로 인식하고 주택이 분양되면 손익계산서의 매출원가(분양원가)항목으로 분류한다. 분양되지 않은 경우에는 재무상태표에 완성주택계정인 재고자산으로 표시한다.

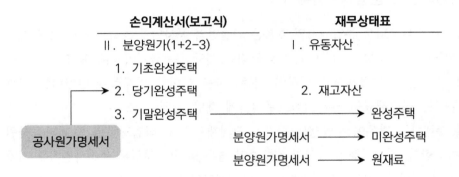

분양원가명세서

1. 직접재료원가(①+②-③)
   ① 기초원재료
   ② 당기매입
   ③ 기말원재료 ──────────→ 재무상태표의 재고자산
2. 직접노무원가
3. 외주비(도급공사)
4. 기타분양원가
5. 당기(투입)총분양원가(1-2-3)
6. 기초미완성주택
7. 기말미완성주택 ──────────→ 재무상태표의 재고자산
8. 당기(완성)완성주택(4+5-6)────→ 손익계산서의 매출원가항목

손익계산서(보고식)	재무상태표
Ⅱ. 분양원가(1+2-3)	Ⅰ. 유동자산
1. 기초완성주택	
2. 당기완성주택	2. 재고자산
3. 기말완성주택 ──────→	완성주택
분양원가명세서 ──────→	미완성주택
분양원가명세서 ──────→	원재료

공사원가명세서

(1) 용지

용지는 주택이나 상가 등을 신축하여 판매하기 위해 매입하는 토지를 말하며 용지의 취득 원가에는 다음 것을 포함한다.

① 토지취득을 위한 중개수수료, 취득세와 인허가비용 등 제세공과금
② 토지만을 사용하기 위하여 구건물을 취득하여 철거하는 경우 건물 취득가액과 철거비용, 건물에 관한 부가가치세를 부담한 경우 매입세액은 불공제되므로 취득원가에 포함한다.
③ 도로공사비로 지출된 수익자부담금
④ 토지의 일부를 도로용 등으로 국가에 무상 기증한 경우 그 토지가액은 남아 있는 토지의 가액에 포함한다.

⑤ 토지 매입과정에서 양도자의 양도소득세를 부담하여 납부한 경우 취득원가에 포함한다.

재고자산을 취득하기 위하여 계약금이나 중도금을 지급하는 경우 선급금으로 처리하였다가 잔금 지급시 용지(재고자산)로 대체한다. 유형자산을 취득하기 위하여 계약금이나 중도금을 지급하는 경우에는 건설중인자산으로 처리하였다가 토지(유형자산)로 대체한다.
용지는 공사진행률에 따라 용지비로 대체하여 공사원가에 반영한다.

- 용지 구입시의 회계처리
① 계약금 또는 중도금 지급시

(차) 선급금	xxx	(대) 현금 등	xxx

② 잔금 지급 후 취득완료시

(차) 용지(재고자산)	xxx	(대) 현금 등	xxx
		선급금	xxx

③ 용지에 대한 취득세 지급시

(차) 용지(재고자산)	xxx	(대) 현금 등	xxx

- 공사원가 투입시 : 진행기준에 따라 용지를 용지비로 대체

(차) 용지비(공사원가)	xxx	(대) 용지(재고자산)	xxx

(2) 재고자산 흐름에 따른 회계처리

- 공사원가 투입시

(차) 직접재료원가	xxx	(대) 현금 등	xxx
직접노무원가	xxx		
기타분양원가	xxx		

- 공사진행 중 결산시

(차) 미완성주택(재고자산)	xxx	(대) 직접재료원가	xxx
		직접노무원가	xxx
		기타분양원가	xxx

- 공사완료 시

(차) 완성주택(재고자산)	xxx	(대) 미완성주택(재고자산)	xxx

- 완성주택이 분양되어 분양수입을 계상하는 경우

(차) 분양미수금   xxx   (대) 분양수익   xxx

(차) 분양원가   xxx   (대) 완성주택   xxx

❸ 겸용주택의 주택포함여부

겸용주택이란 주택부분과 주택외의 부분이 하나의 건물에서 사용되고 있는 주택을 말한다.

겸용주택에 관한 규정은 주택임대시 부가가치세 면제여부, 1세대 1주택 판정시 비과세여부, 주택신축판매업 해당여부 판정시에 공통으로 적용된다. 다만, 고가주택인 겸용주택을 양도하는 경우 주택 면적이 주택외 면적보다 큰 경우에도 주택만 주택으로 보고 양도차익 및 장기보유특별공제액을 계산하여야 한다.

주택신축판매업으로서 겸용주택을 매매한 경우 주택부분과 주택외의 부분이 다음과 같이 있는 경우에는 전체를 주택으로 본다.

① 주택과 다른 목적의 건물이 각각의 매매단위로 매매되는 경우로서 다른 목적의 건물면적이 주택면적의 10% 이하인 경우

② 주택에 부수되어 있는 다른 목적의 건물과 주택을 하나의 매매단위로 매매하는 경우로서 다른 목적의 건물면적이 주택면적보다 작은 경우

주택신축판매업의 경우에 겸용주택 전체를 주택으로 보는 경우에도 소득세법과 부가가치세법의 처리가 다르다. 소득세법에서 주택외 부분에 대한 부동산매매차익 예정신고의무가 면제되고, 소득금액을 계산할 때 건물전체에 대하여 분양수입에서 필요경비를 차감하여 소득금액을 계산하므로 주택부분 및 주택외 부분인지 여부는 중요하지 않다. 그러나 부가가치세법에서는 주택부분에 대하여 면세로 처리하고 주택외의 부분은 부가가치세가 과세된다.

주택외의 부분이 더 큰 경우에 주택외의 부분은 건물신축판매업에 해당되어 소득세법상 부동산매매차익 예정신고의무가 발생하게 된다.

❹ 주택의 구분

(1) 주택의 개념

주택이란 상시 거주하며 생활하는 건물로서 단독주택과 공동주택을 말한다. 주택은 주택 법시행령과 건축법시행령 별표에 다음과 같이 규정하고 있다.

1) 단독주택

단독주택[단독주택의 형태를 갖춘 가정어린이집, 공동생활가정, 지역아동센터 및 노인복 지시설(노인복지주택은 제외)을 포함한다]은 다음을 말한다.

가. 단독주택

나. 다중주택

다음의 요건을 모두 갖춘 주택을 말한다.

① 학생 또는 직장인 등 여러 사람이 장기간 거주할 수 있는 구조로 되어 있는 것

② 독립된 주거의 형태를 갖추지 아니한 것(각 실별로 욕실은 설치할 수 있으나, 취사 시설은 설치하지 아니한 것을 말한다)

③ 연면적이 330㎡ 이하이고 층수가 3층 이하인 것

다. 다가구주택

다음의 요건을 모두 갖춘 주택으로서 공동주택에 해당하지 아니하는 것을 말한다.

① 주택으로 쓰는 층수(지하층은 제외)가 3개 층 이하일 것. 다만, 1층의 바닥면적 2분의 1 이상을 필로티 구조로 하여 주차장으로 사용하고 나머지 부분을 주택 외의 용도로 쓰는 경우에는 해당 층을 주택의 층수수에서 제외한다.

② 1개 동의 주택으로 쓰이는 바닥면적(부설 주차장 면적은 제외)의 합계가 660㎡ 이하일 것

③ 19세대 이하가 거주할 수 있을 것

라. 공관

2) 공동주택

공동주택[공동주택의 형태를 갖춘 가정어린이집, 공동생활가정, 지역아동센터, 노인복지 시설(노인복지주택은 제외) 및 주택법시행령 제3조 제1항에 따른 원룸형 주택을 포함한다]. 다만, 아파트나 연립주택에서 층수를 산정할 때 1층 전부를 필로티 구조로 하여 주차장으로 사용하는 경우에는 필로티 부분을 층수에서 제외하고, 다세대주택에서 층수를 산정할 때 1층의 전부 또는 일부를 필로티 구조로 하여 주차장으로 사용하고 나머지 부분을 주택

외의 용도로 쓰는 경우에는 해당 층을 주택의 층수에서 제외하며, 공동주택 판정시 층수를 산정할 때 지하층을 주택의 층수에서 제외한다.

가. 아파트

주택으로 쓰는 층수가 5개 층 이상인 주택

나. 연립주택

주택으로 쓰는 1개 동의 바닥면적(2개 이상의 동을 지하주차장으로 연결하는 경우에는 각각의 동으로 본다) 합계가 660제곱미터를 초과하고, 층수가 4개층 이하인 주택

다. 다세대주택

주택으로 쓰는 1개 동의 바닥면적 합계가 660제곱미터 이하이고, 층수가 4개층 이하인 주택(2개 이상의 동을 지하주차장으로 연결하는 경우에는 각각의 동으로 본다)

3) 준주택

준주택이란 주택외의 건축물로 주거로 이용가능한 시설을 말한다.

가. 기숙사

학교 또는 공장 등의 학생 또는 종업원 등을 위하여 쓰는 것으로서 1개 동의 공동취사시설 이용 세대 수가 전체의 50퍼센트 이상인 것(교육기본법에 따른 학생복지주택을 포함한다)

나. 다중생활시설

다중생활시설로서(다중이용업 중 고시원업의 시설로서 국토교통부장관이 고시하는 기준에 적합한 것을 말한다) 건축물에 해당용도로 쓰는 바닥면적의 합계액이 500제곱미터 미만인 것과 숙박시설에 해당하는 다중생활시설

다. 노인복지주택

단독주택과 공동주택에 해당하지 않는 노인복지시설 중 노인복지주택

라. 오피스텔

업무를 주로하며, 분양하거나 임대하는 구획 중 일부 구획에서 숙식을 할 수 있도록 한 건축물로서 국토교통부장관이 고시하는 기준에 적합한 것

4) 도시형 생활주택

도시형 생활주택이란 150세대 미만의 국민주택규모에 해당하는 주택으로서 다음 각호의 주택을 말한다.

가. 단지형 다세대주택

주택으로 쓰는 1개 동의 바닥면적 660제곱미터 이하이고, 층수가 4개층 이하인 주택 중 원룸형 주택 및 기숙사형 주택을 제외한 주택을 말한다. 이 경우 2개 이상의 동을 지하주차장으로 연결하는 경우에는 각각의 동으로 보며, 지하주차장 면적은 바닥면적에서 제외한다. 또한 건축법에 따라 건축위원회의 심의를 받은 경우에는 주택으로 쓰는 층수를 5층까지 건축할 수 있다.

나. 원룸형 주택

공동주택인 아파트, 연립주택, 다세대주택의 형태에 해당하는 주택으로서 다음의 요건을 모두 갖춘 주택을 말한다.

① 세대별로 독립된 주거가 가능하도록 욕실, 부엌을 설치할 것
② 욕실을 제외한 부분을 하나의 공간으로 구성할 것
③ 세대별 주거전용면적은 12제곱미터 이상 50제곱미터 이하일 것
④ 각 세대는 지하층에 설치하지 아니할 것

따라서 주택용도로 사용되는 고시원은 원룸형 주택에 해당된다.

다. 기숙사형 주택

공동주택인 아파트, 연립주택, 다세대주택의 형태에 해당하는 주택으로서 다음의 요건을 모두 갖춘 주택을 말한다.

① 취사장, 세탁실, 휴게실을 공동으로 사용할 수 있는 구조일 것
② 세대별 주거전용면적은 7제곱미터 이상 30제곱미터 이하로 할 것
③ 각 세대는 지하층에 설치하지 아니할 것

(2) 국민주택

국민주택은 부가가치세가 면세된다. 국민주택은 주거전용면적이 85제곱미터(수도권 외의 지역은 100제곱미터) 이하를 말한다. 다세대주택(도시형생활주택)은 세대별 전용면적으로 판단하며, 다중주택은 단독주택에 해당되므로 전체면적으로 면세여부를 판단한다. 다가구주택은 가구당 전용면적으로 판단한다.

주택신축판매업자는 국민주택의 신축 및 매입시 매입세액은 불공제되며 매매시 면세된다. 국민주택규모 초과주택의 신축 및 매입시 매입세액은 공제되며 매매시 과세된다.

❺ 일시적 임대 후 매매시 소득구분

신축한 주택이 미분양되어 일시적으로 임대하다가 판매하는 경우에는 사업소득으로 본다. 다만, 5년 이상 임대하다가 판매한 경우에는 양도소득으로 본다.

소득구분	취득목적	임대기간	사업자등록	자산종류	양도빈도
주택신축판매	판 매	일시적	매매업(건설업)	재고자산	계속, 반복
양도소득	임 대	장기적	임대업	사업용고정자산	일시적

한편, 그 주택이 당해 사업(주택신축판매업)을 폐업함으로써 자가공급받은 주택에 해당하는 경우에는 거주자의 주택으로 본다. 이 경우 폐업한 날부터 주택으로 본다.

자가공급받은 주택이란 자기가 자기에게 판매한 것을 말한다. 따라서 폐업시 판매되지 아니한 재고주택을 가사용으로 사용소비하는 경우 그 사용소비하는 때의 가액에 해당하는 금액을 총수입금액에 산입하여 사업소득세를 납부하여야 하지만 폐업일이 속하는 연도의 총수입금액에 포함하지 않고 이를 처분하는 연도의 총수입금액에 산입하여 사업소득으로 과세한다. 다만, 폐업이후 주택으로 보유하다가 양도하는 경우 다른 부동산을 계속하여 거래한 적이 없다면 부동산매매업 사업소득세가 아니라 양도소득세로 신고·납부하여야 한다.

자기의 토지 위에 주택을 신축하여 분양할 목적으로 사업자등록을 한 사업자가 건축 중인 건물과 토지를 제3자에게 양도함으로써 발생한 소득은 사업소득 중 부동산매매업의 소득에 해당한다.

❻ 증여받은 토지를 주택신축판매업에 사용하는 경우 소득구분

특수관계 있는 자로부터 토지를 증여받은 거주자가 그 토지를 주택신축판매업에 사용한 경우 수증자의 사업소득(주택신축판매업)으로 과세되며, 양도소득의 부당행위계산부인 규정에 의하여 증여자가 직접 양도한 것으로 보아 양도소득세를 과세하지 않는다. 여기서 부당행위계산부인이란, 양도소득에 대한 소득세를 부당하게 감소시키기 위하여 특수관계자에게 자산을 증여한 후 그 자산을 증여받은 자가 그 증여일로부터 10년 이내에 다시 이를 타인에게 양도한 경우 증여자가 그 자산을 직접 양도한 것으로 보는 것을 말한다.

따라서 거주자의 사업소득금액을 계산함에 있어서 필요경비에 산입하는 당해 토지의 취득가액은 상속세및증여세법에 따라 평가한 증여재산가액에 증여당시의 취득세(등록세 포함) 및 그 부대비용을 합계한 금액으로 한다.

❼ 공동사업의 경우 지분이전에 따른 소득의 구분

(1) 부동산매매업을 공동으로 영위하다가 공동사업탈퇴(지분이전)로 자기지분을 양도하고 얻은 소득의 구분

상가신축판매 공동사업자 중 1인이 당해 공동사업장을 탈퇴하면서 자기지분을 다른 공동사업자에게 양도하고 얻은 소득은 공동사업장의 사업소득(부동산매매업)에 해당된다. 공동사업에 있어서 과세기간 중 그 구성원이 탈퇴하면서 나머지 공동사업자에게 자기지분을 양도하여 그 지분의 변동이 발생한 경우에는 변동시마다 공동사업자별 소득분배비율에 의하여 거주자별로 소득금액을 구분계산하여야 한다. 이 경우 출자지분의 반환은 부가가치세 과세대상이 아니며 신축판매업은 종합소득세, 사업용고정자산은 양도소득세 과세대상이 된다.

(2) 판매목적인 공동사업자의 출자지분에 따라 분할등기(공유물분할등기)하는 경우

공동사업자가 판매목적으로 상가건물을 신축하여 분양하고 미분양된 잔여 상가를 각 공동사업자가 출자지분 비율에 따라 분할등기하는 때에는 분할등기한 상가의 시가상당액을 분할등기한 사업연도의 공동사업장의 소득금액 계산에 있어서 총수입금액에 산입한다. 또한 분할등기한 시가에 부가가치세가 과세된다.

❽ 사업용 재고자산인 주택의 경우 주택수 포함여부

부동산매매업자가 보유하는 재고자산인 주택은 주택수 계산에 포함하지만 1세대 1주택 판정시에는 주거용 주택으로 보지 않는다. 따라서 부동산매매업자가 판매용 재고자산인 주택을 매매한 경우 사업소득을 계산할 때 보유한 다른 재고자산의 수 및 규제지역의 주택인지 여부등에 따라 중과세율을 적용받을 수 있다. 한편, 부동산매매업자가 재고자산이 아닌 주택을 매매하면서 1세대 1주택 비과세를 적용받는 경우에는 재고자산을 주택수에 포함하지 않는다.

주택신축판매업자가 재고자산을 판매하여 사업소득을 계산할 때는 보유한 다른 재고자산의 수 및 규제지역 여부와 관계없이 기본세율을 적용하여 계산한다. 또한 주택신축판매업자(건설업에 해당하는 경우)의 재고자산인 주택은 양도소득세 계산시 주택수의 계산에 포함되지 않는다.

다만, 주택신축판매업자의 재고자산 주택이라 할지라도 임대목적이 포함되어 있다면 주택수에 포함될 수 있다. 또한 지방세법상 취득세 등의 감면대상을 판단하는 경우에는 주택

수 계산시 주택수에 포함된다.

❾ 건설자금이자(금융비용자본화)

　　토지취득 및 주택 신축이 완료될 때까지 발생된 차입금의 이자를 건설자금이자라고 하며 재고자산은 건설자금이자가 자산원가에 포함되지 않고 사업용고정자산은 자산원가에 포함된다. 재고자산은 판매목적이므로 자산원가에 포함하여 매출원가로 비용에 반영하는 것과 즉시 이자비용으로 처리하는 것에 차이가 없기 때문이다. 다만, 취득세 과세표준에는 모두 포함된다.

　　일반기업회계에서는 재고자산에 대한 차입이자는 기간비용으로 처리함을 원칙으로 하되 유형자산, 무형자산, 투자부동산과 제조, 매입, 건설이 개시된 날로부터 의도된 용도로 사용하거나 판매할 수 있는 상태가 될 때까지 1년 이상의 기간이 소요되는 재고자산의 취득을 위한 자금에 대한 차입이자는 자산원가에 포함할 수 있다.

　　법인세법에서는 유형자산과 무형자산에 대해서만 건설자금이자를 자본화하도록 하고 있으므로 재고자산과 투자자산에 대하여는 자본화하지 않는다. 따라서 기업회계에 따라 재고자산이나 투자자산에서 발생한 금융비용을 자본화하여 회계처리한다면, 손금산입(△유보)로 세무조정 후 동 자산이 판매되는 시기에 손금불산입(유보)로 세무조정을 하게 된다.

📖 사례1

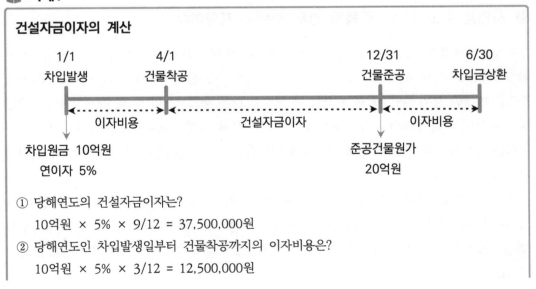

건설자금이자의 계산

1/1	4/1	12/31	6/30
차입발생	건물착공	건물준공	차입금상환

이자비용　　　　　　건설자금이자　　　　　이자비용

차입원금 10억원　　　　　　　　　　　준공건물원가
연이자 5%　　　　　　　　　　　　　　20억원

① 당해연도의 건설자금이자는?
　　10억원 × 5% × 9/12 = 37,500,000원
② 당해연도인 차입발생일부터 건물착공까지의 이자비용은?
　　10억원 × 5% × 3/12 = 12,500,000원

③ 부동산임대업자의 사업용고정자산에 해당하는 건물취득원가는?(취득세율 4% 가정)

공사원가	2,000,000,000원
건설자금이자	37,500,000원
취득세	81,500,000원 (2,037,500,000원×4%)
	2,119,000,000원

④ 신축판매업자의 재고자산에 해당하는 건물취득원가는?(취득세율 4% 가정)

공사원가	2,000,000,000원
취득세	81,500,000원 (2,037,500,000원×4%)
	2,081,500,000원

⑩ 신축 후 판매시의 부가가치세

매 매		임 대	
과 세	면 세	과 세	면 세
• 상가 등 건물 • 국민주택규모 초과분 주택	• 토지 • 국민주택규모 이내분 주택	• 토지 • 상가	• 주택
세금계산서	계산서	세금계산서	계산서

(1) 신축판매업자가 부동산임대업자에게 매매하는 경우

신축판매업자가 보유하고 있는 신축건물의 매매는 '재고자산'으로서 사업포괄양도·양수가 아니다. 따라서 재고자산의 매매시 신축판매업자가 세금계산서를 교부하고 부가가치세를 납부하여야 하며 매입하는 부동산임대업자는 세금계산서를 교부받고 부가가치세를 환급받는다.

부동산 임대업자의 매입부가가치세는 사업용고정자산의 취득으로서 조기환급의 대상이 된다. 조기환급이란 부가가치세 신고기한 후 15일 이내에 환급받을 수 있는 것을 말한다.

사업의 포괄 양도, 양수란 사업장별로 사업용 자산을 비롯한 인적시설 및 권리, 의무 등을 포괄적으로 승계하여 사업을 양도하는 것을 말한다. 즉, 사업의 동일성을 그대로 유지하면서 경영주체만 바뀌는 것을 의미한다. 포괄적 양도, 양수로 보면 재화의 공급으로 보지 아니하므로 부가가치세 부담이 없다.

(2) 부동산임대업자가 부동산임대업자에게 매매하는 경우

임대건물은 임대사업자체로서 사업에 관한 포괄양도·양수의 대상이다. 따라서 매도자와 매입자 모두 부가가치세에 관한 세금계산서를 교부하거나 교부받지 아니하고 사업포괄양수도에 의하여 신고할 수 있다.

(3) 부동산이 상가주택인 경우

매매대금을 토지와 상가건물, 주택건물로 구분하여야 한다. 토지와 건물의 실지구분이 통상의 거래관행에 따른 합리적인 가액인 경우 실거래가액으로 인정한다. 다만, 구분된 가액이 기준시가와 30% 이상 차이가 있는 경우에는 매매당시의 기준시가의 비율로 안분하여 구분한다. 건물에 대한 기준시가는 개별주택가격확인서의 연면적으로 계산하지 않고 건축물대장의 연면적을 기준으로 산정하여야 한다.

(4) 주택건설사업자의 영수증 발급

① 주거용건물 분양 – 분양계약서 + 영수증 발급
② 주거외 건물 분양 – 세금계산서서를 발급하여야 하며 미발급시 가산세가 부과된다. 주거용 오피스텔의 경우에도 부가가치세 과세대상에 해당된다. 따라서 매수인이 사업자이면 세금계산서를 발급하여야 한다.

⑪ 소득세의 계산

(1) 개인사업자의 성실신고 확인제도

주택신축판매사업자는 수입금액이 7.5억원 이상, 건물신축판매업(부동산매매업)은 15억원 이상인 사업자는 종합소득 신고시 사업소득의 적정성을 세무사 등에게 확인을 받아야 한다. 일정사유에 해당하는 경우에는 법인도 성실신고 확인을 하여야 한다.

1) 성실신고확인에 대한 지원

① 성실신고 확인비용의 60%를 세액공제한다. (한도 연 120만원, 법인은 연 150만원)
② 소득세 신고시 의료비 및 교육비 공제를 허용한다.
③ 종합소득세 신고기한을 5월말에서 6월말까지 1개월 연장한다.

2) 성실신고 확인의무 위반시 제재

① 산출세액의 5%를 성실신고 미확인 가산세로 부과한다.
② 세무조사 사유에 추가된다.

(2) 사업용계좌

개인사업자로서 복식부기대상자에 해당하는 경우에는 사업용계좌를 개설하여 신고하고 사업용계좌를 이용하여 사업관련 거래를 하여야 한다. 사업용계좌를 미개설하거나 미사용시 세무조사사유에 해당하고, 세법상의 각종 감면 적용을 배제하며, 미사용금액의 2/1,000에 해당하는 가산세를 부과한다.

(3) 전자세금계산서의 발행

개인사업자가 사업장별로 직전연도의 과세 및 면세수입금액의 합계액이 8천만원 이상인 경우(다음 연도 7월 31일부터 의무 발급)와 모든 법인은 재화와 용역을 공급할 때 전자세금계산서 및 전자계산서를 발행하여야 한다. 공급시기 후 매월 말일자로 작성 가능한 월합계전자세금계산서는 다음달 10일까지 발행하여야 하고 발행된 전자세금계산서는 국세청 이(e)세로에 다음달 11일까지 전송하여야 한다.

(4) 개인과 법인의 세부담비교

개인사업자와 법인사업자가 신축한 건물을 분양하여 같은 이익이 발생한 경우 납부세액의 세부담을 비교하여 보면 다음과 같다. 법인의 세부담이 개인보다 적지만 법인이 단기간 내에 많은 이익분배를 하는 경우에는 배당 및 급여 등에 대한 소득세 부담이 높아지므로 법인세 절세효과가 상쇄될 수 있다. 따라서 법인의 이익을 장기간에 걸쳐 분배하여야 법인세 절세효과가 극대화될 수 있다.

	20억매매시	
	개인 사업자	법인 사업자
분양수입		2,000,000,000
분양원가		1,600,000,000
토지원가	600,000,000	
건축비	900,000,000	
이자비용등	100,000,000	
일반경비		100,000,000
순이익		300,000,000
과세표준		300,000,000
세 율	38%	20%
납부세액	94,600,000	40,000,000

* 납부세액에 지방소득세 10%는 별도임.

** 개인사업자의 소득공제, 이월결손금 공제 및 세액공제 등은 없는 것으로 가정

*** 개인사업자의 다른 소득은 없는 것으로 가정

제2절 부동산매매업

❶ 부동산매매업과 재무제표

부동산매매업은 주택 외의 건물을 신축하여 판매하거나 건물(주택 및 주택 외의 건물)을 매입하여 판매하는 경우에 해당된다. 신축 후 판매하는 경우에는 건설업 공사원가의 흐름과 같다. 건축원가는 분양원가명세서에 보고되었다가 손익계산서에 분양원가로 처리된다. 반면, 매입 후 판매하는 경우에는 도소매업의 상품매입과 매출로 인식하는 흐름과 같다.

(1) 상가 및 오피스텔 등을 신축 후 판매하는 경우

도급계약에 의하여 건설공사를 수행하는 경우에는 계약금액에 해당되는 금액이 외주비 또는 외주공사비계정으로 분류된다. 도급계약에 의하여 외주공사를 하면서 원재료나 인건비를 일부 부담하는 경우에는 직접재료원가나 직접노무원가에 해당 금액이 표시된다.

직접공사를 수행하는 경우에는 발생된 원가를 직접재료원가, 직접노무원가, 기타공사원가로 분류하여야 한다. 결산시점에 공사가 진행중인 경우 당기에 투입된 총공사원가를 기말

미완성건물로 대체한다. 기말미완성건물은 기말원재료와 함께 재무상태표에 재고자산에 표시된다.

공사가 완료되면 당기완성건물로 인식하고 건물이 분양되면 손익계산서의 매출원가 (분양원가)항목으로 분류한다. 분양되지 않은 경우에는 재무상태표에 완성건물계정인 재고자산으로 표시한다.

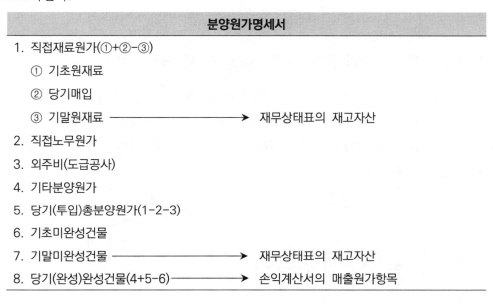

분양원가명세서

1. 직접재료원가(①+②-③)
    ① 기초원재료
    ② 당기매입
    ③ 기말원재료 ──────────────→ 재무상태표의 재고자산
2. 직접노무원가
3. 외주비(도급공사)
4. 기타분양원가
5. 당기(투입)총분양원가(1-2-3)
6. 기초미완성건물
7. 기말미완성건물 ──────────────→ 재무상태표의 재고자산
8. 당기(완성)완성건물(4+5-6)──────→ 손익계산서의 매출원가항목

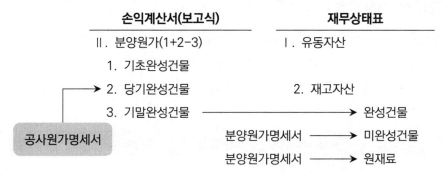

손익계산서(보고식)	재무상태표
Ⅱ. 분양원가(1+2-3)	Ⅰ. 유동자산
1. 기초완성건물	
2. 당기완성건물	2. 재고자산
3. 기말완성건물 ───────────→ 완성건물	
공사원가명세서	
분양원가명세서 ──────→ 미완성건물	
분양원가명세서 ──────→ 원재료	

(2) 주택 및 상가 등을 매입 후 판매하는 경우

기초주택(건물)과 당기매입주택(건물)을 가산한 판매가능재고에서 기말주택(건물)을 차감하면 판매된 상품(주택 및 건물)의 매출원가가 계산된다. 손익계산서의 기말재고자산은 재무상태표의 재고자산에 표시된다.

손익계산서(보고식)	재무상태표
II. 매출원가(1+2-3)	I. 유동자산
1. 기초주택(건물)	
2. 당기매입주택(건물)	2. 재고자산
3. 기말주택(건물) ──────────────→	주택(건물)

❷ 부동산매매업과 건설업(주택신축판매업)의 세법상 차이

부동산매매업은 주택 외의 건물을 신축하여 판매하거나 건물(주택 및 주택 외의 건물)을 매입하여 판매하는 경우에 해당되고 건설업은 주택을 신축하여 판매하는 경우에 해당된다. 다만, 주택신축판매업은 건설업으로 보기는 하지만 조세특례제한법의 중소기업특별세액감면 대상에는 해당되지 않는다.

	의 무	혜 택	부가세
건설업	X	중소기업 혜택 (접대비한도, 결손금소급공제, 최저한세율)	면세
부동산매매업	부동산매매차익 예정신고의무	X	과세

❸ 부동산매매업과 신축판매업 및 양도소득세 과세시 신고, 납부방법의 차이

주택신축판매업과 부동산매매업은 사업소득에 해당되며 다른 소득과 합산과세된다. 따라서 다른 소득의 유무에 따라 세부담에 차이가 발생하게 된다. 반면, 양도소득은 다른 소득유무와 상관없으나 주택의 양도로 인한 소득이 중과세 규정에 해당되는 경우에 세부담이 높아질 수 있다.

소득구분	사업성	부가가치세	(세금)계산서	매매차익 예정신고	4대보험
주택신축판매업	○	과세 및 면세	○	×	○
부동산매매업	○	과세 및 면세	○	○	○
양도소득	×	×	×	○	×

❹ 부동산매매차익 예정신고의무

(1) 예정신고와 확정신고의 비교

토지 등 부동산매매차익이 발생되는 경우 매매일이 속하는 달의 말일부터 2월 이내에 예정신고, 납부하여야 한다. 부동산매매업은 예정신고 후 다음연도 5월에 반드시 확정신고 도 하여야 하지만, 양도소득은 예정신고를 하면 확정신고의무(2건 이상 매매시 합산하여 정산하는 경우 등에는 있음)는 없다.

부동산매매업의 경우 예정신고시에는 양도소득세 계산방법에 따라 계산하고 확정신고시에는 종합소득세 계산방법에 따라 계산하여야 한다.

	매매업 예정신고	매매업 확정신고
양도가액	실거래가액	실거래가액
취득가액	실거래가액	실거래가액
자본적지출액	공제	공제
양도비용(중개수수료등)	공제	공제
공과금 등	공제	공제
일반관리비(인건비, 이자비용등)	배제	공제
장기보유공제	공제	배제
종합소득공제	배제	공제
세율	양도소득세율	종합소득세율

(2) 예정신고시 중과세율

다음에 해당하는 경우에는 양도소득 일반세율이 아닌 높은 중과세율이 적용되므로 세부담 이 높아질 수 있다. 다만, 단기보유에 따른 세율은 적용하지 않는다.

① 비사업용토지의 매매

② 미등기자산의 매매

③ 조정지역의 주택입주권의 매매

④ 조정지역의 주택의 매매

부동산매매업자의 부동산매매차익에 대한 예정신고산출세액은 다음과 같이 매매차익에 양도소득세율을 적용하여 계산한다.

> 부동산매매차익 예정신고 산출세액 = 매매차익 × 양도소득세율

부동산매매업자가 토지 등 매매차익 예정신고 · 납부시 토지 등 매매차익에 적용하는 세율은 단기보유시 적용하는 세율을 제외한 양도소득세율을 적용하며, 다음년도 종합소득세 확정신고기간에 해당연도의 부동산매매업소득 등에 대한 과세표준 확정신고 · 납부시에 종합소득세율을 적용하여 종합소득산출세액을 산출한 후 기납부된 세액을 정산하여 계산한다.

(3) 확정신고시 비교과세

비사업용토지, 미등기자산 및 조정지역의 주택입주권, 조정지역의 주택양도로 인한 부동산매매업 매매차익이 발생한 경우에는 확정신고시 비교과세를 통하여 양도소득 중과세율로 계산한 세액과 종합소득세율로 계산한 세액을 비교하여 큰 금액을 납부하여야 한다.

부동산매매업자의 부동산매매차익에 대한 종합소득 산출세액은 다음 중 많은 것으로 한다.

① 종합소득과세표준 × 기본세율

② {부동산매매차익×양도소득세율} + {(종합소득과세표준-부동산매매차익)×기본세율}

이 경우 ②에 적용되는 양도소득세율은 비사업용토지 및 미등기양도자산, 즉 일반세율이 아닌 중과세율을 적용한다. 또한 비사업용토지매매가 단기양도인 경우에는 단기양도에 따른 중과세율을 적용한다.

(4) 법인의 토지 등 양도소득에 대한 법인세

모든 법인(비영리법인뿐만 아니라 외국법인도 납세의무자에 해당된다)은 주택 및 주택을 취득할 수 있는 권리(조합입주권과 분양권), 비사업용토지를 양도하여 소득이 발생한 경우 토지 등 양도소득에 대한 법인세를 각 사업연도소득에 대한 법인세에 추가하여 납부하여야 한다.

주택 및 주택을 취득할 수 있는 권리(조합입주권과 분양권)를 양도한 경우에는 20%, 비사업용토지를 양도한 경우에는 10%를 곱하여 산출한 세액을 과세한다.

❺ 분양가액의 결정

(1) 법인 설립(상가 등을 신축 분양하는 경우)

과밀억제권역에서 법인을 설립하여 신축판매 및 부동산매매업을 영위하면서 사업용부동산을 취득하는 경우 취득세가 중과된다. 다만, 법인 설립 후 5년이 경과한 경우에는 중과가 배제된다.

(2) 용지 구입

건물과 토지를 함께 취득하여 토지만을 사용(건물을 철거)하는 경우 건물의 취득원가와 철거비용 등은 토지원가에 포함한다. 건물 취득에 대한 부가가치세는 토지구입에 대한 비용으로 매입세액불공제하고 토지원가에 포함한다. 이와 같이 건물과 토지를 함께 취득하여 건물을 철거하고 토지만을 사용하는 경우에는 사업의 포괄적 양도, 양수에 해당하지 않는다.

📖 사례2

구건물의 사용목적에 따른 회계처리

① ㈜분양은 오피스텔 신축목적으로 구건물 100,000,000원(부가가치세 별도)과 토지 200,000,000원을 취득하고 구건물 철거비용 10,000,000원(부가가치세 별도)을 현금 등으로 지급하였다.

(차) 용지	321,000,000	(대) 현금 등	321,000,000

```
* 구건물 100,000,000 + 10,000,000(부가세) =    110,000,000
  철거비 10,000,000 + 1,000,000(부가세) =        11,000,000
                                           121,000,000
  토지                                      200,000,000
                                           321,000,000
```

② ㈜분양은 오피스텔을 사용할 목적으로 건물 100,000,000원(부가가치세 별도)과 토지 200,000,000원을 취득하고 현금 등으로 지급하였다.

(차) 용지	200,000,000	(대) 현금 등	310,000,000
건물	100,000,000		
부가세대급금	10,000,000		

(3) 분양

① 분양가액의 결정

분양시 토지부분과 건물부분의 가액을 계약서에 구분표시하여야 한다. 구분표시된 토지와 건물의 가액이 합리적이지 않거나 구분이 불명확하여 기준시가 등으로 안분한 금액과 30%

이상 차이가 나는 경우에는 기준시가에 따라 산정하게 된다.

그러나 일반적으로 토지원가나 건축원가에 다음과 같이 분양이익을 가산하여 산정한 경우에는 합리적 계산방법에 따라 산출된 것으로서 정상가액으로 인정된다.

	원가	분양이익률(약30%)	순분양가	부가세	총분양가
토지	30	9	39		39
건물	70	21	91	9.1	100.1
	100	30	130	9.1	139.1

판매자 입장에서는 부가가치세 납부액이 중요하며, 취득자 입장에서는 토지 및 건물의 구분에 따라 건물분 부가가치세의 환급 및 건물 감가상각비의 계상에 차이가 발생하게 되므로 중요하다.

한편, 주택인 경우에 판매자 입장에서는 국민주택초과분의 부가가치세 납부액이 중요하며, 취득자 입장에서 토지 및 주택의 구분에 따라 주택분 취득세 중과세 여부 및 임대주택 감가상각비 계상에 차이가 발생하게 되므로 중요하다.

② 부가가치세법상 공급시기(세금계산서 발행시기)

상가 등의 분양은 부가가치세법상 중간지급조건부에 해당된다. 공급시기는 대가의 각 부분을 받기로 한 때이다.

분양계약이 해제(또는 해지)되는 경우에는 해제(지)일을 작성일자로 하여 수정세금계산서를 발급하여야 한다.

* 계약해제 - 처음부터 없었던 것으로 봄(소급효)
  계약해지 - 계속적 계약으로 장래를 향하여 효력이 상실되는 것

③ 소득세법상 소득귀속시기

상가 등의 분양은 예약매출로서 공사진행기준에 따라 익금과 손금으로 인식한다.

부가가치세법상 중간지급조건부에 따른 매출세금계산서 발행금액과 진행기준에 따른 익금인식금액이 차이가 나게 될 수 있으므로 세무조정의 대상이 된다.

④ 분양계약자

사업개시전에 분양계약서를 첨부하여 사업자등록을 하여야 한다. 공급시기가 끝난 후 20일 이내에 등록신청을 하는 경우 매입세액공제가 가능(일반과세자)하다. 사업자등록전 매입세액은 주민등록번호를 기재하여 세금계산서를 발급받아도 공제된다. 이 경우 사업용고정자산의 취득으로 부가가치세 조기환급 대상에 해당된다

분양시행업이란 부동산개발업을 의미한다. 즉, 토지를 매입하여 사업승인을 받고 건물을 건축하여 판매(분양)하는 것을 사업적으로 하는 사업자를 말한다. 신축판매업과 비슷하지만 분양시행은 규모가 크기 때문에 세무처리가 복잡해질 수 있어서 전문분야의 법인사업자인 경우가 많다.

법인사업자가 직접 건설활동을 수행하지 아니하고 건설업을 영위하는 다른 법인에게 도급을 주어 건물을 신축하여 분양 및 판매하는 산업활동은 건설업이 아닌 부동산매매업에 해당된다.

❶ 토지매입에 따른 세무처리

(1) 토지의 취득원가

토지는 분양시행사의 재고자산으로서 '용지'계정으로 처리하였다가 추후 건물분양시에 분양원가로 처리하게 된다. 토지의 가격구성은 매매로 인한 매입금액과 취득세등의 제세공과금의 합계액이고, 토지의 취득에 직접 발생된 부수비용과 간접비도 토지가격에 포함된다.

① 건축물과 함께 취득한 후 철거한 건축물의 관련비용

건축물이 있는 토지를 취득한 후 새로운 건축물을 짓기 위하여 기존건축물을 철거한 경우 건축물의 취득가액과 철거비용은 당해 토지의 원가에 포함한다.

② 토지매매에 따른 매도자의 양도소득세등을 시행사가 부담하는 경우

시행사가 토지를 매입하면서 양도자의 양도소득세상당액을 사전에 정하여 부담한 후 그 금액이 실제 납부한 세액에 미달하거나 초과하는 경우에도 추후 정산을 하지 않는 조건으로 매매계약을 체결한 경우에는 그 약정된 금액을 토지의 취득원가에 포함한다.

③ 법인에게 토지를 양수하면서 시행사가 세금을 부담하는 경우

법인이 토지를 양도함에 있어서 당해 토지를 양수한 자가 토지양도에 따른 법인세등을 대납하기로 하고 이를 대납하였을 경우, 토지의 양도가액 및 취득가액은 법인세등을 포함한 가액으로 한다.

④ 토지보상비

토지를 취득하기 위하여 지출한 토지수용보상금, 토지수용잔여지 가격감소보상금, 지급지연손해금, 수몰토지 및 지장물에 대한 보상금, 묘지이장에 따른 보상금등은 당해 토지에 취득원가에 포함한다.

⑤ 아파트진입도로 개설비의 부담부분

아파트를 건설하여 분양하는 경우 당해 아파트 진입도로 개설과 관련하여 법인이 지출한 금액은 당해 아파트의 건설원가에 포함한다.

⑥ 사업시행자 지정조건으로 지방자치단체에 기부채납한 토지

산업입지및개발에관한법률에 의하여 산업기지개발사업 시행자로 지정된 법인이 시행자 지정조건에 따라 개발구획 내의 토지의 일부를 지방자치단체에 도로부지로 기부채납한 경우에는 당해 토지가액을 기부채납 후 남아있는 잔존토지의 취득원가에 포함한다.

⑦ 개발부담금 및 취득세

공동주택 건설과 관련하여 법인이 부담한 개발부담금 및 취득세는 당해 공동주택의 건설원가로 계상하여야 한다. 개발부담금 대상사업자의 토지인 경우 토지소유자인 사업시행자는 사업개시일부터 사업종료일까지 발생된 개발이익의 25/100를 개발부담금으로 납부하여야 한다.

⑧ 할부이자상당액

주택건설업을 영위하는 법인이 할부조건으로 주택건설용지를 취득함에 있어 당초 계약서상의 지불약정일에 중도금을 미지급함으로써 추가로 지불하는 연체이자 및 보증수수료는 지출한 날이 속하는 사업연도의 경비에 산입하지만, 당초 할부계약조건에 따른 이자는 토지의 취득원가에 포함한다.

⑨ 토지매입에 따른 대출이자 및 대출수수료

토지의 취득에 차입금이 있는 경우 차입금에서 발생한 차입금이자 및 금융기관의 대출취급수수료등은 회계상 토지의 취득원가에 포함한다. 기업회계에서는 기업이 의도된 용도로 사용가능하거나 판매가능한 상태에 이르게 하는 데 상당한 기간이 필요한 자산을 적격자산이라고 정의하고, 적격자산에 해당하는 경우에는 금융비용을 취득원가에 가산하도록 하고 있다. 적격자산에는 재고자산, 제조설비자산, 무형자산, 투자부동산등이 모두 포함될 수 있다.

다만, 법인세법에서는 재고자산에 해당하는 토지는 이를 취득원가에 포함하지 않는다.

토지 취득이후에 지출되는 지급이자는 지출연도에 비용처리한다. 건설자금에 충당한 차입금의 이자라 함은 그 명목여하에 불구하고 사업용 고정자산의 매입, 제작 또는 건설에 소요되는 차입금에 대한 지급이자 또는 이와 유사한 성질의 지출금을 말한다고 규정하고 있어서 재고자산에 해당하는 용지의 취득과 관련된 지급이자는 취득원가에 산입되지 않는다. 회계상처리와 세무상처리가 다른 경우에는 법인결산시 세무조정하여야 한다.

⑩ 토지관련 용역비의 원가산입

법인이 토지를 보유하고 있는지 여부를 불문하고 사업타당성 조사를 하여 토지매입 여부를 결정하기 위한 사전평가 용역비를 지급한 경우 사업성이 있다고 판단하여 토지를 매입하는 경우 사전평가 용역비를 토지에 대한 매매계약을 하고 대금을 지급한 날이 속하는 사업연도의 토지원가에 산입한다. 사업성이 없는 것으로 판단하여 토지를 매입하지 않기로 결정한 때에는 사전평가 용역비를 사업성이 없는 것으로 판단하여 부지를 매입하지 않기로 결정한 날이 속하는 사업연도의 비용에 산입한다.

(2) 토지취득세의 계산

취득세의 과세표준이 되는 취득가격은 과세대상 물건의 취득시기를 기준으로 당해 물건을 취득하기 위하여 거래상대방 또는 제3자에게 지급하였거나 지급하여야 할 일체의 비용으로서 중개수수료, 설계비, 연체료, 할부이자 및 건설자금에 충당한 금액의 이자등 취득에 직접·간접비용(부가가치세는 제외, 법인이 아닌 자가 취득하는 경우에는 연체료 및 할부이자를 제외)을 포함하도록 하고 있으므로 위 ①~⑩를 포함하여 취득세를 산정하여야 한다.

비용으로 회계처리한 건설자금이자와 대출수수료도 취득세과세표준에 포함하여야 한다.

(3) 토지관련 부가가치세

다음과 같이 토지의 취득과 관련하여 부가가치세를 부담하고 세금계산서를 교부받았다고 하더라도 매입세액이 공제되지 않는다.

① 토지의 취득 및 형질변경, 공장부지 및 택지의 조성 등에 관련된 매입세액
② 건축물이 있는 토지를 취득하여 그 건축물을 철거하고 토지만을 사용하는 경우에 철거한 건축물의 취득 및 철거비용에 관련된 매입세액
③ 토지의 가치를 현실적으로 증가시켜 토지의 취득원가를 구성하는 비용에 관련된 매입세액

(4) 토지보유에 따른 재산세, 종합부동산세

시행사의 토지보유에 따라 매년 6월 1일을 기준으로 재산세를 당해연도 9월 16일부터 9월 30일까지 납부하여야 한다. 재산세의 납세의무자로서 종합합산대상 토지의 공시가격이 5억원을 초과(별도합산과세대상 토지의 경우 80억원 초과)하는 경우에는 매년 6월 1일을 기준으로 종합부동산세를 당해연도 12월 1일부터 12월 15일까지 납부하여야 한다.

① 개인 또는 법인이 보유하고 있던 재산세 과세대상 부동산을 6월 1일 이전에 양도하는 경우 양도한 부동산에 대한 재산세 및 종합부동산세의 납세의무가 없다.

② 개인 및 법인이 과세대상 부동산을 6월 2일 이후에 취득하는 경우 취득하는 연도에는 재산세 및 종합부동산세의 납세의무가 없다.

③ 과세기준일인 6월 1일 현재 재산세 과세대상물건의 소유권이 양도양수된 때에는 양수인을 당해연도의 납세의무자로 본다.

❷ 건축비에 관한 세무처리

건축이 진행되고 있는 경우 재고자산인 '미완성주택'계정으로 처리하고 완공되면 '완성주택'계정으로 대체처리한다. 완성주택계정은 건물이 분양되면 분양원가로 처리된다.

(1) 도급공사의 경우

시행자가 시공사를 선정하여 도급계약을 맺은 경우에는 공사진행률에 따라 도급금액의 일정부분만큼 재고자산 처리한다.

1) 건축물 취득원가

도급공사비를 포함하여 다음의 비용이 취득원가에 포함된다.

① 설계비, 감리비

② 건설자금이자

건축과 관련하여 차입한 이자로서 건축공사완료까지 발생한 지급이자는 건축물의 취득원가에 포함한다. 다만, 재고자산에 해당하는 건축물의 경우에는 당기 비용처리한다.

③ 각종 세금과 공과금

④ 광역교통시설부담금, 하수도원인자부담금, 기반시설부담금등

⑤ 견본주택손료

모델하우스를 운용하는 경우 모델하우스 건축비를 공사진행률에 따라 '견본주택'이라는 재고자산계정에서 '견본주택손료'로 대체 처리하여 건축물의 취득원가에 포함시킨다.

⑥ 부가가치세 매입세액불공제분

부가가치세를 부담하고 건축물이 면세사업과 관련하여 매입세액이 불공제된 경우 이를 세금과공과로 처리하고 건축물의 취득원가에 포함한다.

⑦ 기타 건축과 관련있는 비용

2) 건축물의 취득세계산

위 ①~⑦ 중 ③, ⑤, ⑥을 제외하고 취득세 과세표준에 포함한다.

3) 건축관련 부가가치세

상가건물 및 주택 중 전용면적 85㎡ 초과 부분에 대한 건축비의 부가가치세는 매입세액이 공제되나 주택 중 전용면적 85㎡ 이하 부분에 관한 건축비의 부가가치세는 면세로서 불공제된다. 과세부분과 면세부분이 같이 건축되는 경우 공통경비는 해당 분양수입금액의 비율로 안분계산하여 면세부분은 불공제하여야 한다.

4) 건축물 재산세 및 종합부동산세

주택의 경우 재산세 및 종합부동산세 과세대상이므로 납부의무를 진다. 과세기준일은 매년 6월 1일로 건물 및 주택의 1기분 재산세는 7월 16일부터 7월 31일까지, 토지 및 주택의 2기분 재산세는 9월 16일부터 9월 30일까지 납기이다.

공시가격이 6억원(1세대 1주택자의 경우 11억원)을 초과하는 경우에는 매년 6월 1일을 기준으로 종합부동산세를 당해연도 12월 1일부터 12월 15일까지 납부하여야 한다.

(2) 자영건설의 경우

건축비를 포함하여 위 1)의 경우와 같다. 다만 건축비의 산정은 자영건설하므로 원재료비, 노무비, 기타경비로 구분하여 증빙을 갖추어야 한다.

❸ (견본주택)모델하우스 세무처리

① 견본주택의 건축비

모델하우스 신축에 투입된 공사비는 재고자산인 '견본주택'계정으로 처리하였다가 해당 견본주택의 비용을 건물신축 공사기간의 공사진행률에 따라 기간별로 안분하여 공사원가에 반영한다.

② 분양을 위한 비용

견본주택을 건립하고 주택의 분양을 위하여 지출되는 분양경비등은 일반관리비, 광고선전비 등으로 비용처리한다.

③ 견본주택 운영경비

견본주택을 운영하기 위한 비용등은 건물분양을 위한 비용으로서 일반관리비에 해당된다.

④ 견본주택의 취득세 납세의무

모델하우스를 신축 취득한 자는 존치기간이 1년 이상인 경우 취득일(존치기간이 1년이 경과한 날)부터 60일 이내에 취득세를 자진납부하여야 한다.

⑤ 견본주택의 환수

분양이 완료되어 견본주택이 철거되는 경우 철거비는 일반경비 처리하고, 견본주택내에 장식품, 가구 등이 상품가치가 있어 회사가 추후 재사용하고자 할 경우 일반자산으로 대체 처리한다. 반면, 환수되는 자재가 상품가치가 없어 일반매각할 경우에는 잡이익 처리한다.

⑥ 모델하우스관련 손익인식 방법

원가에 산입한 모델하우스를 토지의 소유자에게 제공하고 그 대가를 수령하는 경우에는, 동 자산의 시가상당액을 법인의 수익에 가산한다.

❹ 분양수익관련 세무처리

건축물이 완공전에 분양되는 경우 분양수익은 공사진행률에 분양률을 곱하여 계산한다.

① 분양시 세금계산서 발행 여부

아파트를 건설하여 일반에게 분양하는 경우 영수증을 교부하며 분양받은 자가 사업자등록증을 제시하고 세금계산서(또는 계산서)의 교부를 요구하는 경우에는 세금계산서(또는 계산서)를 교부하여야 한다.

② 재화의 공급시기

건축물을 분양하는 경우 계약일부터 중도금 및 잔금까지의 기간이 일정기간 이상이어서 완성도기준지급조건부5) 또는 중간지급조건부6)로 공급하는 경우에 실제 대금 납부에 관계

---

5) 완성도기준지급조건부란 재화의 제작기간이 장기간을 요하는 경우와 같이 그 진행도 또는 완성도를 확인하여 그 비율만큼 대가를 지급하는 것을 말한다.

6) 중간지급조건부란 재화가 인도되기전(재화가 이용가능하게 되기 전, 용역의 제공이 완료되기 전)에 계약금 이외의 대가를 분할하여 지급하는 경우로서 계약금을 지급하기로 한 날부터 잔금을 지급하기로 한 날까지의 기

없이 계약서상 대금을 납부하기로 한 날이 재화의 공급시기이다. 따라서 부가가치세 과세기간내에 신고·납부하여야 한다. 취득세법상 연부취득에 해당하는 경우에 취득시기는 사실상 연부금 납부일이므로 연부금 납부일마다 취득세를 납부하여야 한다.

③ 약정일 이전 분양대금 납부시 일정금액을 차감하여 주는 경우

사업자가 중간지급조건부로 건설용역을 공급함에 있어 계약당사자간의 사전약정에 의해 중도금이나 완불금을 계약서상의 지급일 이전에 납부시 일정금액을 차감하여 준다는 내용을 계약서상에 명시하여 그 차감된 금액을 받기로 한 경우에는 그 차감된 금액(에누리)을 과세표준으로 하여 당해 금액을 수령하는 때에 세금계산서를 교부한다.

④ 수분양자의 임대수익 보장으로 1년간 임대료상당액을 차감한 분양가액

사업자가 상가를 신축하여 분양하는 과정에서 분양을 촉진하기 위하여 수분양자와 임대수익 보장확약을 체결하고 이에 따른 1년간의 임대료 상당액을 당해 상가 분양가액에서 차감하여 지급받는 거래에서, 당해 임대료 상당액이 매출에누리에 해당하는 경우에는 사업자의 상가분양 공급대가에 포함되지 않는다.

한편, 당해 임대료 상당액이 상가를 임차한 입점업체를 대신하여 수분양자에게 선불로 지급하는 임대료에 해당하는 경우에는 사업자의 상가분양 공급대가에 포함한다.

⑤ 분양계약 해제에 따른 손익 귀속시기

건물을 분양하면서 작업진행률에 따라 수익과 비용을 인식한 후 수분양자의 중도금 및 잔금의 연체 또는 계약당사자 간의 합의에 따라 분양계약이 해제되어 당초 작업진행률에 따라 계상한 수입금액이 계약해제로 인하여 확정된 수입금액과 차액이 발생된 경우에는 그 차액을 분양계약의 해제일이 속하는 사업연도의 수익과 원가에 반영한다.

⑥ 분양되는 주택을 동일인이 다른 주택으로 교체시

아파트를 신축·분양하는 법인이 분양한 주택에 대하여 분양받은 자의 요구에 의하여 주택의 동 호수를 변경하더라도 분양가액이 변동되지 않은 경우 법인의 소득금액 계산에 영향을 미치지 않는다.

계약자와 기존주택을 계약 해약하고 위약금을 받지 않고 동일 가격으로 재계약할 경우 법인이 당초 약정에 따른 위약금을 정당한 사유없이 회수하지 않은 경우 이를 기부금 또는 접대비로 하여 처리한다.

간이 6월 이상인 경우를 말한다.

⑦ 분양되는 주택을 제3자가 승계받는 경우

법인이 특수관계 없는 자와 부동산매매계약을 체결하고 계약금을 수령한 후 양수인의 사정으로 계약해지 사유가 발생하였으나, 부동산의 거래상황 등에 따라 계약을 해지하거나 위약금을 받지 않고 제3자에게 동 계약내용을 승계하도록 허용하는 경우로서, 위약금을 받지 않는 것이 타당하다고 인정되는 경우에는 접대비 또는 기부금으로 보지 않는다. 다만, 정당한 사유없이 위약금을 면제한 경우 당해 위약금상당액은 접대비 또는 기부금으로 본다.

⑧ 소송에 의하여 아파트 분양계약이 취소된 경우

아파트 분양수입에 대하여 작업진행률에 의해 계산한 수익과 비용으로 처리한 이후 소송이 확정되어 계약이 해제된 경우 분양수입과 분양원가를 계약의 해제일이 속하는 사업연도에 수익과 비용에 반영한다.

⑨ 신축중인 주택과 토지를 양도한 경우

자기의 토지위에 주택을 신축하여 분양할 목적으로 사업자등록을 한 사업자가 건축 중인 건물과 토지를 제3자에게 양도함으로써 발생한 소득은 사업소득 중 부동산매매업의 소득에 해당한다.

1. 부동산매매업은 부동산매매차익 예정신고 의무가 있다.

2. 주택외의 건물을 신축하여 판매하는 사업을 건물신축판매업이라고 하며 부동산매매업에 포함된다.

3. 판매목적의 건물이 국민주택에 해당되는 경우에도 부가가치세가 과세된다.

4. 개인의 경우 주택신축판매업 및 부동산매매업에 해당되는 사업목적의 판단은 사업자등록이 완료되면 사업성이 있는 것으로 판단한다.

5. 신축판매업자에 해당되는 경우에 다른 소득과 합산과세된다.

6. 신축판매업자가 건물을 신축하여 판매하기까지의 기간이 단기에 해당되는 경우에는 중과세율이 적용된다.

7. 신축판매업자자가 도급계약을 통하여 건물을 신축하는 경우에는 분양원가명세서에 외주비 또는 외주공사비계정 등으로 표시된다.

8. 주택신축판매업자의 판매목적 주택에 대한 공사가 완료된 경우 당기완성주택으로 인식한다.

9. 겸용주택이 주택에 부수되어 있는 다른 목적의 건물과 주택을 하나의 매매단위로 매매하는 경우로서 다른 목적의 건물면적이 주택면적보다 작은 경우 전체를 주택으로 본다.

10. 겸용주택이 주택에 부수되어 있는 다른 목적의 건물과 주택이 하나의 단위로 매매되어 전체를 주택으로 보는 경우에는 부가가치세가 과세되지 않는다.

11. 국민주택의 규모를 판단하는 경우에 다세대주택 및 다중주택은 세대별 전용면적으로 판단한다.

12. 신축한 주택이 미분양되어 일시적으로 임대하다가 판매하는 경우에는 사업소득으로 본다. 다만, 5년 이상 임대하다가 판매한 경우에는 양도소득으로 본다.

13. 주택신축판매업자(건설업에 해당하는 경우)의 재고자산인 주택은 양도소득세 계산시 주택수의 계산에 포함된다.

14. 재고자산은 건설자금이자가 자산원가에 포함되지 않고 사업용고정자산은 자산원가에 포함된다. 다만, 취득세 과세표준에는 모두 포함된다.

15. 신축판매업자가 보유하고 있는 신축건물의 매매가 사업포괄양도ㆍ양수요건이 충족되면 부가가치세가 과세되지 않는다.

16. 부동산매매업자가 부동산을 분양하는 경우 토지부분과 건물부분의 가액을 계약서에 구분표시하여야 한다. 일반적으로 토지원가나 건축원가에 분양이익을 가산하여 산정한다. 그러나 기준시가 등으로 안분한 금액과 20% 이상 차이가 나는 경우에는 기준시가에 따라 산정하게 된다.

17. 신축판매업자로부터 매입한 부동산임대업자의 매입부가가치세는 사업용고정자산의 취득으로서 조기환급의 대상이다.

18. 부동산임대업자가 부동산임대업자에게 매매하는 경우 임대건물은 사업에 관한 포괄양도ㆍ양수의 대상이다.

19. 주택신축판매사업자와 부동산매매업자는 수입금액이 15억원 이상인 경우 종합소득 신고시 사업소득의 적정성을 세무사 등에게 성실신고확인을 받아야 한다.

20. 법인의 경우에는 성실신고 확인을 받을 필요가 없다.

21. 개인사업자로서 성실신고 확인대상자에 해당하는 경우에는 사업용계좌를 개설하여 신고하여야 한다.

22. 개인사업자 및 법인은 직전연도의 수입금액이 3억원 이상인 경우에 재화와 용역을 공급할 때 전자세금계산서 및 전자계산서를 발행하여야 한다.

23. 부동산매매업자의 재무상태표에 표시되는 재고자산은 기말미완성주택이 포함된다.

24. 주택 및 상가 등을 매입하여 판매하는 부동산매매업의 경우에 기말재고자산에는 기말원재료 및 기말미완성주택(건물)이 표시된다.

25. 건설업에 해당되는 주택신축판매업은 중소기업에 대한 혜택을 받으며 특별히 부담하여야 하는 의무는 없다.

26. 부동산매매업의 경우 부동산매매차익을 예정신고하는 경우에 종합소득세율을 적용한다.

27. 부동산매매업의 부동산매매차익 예정신고후 확정신고시에 비교과세를 적용하므로 결과적으로 양도소득 중과세율이 적용될 수 있어 세부담이 높아질 수 있다.

28. 과밀억제권역에서 설립 후 5년이 지난 법인이 신축판매 및 부동산매매업을 영위하면서 사업용부동산을 취득하는 경우 취득세가 중과된다.

1. O
2. O
3. X 판매목적의 건물이 국민주택에 해당되는 경우에는 면세되고, 국민주택을 초과하는 규모에 해당되는 경우에만 부가가치세가 과세된다.
4. X 개인의 경우 주택신축판매업 및 부동산매매업에 해당되는 사업목적의 판단은 영리목적, 계속성, 반복성 등으로 판단한다.
5. O
6. X 신축판매업자가 건물을 신축하여 판매하기까지의 기간이 단기에 해당되는 경우에도 일반세율을 적용한다.
7. O
8. O
9. O
10. X 주택신축판매업의 경우에 겸용주택 전체를 주택으로 보는 경우에도 부가가치세법에서는 주택부분에 대하여 면세로 처리하고 주택 외의 부분은 부가가치세가 과세된다.
11. X 국민주택의 규모를 판단하는 경우에 다세대주택은 세대별 전용면적으로 판단하지만 다중주택은 단독주택에 해당되므로 전체면적으로 판단한다.
12. O
13. X 주택신축판매업자(건설업에 해당하는 경우)의 재고자산인 주택은 양도소득세 계산시 주택 수의 계산에 포함되지 않는다.
14. O
15. X 신축판매업자가 판매하는 재고자산은 사업포괄양도·양수 대상이 아니다.
16. X 기준시가 등으로 안분한 금액과 30% 이상 차이가 나는 경우에는 기준시가에 따라 산정하게 된다.
17. O
18. O
19. X 주택신축판매사업자는 수입금액이 7.5억원 이상, 건물신축판매업(부동산매 매업)은 15억원 이상인 사업자는 종합소득 신고시 사업소득의 적정성을 세무사 등에게 성실신고확인을 받아야 한다.
20. X 일정사유에 해당하는 경우에는 법인도 성실신고 확인을 하여야 한다.

21. X 개인사업자로서 복식부기대상자에 해당하는 경우에는 사업용계좌를 개설하여 신고하여야 한다.

22. X 개인사업자가 직전연도의 수입금액이 3억원 이상인 경우와 모든 법인은 재화와 용역을 공급할 때 전자세금계산서 및 전자계산서를 발행하여야 한다.

23. X 기말미완성주택은 주택신축판매업자의 재무상태표에 표시되는 재고자산에 포함된다.

24. X 주택 및 상가 등을 매입하여 판매하는 부동산매매업의 경우에 기말재고자산에는 매입한 주택 및 건물만 포함되므로 기말원재료, 기말미완성주택(건물) 등은 포함될 수 없다.

25. O

26. X 부동산매매업의 경우 예정신고시에는 양도소득세 계산방법에 따라 계산하고 확정신고시에는 종합소득세 계산방법에 따라 계산하여야 한다.

27. O

28. X 과밀억제권역에서 법인을 설립하여 신축판매 및 부동산매매업을 영위하면서 사업용부동산을 취득하는 경우 취득세가 중과된다. 법인 설립 후 5년이 경과한 경우에는 중과가 배제된다.

01 신축판매업의 사업성판단에 관한 설명 중 틀린 것은?

① 주택을 건설하여 판매하는 사업을 주택신축판매업(건설업)이라 한다.

② 신축판매업의 부동산은 상품(재고자산)으로 분류된다.

③ 건물신축판매업(부동산매매업)의 상가건물은 상품(재고자산)에 해당되지만 부가가치세는 과세되지 않는다.

④ 개인이 사업목적으로 건물을 신축하여 매매함으로써 발생한 소득에 대하여는 신축판매업인 사업소득세로 과세한다.

정답 ③

상가건물은 상품인 재고자산으로써 부가가치세 과세대상이다.

02 신축판매업의 사업성 판단에 따라 종합소득세로 과세되는 경우와 양도소득세로 과세되는 경우 세금계산방법의 차이에 대한 설명으로 틀린 것은?

① 종합과세되는 경우 다른 소득과 합산과세된다.

② 양도소득으로 과세되는 경우 분류과세된다.

③ 양도소득으로 과세되는 경우 장기보유(특별)공제의 혜택이 있다.

④ 단기매매시 종합소득으로 과세되는 경우에는 중과세율을 적용받는다.

정답 ④

단기매매시 종합소득으로 과세되는 경우에 일반세율을 적용받는다.

03 겸용주택에 관한 설명으로 틀린 것은?

① 겸용주택에 관한 규정은 주택임대시 부가가치세 면제여부, 1세대 1주택 판정시 비과세여부, 주택신축판매업 해당여부 판정시에 기준이 모두 다르다.

② 겸용주택이란 주택부분과 주택외의 부분이 같이 있는 건물을 말한다.

③ 주택과 다른 목적의 건물이 각각의 매매단위로 매매되는 경우로서 다른 목적의 건물 면적이 주택면적의 10% 이하인 경우 전체를 주택으로 본다.

④ 주택에 부수되어 있는 다른 목적의 건물과 주택을 하나의 매매단위로 매매하는 경우로서 다른 목적의 건물면적이 주택면적보다 작은 경우 전체를 주택으로 본 다.

🔍정답 ①

겸용주택에 관한 규정은 주택임대시 부가가치세 면제여부, 1세대 1주택 판정시 비과세여부, 주택신축판매업 해당여부 판정시에 모두 동일하게 적용된다.

04 신축판매업에서 일시적 임대 후 매매시 소득구분에 관한 설명으로 틀린 것은?

① 신축한 주택이 미분양되어 일시적으로 임대하다가 판매하는 경우에는 원칙적으로 사업소득에 해당된다.

② 3년 이상 임대하다가 판매한 경우에는 양도소득으로 본다.

③ 양도소득으로 과세되는 경우 해당 자산은 사업용고정자산으로 분류된다.

④ 양도소득에 해당되는 경우에는 임대를 목적으로 하는 취득이므로 임대기간이 장기간이다.

🔍정답 ②

5년 이상 임대하다가 판매한 경우에는 양도소득으로 본다.

05 일시적 임대 후 매매시 사업소득과 양도소득의 소득구분에 관한 설명으로 틀린 것은?

① 신축판매업은 해당 건물이 사업용고정자산이지만 양도소득은 재고자산이다.

② 신축판매업은 임대기간이 일시적이지만 양도소득은 장기적이다.

③ 신축판매업은 양도빈도가 계속, 반복적이지만 양도소득은 일시적이다.

④ 신축판매업은 취득목적이 판매이지만 양도소득은 임대이다.

Q정답 ①

신축판매업은 해당 건물이 재고자산이지만 양도소득은 사업용고정자산이다.

06 사업용 재고자산인 주택의 경우 주택수 포함여부에 관한 설명으로 틀린 것은?

① 부동산매매업자가 보유하는 재고자산인 주택은 주택 수 계산에 포함하지만 1세대1주택 판정시에는 주거용 주택으로 보지 않는다.

② 주택신축판매업자(건설업에 해당하는 경우)의 재고자산인 주택은 양도소득세 계산시 주택 수의 계산에 포함되지 않는다.

③ 주택신축판매업자의 재고자산 주택이라 할지라도 임대목적이 포함되어 있다면 주택 수에 포함될 수 있다.

④ 지방세법상 취득세 등의 감면대상을 판단하는 경우에는 지방세법상 주택 수 계산시 주택수에 포함되지 않는다.

Q정답 ④

지방세법상 취득세 등의 감면대상을 판단하는 경우에는 지방세법상 주택 수 계산시 주택수에 포함된다.

07 건설자금이자(금융비용자본화)에 대한 설명으로 틀린 것은?

① 토지취득 및 주택 신축이 완료될 때까지 발생된 차입금의 이자를 건설자금이자라고 한다.

② 재고자산에 해당되는 경우 건설자금이자가 자산원가에 포함되지 않는다.

③ 사업용고정자산에 해당되는 경우 건설자금이자가 자산원가에 포함된다.

④ 건설자금이자는 재고자산의 취득세 과세표준에 포함되지 않는다.

Q정답 ④

건설자금이자는 재고자산의 취득세 과세표준에 포함된다.

08 신축판매업의 신축 후 임대 및 판매시 부가가치세 처리에 관한 설명으로 틀린 것은?

① 상가건물 매매시 부가가치세가 과세된다.

② 국민주택규모 초과분 주택의 매매시 부가가치세가 면세된다.

③ 토지 매매시 부가가치세가 면세된다.

④ 토지 임대시 부가가치세가 과세된다.

🔍정답 ②

주택신축판매업자가 국민주택규모 초과분 주택을 매매하는 경우 부가가치세가 과세된다.

09 신축판매업의 신축 후 판매시 부가가치세 처리에 관한 설명으로 틀린 것은?

① 신축판매업자가 보유하고 있는 신축건물의 매매는 재고자산으로서 사업포괄양도양수가 아니다.

② 재고자산의 매매시 신축판매업자가 세금계산서를 교부하고 부가가치세를 납부하여야 하며 매입하는 부동산임대업자는 세금계산서를 교부받고 부가가치세를 환급받는다.

③ 부동산 임대업자의 매입부가가치세는 조기환급의 대상이 되므로 신고기한 후 30일 이내에 환급받을 수 있다.

④ 사업의 포괄 양도, 양수란 사업장별로 사업용 자산을 비롯한 인적시설 및 권리, 의무 등을 포괄적으로 승계하여 사업을 양도하는 것을 말한다.

🔍정답 ③

부동산 임대업자의 매입부가가치세는 조기환급의 대상이 되므로 신고기한 후 15일 이내에 환급받을 수 있다.

10 다음 중 주택신축판매업과 관련이 없는 것은?

① 사업성의 인정　　　　② 부가가치세 과세

③ 예정신고의무　　　　④ 4대보험납부의무

🔍정답 ③

주택신축판매업은 예정신고의무가 없다.

11 부동산매매업과 신축판매업 및 양도소득세 과세시 신고, 납부방법의 차이에 관한 설명으로 틀린 것은?

① 주택신축판매업의 경우 부동산매매차익 예정신고의무가 있다.
② 사업성이 없는 경우에는 양도소득세가 과세된다.
③ 부동산매매업의 경우 부동산매매차익 예정신고의무가 있다.
④ 사업성이 있는 것으로 판단되는 경우에는 부가가치세가 과세될 수 있다.

🔍정답 ①

주택신축판매업의 경우에는 부동산매매차익 예정신고의무가 없다.

12 부동산매매업의 예정신고와 확정신고의 차이에 관한 설명으로 틀린 것은?

① 예정신고시 일반관리비는 공제되지 않는다.
② 예정신고시 장기보유공제가 적용되지만 확정신고시에는 적용되지 않는다.
③ 확정신고시 종합소득공제가 적용된다.
④ 예정신고와 확정신고시 모두 종합소득세율이 적용된다.

🔍정답 ④

예정신고에는 양도소득세율이 적용된다.

13 부동산매매업과 양도소득세 과세방법에 대한 설명으로 틀린 것은?

① 부동산매매업과 양도소득세 모두 매매일이 속하는 달의 말일부터 2월 이내에 예정신고, 납부하여야 한다.
② 부동산매매업의 경우 예정신고 후 다음연도 5월에 반드시 확정신고를 하여야 한다.
③ 양도소득세 과세의 경우 예정신고 후 2건 이상의 매매에 대한 정산을 하는 경우에는 다음연도 5월에 확정신고를 하여야 한다.
④ 부동산매매업의 경우 예정신고시에는 종합소득세 계산방법으로 신고, 납부하여야 한다.

🔍정답 ④

부동산매매업의 경우 예정신고시에는 양도소득세 계산방법으로 신고, 납부하여야 한다.

14 국민주택에 관한 설명으로 틀린 것은?

① 국민주택은 주거전용면적이 85㎡(수도권 외 지역은 100㎡) 이하를 말한다.

② 다중주택은 가구당 전용면적으로 판단한다.

③ 다세대주택은 세대별 전용면적으로 판단한다.

④ 다가구주택은 가구당 전용면적으로 판단한다.

🔍정답 ②

다중주택은 단독주택에 해당되므로 전체면적으로 판단한다.

15 신축판매업의 소득세 계산에 관한 설명으로 틀린 것은?

① 같은 소득이라면 법인이 개인보다 세부담이 많다.

② 개인사업자가 복식부기대상자에 해당하는 경우에는 사업용계좌를 개설 및 신고하여야 한다.

③ 개인사업자가 직전연도의 수입금액이 3억원 이상인 경우에는 전자세금계산서를 발행하여야 한다.

④ 주택신축판매 개인사업자는 수입금액이 7.5억 이상인 경우에 성실신고확인을 받아야 한다.

🔍정답 ①

같은 소득이라면 법인의 법인세가 개인의 종합소득세보다 세부담이 적다. 그러나 법인이 단기간 내에 많은 이익분배를 하는 경우에는 배당 및 급여 등에 대한 소득세 부담이 높아지므로 법인세 절세효과가 상쇄될 수 있다. 따라서 법인의 이익을 장기간에 걸쳐 분배하여야 법인세 절세효과가 극대화될 수 있다.

16 신축판매와 관련된 단계별 세무에 관한 설명으로 틀린 것은?

① 상가 등 신축 분양을 위하여 법인을 설립하여 사업용부동산을 취득하는 경우 취득세가 중과세될 수 있다.

② 상가 등 신축 분양을 위하여 설립된 법인이 3년이 경과된 후 사업용부동산을 취득하는 경우 취득세가 중과가 배제된다.

③ 분양가액은 일반적으로 토지원가나 건축원가에 분양이익을 가산하여 산정한다.

④ 분양수익은 부가가치세법상 공급시기와 소득세법상 인식시기에 차이가 날 수 있다.

🔍정답 ②

상가 등 신축 분양을 위하여 설립된 법인이 5년이 경과된 후 사업용부동산을 취득하는 경우 취득세가 중과가 배제된다.

제4장
부동산임대업

IV 부동산임대업

제1절 임대용자산의 취득

❶ 취득원가의 결정

(1) 매입하는 경우

매매계약서의 매입가액에 부대비용(취득세, 중개수수료 등)을 가산하여 결정한다.

취득원가는 토지와 건물로 구분하여 유형자산으로 계상한다. 건물은 감가상각대상 자산에 해당되므로 기중에 감가상각비를 계상한 경우에는 임대소득계산시 필요경비로 인정된다. 반면, 감가상각 후 양도하는 경우 감가상각누계액을 차감한 장부금액을 취득금액으로 계산하여 양도소득세를 계산하게 된다. 복식부기대상자는 회계상 감가상각비를 계상하여야 하지만 세무상 감가상각하지 않고 처분시에 매입가액 전액을 취득금액으로 계산하여 양도소득세를 계산하는 경우도 있다.

토지와 건물을 일괄구입하여 그 가액이 구분되지 않을 때는 공정가액(기준시가 등)으로 안분한다.

📖 사례1

취득자산의 구분

임대목적으로 다음의 부동산을 취득함.

① 매매계약서의 금액 : 1,000,000,000원

　취득세 등 : 46,000,000원

　중개수수료 : 5,000,000원

② 기준시가

　토지 개별공시지가 : 400,000,000원

　건물 기준시가 : 300,000,000원

③ 안분계산

　토지 : 1,051,000,000원 × (4억원/7억원) = 600,571,429원

　건물 : 1,051,000,000원 × (3억원/7억원) = 450,428,571원

④ 회계처리

(차) 토지	600,571,429	(대) 현금 등	1,051,000,000
건물	450,428,571		

(2) 신축하는 경우

토지를 구입하여 건물을 신축하는 경우 건물의 신축공사원가를 취득원가로 한다. 구건물을 취득하여 철거하고 새로운 건물을 신축하는 경우에 구건물의 취득가액과 철거비용 및 부가가치세 등은 토지의 취득원가로 계산한다.

재무상태표

Ⅰ. 유동자산

Ⅱ. 비유동자산

　1. 유형자산

　　① 토지

　　② 건물

(3) 부동산의 취득과 지방세

부동산의 취득이란 매매, 신축, 상속, 증여, 교환 등에 의하여 유상 또는 무상으로 취득하는 것을 말한다. 부동산을 취득하는 경우에는 취득세 및 지방교육세와 농어촌특별세를 신고 · 납부하여야 한다.

1) 취득세

부동산임대업을 위한 토지 및 건축물의 취득은 취득세 과세대상에 해당되므로 취득한 날로부터 60일 이내에 신고 · 납부하여야 한다. 다만, 상속의 경우는 상속개시일의 말일부터 6개월, 납세자가 외국에 주소를 둔 경우에는 9개월 이내에 신고 · 납부하여야 한다.

취득 당시 실거래가액을 과세표준으로 보아 표준세율을 적용한다. 표준세율은 지방자치단체의 장이 표준세율의 50% 범위에서 가감이 가능하다.

취득원인		세 율
상 속		2.8%(농지 2.3%)
증 여		3.5%
원시취득		2.8%
공유물분할		2.3%
위 외의 원인	일반적인 부동산	4%(농지 3%)
	유상취득하는 주택의 경우 (1주택자 및 비조정지역 2주택 취득자)	• 6억원 이하 1% • 6억원 초과 9억원 이하 구간별 1~3% • 9억원 초과 3%

2) 취득세 중과세

① 유상취득하는 주택의 경우

조정지역 2주택 취득자와 비조정지역 3주택 취득자는 8%의 세율을 적용하고, 조정지역 3주택 이상 취득자와 비조정지역 4주택이상 취득자 및 법인이 취득하는 주택에 대하여는 12%의 세율이 적용된다.

다만, 공시가격 1억원 미만의 주택, 가정어린이집, 노인복지주택, 농어촌주택, 공공지원민 간임대주택, 공공매입임대주택, 사원임대용주택 등에 대하여 중과세율을 적용하지 않는다.

② 조정지역주택을 증여하는 경우

증여자가 조정대상지역 내 다주택자로서 3주택 이상자가 시가표준액 3억원 이상에 해당 하는 주택을 증여하는 경우 수증자에게 6%의 세율을 적용한다. 다만, 1세대 1주택자가 배우자 및 직계존비속에게 증여하는 경우에는 중과세율을 적용하지 않는다.

③ 과밀억제권역 안 부동산 취득의 경우

법인이 과밀억제권역 안에서 본점 또는 주사무소의 사업용부동산을 취득하는 경우와 공장 을 신설 또는 증설하기 위하여 사업용 과세물건을 취득하는 경우 취득세율은 표준세율에 4%(중과기준세율 2%×2배)를 가산하여 과세한다.

본점 또는 주사무소의 사업용부동산이란 본점 또는 주사무소의 사무소로 사용하는 부동산 과 그 부대시설용 부동산(기숙사, 합숙소, 사택, 연수시설, 체육시설 등 복지후생시설 등은 제외)을 말한다. 따라서 지점이나 분사무소 또는 사무소용이 아닌 영업장, 판매장, 점포 및 분양용 부동산은 중과세 대상에 해당하지 않는다.

공장의 신설 또는 증설과 관련하여 중과세 대상이 되는 공장이란 지방세법 시행규칙 별표 2에 규정된 일정 업종의 공장으로서 생산설비를 갖춘 건축물의 연면적이 500제곱미터 이상인 것을 말한다. 공장의 증설이란 건축물 연면적의 20% 이상을 증설하거나 건축물 연면적 330제곱미터를 초과하여 증설하는 경우를 말한다.

과밀억제권역은 수도권정비계획법 제6조의 규정에 의한 지역[7]을 말한다.

④ 대도시내 법인신설 등의 경우

대도시에서 법인을 설립하거나 지점 또는 분사무소를 설치하는 경우 및 법인의 본점, 주사무소, 지점, 분사무소를 대도시로 전입함에 따라 대도시의 부동산을 취득하는 경우 취득세율은 표준세율의 3배에서 4%(중과기준세율 2%×2배)를 차감한 세율을 적용한다.

중과세 대상이 되는 부동산의 취득이란 본점, 주사무소, 지점, 분사무소의 용도로 직접 사용하기 위한 부동산과 법인 설립 및 전입 이후 5년 이내에 업무용, 비업무용 또는 사업용, 비사업용의 모든 부동산을 대상으로 한다. 따라서 법인 설립 및 전입 이후 5년 이후에 취득하는 부동산은 중과세 대상이 아니다.

대도시에서 설립 후 5년이 경과한 법인이 다른 기존법인과 합병하는 경우 및 분할등기일 현재 5년 이상 계속하여 사업을 한 대도시의 내국법인이 법인의 분할로 법인을 설립하는 경우에는 중과세 대상으로 보지 않는다.

대도시란 수도권정비계획법 제6조 규정에 의한 과밀억제권역을 말한다.

⑤ 사치성 재산을 취득하는 경우

개인 또는 법인이 별장, 골프장, 고급주택, 고급오락장, 고급선박의 사치성 재산을 취득하는 경우 취득세율은 표준세율에 8%(중과기준세율 2%×4배)를 더한 세율을 적용한다.

별장이란 주거용 건축물로서 늘 주거용으로 사용하지 않고 휴양, 피서, 놀이 등의 용도로 사용하는 건축물과 부속토지를 말한다. 다만, 읍, 면에 있는 농어촌주택(건축물의 가액이 6천 500만원 이내, 대지면적이 660㎡ 이내이고, 건축물의 연면적이 150㎡ 이내인 것)은 제외한다.

고급주택이란 건축물의 연면적이 331㎡를 초과하는 주거용 건축물이거나 대지면적이 662㎡를 초과하는 주거용 건축물 또는 적재하중 200킬로그램을 초과하는 엘리베이터가 설치된 주거용 건축물, 에스컬레이터 또는 67㎡ 이상의 수영장 중 1개 이상의 시설이 설치된 주거용 건축물을 말한다.

고급오락장이란 카지노장, 슬롯머신 등 자동도박기를 설치한 장소, 유흥주점업장을 말한다. 고급선박이란 비업무용 자가용 선박으로서 시가표준액이 3억원을 초과하는 선박을 말한다.

---

7) 서울특별시, 인천광역시(강화군, 옹진군 등 일부지역 제외), 의정부시, 구리시, 남양주시(호평동, 평내동 등 일부지역만 해당), 하남시, 고양시, 수원시, 성남시, 안양시, 부천시, 광명시, 과천시, 의왕시, 군포시, 시흥시(반월특수지역은 제외)

⑥ 과점주주의 간주취득의 경우

개인 또는 법인이 다른 비상장법인의 주식을 50% 초과하여 취득함으로써 과점주주가 된 경우 과점주주가 된 시점에 다른 법인이 소유하고 있었던 취득세 과세대상 물건에 대하여 과점주주의 지분율만큼 간주취득세를 신고ㆍ납부하여야 한다. 간주취득세는 법인의 최초 설립시에는 적용하지 않으며 회사가 존속 중에 증자나 매매 등으로 지분이 변경된 경우에만 적용한다.

3) 지방교육세와 농어촌특별세

취득세가 부과되는 경우 지방교육세와 농어촌특별세를 취득세에 부가하여 신고ㆍ납부하여야 한다. 지방교육세는 취득세의 10%~30%를 부담하며 농어촌특별세는 취득세의 20%를 부담한다. 다만, 지방교육세는 전용면적 85㎡ 이하의 국민주택 등에 대하여 비과세된다.

❷ 사업자등록

부동산임대업은 부동산등기부상의 소재지가 사업장이므로 사업장마다 과세사업자등록 (사업장별과세원칙, 일반과세자 or 간이과세자)을 하여야 한다. 다만, 주택임대등록을 하는 경우에는 업무총괄장소인 주소지에서 면세사업자등록을 할 수 있다.

	일반과세자	간이과세자
세금계산서발행 여부	가능	불가능(일부가능)
(조기, 일반)환급	가능	불가능
부가가세 부담률	10%	1.5%~4%

❸ 주택임대업 등록

(1) 주택임대 사업자등록

2주택이상 소유자가 1주택이상을 임대하는 경우 세무서에 사업자등록을 하여 주택임대소득에 대한 소득세를 신고, 납부하여야 한다. 사업자등록을 신청하지 않는 경우에는 주택임대수입금액의 0.2%를 가산세로 물어야 한다.

(2) 주택임대업등록

주택임대사업자는 취득세 및 재산세, 종합부동산세, 양도시에 세금감면 등을 위하여 지자체에 주택임대등록을 별도로 할 수 있다. 10년 이상 장기임대등록을 하여야 하며 5% 이상

임대료인상 규정, 임차인변경신고, 보증금에 대한 보증보험의 가입, 10년 임대기간 전에 매매하거나 임대등록을 말소하는 등 위반사항이 있는 경우에는 감면받은 세액을 납부하고, 과태료를 부담할 수 있다.

10년의 임대의무기간이 완화된 단기(6년) 등록임대가 재도입될 예정이다.

제2절 임대용자산의 보유 및 운용

❶ 부동산임대소득

→ 소득분류 (종합과세, 분리과세, 분류과세)에 따라 과세방법이 상이하다.

부동산임대소득이란 부동산임대업에서 발생한 소득으로서 사업소득에 속한다. 다음의 비과세 임대소득(1개 이하 주택의 임대소득)을 제외한 소득에 대하여는 임대료수입금액과 간주임대료를 합산한 총수입금액에서 필요경비를 차감한 임대소득을 사업소득으로 신고, 납부하여야 한다.

다만, 1개 이하의 주택임대소득 과세여부는 본인과 배우자가 각각 주택을 소유하는 경우 이를 합산하여 주택수를 판단한다. 다가구주택도 1개의 주택으로 보되, 구분등기된 경우에는 각각을 1개의 주택으로 본다.

주택임대소득 판단을 위한 주택수의 계산은 다음과 같다.

구 분	내 용
다가구주택	단독주택으로 보되, 구분등기된 경우에는 각각 1주택으로 본다.
공동소유주택	지분이 가장 큰 자의 소유로 보되 지분이 동일한 경우에는 각각의 주택으로 본다.
배우자소유주택	배우자와 생계를 같이 하는지 여부와 관계없이 합산한다.
임차한 주택을 재임대하는의 경우	임차 또는 전세받은 주택을 재임대 또는 전전세하는 경우에는 해당 임차 또는 전세받은 주택은 본인의 주택으로 본다.

또한, 주택과 그 부수토지를 동일세대원이 아닌 자가 각각 소유하고 있는 경우 해당 주택의 소유자는 건물소유자를 기준으로 판단하는 것으로서, 그 부수토지의 소유자는 주택을 소유한 것으로 보지 않는다. 건축물의 토지소유자와 건축물의 소유자가 다른 경우 해당 부동산을 양도하여 토지소유자의 양도소득을 계산할 때 재산세 종합합산과세대상에 해당하는 기간은 비사업용 토지로 본다.

1개의 주택이 기준시가 12억원을 초과하는 고가주택인 경우에는 임대소득에 대하여 무조건 과세한다. 양도소득세 비과세대상에서 제외되는 고가주택은 양도당시의 실지거래가액이 12억원을 초과하는 주택이다. 반면, 임대소득은 고가주택을 보유하는 중에 발생한 소득이기 때문에 양도가액이 없으므로 기준시가로 판정한다.

회 계		부동산임대소득
수 익	⟶	총 수 입 금 액
비 용	⟶	필 요 경 비
이 익	⟶	부동산임대소득

(1) 총수입금액의 계산

부동산임대의 총수입금액은 다음의 금액을 합산한 금액으로 한다.
① 월세 수입금액
② 임대보증금 및 전세금의 운용수입에 대한 간주임대료

간주임대료란 임대업자가 받은 전세금 및 보증금을 은행에 예금했을 때 얻을 수 있는 예상수익을 임대수입금액으로 포함하는 것을 말한다. 간주임대료는 보증금 등을 임대업자가 예금 등 자산을 운용할 경우 얻을 수 있는 예상수익이고 실제로 전세금 등을 운용하여 금융기관에서 받은 금융수익은 임대소득으로 과세하지 않아도 금융소득으로 과세하게 되므로 간주임대료 계산시에 차감하게 된다.

주택임대 보증금에 대하여는 간주임대료를 계산하지 않지만 3주택 이상 소유자의 전세보증금 합계액이 3억원이 초과하는 경우에는 간주임대료를 수입금액에 포함한다.

토지임대사업자가 토지를 임대하는 경우에는 부가가치세법 및 소득세법상 간주임대료를 계산하지 않는다.

주택외 건물에 대한 간주임대료에 대한 부가가치세는 임대인이 부담하는 것으로 세금계산서를 발행할 수 없으며 소득계산시 필요경비 또는 손금에 산입한다. 다만, 임차인이 부담하기로 약정한 경우에는 임차인의 필요경비(세금과공과)로 처리한다.

(2) 간주임대료의 계산

1) 주택 외의 건물에 대한 간주임대료

장부기장에 의하여 계산하는 경우에는 보증금에서 건물의 취득원가를 차감한 금액에 연이자율을 곱하여 계산한다.

여기서, 임대용부동산의 건설비상당액은 당해 건축물(토지가액 제외)의 취득가액을 말하며, 자본적 지출액을 포함한다. 정기예금이자율은 국세청장이 정하는 연이자율을 말한다. 임대사업부분에서 발생한 이자, 배당금의 금융수익을 차감하는 이유는 실제 받은 금융소득은 이자소득과 배당소득으로 과세되기 때문에 사업소득에서 차감하는 것이다.

> 간주임대료 = [보증금 - 건물취득원가] × 임대일수/365(윤년은 366) × 정기예금이자율
> 　　　　　 - 임대사업부분에서 발생한 금융수익

* 비교, 부가가치세법의 간주임대료와 부가가치세

　간주임대료 = 보증금 × 임대일수/과세기간일수 × 정기예금이자율

　간주임대료의 부가가치세 = 간주임대료 × 10%,

　간주임대료에 대한 부가가치세는 세금과공과로 필요경비 처리한다.

 사례2

부동산(주택 외의 건물)임대업을 주업으로 하는 부동산임대 사업자의 간주임대료수입금액의 계산

〈자료〉 과세기간 1.1~12.31

① 사무실을 8월 2일, 50,000,000원에 취득하여 12월 31일까지 150일간 임대하였다.

② 임대보증금수령액은 150,000,000원이고 월세는 3,000,000원이다.

③ 임대사업부분에서 발생한 금융수익은 800,000원이다.

④ 정기예금이자율은 5%이다.

간주임대료수입금액 = (150,000,000원 - 50,000,000원) × 5% × 150일/365일 - 800,000원
　　　　　　　　　 = 1,254,790원

　비교, 부가가치세법의 간주임대료와 부가가치세(임대기간 1년 가정)
　1기확정 간주임대료 = 150,000,000원 × 5% × 181일/365 = 3,719,170원
　간주임대료에 대한 부가가치세 371,910원
　2기확정 간주임대료 = 150,000,000원 × 5% × 184일/365 = 3,780,820원
　간주임대료에 대한 부가가치세 378,080원

---

2) 주택에 대한 간주임대료

주택에 대한 일반적인 경우의 간주임대료는 3억원을 초과하는 금액의 60%만을 대상으로 연이자율을 곱하여 계산한다.

간주임대료 = [(보증금 – 3억원) ×60%] × 임대일수/365(윤년은 366) × 정기예금이자율 – 임대사업부분에서 발생한 금융수익

📚 사례3

부동산(주택)임대업을 주업으로 하는 주택임대 사업자의 간주임대료수입금액(3주택 이상자로서 간주임대료 계산대상임)의 계산

〈자료〉 과세기간 1.1~12.31

① 주택 임대보증금수령액은 800,000,000원이고 월세 총수입금액은 20,000,000원이다.

② 전년도부터 임대해오고 있으며 당해과세기간의 임대기간은 365일이다.

③ 임대사업부분에서 발생한 금융수익은 8,500,000원이다.

④ 정기예금이자율은 5%이다.

간주임대료수입금액 = [(800,000,000원 – 300,000,000원) × 60%] × 5% × 365일/365일
                    – 8,500,000원
                  = 6,500,000원

(3) 필요경비의 계산

부동산임대업의 필요경비는 다음의 금액으로 한다.

① 토지 및 건축물의 재산세

② 토지 및 건축물 중 주택의 종합부동산세

③ 건축물에 대한 교통유발부담금

　　교통혼잡을 완화하기 위하여 원인자 부담 원칙에 따라 일정규모 이상의 시설물 소유자에게 매년 10월에 부과된다. 연면적 1,000㎡(읍,면지역은 3,000㎡) 이상 시설물 중 개인 소유지분면적이 160㎡ 이상인 경우 매년 8월 1일부터 다음연도 7월 31일까지 부과대상 기간으로 한다. 소유면적에 단위부담금과 교통유발계수를 곱하여 산정한 금액을 부과하며 매년 10월 16일부터 10월 31일까지 납부기간으로 한다.

⑤ 건축물의 관리비 및 인건비와 수선비, 소모품비

⑥ 건축물의 간주임대료에 대한 부가가치세

　　임차인으로부터 거래징수 되지 않은 간주임대료에 대한 부가가치세는 임대인이 부담하게 되는 것이므로 세금과공과 등 필요경비에 산입된다.

⑦ 건축물에 대한 화재보험료

⑧ 중개수수료와 임대홍보를 위한 광고선전비

⑨ 건축물 및 시설장치에 대한 감가상각비

⑩ 차입금에 대한 이자비용

⑪ 차량운반구에 관련된 비용

부동산임대업에서 차량운반구에 관련된 비용은 업무와 관련성이 높지 않다고 본다. 차량감가상각비, 리스료, 보험료, 자동차세, 수선비, 유대 등은 부동산임대업무와 관련성이 있는 경우 계상할 수 있다. 복식부기 대상자인 경우에는 전용보험과 운행일지작성 유무에 따라 인정되는 필요경비의 범위가 결정된다.

❷ 겸용주택 임대시 부가가치세

겸용주택에 관한 규정 중 주택에 부수되어 있는 다른 목적의 건물과 주택을 1인의 임차인에게 임대하는 경우로서, 주택부분과 주택외의 부분은 다음과 같이 판단한다. 주택은 면세되고 주택외의 부분은 과세된다.

구 분	건 물	부수토지
주택면적 〉사업용 건물면적	전부를 주택으로 봄	전부를 주택부수토지로 봄
주택면적 ≤ 사업용 건물면적	사업용 건물부분은 주택으로 보지 않음	총토지면적을 건물면적비율로 안분하여 계산

❸ 부동산임대 소득에 대한 결손금의 처리

(1) 일반사업소득의 결손금

일반사업소득의 결손금은 다른 소득과 상계된다.

(2) 부동산임대소득의 결손금

부동산임대소득은 사업소득에 해당되지만 결손금에 대하여 다르게 처리된다.

주택임대소득에 대한 결손금은 일반사업소득의 결손금과 같이 다른 소득과 상계되지만 상가 등의 임대소득에 대한 결손금은 상가 등의 임대소득에 대해서만 상계된다. 이월결손금 공제도 또한 같다.

❹ 주택의 실질적 분류

(1) 오피스텔

오피스텔을 임대하는 경우로서 그 건물이 상시 주거용(사업을 위한 주거용의 경우는 제외)으로 사용되는 때에는 주택임대업에 해당한다. 이때 주택이라 함은 공부상 용도에 관계없이 사실상 주거용으로 사용하는 건물을 말하는 것으로 오피스텔이 주택에 해당하는지 여부는 사실관계를 확인하여 판단하여야 한다.

(2) 고시원

고시원을 임대하는 경우에 있어서 1실의 크기가 통상 고시원보다 크고 화장실, 욕실, 싱크대를 갖추고 있으며, 월단위 사용료를 받는 것이 아니고 주택임대차계약과 유사하게 월세, 전세보증금, 관리비를 받고 있어 실제용도를 주택으로 볼 수 있는 경우에는 근린생활시설이 아닌 주택으로 본다.

(3) 생활형숙박시설

'서비스 레지던스(Service residence, 호텔식 주거시스템. 이하 '레지던스')'방식으로 운용되는 건출물이 단기숙박시설 기준인 30일 이내로 계약하고 숙박시설과 비품 등을 갖춘 형태로 운영되는 경우라면 '임대용 주거시설이 아닌 숙박용 숙박시설'에 해당된다. 그러나 년단위 주택임대차계약을 맺고 임대보증금과 월세 및 관리비의 지출, 주택에 부수되는 에어컨, 세탁기 등 옵션 등이 부가되어 주택으로 사용되어지는 경우에는 주택으로 본다.

따라서 서비스레지던스가 건축물대장에 근린생활시설로 등재되어 있는 경우라도 실질적인 사용용도에 따라 주택 또는 근린생활시설로 판단하여 세무처리하여야 한다.

(4) 실질과세원칙에 따른 판단

고시원(생활형숙박시설, 오피스텔) 등을 주택으로 임대하는 경우에는 임대수입은 면세되나, 부동산매매시에는 주택수에 포함되기 때문에 양도세가 중과세될 수 있다. 고시원 등을 과세사업에 사용할 경우에는 월수입에 부가세를 납부해야 하고 현금영수증을 발행해야 한다. 고시원 등인지 주택인지 여부는 취사시설 유무 등으로 사실 판단하므로 여러 사항들을 고려하여야 한다.

1) 주택으로 보는 경우

장 점	• 월수입에 대하여 부가가치세 면세, 현금영수증 발행해야 하는 번거로움이 없음. • 공부상 근린생활시설이기 때문에 종합부동산세도 과세되지 않음.
단 점	주택수에 포함되므로 본인의 다른 주택을 매매하거나, 해당 건물(다세대주택으로 간주됨)을 매매하는 경우에는 조정지역여부, 주택수에 따라서 장기보유배제, 기본세율에 20~30%를 가산하는 등 중과세되어 많은 세금을 부담해야 함.
판 단 근 거	• 전입세대가 있고 구성원이 가족단위로 구성됨. • 주택 임대차계약이 체결됨 - 전세계약 및 월세계약 → 세입자의 월세세액공제대상임. • 주거용 전기, 수도로 되어 있음. • 건축물대장에 위반건축물로 등재되어 벌금납부 가능성 높음. • 부동산-주택임대로 사업자등록, 면세수입으로 신고
대 책	• 장기간 보유하면서 임대하고, 주택의 매매가 예정되어 있지 않은 경우 • 조정지역(투기지역)이 해제 또는 해제예정되어 중과세가 배제되는 경우

2) 고시원(생활형숙박시설) 등으로 보는 경우

장 점	고시원(생활형숙박시설)등을 본래 용도대로 사용하는 경우에는 근린생활시설이므로 주택에 해당되지 않고, 부동산 매매시 주택수와는 관련이 없으므로 양도소득세 중과세 대상이 아님.
단 점	• 월수입에 대하여 부가가치세가 과세되며 현금영수증을 발행해야 하는 번거로움이 발생함. • 현금영수증 미발행시 수입금액의 10%(미가입 1%, 발행거부 5%)가산세 부과, 부가세 추징
판 단 근 거	• 각 방마다 취사시설 등이 없이 공동취사시설로 되어 있어야 함. • 전입세대가 있어도 구성원이 없이 단독으로 구성됨. • 소방시설점검(소방필증)을 받아야 함. 근린생활시설용 전기, 수도 • 주택임대차계약이 아니라 보증금 없이 월단위로 숙박료 등을 수취함. • 서비스-고시원업으로 사업자등록, 과세수입으로 부가세납부 및 신고
대 책	본인 거주용 주택이나 해당 건물의 매매가 예정되어 있거나, 추후 매매할 의사가 있는 경우로서 양도세 중과세를 피해야 하는 경우

❺ 주택임대소득의 분리과세

연간 월세수입이 2,000만원 이하인 경우 종합소득에 합산하는 방식과 14%의 단일세율로 분리과세하는 방식을 선택할 수 있다.

> 분리과세 세액 = {수입금액 × (1-필요경비율) - 공제금액} × 14%

* 필요경비율, 임대등록자 60%, 미등록자 50%
  공제금액, 임대등록자 400만원, 미등록자 200만원

❻ 보유에 따른 자산의 가치

(1) 물리적 가치-감가상각

사업용고정자산의 물리적 가치의 감소분을 감가상각의 방법으로 계산한다. 그러나 물리적 가치의 감소분을 금전으로 측정하는 것은 불가능하기 때문에 합리적 방법으로 추정하여 계산하게 된다. 취득원가를 경제적 수명(내용연수)에 대하여 정액법 및 정률법등의 방법으로 상각하게 된다. 건물의 경우 세법에서는 정액법(내용연수 40년)으로 상각하는 것을 원칙으로 한다. 토지는 감가상각의 대상이 아니다.

정액법은 (취득원가-잔존가치)를 매년 동일한 금액으로 상각하는 방법이고, 정률법은 상각년도의 장부금액(취득원가-감가상각누계액)을 매년 동일한 상각률로 상각하는 방법이다.

👤 사례4

> **정액법의 감가상각비**
>
> 20×1년 1월 1일에 기계장치를 10,000원에 취득하였다. 추정잔존가치 1,000원, 추정내용연수는 3년이다. 매년도의 감가상각비와 감가상각누계액을 계산하시오.
>
> $$매년도의\ 감가상각비 = \frac{9,000원(10,000\ -1,000)}{3년} = 3,000원$$
>
> 〈매년도 회계처리〉
>
> (차) 감가상각비　　　　　　　　3,000　　(대) 감가상각누계액　　　　　　3,000

사례5

정률법의 감가상각비

20×1년 1월 1일에 기계장치를 10,000원에 취득하였다. 추정잔존가치 1,000원, 추정내용연수는 5년이다. 매년도의 감가상각률은 0.369인 경우 감가상각비와 감가상각누계액을 계산하시오. 정률법에 의한 매년의 상각표를 작성하면 다음과 같다.

연도	기초장부금액 a	감가상각률 b	감가상각비 c=a×b	감가상각누계액 d	기말장부금액 e=a-c
1	10,000	0.369	3,690	3,690	6,310
2	6,310	0.369	2,328	6,018	3,982
3	3,982	0.369	1,469	7,487	2,513
4	2,513	0.369	927	8,414	1,586
5	1,586	0.369	586[*]	9,000	1,000
			9,000		

* 잔존가치가 1,000원이 되도록 단수 조정

1) 세법상 한도

감가상각방법이나 내용연수에 대하여 미리 신고하지 않는 경우 건물은 내용연수 40년(철근콘크리트구조), 정액법으로 상각하여 한도액을 결정한다. 건물 외의 경우 내용연수 5년, 정률법으로 상각하도록 하고 있다.

감가상각은 현금지출이 없는 비용으로서 결산조정 사항이다. 결산조정은 회계상 장부에 비용으로 반영한 경우에만 한도초과 여부를 판단하여 세무조정하는 것을 말하므로 결산시 절세효과, 차입금 규모 및 재무구조를 고려하여 감가상각비 계상 여부를 결정할 수 있다.

감가상각비를 계상하는 경우 내용연수는 기준내용연수에 25%(특례내용연수가 적용되는 경우 50%)를 가감하여 신고한 내용연수를 적용할 수 있다. 기중에 감가상각을 많이 하여 절세를 원하는 경우에는 짧은 내용연수로 신고하고, 장기간 감가상각하기를 원하는 경우에는 긴 내용연수로 신고할 수 있다.

감가상각방법과 내용연수의 신고와 변경신고는 다음과 같이 하여야 한다. 그러나 감가상각방법과 내용연수를 변경하여 적용하고자 하는 경우에는 아래에 정해진 사유만 해당하므로 변경이 쉽지 않다. 따라서 최초 신고시에 합리적으로 판단하여 신고하는 것이 좋다.

1. 감가상각방법의 신고
   ① 신설법인 : 그 영업을 개시한 날
   ② 기중에 구분을 달리하는 감가상각자산을 새로 취득한 경우 : 그 취득한 날

2. 감가상각방법의 변경신고
   다음 사유에 해당하는 경우 변경할 상각방법을 적용하고자 하는 사업연도의 종료일까지 신고하고 관할세무서장의 승인을 얻어야 한다.
   ① 해외시장의 경기변동 또는 경제적 여건의 변동으로 인하여 종전의 상각방법을 변경할 필요가 있을 때
   ② 회계정책의 변경에 따라 결산상각방법이 변경된 경우
   ③ 상각방법이 서로 다른 법인이 합병, 사업인수를 한 경우

3. 내용연수의 신고
   ① 신설법인 : 그 영업을 개시한 날
   ② 기중에 기준내용연수가 다른 감가상각자산을 새로 취득한 경우 : 그 취득한 날

4. 특례내용연수 변경신고
   다음 사유에 해당하는 경우에는 관할지방국세청장의 승인을 받아 특례내용연수를 적용하거나 기준내용연수에서 특례내용연수로 변경할 수 있다.
   ① 사업장의 특성으로 자산의 부식·마모 및 훼손의 정도가 현저한 경우
   ② 새로운 생산기술 및 신제품의 개발·보급으로 기존 생산설비의 가속상각이 필요한 경우
   ③ 영업개시 후 3년이 경과한 법인으로서 해당 사업연도의 생산설비의 가동률이 직전 3개 사업연도의 평균가동률보다 현저히 증가한 경우
   ④ 경제적 여건의 변동으로 조업을 중단하거나 생산설비의 가동률이 감소한 경우

   특례내용연수를 적용받고자 하는 경우 변경할 내용연수를 적용하고자 하는 사업연도의 종료일까지 신청하여야 한다.

5. 내용연수의 변경신고
   신고내용연수를 적용받는 감가상각자산에 대한 기준내용연수가 변경된 경우 승인신청을 변경할 내용연수를 적용하고자 하는 사업연도의 종료일까지 신청하여야 한다.

회계상 감가상각액이 세법상 감가상각을 초과하는 경우 그 초과된 상각부인액은 손금불산입(유보)하여 세무조정한다. 상각부인액은 사후관리하다가 다음에 해당하는 경우 다시 손금산입(△유보)하여 추인한다.

① 시인부족액이 발생하는 경우

회계상 감가상각액이 세법상 상각범위액에 미달하게 될 경우 그 미달되는 금액을 시인부족액이라 한다. 상각부인액이 발생한 그 후의 사업연도에 시인부족액이 발생하는 경우에는 시인부족액을 한도로 상각부인액을 손금에 산입한다.

전기 이전에 상각부인액이 없고 당기에 시인부족액이 발생한 경우 세무조정은 없다. 감가상각은 결산조정 사항이므로 시인부족액을 신고조정으로 손금에 산입할 수 없기 때문이다.

② 해당 감가상각자산을 양도하는 경우

상각부인액이 있는 자산을 양도한 경우에는 회계상 처분손익과 세무상 처분손익의 차이를 조정하기 위하여(회계상 감가상각누계액에는 상각부인액도 포함되어 있기 때문이다) 상각부인액을 전액 손금(△유보)으로 추인한다.

양도소득세 계산 대상이 되는 건물의 양도에 따라 상각부인액을 전액 손금 추인하는 경우 임대사업소득의 필요경비에 산입되는 금액은 양도소득세 계산시 취득가액에서 제외하여야 한다.

또한 사업연도 중에 매각할 경우 매각한 날까지 월할로 계산한 감가상각비를 반영하여야 하지만 감가상각비를 계상하지 않아도 유형자산처분손익에 반영되어 당기순이익에 영향을 미치지 않으므로 법인세법에서는 계산의 편의상 양도자산에 대한 감가상각비 시부인계산을 하지 않도록 규정하고 있다.

📖 사례6

감가상각비 시부인계산

1. 다음은 한건물씨의 건물 감가상각에 관한 자료이다. 과세기간이 20×1.1.1~ 12.31일 때 세무조정을 하시오.

자산명	건 축 물		
	주차장(철골조)	창고(연와조)	관리실(경량철골조)
전기 상각부인액 누계	10,000	7,000	△5,000
당기 상각범위액	30,000	12,000	7,000
당기 감가상각비	35,000	10,000	5,000

* 철골조 : 여러 가지 단면으로 된 철골과 강판을 조립하여 리벳(강철판 등의 금속재료를 영구적으로 결합하는 데 사용되는 막대 모양의 기계요소)으로 조이거나 용접한 구조

연와조 : 외벽 전체면적의 3/4 이상이 연와(불에 구운 벽돌로 쌓아 축조한 구조) 또는 이와 유사한 벽돌로 축조된 구조를 말한다.

경량철골조 : 비교적 살이 엷은 형강(압연해서 만든 단면이 ㄴ,ㄷ,H,I 원추형 등의 일정한 모양을 이루고 있는 구조용 강철 또는 알루미늄재)을 사용하여 꾸민 건축물의 구조를 말한다.

20×1년 말 감가상각비 계상

(차) 감가상각비(주차장)	35,000	(대) 감가상각누계액	50,000
감가상각비(창고)	10,000		
감가상각비(관리실)	5,000		

(손금불산입) 감가상각비(주차장) 한도초과　5,000 (유보)

(손금산입)　감가상각비(창고) 시인부족액　2,000 (△유보)

* 창고에 대한 당기 감가상각비 시인부족액 2,000원을 한도로 전기까지의 상각부인액을 손금 추인한다.
** 관리실에 대한 당기 감가상각비는 시인부족액이 발생하였으며, 전기까지 상각부인액도 없으므로 세무조정은 없다.

2. 한건물씨의 건물 중 주차장(철골조)을 20×2년 5월 15일에 매각하였다. 20×1년 말까지의 상각부인액의 누계액은 15,000원이다.

(손금산입) 전기까지의 상각부인액 15,000 (△유보)

* 매각연도에 전기까지의 상각부인액을 전액 손금(△유보)으로 추인한다. 또한, 매각한 날까지 감가상각비를 계상하지 않아도 유형자산처분손익에 반영되어 당기순이익에 영향을 미치지 않으므로 계산의 편의상 양도자산에 대한 감가상각비 시부인계산을 하지 않는다.
** 손금산입한 전기까지의 상각부인액은 당기의 임대소득에 대한 소득금액 계산시 필요경비에 반영하고, 건물에 대한 처분이익은 양도소득세 신고대상이므로 감가상각누계액을 제외한 장부금액을 취득금액으로 계산한다.

2) 즉시상각의제

감가상각자산(사업용고정자산)을 취득하기 위하여 지출한 금액(건설자금이자 등)과 감가상각자산에 대한 자본적지출(수선비 등)에 해당하는 금액을 손비로 계상한 경우에는 이를 감가상각비로 계상한 것으로 보아 상각범위액을 계산하여 시부인한다. 이를 즉시상각의제라 한다.

다만, 자본적지출에 해당하는 수선비 중 지출한 금액이 600만원 미만이거나 장부금액의 5%에 미달하는 경우에는 자본적지출에 포함하지 않고 전액 당기의 손비로 인정한다.

자산의 취득금액이 거래단위별로 100만원 이하인 감가상각자산에 대해서는 취득한 사업연도의 손비로 계상한 경우에 당기의 손비로 인정한다.

사례7

건설자금이자의 과소계상

다음은 ㈜티에스의 건물 취득과 감가상각에 관한 자료이다. 20×2년의 감가상각비 시부인계산을 하시오.

회사는 본사용 건물을 20×1년 초에 착공하여 20×2년 6월말에 준공되었다. 건물의 도급공사원가는 10억원이다.

20×2년 건물에 대한 건설자금이자는 10,000,000원이고 회사는 이를 전액 이자비용으로 처리하였다.

20×2년의 감가상각비로 12,500,000원을 계상하였다.

건물의 내용연수는 40년, 정액법으로 감가상각하였다.

* 20×2년의 회계처리

(차) 감가상각비(본사)	12,500,000	(대) 감가상각누계액	12,500,000
(차) 이자비용	10,000,000	(대) 보통예금	10,000,000

* 20×2년의 상각부인액의 계산

① 회사계상 감가상각비

12,500,000(감가상각비) + 10,000,000(즉시상각의제) = 22,500,000

② 상각범위액

[1,000,000,000(건설원가) + 10,000,000(건설자금이자)] × 1/40년 × 6/12월 = 12,625,000

③ 상각부인액

22,500,000 - 12,625,000 = 9,875,000

(손금불산입) 건물 상각부인액   9,875,000 (유보)

 사례8

자본적지출의 비용계상

다음은 ㈜티에스의 시설장치에 대한 감가상각 관련 자료이다. 20×2년의 감가상각비 시부인계산을 하시오.

회사는 1억원에 취득한 시설장치에 대하여 20×2년 10,000,000원의 수선비를 지출하고 당기 비용으로 처리하였다. 전기까지의 상각누계액은 15,000,000원이었다.

회사가 계상한 시설장치에 대한 20×2년의 감가상각비는 40,000,000원이었다.

시설장치에 대하여 정률법으로 상각하며 상각률은 0.451이다.

20×2년의 회계처리

(차) 수선비	10,000,000	(대) 현금 등	10,000,000

| (차) 감가상각비 | 40,000,000 | (대) 감가상각누계액 | 40,000,000 |

- 회사계상 상각액

  10,000,000(수선비,즉시상각의제) + 40,000,000(감가상각비) = 50,000,000

- 상각범위액

  [100,000,000(취득원가) - 15,000,000(상각누계액) + 10,000,000(즉시상각의제)] × 0.451

  = 42,845,000

- 상각부인액

  50,000,000 - 42,845,000 = 7,155,000

  (손금불산입) 시설장치 상각부인액　　　　　7,155,000 (유보)

(2) 자산의 경제적 가치

자산의 물리적 가치는 매년도 감소하지만 경제적 가치는 증가하는 경우가 많다. 자산의 경제적 가치가 취득원가보다 높아진 경우 '자산평가이익'으로 회계처리하지만 세법에서는 자산의 평가이익에 대하여는 과세하지 않으므로 인정하지 않는다. 세법은 실현이익에 대하여 과세하는 것이고, 자산평가이익은 미실현이익이기 때문이다. 따라서 기업회계에 따라 평가이익을 계상한 경우 익금산입(기타), 손금산입(△유보)의 세무조정을 하여야 한다. 이러한 세무조정에 관한 설명은 제2장 제4절에 설명되어 있다.

🔖 사례9

자산평가이익의 회계처리와 세무조정

20×1년 초, 토지를 1,000,000원에 취득하였다. 20×1년말, 공정가치가 1,100,000원이었다.

| 20×1년 초 | (차) 토지 | 1,000,000 | (대) 현금 | 1,000,000 |
| 20×1년 말 | (차) 토지 | 100,000 | (대) 자산평가이익 | 100.000 |

　(익금산입)　　자산평가이익　　　　　　100,000 (기타)

　(손금산입)　　토지　　　　　　　　　100,000 (△유보)

❼ 재산세

토지 및 건물과 주택은 재산세 과세대상이다. 매년 6월 1일을 기준으로 재산의 소유자에게 부과된다. 재산세의 납부기한은 다음과 같다.

과세대상	납부기한
건 물	7월 16일 ~ 7월 31일
주 택	7월 16일 ~ 7월 31일 : 세액의 1/2 9월 16일 ~ 9월 30일 : 세액의 1/2
토 지	9월 16일 ~ 9월 30일

(1) 토지에 대한 재산세

토지(주택부수토지는 주택으로 과세되므로 제외)를 보유하면서 임대하는 경우 본인이 소유한 전국의 토지를 합산하는 별도합산과세방식 및 종합합산과세방식과 해당 토지만 과세하는 분리과세방식으로 재산세를 부과한다. 별도합산과세방식은 건축물이 있는 토지에 낮은 세율로 과세하는 방법이며 종합합산과세방식은 토지를 비효율적으로 사용하는 토지에 대하여 높은 세율로 과세하는 방법이다.

① 분리과세대상 토지

분리과세대상 토지는 0.07%로 과세하는 전, 답, 과수원, 목장용지, 임야와 0.4%로 과세하는 공장용 토지 등 낮은 세율로 과세하는 토지 및 골프장, 고급오락장 등 사치성재산에 4%의 높은 세율로 과세하는 토지가 해당된다.

② 별도합산 과세대상 토지

별도합산 과세대상 토지는 과세기준일 현재 건축물이 있는 부속토지에 과세한다. 건축물의 부속토지란 건축물 바닥면적에 다음의 용도지역별로 3배에서 7배를 곱하여 산정한 면적을 초과하지 않으면서 효율적으로 사용되는 토지를 말한다.

용도지역		적용배율
도시지역	전용주거지역	5배
	준주거지역, 상업지역	3배
	일반주거지역, 공업지역	4배
	녹지지역	7배
	미계획지역	4배
도시지역외의 용도지역		7배

주거지역은 거주의 안녕과 건전한 생활환경의 보호를 위하여 필요한 지역을 말하며 전용주거지역, 준주거지역, 일반주거지역으로 구분한다.

전용주거지역은 국토의 계획 및 이용에 관한 법률의 규정에 의한 주거지역에서 세분된 용도지역의 하나로서 양호한 주거환경 보호를 위해 지정하며 단독주택 중심의 제1종 전용주거지역과 공동주택 중심의 제2종 전용주거지역으로 구분된다.

준주거지역은 주거 기능을 주로 갖되 상업적 기능의 보완이 필요한 주거지역의 하나를 말한다. 주거지역은 전용 및 일반, 준주거지역 중 상업적 성격이 가장 강하다.

일반주거지역은 주거지역 중 시민이 일상생활을 하는 주택이 주로 밀집해 있는 지역으로, 편리한 주거환경을 조성하기 위해 지정되는 지역이다. 제1종 일반주거지역은 저층주택 중심의 편리한 주거환경이 필요한 지역으로, 4층 이하 주택이 여기에 해당한다. 제2종은 7층 또는 12층 이하의 중층주택 중심의 편리한 주거환경이 필요한 지역이다. 제3종은 층수에 제한이 없고, 도시 기반시설이 정비되어 토지의 고도 이용이 가능한 중층·고층주택 중심의 편리한 주거환경이 필요한 지역이다.

상업지역은 상업이나 그 밖에 업무의 편익을 증진하기 위하여 필요한 지역을 말하며 공업지역은 공업의 편익을 증진하기 위하여 필요한 지역이다. 녹지지역은 자연환경·농지 및 산림의 보호, 보건위생, 보안과 도시의 무질서한 확산을 방지하기 위하여 녹지의 보전이 필요한 지역이다.

③ 종합합산 과세대상 토지

종합합산 과세대상 토지는 분리과세대상, 별도합산 과세대상 토지를 제외한 토지를 말한다. 종합합산 과세대상 토지는 양도소득세 계산시 비사업용토지에 해당된다. 비사업용토지란 대지, 농지 등 토지의 용도대로 사용하지 않고 있는 토지를 말한다.

토지분 재산세의 과세표준은 시가표준액에 부동산 시장의 동향과 지방재정 여건 등을 고려하여 시가표준액의 70%를 과세표준으로 한다. 다음은 별도합산 및 종합합산 과세대상 토지에 대한 세율이다.

구 분	과세표준	세 율
별도합산 과세대상	2억원 이하	0.2%
	2억원 초과 10억원 이하	40만원+2억원 초과액의 0.3%
	10억원 초과	280만원+10억원 초과액의 0.4%
종합합산 과세대상	5,000만원 이하	0.2%
	5,000만원 초과 1억원 이하	10만원+5,000만원 초과액의 0.3%
	1억원 초과	25만원+1억원 초과액의 0.5%

지방자치단체의 장은 특별한 재정수요나 재해 등의 발생으로 재산세의 세율 조정이 불가피하다고 인정되는 경우 조례로 정하는 바에 따라 표준세율의 50%의 범위에서 가감할 수 있다. 다만, 가감한 세율은 해당 연도에만 적용한다. 이러한 탄력세율은 토지 및 건축물과 주택에 대한 모든 재산세에 적용한다.

(2) 건축물에 대한 재산세

① 표준세율

　　건축물분 재산세의 과세표준은 시가표준액에 부동산 시장의 동향과 지방재정 여건 등을 고려하여 시가표준액의 70%를 과세표준으로 한다. 건축물에 대한 재산세의 표준세율은 다음과 같다.

구　분	과세표준
골프장, 고급오락장용 건축물	과세표준의 4%
특별시, 광역시 등 일정 주거지역 및 조례로 정하는 지역의 공장용 건축물	과세표준의 0.5%
그 밖의 건축물	과세표준의 0.25%

② 중과세율

　　과밀억제권역에서 공장 신설, 증설에 해당하는 경우 그 건축물에 대한 재산세의 세율은 최초의 과세기준일부터 5년간 표준세율의 5배에 해당하는 세율로 과세한다.

(3) 주택에 대한 재산세

　　주택분 재산세의 과세표준은 시가표준액에 부동산 시장의 동향과 지방재정 여건 등을 고려하여 시가표준액의 60%를 과세표준으로 한다. 주택에 대한 재산세의 표준세율은 다음과 같다.

구　분	과세표준	세　율
별　장	시가표준액	4%
주　택	6,000만원 이하	0.1%
	6,000만원 초과 1.5억원 이하	6만원+6,000만원 초과액의 0.15%
	1.5억원 초과 3억원 이하	19만5천원+1.5억원 초과액의 0.25%
	3억원 초과	57만원+3억원 초과액의 0.4%

❽ 종합부동산세

　종합부동산세는 매년 6월 1일 현재 토지 및 주택을 소유한 자에게 당해연도 12월 1일부터 12월 15일까지 부과 · 징수한다.

　주택은 공시가액이 9억원을 초과하는 경우에 부과되지만 1세대 1주택 소유자인 경우에는 공시가액이 12억원을 초과하면 부과된다. 토지는 재산세의 종합합산대상 토지인 경우에는 공시가액이 5억원을 초과하는 경우, 별도합산대상 경우에는 공시가액이 80억원을 초과하는 경우에 부과된다.

　부과 · 징수방식에 불구하고 신고 · 납부방식으로 납부하고자 하는 납세자는 당해연도 12월 1일부터 12월 15일까지 관할세무서장에게 신고 · 납부할 수 있다. 이 경우 부과된 세액은 없었던 것으로 본다.

(1) 토지에 대한 종합부동산세

　토지분 재산세의 납세의무자가 종합합산 과세대상 공시가액이 5억원을 초과하는 경우, 별도합산 과세대상 토지의 공시가액이 80억원을 초과하는 경우 종합부동산세가 과세된다.

　재산세를 납부한 납세의무자에게 종합부동산세가 과세되는 경우 납부할 세액에서 재산세 납부액을 차감하여 계산한다. 토지분 종합부동산세의 과세표준과 세율은 다음과 같다.

구 분	과세표준	세 율
종합합산 과세대상	5억원 초과 15억원 이하	1%
	15억원 초과 45억원 이하	1,500만원+15억원 초과분의 2%
	45억원 초과	7,500만원+45억원 초과분의 3%
별도합산 과세대상	80억원 초과 200억원 이하	0.5%
	200억원 초과 400억원 이하	1억원+400억원 초과분의 0.6%
	400억원 초과	2억2천만원+400억원 초과분의 0.7%

(2) 주택에 대한 종합부동산세

　재산세 과세대상 주택의 공시가액의 합계액이 9억원을 초과하는 경우 종합부동산세의 과세대상에 해당된다. 다만, 1세대 1주택자의 경우에는 공시가액이 12억원을 초과하는 경우에 과세된다.

　일정 조건의 임대등록 임대주택, 종업원의 사택, 미분양주택, 어린이용주택, 상속주택, 주택건설사업자의 멸실예정 주택 등의 경우에는 종합부동산세 과세대상에서 제외된다. 상속주택의 경우 상속개시일부터 2년(수도권, 특별시, 광역시 외 지역은 3년)간 주택수에서 제외하며 상속받은 분양권, 조합입주권에 의하여 취득한 주택을 포함한다.

주택의 과세표준은 개인별 주택 공시가액의 합계액에서 9억원(단독명의 1세대 1주택은 12억원)을 차감한 금액으로 하며 재산세로 부과된 세액을 차감하여 계산한다. 세액계산시 1세대 1주택자 중 60세 이상이 고령자와 보유기간 5년 이상 장기보유자에 대하여는 세액공제(고령자공제+장기보유공제)를 적용한다.

법인의 경우 조정지역 내 2020년 6월 18일 이후 임대사업 등록을 신청한 경우라도 과세 대상에 포함하며 과세표준 계산시 차감하는 금액을 '0'으로 한다.

주택분 종합부동산세의 과세표준과 세율은 다음과 같다.

과세표준	2주택 이하		3주택 이상, 조정지역 2주택 이상	
	개인	법인	개인	법인
3억원 이하	0.5%		0.5%	
3억원 초과 6억원 이하	0.7%		0.7%	
6억원 초과 12억원 이하	1.0%		1.0%	
12억원 초과 25억원 이하	1.3%	2.7%	2.0%	5.0%
25억원 초과 50억원 이하	1.5%		3.0%	
50억원 초과 94억원 이하	2.0%		4.0%	
94억원 초과	2.7%		5.0%	

❾ 지방교육세와 농어촌특별세

지방교육세는 재산세액의 20%, 농어촌특별세는 종합부동산세액의 20%를 부가하여 과세한다.

❶ 부가가치세

임대용 건물을 매매하는 경우에는 건물에 대하여 부가가치세가 과세된다. 부가가치세 과세방법 및 계산은 취득원가 결정시에 언급하였던 내용과 같지만, 사업의 포괄양도에 해당되는 경우에는 과세되지 않는다.

임대목적의 사업용자산을 공동사업자의 출자지분에 따라 분할등기(공유물분할등기)하는 경우로서 공동사업으로 부동산임대업을 영위하다가 그 임대용 부동산을 출자지분에 따라 단순히 분할등기하는 때에는 공동사업장의 총수입금액에 산입하지 않으며 양도소득세도 과세되지 않는다. 그러나 분할등기한 때의 시가상당액에 부가가치세가 과세된다.

토지임대사업자와 주택임대사업자가 토지 또는 주택을 임대하다가 양도한 경우 토지 및 주택매매에 대하여 부가가치세가 면세되며 양도소득세를 신고·납부하여야 한다.

❷ 양도소득세

취득원가와 매매금액과의 차이에 대하여 양도소득세가 과세된다. 취득원가 계산시 기중에 감가상각을 한 경우에는 감가상각누계액을 취득원가에서 차감하여야 한다.

3년 이상 보유기간에 대하여 장기보유특별공제를 적용받을 수 있다. 주택의 경우에는 12억 이내 비과세, 10년 이상 장기임대주택 여부에 따른 세액감면을 받을 수 있으며 다주택 여부와 조정지역여부 등의 조건에 따라 중과세가 적용될 수도 있다.

양도소득세는 양도소득이 발생한 거주자의 주소지를 납세지로 한다. 토지, 건물, 주택을 임대하다가 양도한 경우 양도일이 속하는 달의 말일부터 2월 이내에 양도소득세를 신고·납부하여야 하며 이를 예정신고라고 한다. 예정신고는 양도차익이 없거나 결손금이 발생한 경우에도 반드시 신고하여야 한다.

예정신고를 한 경우에는 확정신고를 하지 않아도 되지만 당해연도에 누진세율 적용대상자산에 대한 예정신고를 2회 이상 한 자가 이미 신고한 양도소득 예정신고 금액과 합산하여 신고하지 않은 경우 양도일이 속하는 다음연도 5월에 확정신고·납부하여야 한다.

(1) 주택외의 건축물을 임대하다가 양도한 경우

양도소득금액은 양도가액에서 취득가액 및 자본적지출과 필요경비를 차감한 양도차익에 장기보유특별공제를 적용하여 계산한다. 양도소득금액에서 기본공제 250만원을 차감한 후 과세표준에 양도소득세율을 적용하여 산출세액을 계산하며 세액공제·감면 및 가산세를 적용한 후 이를 신고·납부하여야 한다.

장기보유특별공제는 3년 이상 보유한 경우 6%를 적용하고 보유기간이 1년이 증가할 때마다 2%씩 가산하여 공제한다. 15년 이상 보유하는 경우에는 최대 30%까지 공제된다.

주택외의 건축물에 대한 양도소득세가 중과세되는 경우는 2년 미만 보유하다가 매매(1년 미만 50%, 2년 미만 40%)하거나 등기하지 않고 매매(70%)하는 경우에 해당된다. 미등기 매매하는 경우에는 장기보유특별공제도 적용하지 않는다.

(2) 1세대 1주택 고가주택을 임대하다가 양도한 경우

1세대가 고가주택인 1주택을 양도하는 경우 12억원을 초과하는 부분에 대하여 다음과 같이 계산한 양도소득세를 부담한다.

$$\text{고가주택의 양도소득금액} = \text{양도소득금액} \times \frac{\text{양도가액} - 12억원}{\text{양도가액}}$$

장기보유특별공제는 3년 이상 보유한 경우 거주기간을 함께 고려하여 20%~80%까지 공제받을 수 있다.

(3) 다주택자가 임대하던 주택을 양도한 경우

조정지역으로 지정된 지역에서 다주택자가 임대하던 주택을 양도하는 경우 임대주택등록 여부에 따라 일반세율을 적용하거나 중과세율이 적용될 수 있다.

임대주택으로 등록하여 임대하다가 등록요건을 충족한 후 양도하는 경우에는 다른 주택보유 여부 및 조정지역 여부와 관련없이 장기보유특별공제의 추가 공제 및 양도소득세 감면을 받을 수 있다.

반면, 임대등록을 하지 않고 주택을 임대하다가 양도하는 경우로서 조정지역인 주택의 양도에 대하여 일반세율에 20% 또는 30%의 세율을 가산하여 중과세하며 장기보유특별공제를 적용하지 않는다. 조정지역이 아닌 주택의 양도에 대하여는 세율 및 장기보유특별공제에 대하여 중과세를 적용하지 않는다.

조정지역의 지정 및 해제여부와 중과세의 적용유예에 대하여 매년 확인하여야 한다.

(4) 토지를 임대하다가 양도한 경우

　토지를 임대하다가 양도하는 경우에는 비사업용토지로 보아 일반세율에 10%를 가산하여 중과세된다. 비사업용토지는 농지, 임야, 목장용지, 주택의 부수토지, 별장의 부수토지, 기타의 토지로 열거하여 6가지 토지용도의 구분에 따른다. 비사업용토지란 토지를 사용목적에 맞게 지정된 지목의 용도대로 사용하지 않는 토지를 말한다. 토지의 임대는 사업용으로 사용한 것인지 여부로 판단하여야 하는데 사업용 사용기준은 직접사업에 사용하는 토지로서 생산 또는 생활, 산업에 사용되는 것을 의미한다.

　6가지 토지용도의 사업용 사용기준은 다음과 같다.

지 목	이용상황 및 사업용 사용기준
농 지	경작용으로서 소유자가 재촌·자경
임 야	임지로서 소유자가 재촌
목장용지	축산업용으로서 소유자가 직접 축산업 영위
주택의 부수토지	주택의 부수토지로서 소유자의 주택소유 여부와는 무관
별장의 부수토지	별장의 부수토지로서 소유자의 별장소유 여부와는 무관
기타의 토지	공장용건축물 및 일반건축물의 부수토지와 기타 용도로서 재산세 비과세, 감면, 분리과세 및 별도합산과세대상 토지

　위 사용기준과 같은 토지를 임대하는 경우 비사업용으로 보지만 기타 용도로 사용되는 토지(주차장용 등)를 임대한 경우에는 임차인이 해당 토지를 지목에 맞게 사용하여야 사업용으로 사용한 것(수입금액이 토지가액의 일정률 이상)으로 본다.

1. 부동산임대업자가 구건물을 취득하여 철거하고 새로운 건물을 신축하는 경우에 구건물의 취득가액과 철거비용 및 부가가치세 등은 토지의 취득원가로 계산한다.

2. 부동산임대업은 부동산등기부상의 소재지가 사업장이므로 사업장마다 사업자등록을 하여야 한다.

3. 부동산임대업의 1개 이하의 주택임대소득 과세여부 또는 비과세 여부는 배우자가 있는 경우에도 본인이 소유한 주택으로만 주택수를 판단한다.

4. 부동산임대소득 비과세대상에서 제외되는 고가주택의 기준금액인 12억원은 기준시가로 판정한다.

5. 주택임대에 대한 보증금에 대하여는 간주임대료를 계산하지 않지만 3주택 이상 소유자의 전세보증금 합계액이 6억원을 초과하는 경우에 간주임대료를 수입금액에 포함한다.

6. 주택임대소득에 대한 결손금은 일반사업소득의 결손금과 같이 다른 소득과 상계되지 않는다.

7. 1년간 월세수입이 2,000만원 이하인 경우 14%의 단일세율로 분리과세하는 방식으로만 소득세가 과세된다.

8. 사업용고정자산인 건물과 토지의 경우 세법에서는 정액법(내용연수 40년)으로 상각하는 것을 원칙으로 한다.

9. 회계상 감가상각액이 세법상 감가상각을 초과하는 경우 손금불산입(필요경비불산입)된다.

10. 부동산임대용 건물을 매각하는 경우 취득원가와 매매금액과의 차이에 대하여 양도소득세가 과세된다. 취득원가 계산시 기중에 감가상각을 한 경우에는 감가상각누계액을 취득원가에서 차감하여야 한다.

11. 1주택 이상 소유자가 주택을 임대하는 경우 세무서에 사업자등록을 신청하지 않는 경우에 과태료를 부과 받는다.

12. 주택을 임대하는 경우에는 사업자등록과 주택임대등록을 의무적으로 하여야 한다.

13. 주택임대등록을 하는 경우에는 업무총괄장소인 주소지에서 면세사업자등록을 할 수 있다.

14. 고시원은 건축물대장에 근린생활시설로 표시되어 있으므로 주택임대로 사용되는 경우에도 부가가치세를 납부하고 현금영수증을 의무발급하여야 한다.

15. 상가건물은 종합부동산세 과세대상에 포함된다.

16. 재산세와 종합부동산세의 과세기준일이 다르다.

17. 보유기간이 동일한 주택과 상가를 임대하다가 매매하여 양도차익이 동일한 경우에 과세되는 양도소득세는 항상 같다.

1. O
2. O
3. X 1개 이하의 주택임대소득 과세여부는 본인과 배우자가 각각 주택을 소유하는 경우 이를 합산하여 주택수를 판단한다.
4. O
5. X 3주택 이상 소유자의 전세보증금 합계액이 3억원을 초과하는 경우에 간주임대료를 수입금액에 포함한다.
6. X 주택임대소득에 대한 결손금은 일반사업소득의 결손금과 같이 다른 소득과 상계된다.
7. X 1년간 월세수입이 2,000만원 이하인 경우 14%의 단일세율로 분리과세하는 방식과 종합합산과세 방식을 선택할 수 있다.
8. X 토지는 감가상각대상이 아니다.
9. O
10. O
11. X 2주택이상 소유자가 1주택 이상을 임대하면서 사업자등록을 신청하지 않는 경우에는 주택임대수입금액의 0.2%를 가산세로 물어야 한다.
12. X 2주택 이상 소유자가 1개 이상의 주택을 임대하는 경우 사업자등록을 하여야 하지만 주택임대등록은 선택 사항이다.
13. O
14. X 고시원이 건축물대장에 근린생활시설로 표시되어 있는 경우에도 주택임대로 사용되어 실질적인 용도가 주택으로 판단되면 주택임대로서 수입금액에 대하여 부가가치세가 면세되며 현금영수증 발급대상이 아니다.
15. X 상가건물은 종합부동산세 과세대상이 아니다.
16. X 재산세와 종합부동산세의 과세기준일은 매년 6월 1일을 기준으로 한다.
17. X 보유기간과 양도차익이 같다고 하여도 주택의 경우에는 주택수, 조정지역 여부 등에 따라 중과세를 적용받을 수 있으므로 상가와 양도소득세가 다를 수 있다.

내용 이해를 위한 객관식 문제

01 부동산임대업의 취득원가 결정에 대한 설명으로 틀린 것은?

① 매매계약서의 매입가액에 부대비용(취득세, 중개수수료등)을 가산하여 결정한다.

② 토지와 건물이 일괄구입하여 구분되지 않을 때는 공정가액(기준시가등)으로 안분한다.

③ 건물을 신축하는 경우 건물의 신축공사원가를 취득원가로 한다.

④ 구건물을 취득하여 철거하고 새로운 건물을 신축하는 경우에 구건물의 취득가액과 철거비용 및 부가가치세 등은 건물의 취득원가로 계산한다.

Q 정답 ④

구건물을 취득하여 철거하고 새로운 건물을 신축하는 경우에 구건물의 취득가액과 철거비용 및 부가가치세 등은 토지의 취득원가로 계산한다.

02 부동산임대업의 사업자에 관한 설명으로 가장 틀린 것은?

① 부동산등기부상의 소재지가 사업장이므로 사업장마다 사업자등록을 하여야 한다.

② 주택임대등록을 하는 경우에는 업무총괄장소인 주소지에서 면세사업자등록을 할 수 있다.

③ 간이과세자의 경우에도 10%의 부가세를 부담하게 된다.

④ 일반과세자의 경우 조기환급이 가능하다.

Q 정답 ③

간이과세자의 경우에는 1.5%~4%의 부가세를 부담하게 된다.

03 부동산임대소득에 관한 다음 설명 중 틀린 것은?

① 1개 이하의 주택임대소득 과세여부는 본인과 배우자가 각각 주택을 소유하는 경우 이를 합산하여 주택수를 판단한다.

② 1개의 주택이 실거래가 12억원을 초과하는 고가주택인 경우에는 임대소득에 대하여 무조건 과세한다.

③ 주택외의 건물에 대한 임대소득에 대하여 임대료수입금액과 간주임대료를 합산한 총 수입금액에서 필요경비를 차감한 임대소득을 사업소득으로 신고, 납부하여야 한다.

④ 다가구주택도 1개의 주택으로 보되, 구분등기된 경우에는 각각을 1개의 주택으로 본다.

🔍 **정답** ②

1개의 주택이 기준시가 12억원을 초과하는 고가주택인 경우에는 임대소득에 대하여 무조건 과세한다.

04 부동산임대 총수입금액계산에 관한 다음 설명 중 틀린 것은?

① 월세 수입금액은 총수입금액에 포함된다.

② 주택 외의 건물에 대한 임대보증금 및 전세금의 운용수입에 대한 간주임대료는 총수입금액에 포함된다.

③ 2주택 이상 소유자의 전세보증금 합계액이 3억원이 초과하는 경우에는 간주임대료를 수입금액에 포함한다.

④ 실제로 전세금 등을 운용하여 금융기관에서 받은 금융수익은 임대소득으로 과세하지 않아도 금융소득으로 과세하게 되므로 간주임대료 계산시에 차감한다.

🔍 **정답** ③

3주택 이상 소유자의 전세보증금 합계액이 3억원이 초과하는 경우에는 간주임대료를 수입금액에 포함한다.

05 부동산임대업의 감가상각에 관한 설명으로 틀린 것은?

① 건물의 경우 세법에서는 정액법(내용연수 40년)으로 상각하는 것을 원칙으로 한다.
② 토지는 감가상각의 대상이 아니다.
③ 정액법은 (취득원가-잔존가치)를 매년 동일한 금액으로 상각하는 방법이다.
④ 정률법은 취득원가를 매년 동일한 상각율로 상각하는 방법이다.

Q정답 ④

정률법은 상각년도의 장부금액(취득원가-감가상각누계액)을 매년 동일한 상각율로 상각하는 방법이다.

06 부동산임대업의 임대용건물 매각시 부가가치세 과세문제에 관한 설명 중 틀린 것은?

① 임대용 건물을 매매하는 경우에는 건물에 대하여 부가가치세가 과세된다.
② 토지와 주택 외의 건물을 일괄매매하는 경우 토지부분에 대하여도 부가가치세가 과세된다.
③ 부가가치세가 과세되는 경우에는 세금계산서를 발행, 교부하여야 한다.
④ 사업의 포괄양도에 해당되는 경우에는 부가가치세가 과세되지 않는다.

Q정답 ②

토지의 매매는 부가가치세가 면세된다.

07 부동산임대업의 임대용건물 매각시 양도소득세 과세문제에 관한 설명 중 틀린 것은?

① 취득원가 계산시 기중에 감가상각을 한 경우에는 감가상각누계액을 취득원가에서 차감하여야 한다.
② 3년 이상 보유기간에 대하여 장기보유특별공제를 적용받을 수 있다.
③ 상가건물의 경우 실거래가액이 9억 이하인 경우 비과세된다.
④ 주택의 경우 다주택 여부와 조정지역 여부 등의 조건에 따라 중과세가 적용될 수도 있다.

Q정답 ③

주택의 실거래가액이 12억 이하인 경우 비과세된다.

08 임대용건물의 재산세와 종합부동산세에 관한 설명으로 틀린 것은?

① 재산세의 과세대상은 토지, 주택 및 주택외 건물이 포함된다.

② 종합부동산세의 과세대상은 토지 및 주택이다.

③ 재산세와 종합부동산세의 과세기준일은 매년 6월 1일이다.

④ 2주택 이상자는 공시가액이 9억을 초과하는 경우에 종합부동산세가 과세된다.

🔍정답 ④

　　2주택 이상자는 공시가액이 6억을 초과하는 경우에 종합부동산세가 과세된다.

09 주택임대등록에 관한 설명으로 틀린 것은?

① 사업자등록한 주택임대업자는 반드시 주택임대등록을 하여야 한다.

② 주택임대등록 후 의무위반 사항이 있는 경우에 과태료가 부과될 수 있다.

③ 5% 이상의 임대료 증액제한, 임차인변경신고 등 의무사항을 지켜야 한다.

④ 취득세, 재산세, 종합부동산세, 양도소득세 등 세액의 감면을 받는다.

🔍정답 ①

　　주택임대등록은 선택사항이다. 임대료 인상 제한 등 의무사항을 준수하고 세액의 감면을 받고
자 하는 경우에 주택임대등록을 할 수 있다.

제5장
수출업 및 수입업

수출업 및 수입업

제1절 수출업

❶ 수출과 국외제공용역

(1) 수출

수출이란 재화의 직수출 등 국내 및 국외거래에서 외화를 획득하는 것으로 이해할 수 있다. 부가가치세법에서 영세율을 적용받기 위한 재화의 수출은 다음과 같이 규정하고 있다.
① 내국물품을 외국으로 반출하는 것
② 국내 사업장에서 계약과 대가수령 등 거래가 이루어지는 중계무역, 위탁판매, 위탁가공 무역 등의 수출
③ 사업자가 국내에서 내국신용장 또는 구매확인서에 의하여 공급하는 재화

1) 외국물품과 내국물품

관세법에 따른 외국물품은 우리나라에 들어온 물품으로서 수입신고가 수리되기 전의 것과 세관장에게 수출신고가 수리된 물품을 말한다.

내국물품이란 우리나라에 있는 물품으로서 외국물품이 아닌 것, 우리나라 선박 등에 의하여 공해에서 채집 또는 포획된 수산물 등과 세관장에게 입항 전 수입신고가 수리된 물품, 수입신고는 하였으나 수리 전 반출승인을 얻어 반출된 물품, 수입신고 전 즉시 반출신고를 하고 반출된 물품을 말한다. 여기서 반출이란 물건을 어떤 곳으로 운반하여 들어내는 것을 말하고 반송이란 국내에 도착한 외국물품이 수입통관절차를 거치지 않고 다시 외국으로 반출되는 것을 말한다. 반송의 대표적인 사례로 중계무역이 있다.

2) 외국으로의 반출

내국물품을 외국으로 반출하는 것은 세관장에게 수출신고하고 선적 또는 기적하게 되므로 세관에 신고하는 수출신고서(수출신고필증)와 운송인 또는 선사가 발행하는 선적서류로 반

출일을 확인한다. 항공기에 의한 수출은 항공화물운송장(AWB, Air WayBill)의 발행일로, 선박에 의한 수출은 선하증권(B/L, Bill of Lading)의 선적일(on board)을 반출일(부가가치세법상 공급시기)로 한다. 이러한 내국물품의 국외반출은 부가가치세 영세율 과세대상에 해당한다.

3) 수출의 종류

① 직수출

수출업자가 직접 자기가 생산한 물품을 자기명의로 수출하는 것을 말하며 수출품의 생산업자와 수출업자가 동일한 경우를 말한다.

수출품생산업자(제조자 등)란 실제로 수출품을 생산하여 자기계산하에 외국으로 반출하는 자를 말하며 수출업자란 대외무역법에 따라 수출입업자로 신고, 등록되어 있는 자를 말한다.

선(기)적일이 공급시기이며 영세율을 적용받기 위하여 수출신고필증 및 수출계약서 사본 또는 외국환은행이 발행하는 외화입금증명서류를 첨부하여야 한다.

② 대행수출

자기의 명의로 수출할 수 없는 경우 무역회사나 종합상사인 제3자의 명의로 수출하는 경우를 말하며 수출품생산업자와 수출업자가 서로 다른 경우를 말한다.

일반적으로 무역경험 및 지식부족, 직접 수출업무를 수행하기가 불편하여 전문무역상사에게 위임하여 대행하게 된다.

수출업자가 수출대행만 하는 경우 영세율 적용대상자는 수출품생산업자이다. 수출업자의 수출대행 수수료는 부가가치세가 과세된다.

선(기)적일이 공급시기이며 영세율을 적용받기 위하여 수출신고필증 및 수출계약서 사본 또는 외국환은행이 발행하는 외화입금증명서류를 첨부하여야 한다.

사례1

대행수출

㈜디제이테크(수출위탁자, 제조업)는 ㈜티에스무역(수출대행업)과 20×1년 8월 24일 수출대행계약을 $150,000에 체결하고 수출대행수수료 3,000,000원(부가가치세 별도)을 지급하였다.

㈜디제이테크는 20×1년 8월 30일 수출물품 100,000,000원을 인계하였고 ㈜티에스무역은 인계받은 물품을 보세창고에 입고시켰다. ㈜티에스무역은 20×1년 9월 14일 수출물품을 선적하였다. 선적일의 기준환율은 1,200원/1달러이다. ㈜티에스무역은 20×1년 10월 8일 $150,000에 수출하여 회수한 수출대금을 ㈜디제이테크에 지급하였다. 지급일의 환율은 1,150원/1달러이다.

(1) ㈜디제이테크(수출위탁자)의 회계처리

① 수출대행수수료 지급(20×1년 8월 24일)

(차) 지급수수료	3,000,000	(대) 현금 등	3,300,000
부가세대급금	300,000		

② 수출물품 인계시(20×1년 8월 30일)

(차) 적송품	100,000,000	(대) 제 품	100,000,000

③ 선적시(20×1년 9월 14일)

(차) 외화매출채권	180,000,000	(대) 해외매출	180,000,000
해외매출원가	100,000,000	적송품	100,000,000

* 외화매출채권 = $150,000 × 1,200원 = 180,000,000

④ 수출대금회수(20×1년 10월 8일)

(차) 보통예금	172,500,000	(대) 외화매출채권	180,000,000
외환차손	7,500,000		

* 외환차손 = $150,000 × (1,200원 - 1,150원) = 7,500,000원

(2) ㈜티에스무역(수출대행업)의 회계처리

① 대행수수료 수령(20×1년 8월 24일)

(차) 현금 등	3,300,000	(대) 수수료수익	3,000,000
		부가세예수금	300,000

② 수출대금 회수(20×1년 10월 8일)

(차) 보통예금	172,500,000	(대) 예수금	172,500,000

③ 수출대금 지급(20×1년 10월 8일)

(차) 예수금	172,500,000	(대) 보통예금	172,500,000

③ 기타 실질적 수출

재화의 공급이 외국에서 이루어지지만 국내에서 계약과 대가의 수령이 이루어져 실질적 수출에 해당하는 다음의 경우를 말한다.

㉠ 중계무역방식의 수출

수출할 것을 목적으로 외국물품을 수입하여 보세구역 등에 반입 후 국내로 반입되지 않은 상태에서 수출하는 방식을 말한다. 수입품이 우리나라 영토를 거치지 않고 바로 수출처로 수출되거나 우리나라 영토를 거치는 경우에는 수입통관절차를 하지 않은 보세구역에 반입된 상태로 있다가 수출하는 방식이다. 수출액과 수입액의 차액이 사업자의 수익이다. 이러한 중계무역은 사업자의 책임하에 수출하는 것으로 수입품과 수출품 각각에 대하여 소유권을 가진다. 소유권을 갖지 않고 단순히 거래상대방을 중개하는 중개무역 및 수입한 물품에 추가적인 가공을 하여 수출하는 위탁가공무역과 다르다.

중계무역은 3개의 당사자간 거래에 해당하며 일반적으로 물품이 수출국에서 중계국으로 이동하고, 중계국에서 수입국으로 이동하게 된다. 따라서 중계무역 방식의 수입과 수출의 공급시기는 선(기)적일이다.

영세율을 적용받기 위하여 수출계약서 사본 또는 외국환은행이 발행하는 외화입금증명서류를 첨부하여야 한다.

 사례2

중계무역방식의 수출

㈜티에스무역은 FOB $600,000에 해당하는 물품을 유럽에 수출하고자 미국에서 FOB $400,000에 수입계약을 체결하였다. 물류비 등의 절감을 위해 미국에서 유럽으로 직접 선적하려고 한다. 선적일은 20×1년 8월 18일이고 이 날의 기준환율은 1,200원/1달러이다.
20×1년 9월 5일 $600,000을 외화입금받은 즉시 $400,000을 송금하였다. 이 날의 기준환율은 1,250원/1달러이다.

① 수출과 수입에 관한 회계처리

수입과 수출계약을 각각 하였으므로 매입과 매출에 관한 회계처리를 각각 하여야 한다.

• 상품수입거래(20×1년 8월 18일)

　(차) 상　품　　　　　　　　　480,000,000　　　(대) 외화매입채무　　　480,000,000
　　* 수입계약서 및 선하증권을 확인, $400,000 × 1,200원 = 480,000,000

• 상품수출거래(20×1년 8월 18일)

　(차) 외화매출채권　　　　　　720,000,000　　　(대) 해외매출　　　　720,000,000

(차) 해외매출원가	480,000,000	(대) 상 품	480,000,000

* 수출계약서 및 선하증권을 확인, $600,000 × 1,200원 = 720,000,000

- 대금결제(20×1년 9월 5일)

(차) 외화보통예금	750,000,000	(대) 외화매출채권	720,000,000
외화매입채무	480,000,000	외화보통예금	500,000,000
		외환차익	10,000,000

* 수출대금 입금 $600,000 × 1,250원 = 750,000,000
  수입대금 지출 $400,000 × 1,250원 = 500,000,000

ⓒ 외국인도수출

계약 및 대금수령은 국내에서 이루어지지만 국내에서 통관되지 않은 물품을 외국으로 인도하거나 제공하는 수출을 말한다. 외국인도수출은 수출시점에 수출거래 1건만 발생하지만 중계무역은 수출과 수입 2건이 동시에 발생한다. 외국인도수출은 그 물품을 서로 다른 시점에 외국인수수입하여 전체 또는 수차에 나누어 판매하는 방식이다.

외국인도수출의 거래시기는 해당 재화가 인도되는 때이다. 즉, 수출물품을 계약상 인도하여야 할 장소에 보관한 날 또는 검수조건의 명시가 있다면 검수완료일이 공급시기이다.

영세율을 적용받기 위하여 수출계약서 사본 또는 외국환은행이 발행하는 외화입금증명서류를 첨부하여야 한다.

👨‍💼 **사례3**

외국인도수출

㈜디제이테크는 20×1년 8월 24일 미국공장에서 3년간 사용하던 기계장치(취득원가 200,000,000원, 감가상각누계액 140,000,000원)를 $110,000에 브라질에 매각하기로 수입업자와 계약하였다. 20×1년 9월 7일 선적하였고 선적일의 기준환율은 1,200원/1달러이다. 20×1년 9월 20일 환어음과 선적서류를 구비하여 환어음을 할인하여 매각하였다. 환가료 3,000,000원을 차감한 잔액을 보통예금 계좌로 입금받았다. 할인일의 기준환율은 1,150원/1달러이다.

① 선적일(20×1년 9월 7일)

(차) 외화미수금	132,000,000	(대) 기계장치	200,000,000
감가상각누계액	140,000,000	유형자산처분이익	72,000,000

* 외화미수금 = $110,000 × 1,200원 = 132,000,000

② 환어음 할인(20×1년 9월 20일)

(차) 보통예금	123,500,000	(대) 외화미수금	132,000,000
환가료	3,000,000		
외환차손	5,500,000		

* 어음할인 및 어음거래로 대금결제가 유예되어 발생하는 일정기간의 이자비용을 수출자가 부담하는 경우 이를 환가료라 한다.
* 외환차손 = $110,000 × (1,200원 – 1,150원) = 5,500,000원

ⓒ 위탁판매수출

물품을 무환으로 수출(외국환에 의한 대금 결제를 수반하지 않는 수출)하여 해당 물품이 판매된 범위에서 대금을 결제하고 수탁자에게 수수료를 지급하는 방식의 수출을 말한다.

수출재화의 물품이 판매되어 공급가액이 확정되는 때가 공급시기이다.

영세율을 적용받기 위하여 수출계약서 사본 또는 외국환은행이 발행하는 외화입금증명서류를 첨부하여야 한다.

🔖 사례4

위탁판매수출

㈜티에스무역은 브라질홈쇼핑에 스포츠용구 10,000개를 위탁판매하기 위하여 수출하였다. 수출물량 중 2,000개가 판매되었음을 통보받았다. 스포츠용구의 판매단가는 $40이며 10,000개의 총판매원가는 350,000,000원이다. 판매수수료는 판매 단위당 $4이다. 2,000개 판매일의 기준환율은 1,250원/1달러이다.

① 위탁판매를 위한 수출시

(차) 적송품	350,000,000	(대) 상품	350,000,000

② 브라질 현지 위탁판매시

(차) 외화매출채권	100,000,000	(대) 해외매출	100,000,000
(차) 해외매출원가	70,000,000	(대) 적송품	70,000,000
(차) 위탁판매수수료	10,000,000	(대) 외화미지급금	10,000,000

* 수출매출수익 = 2,000개 × $40 × 1,250원 = 100,000,000원
  적송품매출원가 = 350,000,000원 × 2,000개/10,000개 = 70,000,000원
  위탁판매수수료 = 2,000개 × $4 × 1,250원 = 10,000,000원

② 위탁가공무역방식의 수출

사업자가 직접 제품을 제조하지 않고 국외의 제조업체에 의뢰하여 제조하고, 이를 인수하여 판매하는 경우를 말한다. 즉, 외국에서 가공이 이루어지도록 원재료의 전부 또는 일부를 국내 또는 외국에서 조달하여 외국수탁가공업자에게 제공한 후 가공된 물품을 당해 외국 또는 다른 외국으로 인도하는 방식의 수출을 말한다. 이 경우 해외에 위탁제조하는 당해 사업자는 조특법상 도매업에 해당되고, 소득세법상 제조업에 해당된다. 따라서 중소기업에 해당하는 경우에는 도매업에 대한 중소기업특별세액감면 적용대상이 된다.

외국에서 위탁가공하여 완성된 재화가 인도되는 때가 공급시기이다.

영세율을 적용받기 위하여 수출계약서 사본 또는 외국환은행이 발행하는 외화입금증명서류를 첨부하여야 한다.

 사례5

위탁가공무역방식의 수출

㈜디제이테크는 20×1년 6월 15일 인도의 회사와 위탁임가공계약을 체결하고 원자재를 국내 사업자인 ㈜우진무역으로부터 30,000,000원에 공급받아(내국신용장 개설완료) 20×1년 6월 30일 인도의 사업자에게 무환반출하였다. 20×1년 7월 10일 임가공료 지급을 위한 수입신용장을 개설하면서 100,000원의 수수료가 발생하였다. 20×1년 7월 20일 무환임가공료 5,000,000원이 결제되었다. 20×1년 7월 25일 인도에서 임가공한 제품을 미국에 선적하였다. 수출신용장의 수출가격은 $37,500이다. 선적일의 환율은 1,200원/1달러이다. 20×1년 8월 20일 은행에 환어음 매입에 따른 추심료 500,000원, 환가료 200,000원을 지급하고 차액을 수령하였다. 환어음 매입일의 환율은 1,250원/1달러이다.

① 원재료 매입(20×1년 6월 15일)

(차) 원재료	30,000,000	(대) 보통예금	30,000,000

② 인도로 원재료 무환반출(20×1년 6월 30일)

(차) 무환적송원재료	30,000,000	(대) 원재료	30,000,000

③ 수입신용장개설(20×1년 7월 10일)

(차) 무환외주가공품	100,000	(대) 현금 등	100,000

④ 무환외주가공료 지급(20×1년 7월 20일)

(차) 무환외주가공품	35,000,000	(대) 무환적송원재료	30,000,000
		보통예금	5,000,000

⑤ 선적(20×1년 7월 25일)

(차) 외화매출채권	45,000,000	(대) 해외매출	45,000,000

* 외화매출채권 = $37,500 × 1,200원 = 45,000,000원

⑥ 환어음 추심의뢰(20×1년 8월 20일)

(차) 보통예금	46,175,000	(대) 외화매출채권	45,000,000
추심료	500,000	외환차익	1,875,000
환가료	200,000		
(차) 해외매출원가	35,100,000	(대) 무환외주가공품	35,100,000

* 외환차익 = $37,500 × (1,250원 - 1,200원) = 1,875,000

ⓜ 수탁가공무역방식의 수출

원자재의 전부 또는 일부를 거래 상대방의 위탁에 따라 수입하여 이를 가공한 후 위탁자가 지정하는 자에게 가공물품을 수출하는 것을 말한다.

무환 수탁가공무역인 경우 가공용 수입재화에 대하여 가공한 후 다시 수출할 것을 조건으로 수입하는 재화는 관세와 부가가치세가 면제되거나 경감되며 부과된 부가가치세 매입세액은 매출세액에서 공제된다. 수탁가공품의 수출의 경우 직수출의 경우와 같이 처리하되 부가가치세 과세표준은 가공수수료이다.

유환 수탁가공무역인 경우 원자재의 수입대금과 가공품의 수출대금이 별도로 지급 또는 수취되는 것이며 수입과 수출로 각각 처리하면 된다.

선(기)적일이 공급시기이며 영세율을 적용받기 위하여 수출신고필증 및 수출계약서 사본 또는 외국환은행이 발행하는 외화입금증명서류를 첨부하여야 한다.

⑤ 북한으로 반출하는 물품

북한으로 반출하는 물품은 수출로 보아 선(기)적일을 공급시기로 보며 영세율 첨부서류로 수출신고필증 등 수출실적명세서를 제출하여야 한다.

(2) 국외제공용역

국외제공용역은 국내사업장이 있는 사업자가 국외에서 제공하는 용역을 말한다. 이 경우 국외제공용역에 대하여 외화 또는 원화로 대가를 수령하기만 하면 영세율이 적용된다. 역무가 제공되거나 권리가 사용되는 때에 부가가치세법의 공급시기로 본다.

❷ 국제특송업체를 통한 수출

소포 또는 국제특송업체(Fedex, DHL, UPS)를 이용하여 재화를 수출하는 경우 영세율이
적용된다. 영세율첨부서류에는 우체국장이 발행하는 소포수령증, 국제특송업체의 경우에는
외화획득명세서에 외화획득내역을 입증할 수 있는 증명서류를 첨부하여 제출하면 된다.

인편에 의한 보따리반출도 휴대품반출에 따른 간이수출신고를 한 경우 일반수출과 같이
영세율이 적용된다. 보따리무역이나 소포우편물 등 간이절차에 따른 수출은 물품가격이
FOB 2백만원 이하인 경우만 해당되며 관세환급이 되지 않는다.

또한 부가가치세 과세재화를 간이수출신고 없이 휴대반출하여 국외에서 판매하더라도
국외반출하여 판매한 사실이 입증되는 경우 영세율이 적용된다.

❸ 부가가치세 영세율과 조기환급

부가가치세는 매출세액에서 매입세액을 공제한 후 차액만 납부하는 '전단계세액공제법'
을 적용한다. 영세율은 매출세액이 '0'이 되어 매입세액이 환급되는 것을 말한다. 부가가치
세는 소비세이므로 소비자가 부담하게 된다. 국가간 거래에서도 수입하여 소비하는 나라(소
비국)가 부가가치세를 부담하여야 하므로 소비지국과세원칙에 따라 수출국에서는 영세율로
과세하지 않고 수입하는 나라에서 과세하여 국제적 이중과세 방지에 기여하게 된다.

다음은 영세율이 적용되는 수출촉진 및 외화획득 거래이다.

① 수출하는 재화

② 국외에서 제공하는 용역

③ 선박 또는 항공기의 외국항행 용역

④ 기타 외화획득 재화 또는 용역의 공급

    ㉠ 국내에서 비거주자 또는 외국법인에게 공급하는 재화 또는 용역

      재화 또는 용역을 공급하고 받은 대가는 외국환은행을 통하여 원화로 수령하여야
      영세율이 적용된다.

    ㉡ 수출재화 임가공용역

      수출업자(수출품생산업자)의 의뢰에 의하여 수출업자가 공급한 재화에 주요자재를
      전혀 부담하지 않고 단순히 가공(용역의 제공)만 하여 주고 대가(가공임)를 받는
      경우를 말한다. 국내거래이므로 영세율 세금계산서를 발행하여야 하며 내국신용장
      또는 구매확인서에 의한 수출재화임가공용역은 재화의 공급과 동일하게 처리하고,
      내국신용장 등이 없는 수출재화임가공용역은 수출업자와 직접 도급계약을 맺은

계약상 약정된 금액으로 한다.

수출재화임가공용역은 대가를 원화로 받든지 외화로 받든지 여부에 불구하고 영세율을 적용한다.

ⓒ 국내에 주재하는 외국정부기관, 국제기구, 국제연합군 등에게 공급하는 재화 또는 용역대금을 원화로 지급하던 외화로 지급하던 관계없이 영세율을 적용한다.

⑤ 조세특례제한법에 의한 영세율 적용

㉠ 방산업체가 공급하는 방산물자

㉡ 장애인용 보장구, 장애인용 특수 정보통신기기 및 특수 소프트웨어로서 휠체어, 보청기와 보청기의 배터리, 척추보조기, 보행보조기, 목발 등 공급하는 자 및 공급받는 자의 업종에 구분없이 품목 자체에 대해서 영세율을 적용한다.

㉢ 농민 또는 임업에 종사하는 자 및 농업협동조합, 산림조합 등에게 공급하는 농업용·축산업용 또는 임업용 기자재로서 비료, 농약, 농업용 기계, 축산업용 기자재, 사료, 임업용 기자재, 유기농어업용 자재, 어업용 기자재에 대하여 영세율을 적용한다.

㉣ 연근해 및 내수면어업용으로 사용할 목적으로 어민 및 수산업협동조합 등에게 공급하는 사료 등은 영세율을 적용한다.

영세율이 적용되는 경우에는 매입세액을 전액 조기환급받게 되므로 완전면세제도라고 한다. 조기환급을 통하여 수출자에게 자금부담을 경감해주게 되므로 수출지원을 해 주는 효과가 있다.

	영세율	면세제도
면세의 정도	완전면세, 수출지원	불완전면세, 역진성완화
규정	부가가치세	소득세, 법인세
매입세액	공제 및 조기환급	불공제
회계처리	상품　　　　　100 / 현금등 110 부가세대급금 10	상품　　　110 / 현금등 110

직수출 등의 경우에는 국내거래가 아니므로 세금계산서의 발행의무가 없다. 부가가치세신고시 영세율첨부서류로 수출실적명세서를 작성하여 제출하여야 한다.

❹ 수출통관과 반송통관

통관이란 관세법에 따른 절차를 이행하여 물품을 수출, 수입 또는 반송하는 것을 말하며 관세선(세관)을 통과하는 것을 말한다.

수출통관은 수출신고 후 수출신고가 수리되면 수출된 것으로 본다. 수출신고수리 후 30일 이내에 화물을 적재하여야 한다. 반송통관은 외국물품이 보세구역을 통과하여 다시 반출되는 것을 말한다.

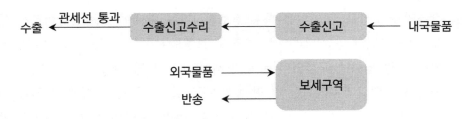

❺ 보세구역

보세구역은 외국물품이 반입될 수 있는 구역으로 수입통관 절차가 완료되지 않은 상태의 구역을 말한다. 따라서 보세란 수입신고수리가 되지 않은 상태이며 이런 상태에 있는 외국물품을 보세화물이라고 한다. 보세구역에서는 세관의 관리하에 장치, 검사, 전시, 제조 및 가공, 건설, 판매할 수 있으며 보세창고, 보세공장, 보세전시장, 보세판매장 등의 특허보세구역과 지정보세구역이 있다.

외국선박 등으로 우리나라에 도착한 외국물품은 보세구역에 반입된 후 수입신고절차를 거친다. 보세구역은 개항지 외에 내륙지의 공단 등에도 있으며 개항지역의 보세구역에서 내륙지 보세구역으로 외국물품을 반입할 때는 보세운송절차를 거쳐야 한다. 보세운송은 외국물품을 보세상태로 국내운송하는 것을 말한다.

❻ 수출신고필증(갑지)

수출신고필증은 수출자가 수출신고를 위하여 세관장에게 신고하는 경우 발급하는 서류를 말한다. 수출신고필증에는 수출형태, 수출품목, 수출금액 등이 표시된다. 수출로 인한 부가가치세법상 공급시기의 확인은 선하증권의 선적일로 확인한다. 선하증권은 화물주와 선박회사 간의 해상운송계약에 의하여 화물선적을 위해 화물을 영수하였음을 증명하는 것으로 선박회사가 발행한다. 또한 화물이 도착항에서 수하인 또는 그 지시인에게 인도할 것을 약정한 유가증권이다.

수출신고필증(갑지)

결재환율 1   USD : 1,100

제출번호 12345-11-000867U ① 신 고 자 : 티에스관세법인/ ***	⑤신고번호 112-13-11-1234560000	⑥ **신고일자** 20×1-06-07	⑦신고구분 일반P/L	⑧C/S구분

②수출대행자 ㈜국제무역 (통관고유번호) 국제-00-11 **수출자구분 C** 수출화주 ㈜국제무역 (통관고유번호) (주소) 경기 화성시 *** (대표자) *** (소재지) 124 (사업자번호) 123-45-12345	⑨거래구분 일반형태	⑩종류 일반수출	⑪**결제방법**
	⑫목적국	⑬적재항	⑭선박회사
	⑮선박명	⑯출항예정일자	⑰적재예정 보세구역
	⑱운송형태	⑲검사희망일	
	⑳물품소재지		

③제 조 자 ㈜국제무역 (통관고유번호) 국제-00-01 제조장소 124 산업단지부호 666	㉑L/C번호	㉒물품상태
	㉓사전임시개청통보여부	㉔반송사유

④구 매 자 FIVE EYES Co LTD (구매자부호) SRTBGYYP	㉕환급신청인

• 품명 · 규격

㉖품명 ㉗거래품명	㉘상표명			

㉙모델 · 규격	㉚성분	㉛수량	㉜단가	㉝금액(KRW)
– 을지참조–				

㉞세번부호		㉟순중량		㊱수량			㊲신고가격 (FOB)	$20,000 ₩22,000,000
㊳송품장부호		㊴수입신고번호			㊵원산지	㊶포장갯수		
㊷수출 요건 확인								

㊸총 중 량		㊹총포장갯수		**㊺총신고가격** (F O B)			$20,000 ₩22,000,000
㊻운 임		㊼**보험료**		㊽결제금액	CFR-USD-5,294		
수입화물관리번호				컨테이너번호			

● 신고인기재란

● 세관기재란

운송(신고)인 기간 부터 까지	㊾적재의무기한	20×1/06/30	담당자		㊿신고수리일자

(1) 수출자 구분에 따른 수출의 형태(수출신고필증의 ②)

① 수출자가 제조자와 동일한 경우 : 'A'로 표시, 직수출에 해당

② 수출자가 수출대행만 하는 경우 : 'B'로 표시

③ 수출자가 완제품공급을 받아 수출하는 경우 : 'C'로 표시, 내국신용장 또는 구매확인서
   에 의한 공급인지 확인

(2) 신고일자(수출신고필증의 ⑥)

수출신고일이며 '수출신고수리일'이 된다. 신고수리일 이후 2~3일 내에 선적이 된다. 수출의 부가가치세 공급시기는 선하증권(Bill of Lading)의 선적일(Laden on board Date, 환율적용일)이다. 선하증권의 발행일을 선적일로 본다. 부가가치세 영세율을 적용받는 경우에는 수출실적명세서를 작성하여 제출하여야 한다. 수출실적명세서에 선적일자 및 환율을 표시한다.

(3) 결제방법(수출신고필증의 ⑪)

대금의 결제방법을 다음과 같은 통계부호로 표시한다.

결제방법	부호	부호의 내용
대금상환도방식	CD	현물상환도방식(COD, Cash On Delivery) 서류상환도방식(CAD, Cash Against Document)
송금결제방식	TT	송금환수표(D/D, Demand Draft) 전신환(T/T, Telegraphic Transfer) 우편환(M/T, Mail Transfer)
추심결제방식	DA	인수인도조건(D/A, Documents against Acceptance)
	DP	지급인도조건(D/P, Documents against Payment)
신용장 방식	LS	일람출급 신용장(Sight Payment L/C)
	LU	연지급(기한부) 신용장(Defferred Payment L/C)
상호계산방식	WK	계좌이체

① 대금상환도방식

수출업자가 물품이나 서류를 인도한 후 수입업자가 대금을 지급하는 방식으로 현금을 결제수단으로 사용한다. 국제거래에서는 현금거래는 잘 이루어지지 않고 은행을 통하여 송금하는 방식으로 이루어지므로 후송금방식(Later Remittance)이라고도 한다. 서류상환도방식(CAD, Cash Against Document)은 D/P방식과 같지만 환어음을 발행하지 않기

때문에 D/P와 구분된다.

② 송금결제방식(Remittance Basis)

수입업자가 상품의 인도에 대한 대가로 수출업자에게 대금 전액을 송금하는 방식이다. 물품이나 서류를 수령하기 전에 대금을 송금하는 것을 사전송금방식(Advance Remittance)이라고 하며 후에 송금하는 것을 후송금방식(Later Remittance)이라 한다. 무역거래에서 송금방식은 사전송금방식을 의미한다.

③ 추심결제방식(Collection Basis)

추심은 은행이 지급, 인수를 받기 위하여 서류를 취급하는 것을 말한다. 추심방식은 수출자가 발행한 환어음으로 수입지의 거래은행을 통하여 무역대금을 추심방법으로 결제하는 방식을 말한다. 무역거래에서는 선하증권 등 선적과 관련된 상업서류를 첨부한 화환어음을 이용하여 추심하는 화환추심(Documentary Collection) 방식을 사용한다. 환어음(Bill of Exchange)은 채권자(수출자로서 환어음의 발행인)가 채무자(수입자로서 환어음의 지급인)에게 어음에 기재된 금액을, 지정된 지급일에 지정된 장소에서 환어음의 소지자에게 지급하도록 위탁하는 지급위탁증권이다. 추심거래에서는 신용장거래와 달리 은행의 지급확약이 없다.

어음조건에 따라 대금지급이 이루어지면 선적서류를 인도하는 방식이 D/P이고, 지급인의 어음 인수만으로 선적서류가 인도되는 방식이 D/A이다. D/P는 대금이 지급이 이루어져야 하기 때문에 어음은 일람불(일람출급 환어음, Sight Bill)로 발행된다. 반면, D/A는 어음인수만으로 서류를 인도받기 때문에 어음은 기한부 어음(Usance Bill)이 발행된다.

D/P조건에 의한 대금결제 과정은 다음과 같다.

ⓐ 선적 후 수출자(환어음의 발행자)는 선하증권 등을 첨부한 환어음을 발행하고 수출지 외국환은행(추심의뢰은행)에 추심을 의뢰한다.

ⓑ 수출지의 추심의뢰은행(Remitting Bank)은 확인된 서류를 수입지의 추심은행(Collection Bank)에 송부한다.

ⓒ 수입지의 추심은행은 선적서류를 받는 즉시 수입상(환어음의 지급자)에게 선적서류 인수 확인 후 대금의 수령과 동시에 선적서류를 넘겨준다.

ⓓ 추심은행은 수입자에게 받은 대금을 추심의뢰은행에 송금하고 추심의뢰은행은 송금받은 대금을 수출자에게 지급한다.

D/A조건에 의한 대금결제 과정은 다음과 같다.

ⓐ 선적 후 수출자(환어음의 발행자)는 선하증권 등을 첨부한 환어음을 발행하고 수출지 외국환은행(추심의뢰은행)에 추심을 의뢰한다.

ⓑ 수출지의 추심의뢰은행(Remitting Bank)은 확인된 서류를 수입지의 추심은행(Collection Bank)에 송부한다.

ⓒ 수입지의 추심은행은 선적서류를 받아 수입상(환어음의 지급자)에게 환어음의 만기일을 통보한 후 선적서류를 인도한다.

ⓓ 추심은행은 만기일에 수입자에게 대금을 결제받아 추심의뢰은행에 송금하고 추심의뢰은행은 송금받은 대금을 수출자에게 지급한다.

④ 신용장 방식(L/C, Letter of Credit)

신용장은 은행의 조건부 지급확약증서로서 수입업자가 신용장 개설을 의뢰한 후, 신용장 발행은행(수입지의 거래은행)이 신용장의 조건에 일치하는 서류가 약정된 기간 내에 제시되면 수익자(수출자)에게 대금을 지급할 것을 확약하는 증서이다.

확약방식에 따라 신용장에서 요구하는 서류 또는 서류가 첨부된 환어음의 상환으로 즉시 지급이 이루어지는 신용장이 일람출급 신용장이다. 일람지급신용장에서는 환어음을 요구할 수도 있고 요구하지 않을 수도 있다.

신용장에서 요구되어진 서류가 제시되면 정해진 일자에 지급할 것을 확약하는 조건의 신용장이 연지급(기한부) 신용장이다.

신용장조건에 의한 무역거래 과정은 다음과 같다.

ⓐ 수입자는 자신의 거래은행에 신용장의 개설을 의뢰하면 신용장개설은행(Issuing Bank)은 신용장을 개설하여 수출자에게 통지한다.

ⓑ 수출자는 선하증권 등 기타 선적서류를 첨부한 환어음을 발행하여 수출지의 거래은행 (매입,지급은행, Negotiating Bank)에 매입을 신청한다.

ⓒ 매입·지급은행(Negotiating Bank)은 신용장과 선적서류를 확인한 후 수출대금을 수출자에게 지급하고 신용장과 선적서류를 개설은행에 송부한다.

ⓓ 신용장과 선적서류를 송부받은 개설은행은 확인한 서류를 수입자에게 통지한다.

ⓔ 일람불의 경우 수입자가 개설은행에 대금을 결제하고 기한부의 경우 환어음을 인수한 후 만기일에 대금을 결제한다. 결제받은 개설은행은 선적서류를 수입자에게 인도한다.

ⓕ 개설은행은 매입, 지급은행에 대금을 상환한다.

ⓖ 수입자는 선하증권을 운송회사에 제출하고 상품을 인수한다.

(4) 총신고가격(수출신고필증의 ㊺)

수출신고가격의 원화와 미화($)로 환산하여 표시한다. 이때 환산율은 관세청 고시환율을 적용하며 이를 수출환율이라고 한다. 수출환율은 수출신고가격(FOB 가격)을 산정하기 위한 외국통화의 환산율이다.

(5) 인도조건 및 결제금액(수출신고필증의 ㊽)

'인도조건-통화종류-금액(해당일자의 관세청 고시환율적용)'순으로 표시된다.

아래 표에서 위험 부담은 수출물품의 소유권이 매도자(수출자)에서 매수자(수입자)에게 이전되는 것을 말한다.

인도 조건		거래 조건	위험 부담	비용 부담
선적지 인도 조건	주운임 미지급조건	FOB	선적항의 본선	매수인에게 본선적재비 등 인도시점까지 비용부담
	주운임 지급조건	CFR		매도인이 적재비부담, 목적항까지 해상운임, 양하비 부담
		CIF		매도인이 적재비부담, 목적항까지 보험료, 해상운임, 양하비 부담
도착지 인도조건		DAP	도착지의 지정장소	매도인이 위험 부담까지의 운송비, 보험료 등 부담
		DPU	도착지의 지정장소에 양하인도	매도인이 위험 부담까지의 운송비, 보험료, 수입항의 양하비 등 부담
		DDP	도착지의 인도장소	매도인이 위험 부담까지의 운송비, 수입항의 양하비, 수입통관비, 수입관세, 수입국내륙운송비 등 부담

① FOB(본선인도, Free On Board)

본선인도는 매도인이 물품을 지정선적항에서 매수인에 의하여 지정된 본선에 적재하여 인도하는 것을 말한다.

② CFR(운임포함인도, Cost and Freight)

운임포함인도는 매도인이 물품을 본선에 적재하여 인도하고 지정 목적항까지 운송하는데 필요한 계약을 체결하고 그에 따른 비용과 운임을 부담하는 것을 말한다.

③ CIF(운임보험료포함인도, Cost Insurance and Freight)

운임보험료포함인도는 매도인이 물품을 본선에 적재하여 인도하고 지정 목적항까지 운송하는데 필요한 비용 및 운임과 함께 운송 중 물품의 멸실 또는 손실의 위험에 대비한 보험료를 부담하는 것을 말한다.

④ DAP(도착장소인도, Delivered at Place)

도착장소인도는 물품이 지정목적지에서 도착운송수단에 실린 채 양하 준비된 상태로 매수인의 처분하에 놓이는 때에 매도인이 인도하는 것을 말한다.

⑤ DPU(도착장소양하인도, Delivered at Place Unloaded)

도착장소양하인도는 물품이 지정목적지에 도착하여 양하한 상태로 매수인에게 인도하는 것을 말한다.

⑥ DDP(관세지급인도, Delivered Duty Paid)

관세지급인도는 물품이 수입국 내륙의 도착장소까지 운송하여 매수인에게 인도하는 것을 말한다.

❼ 국내거래와 영세율

(1) 내국신용장(Local L/C)

국내에서 수출용제품이나 원자재를 공급하는 자에 대하여 수출업자의 신용이나 대금지급을 은행이 보증하여 주는 수출금융방식을 말한다. 내국신용장은 수출업자의 의뢰에 따라 외국환은행이 수출업자가 수취한 원신용장(Master L/C)을 근거로 하여 제품이나 원재료의 국내공급자에 대하여 국내에서 개설되며 무역금융 융자한도 내에서 개설된다.

내국신용장은 국내 업체로부터 수출용제품 및 원재료를 공급받으려는 수출업자의 의뢰에 따라 외국환은행장이 재화나 용역의 공급시기가 속하는 과세기간이 끝난 후 25일 이내에 개설하게 된다.

(2) 구매확인서

국내에서 외화획득용 원료 또는 물품을 공급하는 경우에 외국환은행장이 내국신용장에 준하여 공급받는 자가 수출용 물품을 구매하였다는 것을 확인하여 공급자에게 발급하는 것을 말한다. 구매확인서는 내국신용장 개설한도가 부족하여 개설할 수 없는 경우에 주로 이용되며 발급은행의 지급보증이 없다.

(3) 세금계산서의 발행

내국신용장, 구매확인서에 의하여 수출업자에게 재화를 공급하는 경우 국내거래에 해당되므로 공급받는 수출업자에게 영세율 세금계산서를 발급하여야 한다. 따라서 공급자는 조기환급이 가능하다. 부가가치세신고시 영세율첨부서류로 내국신용장, 구매확인서 전자발급명세서를 작성하여 제출하여야 한다.

❽ 환율의 적용

세무신고시에는 기준환율 또는 재정환율을 적용하여야 한다. 기준환율은 미화의 매매기준율로 매매율을 거래량으로 가중평균하여 산출된다. 재정환율은 미화 이외의 모든 통화에 적용되는 환율로 매매중간율을 기준환율로 재정한 율을 말한다. 환율적용으로 인한 외환차손익은 영업외손익으로 인식한다.

❾ 영세율신고불성실 가산세

영세율이 적용되는 과세표준을 신고하지 않거나 영세율첨부서류를 제출하지 않는 경우에는 과세표준의 100분의 0.5에 해당하는 금액을 부가가치세 가산세로 부담하게 된다.

❿ 수출금의 매출수익 인식

(1) 재화의 수출

우리나라의 경우에는 수출가격조건이 FOB, CFR, CIF가 거의 대부분으로서 수출재화의 선적일이 부가가치세법의 공급시기이며 법인세법의 수익인식일에 해당된다. 장기할부매출이나 중간지급조건부, 완성도기준지급조건부의 경우라도 선적일이 공급시기가 된다.

(2) 건설 및 제조용역의 수출

회계와 소득세법에 따라 단기 및 장기용역 매출시 진행기준에 따라 수익을 인식한다. 다만, 중소기업의 1년 미만 단기용역에 대하여는 인도기준을 적용할 수 있다. 그러나 부가가치세법에서 공급시기는 통상적인 용역의 제공이 완료되는 때와 완성도기준지급, 중간지급조건, 장기할부의 경우 대가의 각 부분을 받기로 한 때이므로 회계 및 소득세법과 차이가 발생될 수 있다.

복합운송주선업체의 경우 운송은 직접적으로 수행하지 않고 주선만을 하므로 운송주선수수료를 수익으로 인식한다.

⓫ 수출회계

(1) 송금거래방식의 회계처리

사전송금방식에 따라 선입금 받은 금액은 선수금계정으로 처리한다. 선적지 또는 도착지 인도조건에 따라 해외수출에 대한 매출액을 인식한다.

📖 사례6

사전송금방식의 회계처리

① 상품 $10,000에 대한 선수금을 T/T로 송금받아 외화예금계좌로 입금하였다. 기준환율은 1,100원/1달러이다.

(차) 외화예금	11,000,000	(대) 해외선수금	11,000,000

② 물품 선적을 완료하였다. 선적일의 환율은 1,200원/1달러이다.

(차) 해외선수금	11,000,000	(대) 해외매출	12,000,000
외환차익	1,000,000		

(2) 어음거래방식의 회계처리

선적지 또는 도착지 인도조건에 따라 해외수출에 대한 매출액을 인식하면서 어음대금을 매출채권으로 분류한다.

D/A의 추심결제방식으로 만기 전에 할인하여 발행하는 할인료를 D/A이자라고 하며 매출채권처분손실(매각거래)로 처리한다. 만기에 어음대금을 회수하는 경우에 D/A이자는 발생하지 않는다.

어음거래는 외상으로 대금결제를 유예하는 것으로 일정기간의 이자를 부담할 수 있다. 이자부담을 수출자가 부담할 수도 있으며 이 경우 이자비용(실무적으로는 '환가료'라 한다)으로 처리한다.

📖 사례7

D/A이자의 회계처리

① 90일 D/A조건의 FOB가격 상품 $10,000를 선적하였다. 선적일의 기준환율은 1,100원/1달러이다.

(차) 외화매출채권	11,000,000	(대) 해외매출	11,000,000

② D/A환어음을 외국환은행에 할인하였다. 할인일의 환율은 1,200원/1달러이다. D/A이자는 200,000원이다.

(차) 현금 등	11,800,000	(대) 외화매출채권	11,000,000
매출채권처분손실	200,000	외환차익	1,000,000

(3) 신용장거래의 회계처리

선적지 또는 도착지 인도조건에 따라 해외수출에 대한 매출액을 인식하면서 신용장대금을 매출채권으로 분류한다.

일람불(요구불)어음을 발행할 수 있는 일람출급 신용장거래에서 신용장에 의해 발행되는 어음이 지급인에게 제시되면 즉시 지급되어야 한다.

 사례8

일람출급 신용장거래의 회계처리

① 선적지 인도조건(FOB)의 상품 $10,000를 선적완료하였다. 선적일의 기준환율은 1,100원/1달러이다.

(차) 외화매출채권	11,000,000	(대) 해외매출	11,000,000

② 수출대금 회수를 위하여 선적 후 선적서류를 구비하여 제시하고 결제 받았다. 결제 환율은 1,200원/1달러이다.

(차) 현금 등	12,000,000	(대) 외화매출채권	11,000,000
		외환차익	1,000,000

 * 외환차익 (1,200원-1,100원) × $10,000 = 1,000,000원

신용장거래에서 수출자가 수출대금의 빠른 회수를 위해 수출환어음을 발행하여 만기전에 할인할 때 발생하는 이자를 Shipper's Usance이자라고 한다.

Shipper's Usance이자는 할인금액을 매출채권처분손실(매각거래에 해당 하는 경우)로 인식한다. 만기에 어음대금을 회수하는 경우에 Usance이자는 발생하지 않는다.

사례9

Shipper's Usance이자의 회계처리

① 선적지 인도조건(FOB)의 상품 $10,000를 선적완료하였다. 선적일의 기준환율은 1,100원/1달러이다.

(차) 외화매출채권	11,000,000	(대) 해외매출	11,000,000

② 수출대금 회수를 위하여 선적 후 90일불 화환어음을 외국환은행에 할인하였다. 할인일의 환율은 1,200원/1달러이고 Usance이자는 150,000원이다.

| (차) 현금 등 | 11,850,000 | (대) 외화매출채권 | 11,000,000 |
| 매출채권처분손실 | 150,000 | 외환차익 | 1,000,000 |

* 외환차익 (1,200원 - 1,100원) × $10,000 = 1,000,000원

⑫ 해외매출채권의 대손상각

법인이 수출로 인하여 발생한 매출채권이 국내로 회수불가능하여 외국환거래에 관한 법령에 따라 외국환은행의 장으로부터 채권회수의무를 면제받은 경우에는 면제를 받은 날이 속하는 사업연도에 손금에 산입할 수 있다.

🛍 사례10

해외매출채권의 대손

중국업체인 China co.Ltd에 수출하였던 수출대금 CNY100,000에 대하여 업체의 파산으로 회수하지 못하게 되었다. 대손요건을 충족하였다. 해외매출수익 인식일의 환율은 160원/1위안이었다. 대손충당금을 설정한 경우에는 충당금과 상계하고 충당금이 없는 경우에는 대손상각비로 처리한다.

① 매출수익 인식시

| (차) 외화매출채권 | 16,000,000 | (대) 해외매출 | 16,000,000 |

② 대손요건 충족시

| (차) 대손상각비 | 16,000,000 | (대) 외화매출채권 | 16,000,000 |

❶ 수입

외국으로부터 우리나라에 도착된 물품이나 수출신고가 수리된 물품이 우리나라에 인취하는 것(보세구역을 경유하는 것은 보세구역으로부터 인취하는 것)을 수입이라고 한다.

❷ 수입통관

외국물품이 수입신고 후 수입신고가 수리되면 수입된 것으로 보게 되므로 수입재화에 대한 공급시기는 수입신고수리일이다. 외국선박 등으로 우리나라에 도착한 외국물품은 보세구역에 반입된 후 수입신고절차를 거친다. 보세구역에 반입되어 국내에 유통 후 사용, 소비되기 전에는 수입이 아니다. 따라서 보세구역에서 즉시 반출되거나 수입신고 전 반출 및 수입신고수리 전에 반출되는 경우도 수입으로 보지 않는다.

외국물품 ⟶ 보세구역 ⟶ 수입신고 ⟶ 수입신고 수리 ⟶(관세선 통과) 수입

수출된 후 다시 수입하여 수입신고수리가 되는 경우 재수입이라고 하며 수입신고수리후 다시 수출되는 경우 재수출이라고 한다. 재수입 및 재수출의 경우에는 관세가 면세된다.

❸ 보세구역의 거래

동일한 보세구역 내에서 재화를 공급하거나 보세구역 외에서 보세구역으로 재화를 공급하는 것은 부가가치세가 과세된다. 공급자가 세금계산서를 발행하여야 한다.

보세구역 내에서 보세구역 외의 국내에 재화를 공급하는 경우 세관장이 부가가치세를 거래징수하고 수입세금계산서를 발행한다.

❹ 수입신고필증

외국물품을 국내로 수입하고자 하는 경우 세관장에게 외국물품을 수입하겠다는 의사표시를 한 서류가 제출되는 경우 수입신고필증을 발급받게 된다.

수입신고필증

① 신고번호 119-05-11-0123456		② 신고일 20×1/1/19	③ 세관.과 010-12	⑥ 입항일 20×1/1/10	
④ B/L(AWB)번호 ACDLO34F556		⑤화물관리번호 5KRT734-0001	⑦ 반입일 20×1/1/15	⑧ 징수형태 11	

⑨ 신고자 티에스관세법인 *** ⑩ 수입자 국제무역 납세의무자 국제무역- 1-02-2-03-55-* (주소) 경기 화성시 *** (성명) *** ⑪ 공급자 STAR CO.LTD	⑫ 통관계획 F	⑬ 원산지증명서 유무	⑭ 총중량
	⑮ 신고구분 A	⑯가격신고서 유무	⑰ 총포장수
	⑱ 거래구분 11	⑲ 국내도착항	⑳ 운송형태
	㉑ 수입종류 A	㉒ 적출국	
		㉓ 선기명	
	㉔ MASTER B/L번호	㉕ 운수기관번호	

검사(반입)장소

● 품명 · 규격

㉖품명 ㉗거래품명			㉘상표		
㉙모델 · 규격		㉚성분	㉛수량	㉜단가	㉝금액(KRW)

㉞세번부호		㉟순중량		㊱C/S검사		㊲사후확인기관	
㊳과세 가격(CIF)	$20,000	㊴수량		㊵검사변경			
	₩22,000,000	㊶환급량		원산지표시		특수세액	

㊷수입 요건 확인						
세종	세율(구분)	감면율	세 액	감면분납부호	감면액	내국세종부호
관부						

㊸결제금액		CIF-USD-20,000-TT		㊹환율		
㊺총과세가격	$20,000	운임		가산금액		납부번호	
	₩22,000,000	보험료		공제금액		㊽부가세과표	24,000,000

㊻세 종	㊼세 액	● 관세사기재란	● 세관기재란
관 세	2,000,000		
개별소비세			
교 통 세			
주 세			
교 육 세			
농 특 세			
㊾부 가 세	2,400,000		
신고지연가산세			
㊿총합계세액	4,400,000	담당자 접수일 수리일	

(1) 인도조건 및 결제금액(수입신고필증의 ㊸)

'인도조건-통화의 종류-금액-결제방법'을 기재한다. 수출신고필증의 내용과 같다.

(2) 환율(수입신고필증의 ㊹)

결제금액의 통화에 대하여 관세청이 고시한 환율을 표시한다. 이를 과세환율이라고 하며 과세환율은 수입물품의 거래대금의 지급시기 및 지급시 적용된 환율과 상관이 없다. 과세환율은 수입물품에 대하여 수입신고를 하는 시점의 환율을 적용한다.

다만, 회계처리시 수입업자가 선적지 인도조건(FOB, CFR, CIF)의 계약에 따라 수입하는 경우에는 선적일의 환율로 재고자산을 평가하여 계상하고, 도착지 인도조건(DAP, DPU, DDP)의 계약인 경우에는 도착일 또는 인수시점의 환율로 평가하여 계상한다.

(3) 총과세가격(수입신고필증의 ㊺=과세가격+운임+보험료+가산금액-공제금액)

총과세가격은 관세를 부과하기 위한 가격이다. 수입항까지의 운임, 보험료로서 수입자가 부담한 가격을 과세가격에 가산한다. 또한 구매자가 실제로 지급하였거나 지급하여야 할 가격으로서 하자보증비, 구매수수료, 용기비용, 포장비용 등을 과세가격에 가산하고 수입후에 지출되는 운송비, 연불이자 등은 공제한다.

(4) 관세 등 부과되는 세종(수입신고필증의 ㊻, ㊼)

총과세가격에 관세, 개별소비세, 주세, 교육세, 농어촌특별세, 교통 · 에너지 · 환경세, 부가가치세를 표시한다.

(5) 부가가치세 과세표준(수입신고필증의 ㊽)

소비지국과세원칙에 따라 부담하는 수입재화의 부가가치세는 '관세의 과세가격+관세+개별소비세+주세+교육세+농어촌특별세+교통 · 에너지 · 환경세'의 합계액(=과세표준)에 부가가치세율 10%로 계산한다.

❺ 수입된 물품의 취득원가 결정

수입물품의 매입가격과 조건(매입운임, 보험료, 하역료 등)이 확정된 인수일의 환율로 계산한 매입가격에 및 관세 등을 포함한 가액을 취득원가로 한다. 세관장이 발행한 수입세금계산서나 수입신고필증상의 결제금액으로 결정하면 안된다. 인수일 후 외화로 결제된 경우 외환차손익은 익금 또는 손금에 산입한다.

부가가치세 과세대상 수입재화에 대하여는 수입자로부터 세관장이 부가가치세를 징수하고 수입세금계산서를 발행한다. 부가가치세 신고시 매입세액으로 공제된다. 매입세액이 불공제 되는 경우에는 취득원가에 포함한다.

❻ 수입재화의 부가가치세 면세

수입된 재화는 부가가치세가 과세되지만 다음 항목의 수입에 대하여는 부가가치세가 면세된다.

① 미가공식료품
② 학술연구단체 등 과학, 교육, 문화용으로 수입하는 재화
③ 거주자가 수취하는 소액물품으로서 관세가 면제되는 재화
④ 여행자휴대품 등으로서 관세가 면제되거나 간이세율이 적용되는 재화
⑤ 상품견본과 광고용물품으로서 관세가 면제되는 재화
⑥ 우리나라에서 개최되는 박람회, 전시회, 영화제 등의 행사에 출품하기 위하여 무상으로 수입되는 물품으로서 관세가 면제되는 재화
⑦ 수출된 후 다시 수입하는 재화로서 수출자와 수입자가 동일하거나 당해 재화의 제조자가 직접 수입하는 것으로서 관세가 감면되는 일정한 물품(재수입)
⑧ 다시 수출하는 조건으로 일시 수입하는 재화로서 관세가 감면되는 것 중 일정한 물품(재수출)

❼ 관세의 납부와 관세환급금

수입물품에 대한 관세는 수입신고수리일부터 15일 이내에 신고, 납부하여야 한다. 관세가 부과고지되는 경우에는 납세고지를 받은 날부터 15일 이내에 납부하여야 한다.

수입업자가 수출용원재료를 수입하면서 납부한 관세를 2년 내에 제조하여 수출하는 경우 납부한 관세를 신청하여 환급받을 수 있다.

수출과 동시에 관세환급액이 확정된 경우에는 수출을 완료한 날, 확정되지 않은 경우에는 환급금의 결정통지일 또는 환급일 중 빠른 날에 관세환급금을 매출원가에서 차감한다.

🙋 사례1

관세환급금의 회계처리

① 수출용 원재료를 수입하면서 관세 2,500,000원을 납부하였다.

(차) 원재료	2,500,000	(대) 현금 등	2,500,000

② 30,000,000원의 제품을 40,000,000원에 수출하였다.

(차) 외화매출채권	40,000,000	(대) 해외판매수익	40,000,000
매출원가	30,000,000	제품	30,000,000

③ 수출이 완료되어 관세 2,500,000원을 환급받았다.

(차) 현금 등	2,500,000	(대) 관세환급금(매출원가)	2,500,000

손익계산서	
Ⅰ. 제품판매수익	40,000,000
Ⅱ. 매출원가(1+2-3-4)	27,500,000
1. 기초제품재고	
2. 당기제품원가	40,000,000
합 계	40,000,000
3. 기말제품재고	10,000,000
4. 관세환급금	2,500,000
Ⅲ. 매출총이익	12,500,000

❽ 재고자산 포함여부

선적지 인도조건(FOB, CFR, CIF) 거래의 경우 선적시점에 미착상품으로 재고자산에 포함하고 수입물품의 통관과정에서 발생한 제비용은 미착상품의 원가에 가산한다. 미착상품은 인수시점에 상품 등으로 대체한다.

도착지인도조건 거래의 경우에는 도착하여 인수한 시점에 재고자산에 포함한다. 외화로 표시된 수입물품은 도착일의 기준환율 등으로 환산표시한다.

수입물품의 통관과정에서 발생한 제비용은 재고자산의 원가에 포함한다.

사례2

미착상품의 회계처리

① 선적지 인도조건의 계약으로서 수출업자로부터 상품 $10,000에 해당하는 물품을 선적하였다는
   통보를 받았다. 선적일의 기준환율은 1,100원/1달러였다.

   (차) 미착상품   11,000,000   (대) 외화매입채무   11,000,000

② 수입 통관시 발생한 하역비, 화물검수료, 통관수수료, 출고상차료, 창고료, 화재보험료, 운반비
   및 관세 등 5,000,000원의 제비용이 발생하였다.

   (차) 미착상품   5,000,000   (대) 현금 등   5,000,000

③ 물품을 인수하면서 창고에 입고하였다.

   (차) 상품   16,000,000   (대) 미착상품   16,000,000

---

⑨ 외화자산, 부채의 평가

외화 결제로 인한 외환차손익은 당해 사업연도의 익금 또는 손금에 산입한다. 기업이
외화자산, 부채의 평가방법을 신고한 경우에는 결산일에 외화평가손익은 익금 또는 손금에
산입한다.

 사례3

외화환산의 회계처리

수입상품대금 $10,000에 대하여 일람출급 신용장(L/C)서류를 제시받고 인수시점의 환율 '1,150원
/1달러'로 결제하였다.

   (차) 외화매입채무   11,000,000   (대) 현금 등   11,500,000

      외환차손   500,000

---

⑩ 수입회계

(1) 송금거래방식의 회계처리

사전송금방식에 따라 선지급한 금액은 선급금계정으로 처리한다. 선적지 또는 도착지
인도조건에 따라 미착상품으로 분류한 후 인수시점에 상품 및 원재료 등으로 처리한다.

사례4

사전송금방식의 회계처리

① 상품 $10,000에 대한 선급금을 T/T로 송금하였다. 기준환율은 1,100원/1달러이다.

    (차) 해외선급금   11,000,000   (대) 현금 등   11,000,000

② 물품선적이 완료되었음을 통보받았다. 선적일의 환율은 1,200원/1달러이다.

    (차) 미착상품   10,000,000   (대) 해외선급금   11,000,000

        외환차손   1,000,000

    * 외환차손 (1,200원-1,100원) × $10,000 = 1,000,000원

(2) 어음거래방식의 회계처리

선적지 또는 도착지 인도조건에 따라 미착상품으로 분류한 후 인수시점에 상품 및 원재료 등으로 처리한다. 어음대금을 매입채무로 분류하고 어음의 만기에 대금을 결제한다. 다만, 어음거래는 외상으로 대금결제를 유예하는 것으로 일정기간의 이자를 부담할 수 있다. 수입 자가 부담하는 이자는 이자비용으로 처리한다. 법인세법에서는 이자비용과 자산의 원가로 선택하여 처리할 수 있다.

구 분		기업회계	세법
Usance이자	Shipper's Usance	비용 처리	비용 처리 또는 취득원가에 포함
	Banker's Usance	비용 처리	
D/A이자		비용 처리	

 사례5

D/A이자의 회계처리

① 90일 D/A조건의 FOB가격 상품 $10,000를 수입하였다. 선적일의 기준환율은 1,100원/1달러이다.

    (차) 미착상품   11,000,000   (대) 외화매입채무   11,000,000

② 만기가 되어 어음을 결제하였다. 결제일의 환율은 1,200원/1달러이다. 어음에 대한 만기까지의 이자 300,000원을 별도로 지급하였다.

    (차) 외화매입채무   11,000,000   (대) 현금 등   12,300,000

        이자비용   300,000

        외환차손   1,000,000

    * 외환차손 (1,200원-1,100원) × $10,000 = 1,000,000원

(3) 신용장거래의 회계처리

선적지 또는 도착지 인도조건에 따라 미착상품으로 분류한 후 인수시점에 상품 및 원재료 등으로 처리한다. 신용장거래방식은 수입자가 개설은행에 신용장 개설을 의뢰한다. 신용장 개설에 따른 수수료는 미착상품으로 분류한다. 신용장대금을 매입채무로 분류하고 신용장 조건에 따라 서류등이 제시되면 대금을 결제한다.

🎒 사례6

일람출급 신용장거래의 회계처리

① 수입자가 개설은행에 신용장 개설을 의뢰하여 개설수수료, 신용장개설전보료 등 수수료 500,000 원이 발생하였다.

(차) 미착상품	500,000	(대) 현금 등	500,000

② 수출자로부터 상품 $10,000의 선적이 완료되었다는 통보를 받았다. 선적일의 기준환율은 1,100 원/1달러이다.

(차) 미착상품	11,000,000	(대) 외화매입채무	11,000,000

③ 신용장 개설은행에서 일람불 화환어음을 제시받고 거래대금을 결제하였다. 결제일의 전신환매도 환율은 1,200원/1달러이다.

(차) 외화매입채무	11,000,000	(대) 현금 등	12,000,000
외환차손	1,000,000		

* 외환차손 (1,200원-1,100원)× $10,000 = 1,000,000원

④ 수입통관을 완료하고 수입통관제비용 3,000,000원을 지급하였다.

(차) 미착상품	3,000,000	(대) 현금 등	3,000,000

⑤ 물품을 인수하면서 창고에 입고하였다.

(차) 상품	14,500,000	(대) 미착상품	14,500,000

신용장거래에서 수입자가 수입대금을 금융기관에서 차입하여 결제한 후 금융기관에 이자 및 차입금을 상환하는 경우 수입자가 부담하는 이자를 Banker's Usance이자라고 한다. 법인세법에서는 이자비용과 자산의 원가로 선택하여 처리할 수 있다. 신용장 조건의 어음지 급액은 단기차입금으로 처리한다.

한편, 수입자가 Shipper's Usance로 수입하면서 수출자에게 이자를 별도로 지불하는 경우에도 수입자가 부담하는 이자는 이자비용으로 처리한다.

🏛 사례7

Banker's Usance이자의 회계처리

① 수입자가 개설은행에 신용장 개설을 의뢰하여 개설수수료, 신용장개설전보료 등의 수수료 500,000원이 발생하였다.

(차) 미착상품	500,000	(대) 현금 등	500,000

② 수출자로부터 상품 $10,000의 선적이 완료되었다는 통보를 받았다. 선적일의 기준 환율은 1,100원/1달러이다.

(차) 미착상품	11,000,000	(대) 외화매입채무	11,000,000

③ 은행으로부터 선적지 인도조건(FOB)의 상품 $10,000에 대한 선적서류도착 통지와 Usance 90일 어음의 지급인수 요청을 받고 선적서류를 인수하였다. 수입대금에 대하여 은행에서 차입하여 결제하기로 하였다. 서류 인수일의 기준환율은 1,200원/1달러이다.

(차) 외화매입채무	11,000,000	(대) 외화단기차입금	12,000,000
외환차손	1,000,000		

* 외환차손(1,200원-1,100원) × $10,000 = 1,000,000원

④ 수입통관을 완료하고 수입통관제비용 3,000,000원을 지급하였다.

(차) 미착상품	3,000,000	(대) 현금 등	3,000,000

⑤ 물품을 인수하면서 창고에 입고하였다.

(차) 상품	14,500,000	(대) 미착상품	14,500,000

⑥ 어음이 만기가 도래하여 Usance 이자 400,000원과 함께 상환하였다. 결제 환율은 1,250원/1달러이다.

(차) 외화단기차입금	12,000,000	(대) 현금 등	12,900,000
이자비용	400,000		
외환차손	500,000		

* 외환차손 (1,250원-1,200원) × $10,000 = 500,000원

비거주자 및 외국법인의 국내원천소득에 대한 소득세와 법인세의 과세문제는 다음 순서에 따라 판단한다. 국내원천소득이란 소득을 발생시키는 결정적인 요인이 국내에 있어야 하고 국내에서 소득을 지급받는 것을 말한다.

비거주자 및 외국법인이 얻은 소득에 대한 과세는 조세조약이 체결된 경우 조세조약을 우선 적용한다. 즉, 국내세법의 세율과 조세조약의 제한세율이 상충되는 경우 조세조약에 규정된 제한세율을 적용하므로 조세조약이 체결된 국가의 소득자인지 여부도 확인하여야 한다. 다음에 해당하는 내용은 국내법에 의한 과세내용이다.

① 과세소득과 비과세소득을 구분한다.
② 과세소득에 대한 신고·납부대상 여부 또는 분리(분류)과세여부 등 과세방법을 결정한다.
③ 분리과세방법의 경우 적용세율을 확인한다.

❶ 비거주자와의 거래

비거주자는 국내원천소득에 대하여만 과세하며 국내사업장이 있는지 여부에 따라 달라진다. 비거주자의 국내원천소득은 종합과세, 분리과세, 분류과세방법에 따라 과세한다.

(1) 국내사업장이 있는 경우

국내사업장이 있는 비거주자는 퇴직소득과 양도소득은 분류과세하고, 그 이외의 국내원천소득은 거주자와 동일한 방식으로 원천징수(예납적 원천징수)한 후 종합과세한다. 종합과세하는 경우 과세표준과 세액의 계산, 신고 및 납부는 거주자에 관한 규정을 준용하되 인적공제 중 비거주자 본인 외의 자에 대한 소득공제 등은 적용하지 않는다.

(2) 국내사업장이 없는 경우

국내사업장이 없는 비거주자는 퇴직소득과 양도소득에 대하여 분류과세하고 그 외의 국내원천소득별로 분리과세(완납적 원천징수)한다. 양도소득에 대하여는 원천징수하지 않고 거주자와 동일하게 신고·납부하여야 한다. 따라서 양도소득을 제외한 소득에 대하여는 소득을 지급하는 자가 지급하는 때에 원천징수하여 납부함으로써 납세의무가 종결된다. 다만, 양도소득에 대하여 양수자가 법인인 경우 예납적 원천징수한 후 비거주자가 신고·납부하면서 예납된 원천징수세액을 기납부세액으로 차감하여 계산한다.

비거주자의 국내원천소득에 대한 과세체계는 다음과 같다.

국내원천소득		국내사업장이 있는 비거주자	국내사업장이 없는 비거주자	원천징수세율
소득세법 제119조				
1호	이자소득	종합과세, 종합소득세 신고 · 납부 (특정소득은 국내사업장 미등록시 원천징수)	분리과세, 완납적 원천징수	20%(채권이자 14%)
2호	배당소득			20%
3호	부동산소득			-
4호	선박등 임대소득			2%
5호	사업소득			2%
10호	사용료소득			20%
11호	유가증권 양도소득			Min(양도가액×10%, 양도차익×20%)
12호	기타소득			20%
7호	근로소득			거주자와 동일
8호의2	연금소득			
6호	인적용역소득		분리과세 (종합과세 선택 가능)	
8호	퇴직소득	거주자와 동일(분류과세)		
9호	양도소득	거주자와 동일 (분류과세)	거주자와 동일 (다만, 양수자가 법인인 경우 예납적 원천징수)	

❷ 외국법인과의 거래

외국법인의 국내원천소득에 대한 과세는 국내사업장이 있는지 여부 및 그 소득이 국내사업장에 귀속되는지 여부에 따라 달라진다.

(1) 국내사업장이 있는 경우

국내사업장이 있는 외국법인은 국내원천소득을 모두 합산하여 신고 · 납부하여야 한다. 그러나 소득이 국내사업장에 귀속되지 않는 경우로서 원천징수된 소득은 합산신고하지 않는다.

(2) 국내사업장이 없는 경우

국내사업장이 없는 외국법인은 각 소득의 종류별로 과세된다. 양도소득을 제외한 이자, 배당, 사용료 등의 소득에 대하여 그 소득을 지급하는 자가 원천징수함으로써 납세의무가 종결된다.

외국법인의 국내원천소득에 대한 과세체계는 다음과 같다.

국내원천소득 법인세법 제93조		국내사업장에 귀속되는 소득	국내사업장에 귀속되지 않는 소득	원천징수세율
1호	이자소득	법인세 신고 · 납부 (특정소득은 예납적 원천징수)	분리과세, (완납적 원천징수)	20%(채권이자 14%)
2호	배당소득			20%
4호	선박등 임대소득			2%
5호	사업소득			2%
8호	사용료소득			20%
9호	유가증권 양도소득			Min(양도가액×10%, 양도차익×20%)
10호	기타소득			20%
6호	인적용역소득		분리과세 (신고 · 납부가능)	20%
7호	양도소득		법인세 신고 · 납부 (다만, 양수자가 법인인 경우 예납적 원천징수)	Min(양도가액×10%, 양도차익×20%)
3호	부동산소득		법인세 신고 · 납부	–

❸ 해외투자 및 거래에 관한 자료제출

해외투자 및 거래에 관하여 국제조세법에는 자료제출의무를 규정하고 있으며 미제출 또는 오류시에는 과태료 부과기준에 따라 과태료가 부과된다.

(1) 자료의 제출기한

① 해외지점, 해외현지법인, 해외부동산, 해외금융계좌에 대하여 사업연도 종료일부터 6개월 이내에 제출하여야 한다. 제출해야 할 자료는 다음과 같다.
- 해외 지점 : 해외영업소 설치 현황
- 해외 현지법인, 해외 자회사 : 해외현지법인 명세서, 해외현지법인 재무상황표, 손실 거래명세서
- 해외 부동산 : 해외부동산 취득, 투자운용(임대), 처분명세서(취득, 양도가액 2억원 이상)

• 해외 금융계좌 : 해외금융계좌신고서(해외금융계좌 합계 매월말 잔액이 최소 한달간 5억원 이상인 경우)

② 국외특수관계자간 거래에 대한 국제거래정보통합보고서는 사업연도 종료일부터 12개월 이내에 제출하여야 한다. 이때 정상가격산출방법 보고서, 국제거래명세서, 국외특수관계자의 요약손익계산서에 대하여 사업연도 종료일부터 6개월 이내에 제출하여야 한다.

1. 수출에 따른 영세율제도는 부분면세제도에 해당된다.

2. 부가가치세는 소비세이므로 소비자가 부담하게 된다. 국가간 거래에서도 수입하여 소비하는
   나라(소비국)가 부가가치세를 부담하여야 하므로 소비지국과세원칙이 적용된다.

3. 직수출 등의 경우에 국내거래가 아니긴 하지만 세금계산서를 발행하여야 한다.

4. 내국신용장, 구매확인서에 의하여 수출업자에게 재화등을 공급하는 경우 국내거래에 해당되
   므로 공급받는 수출업자에게 영세율 세금계산서를 발급하여야 한다.

5. 수입물품의 매입가격과 조건(매입운임, 보험료, 하역료 등)이 확정된 인수일의 환율로 계산한
   매입가격에 부가가치세 및 관세 등을 포함한 가액을 취득원가로 한다.

6. 선적지 인도조건(FOB, CFR, CIF) 거래의 경우 도착시점에 미착상품(미착원재료) 등의
   재고자산에 포함하고 인수시점에 상품 및 원재료 등으로 대체한다.

7. 국제특송업체(Fedex 등)를 이용하여 재화를 국외로 반출하는 것은 수출이 아니므로 부가가
   치세가 과세된다.

8. 수출신고필증에는 수출형태, 수출품목, 수출금액 및 선적일 등이 표시되므로 부가가치세법상
   수출의 공급시기를 확인할 수 있다.

9. 수출신고필증에서 수출자의 구분에 따른 수출의 형태를 A, B, C와 같은 기호로 표시한다.

10. 수출신고필증에서 신고일자는 선적일이다.

11. 송금환수표(D/D, Demand Draft), 전신환(T/T, Telegraphic Transfer), 우편환(M/T, Mail Transfer)의 결제방법은 송금결제방식에 해당된다.

12. 추심결제방식에는 인수인도조건(D/A), 지급인도조건(D/P)의 방식이 해당된다.

13. 인수인도조건(D/A, Document against Acceptance)은 어음조건에 따라 대금지급이 이루어지면 선적서류를 인도하는 방식이다.

14. 신용장(Letter of Credit)은 은행의 조건부 지급확약증서로서 수출업자가 신용장을 개설을 의뢰한다.

15. 환어음(Bill of Exchange)은 추심결제방식분만 아니라 신용장 방식에서도 필수적으로 통용되는 지급위탁증권이다.

16. 선적지인도조건의 경우 위험부담과 비용부담에 따라 FOB, CFR, CIF로 거래조건이 달라진다.

17. 추심거래도 신용장거래와 같이 은행의 지급확약이 있다.

18. 수출통관은 수출신고 후 수출신고가 수리되면 수출된 것으로 본다.

19. 보세구역은 외국물품이 반입될 수 있는 구역으로 수입통관 절차가 완료되지 않은 상태의 구역을 말한다.

20. 우리나라의 경우에는 수출가격조건이 FOB, CFR, CIF가 거의 대부분으로서 수출 재화의 선적일이 부가가치세법의 공급시기이며 법인세법의 수익인식일에 해당된다.

21. D/A의 추심결제방식으로 만기 전에 할인하여 발행하는 할인료를 D/A이자라고 하며 매출 채권처분손실(매각거래)로 처리한다.

22. 신용장거래에서 수출자가 수출대금의 빠른 회수를 위해 수출환어음을 발행하여 만기전에 할인할 때 발생하는 이자를 Shipper's Usance이자라고 한다.

23. Shipper's Usance이자는 할인금액을 매출채권처분손실(매각거래)로 인식한다.

24. 수출로 인하여 발생한 매출채권이 국내로 회수불가능하여 외국환은행의 장으로부터 채권회수의무를 면제받은 경우에도 소송에 의하지 않고는 대손으로 손금산입할 수 없다.

25. 외국물품이 수입신고가 되면 수입된 것으로 보게 되므로 수입재화에 대한 공급시기는 수입신고일이다.

26. 보세구역 외에서 보세구역으로 재화를 공급하는 것은 부가가치세가 과세되므로 세관장이 수입세금계산서를 발행하여야 한다.

27. 수입신고필증에 총과세가격은 부가가치세를 부과하기 위한 가격이다.

28. 재수입되거나 재수출을 위해 수입하는 재화는 부가가치세가 면세된다.

29. 수입업자가 수출용원재료를 수입하면서 납부한 관세를 2년 내에 제조하여 수출하면서 납부한 관세를 신청하여 환급받은 경우 관세환급금은 영업외수익으로 계상한다.

30. 선적지 인도조건(FOB, CFR, CIF) 거래의 경우 선적시점에 미착상품으로 재고자산에 포함하고 인수시점에 상품 등으로 대체한다.

31. 외화 결제로 인한 외환차손익은 당해 사업연도의 익금 또는 손금에 산입한다.

32. 수입시 어음거래는 외상으로 대금결제를 유예하는 것으로 일정기간의 이자를 부담할 수 있다. 수입자가 부담하는 이자는 자산의 원가에 포함하여야 한다.

33. 수입자가 개설은행에 신용장 개설을 의뢰하고 발생한 신용장 개설수수료는 재고자산에 포함된다.

34. 신용장거래에서 수입자가 수입대금을 금융기관에서 차입하여 결제한 후 금융기관에 이자를 상환하는 경우 수입자가 부담하는 이자를 Banker's Usance이자라고 한다.

35. 수입자가 Shipper's Usance로 수입하면서 수출자에게 이자를 별도로 지불하는 경우에 수입자가 부담하는 이자는 자산원가에 포함한다.

정 답

1. X 수출에 따른 영세율제도는 조기환급을 받으므로 완전면세제도에 해당된다.
2. O
3. X 직수출 등의 경우에 외국과의 거래에서는 세금계산서를 발행하지 않는다.
4. O
5. O
6. X 선적지 인도조건(FOB, CFR, CIF) 거래의 경우 선적시점에 미착상품 등으로 재고자산에 포함하고 인수시점에 상품 등으로 대체한다.
7. X 국제특송업체(Fedex 등)를 이용하여 재화를 수출하는 경우 영세율이 적용된다.
8. X 수출신고필증에는 수출형태, 수출품목, 수출금액 등은 표시되지만 선적일은 선하증권에서 확인하여야 한다.
9. O 수출자 구분에 따라 수출의 형태를 A(수출자와 제조자가 동일하며 직수출에 해당), B(수출자가 수출대행만 함), C(수출자가 완제품을 공급받아 수출함) 등과 같이 기호로 표시된다.
10. X 수출신고필증의 신고일자는 수출신고일이며 수출신고수리일이다. 신고수리일 이후 2~3일 내에 선적된다. 선적일은 선하증권에서 확인해야 한다.
11. O
12. O
13. X 인수인도조건(D/A, Document against Acceptance)은 지급인의 어음 인수만으로 선적서류가 인도되는 방식이다.
14. X 신용장(Letter of Credit)은 은행의 조건부 지급확약증서로서 수입업자가 신용장을 개설을 의뢰한다.
15. X 일람지급신용장에서는 환어음을 요구할 수도 있고 요구하지 않을 수도 있다. 연지급신용장에서는 환어음을 요구할 수 없다.
16. O

17. X 추심거래에서는 신용장거래와 달리 은행의 지급확약이 없다.

18. O

19. O

20. O

21. O

22. O

23. O

24. X 수출로 인하여 발생한 매출채권이 국내로 회수불가능하여 외국환거래에 관한 법령에
    따라 외국환은행의 장으로부터 채권회수의무를 면제받은 경우에는 면제를 받은 날이
    속하는 사업연도에 손금에 산입할 수 있다.

25. X 외국물품이 수입신고 후 수입신고가 수리되면 수입된 것으로 보게 되므로 수입재화에
    대한 공급시기는 수입신고수리일이다.

26. X 보세구역 외에서 보세구역으로 재화를 공급하는 것은 부가가치세가 과세된다. 공급자가
    세금계산서를 발행하여야 한다.

27. X 총과세가격은 관세를 부과하기 위한 가격이다.

28. O

29. X 수입업자가 수출용원재료를 수입하면서 납부한 관세를 2년 내에 제조하여 수출하면서
    납부한 관세를 신청하여 환급받은 경우 관세환급금은 매출원가에서 차감한다.

30. O

31. O

32. X 어음거래는 외상으로 대금결제를 유예하는 것으로 일정기간의 이자를 부담할 수 있다.
    수입자가 부담하는 이자는 이자비용으로 처리한다. 법인세법에서는 이자비용 또는 자산
    의 원가로 처리할 수 있다.

33. O

34. O

35. X 수입자가 Shipper's Usance로 수입하면서 수출자에게 이자를 별도로 지불하는 경우에
    도 수입자가 부담하는 이자는 이자비용으로 처리한다.

01 수출업의 수출상품 인도조건이 나머지 보기와 다른 것은?

① FOB   ② CFR

③ CIF   ④ DAP

정답 ④

DAP는 도착지 인도조건이다.

02 수출업의 선전지인도조건으로서 매도인이 적재비와 목적항까지 보험료, 해상운임과 양하비를 모두 부담하는 조건의 거래는?

① FOB   ② CFR

③ CIF   ④ DPU

정답 ③

03 선적지 인도조건으로 선적항의 본선에서 위험과 비용이 모두 매수인(수입자)에게 이전되는 조건의 거래는?

① FOB   ② CFR

③ CIF   ④ DDP

정답 ①

04 수출과 관련된 부가가치세 영세율의 설명으로 틀린 것은?

① 영세율은 매출세액이 0이 되어 매입세액이 환급되는 것을 말한다.

② 소비지국과세원칙에 따른다.

③ 국제적이중과세 방지에 기여한다.

④ 조기환급을 받으므로 부분면세제도라고 한다.

🔍정답 ④

조기환급을 받으므로 완전면세제도라고 한다.

05 직수출과 관련된 다음의 설명 중 틀린 것은?

① 수출의 부가가치세 공급시기는 선적일이다.

② 세금계산서를 발행하여야 한다.

③ 수출실적명세서를 작성 제출하여야 한다.

④ 영세율적용대상이다.

🔍정답 ②

국외거래에 대하여는 세금계산서를 발행하지 않는다.

06 영세율과 관련된 수출에 대한 설명으로 틀린 것은?

① 수출이란 재화의 직수출 및 용역의 국외제공 등 국내 및 국외거래에서의 외화를 획득하는 것으로 이해할 수 있다.

② 수출하는 경우에는 수출신고필증에 수출형태, 신고일, 수출신고가격, 거래조건 등이 기재된다.

③ 소포 또는 국제특송업체(Fedex, DHL, UPS)를 이용하여 재화를 수출하는 경우에는 영세율이 적용되지 않는다.

④ 국내거래에 해당하는 내국신용장 거래도 영세율이 적용된다.

🔍정답 ③

소포 또는 국제특송업체(Fedex, DHL, UPS)를 이용하여 재화를 수출하는 경우에도 영세율이 적용된다.

07 국내거래와 영세율 적용에 관한 설명으로 틀린 것은?

① 내국신용장 거래가 해당된다.

② 구매확인서 거래가 해당된다.

③ 영세율 세금계산서가 발급되어야 한다.

④ 부가가치세 신고시 영세율첨부서류는 제출할 필요가 없다.

🔍정답 ④

부가가치세 신고시 영세율첨부서류를 제출하여야 한다.

08 수출신고필증에 수출자 구분에 따른 수출의 형태 표시 중 직수출에 해당되는 것은?

① A   ② B

③ C   ④ D

🔍정답 ①

09 수출에 따른 부가가치세 공급시기인 선적일을 확인할 수 있는 서류는?

① 소포수령증   ② 신용장

③ 선하증권   ④ 영세율 세금계산서

🔍정답 ③

10 수출에 따라 세무신고시 적용해야 하는 환율에 해당하는 것은?

① 현물환율   ② 기준환율

③ 선물환율   ④ 대고객환율

🔍정답 ②

11 선적시점에 수입자의 미착상품 등으로 재고자산에 포함하고 인수시점에 상품 등으로 대체하는 인도조건의 거래가 아닌 것은?

① DAP   ② FOB

③ CIF   ④ CFR

🔍 **정답** ①

---

12 수입에 관한 설명으로 틀린 것은?

① 외국으로부터 우리나라에 도착된 물품이나 수출신고가 수리된 물품이 우리나라에 인취하는 것을 수입이라고 한다.

② 외국물품을 국내로 수입하고자 하는 경우 세관장에게 외국물품을 수입하겠다는 의사표시를 한 서류가 제출되는 경우 수입신고필증을 발급받게 된다.

③ 수입된 물품의 취득원가는 세관장이 발행한 수입세금계산서나 수입신고필증상의 결제금액으로 결정된다.

④ 부가가치세 과세대상 수입재화에 대하여는 수입자로부터 세관장이 부가가치세를 징수하고 세금계산서를 발행한다.

🔍 **정답** ③

수입물품의 매입가격과 조건(매입운임, 보험료, 하역료 등)이 확정된 인수일의 환율로 계산한 매입가격에 및 관세 등을 포함한 가액을 취득원가로 한다. 세관장이 발행한 수입세금계산서나 수입신고필증상의 결제금액으로 결정하면 안된다.

---

13 수출시 대금결제방법이 신용장방식에 해당되는 것은?

① 송금환수표(D/D)   ② 일람출급 L/C

③ 서류상환도방식(CAD)   ④ 인수인도조건(D/A)

🔍 **정답** ②

14 수출신고필증의 대금결제방법에 관한 설명으로 틀린 것은?

① 서류상환도방식(CAD, Cash Against Document)은 D/P방식과 같지만 환어음을 발행하지 않기 때문에 D/P와 구분된다.

② 무역거래에서는 상업서류를 첨부한 화환추심(Documentary Collection)방식을 사용한다.

③ 신용장은 은행의 조건부 지급확약증서이다.

④ 추심거래에서도 신용장거래와 같이 은행의 지급확약이 있다.

🔍**정답** ④

추심거래에서는 신용장거래와 달리 은행의 지급확약이 없다.

15 통관 및 보세에 관한 설명으로 틀린 것은?

① 통관이란 관세선(세관)을 통과하는 것을 말한다.

② 보세구역은 외국물품이 반입될 수 있는 구역으로 수입통관 절차가 완료된 상태의 구역을 말한다.

③ 반송은 외국물품이 보세구역을 통과하여 다시 반출되는 것을 말한다.

④ 수출신고수리가 완료되면 수출된 것으로 본다.

🔍**정답** ②

보세구역은 외국물품이 반입될 수 있는 구역으로 수입통관 절차가 완료되지 않은 상태의 구역을 말한다.

16 보세구역에 관한 설명으로 틀린 것은?

① 외국선박 등으로 우리나라에 도착한 외국물품은 보세구역에 반입된 후 수입신고절차를 거친다.

② 개항지역의 보세구역에서 내륙지 보세구역으로 외국물품을 반입할 때는 보세운송절차를 거쳐야 한다.

③ 보세구역 내에서 보세구역 외의 국내에 재화를 공급하는 경우 공급자가 부가가치세를 거래징수하고 세금계산서를 발행한다.

④ 보세란 수입신고수리가 되지 않은 상태이며 이런 상태에 있는 외국물품을 보세화물이라고 한다.

Q 정답 ③

보세구역 내에서 보세구역 외의 국내에 재화를 공급하는 경우 세관장이 부가가치세를 거래징수하고 수입세금계산서를 발행한다.

17 내국신용장과 구매확인서에 관한 설명으로 틀린 것은?

① 구매확인서는 내국신용장 개설한도가 부족하여 개설할 수 없는 경우에 주로 이용되지만 발급은행이 지급을 보증하여 준다.

② 내국신용장은 수출업자의 신용이나 대금지급을 은행이 보증하여 주는 수출금융방식이다.

③ 내국신용장은 국내 업체로부터 수출용제품 및 원재료를 공급받으려는 수출업자의 의뢰에 따라 개설된다.

④ 내국신용장, 구매확인서에 의하여 재화를 공급하는 경우 국내거래에 해당되므로 영세율 세금계산서를 발급하여야 한다.

Q 정답 ①

구매확인서는 내국신용장 개설한도가 부족하여 개설할 수 없는 경우에 주로 이용되며 발급은행의 지급보증이 없다.

18 수출금의 매출수익 인식에 관한 설명으로 틀린 것은?

① 수출조건이 CIF인 경우 선적일이 부가가치세법의 공급시기이다.

② 수출조건이 CFR인 경우 선적일이 법인세법의 수익인식일이다.

③ 재화의 수출조건이 FOB인 경우 완성도기준지급조건부의 공급시기는 대가의 각 부분을 받기로 한 때이다.

④ 단기 및 장기용역의 매출시 진행기준에 따라 수익을 인식한다.

Q 정답 ③

수출조건이 FOB, CFR, CIF인 경우 장기할부판매, 중간지급조건부, 완성도기준지급조건부의 공급시기는 선적일이다.

19 수출대금의 결제방식에 따른 회계처리에 관한 설명으로 틀린 것은?

① 사전송금방식에 따라 선입금 받은 금액은 선수금계정으로 처리한다.

② 선적지 인도조건에 따라 해외매출에 대한 매출액을 인식하면서 어음대금을 매출채권 계정으로 처리한다.

③ 어음거래에 따라 대금결제 유예에 따른 이자를 수출자는 부담하지 않으므로 회계처리 하지 않는다.

④ 일람출급신용장 거래는 일람불어음을 발행할 수 있다.

🔍정답 ③

어음거래에 따라 대금결제 유예에 따른 이자를 수출자가 부담할 수도 있으며 이 경우 이자비용(실무적으로는 '환가료')으로 처리한다.

20 다음 중 수입으로 보는 때는?

① 보세구역에 반입시　　　　② 수입신고시

③ 수입신고수리시　　　　　④ 세관장의 수입세금계산서발행시

🔍정답 ③

21 수입신고필증에 표시된 환율에 관한 설명으로 틀린 것은?

① 선적지 인도조건의 거래시 선적일의 기준환율로 계산한 물품을 미착상품(재고자산)으로 회계처리한다.

② 수입신고필증에 표시되는 과세환율은 수입자가 실제 대금지급시 적용된 환율이다.

③ 과세환율은 수입물품에 대하여 수입신고를 하는 시점의 환율을 적용한다.

④ 도착지 인도조건의 계약인 경우에는 도착일 또는 인수시점의 환율로 평가하여 재고자산으로 회계처리한다.

🔍정답 ②

수입신고필증에 표시되는 환율은 결제금액의 통화에 대하여 관세청이 고시한 과세환율로 수입물품의 거래대금의 지급시기 및 지급시 적용된 환율과 상관이 없다.

22 수입신고필증의 총과세가격에 관한 설명으로 틀린 것은?

① 총과세가격은 관세를 부과하기 위한 가격이다.

② 수입항까지의 운임, 보험료로서 수입자가 부담한 가격을 과세가격에 가산한다.

③ 구매자가 실제로 지급하였거나 지급해야 할 가격으로서 하자보증비, 구매수수료등을 가산한다.

④ 수입 후에 지출되는 운송비, 연불이자 등을 가산한다.

Q 정답 ④

수입 후에 지출되는 운송비, 연불이자 등은 과세가격에서 공제한다.

23 수입물품의 취득원가 결정에 관한 설명으로 틀린 것은?

① 수입물품의 매입가격과 조건(매입운임, 보험료, 하역료 등)이 확정된 인수일의 환율로 계산한 매입가격에 및 관세 등을 포함한 가액을 취득원가로 한다.

② 인수일 후 외화로 결제된 경우 외환차손익은 익금 또는 손금에 산입한다.

③ 부가가치세 과세대상 수입재화에 대하여는 수입자로부터 세관장이 부가가치세를 징수하고 수입세금계산서를 발행한다.

④ 부가가치세가 징수된 매입세액이 공제되는 경우에도 매입세액을 취득원가에 포함한다.

Q 정답 ④

부가가치세 신고시 매입세액으로 공제된다. 매입세액이 불공제되는 경우에는 취득원가에 포함한다.

24 수입재화의 면세적용에 관한 설명으로 틀린 것은?

① 여행자휴대품 등으로서 관세가 면제되거나 간이세율이 적용되는 재화

② 수출된 후 다시 수입하는 재화로서 수출자와 수입자가 동일하거나 당해 재화의 제조자가 직접 수입하는 것으로서 관세가 감면되는 일정한 물품(재수입)

③ 가공식료품과 상품견본 및 광고용물품으로서 관세가 면제되는 재화

④ 다시 수출하는 조건으로 일시 수입하는 재화로서 관세가 감면되는 것 중 일정한 물품(재수출)

Q정답 ③

가공식료품은 부가가치세가 과세되며 미가공식료품은 부가가치세가 면세된다.

25 수입대금의 결제방법에 따른 회계처리에 관한 설명으로 틀린 것은?

① 사전송금방식에 따라 선지급한 금액은 재고자산계정으로 처리한다.

② 선적지 인도조건의 어음거래방식에서 선적일에 어음대금을 매입채무로 처리한다.

③ 신용장 거래 방식에서 신용장 개설수수료는 미착상품으로 분류한다.

④ 수입자가 Shipper's Usance로 수입하면서 수출자에게 이자를 별도로 지불하는 경우에도 수입자가 부담하는 이자는 이자비용으로 처리한다.

Q정답 ①

사전송금방식에 따라 선지급한 금액은 선급금계정으로 처리한다.

제6장
음식점업 및 학원업

VI 음식점업 및 학원업

제1절   음식점업

❶ 음식점업종의 구별과 의제매입세액공제

(1) 음식점업과 타업종의 구별

	접객 시설	조리 시설	배달	의제매입 세액공제	중소기업 해당여부	중소기업 특별세액감면	
음식점	○	○	○	○ (8/108)	○	×	용역의 공급
제조업	×	○	○	○ (4/104)	○	○	재화의 공급
소매업	×	×	○	×	○	○	재화의 공급

(2) 식품위생법에 따른 구분

① 휴게음식점업

휴게음식점업은 음식류의 조리 및 판매를 영업으로 하되 주류판매가 허용되지 않는 분식, 카페, 제과, 떡, 과자, 아이스크림류의 업종을 말한다.

② 일반음식점업

일반음식점업은 음식류의 조리 및 판매와 주류판매가 허용되는 업종을 말한다.

③ 단란주점업

단란주점업은 주류와 함께 간단한 음식의 조리 및 판매하면서 노래를 부르는 행위가 허용되는 업종을 말한다.

④ 유흥주점업

유흥주점업은 주류와 함께 간단한 음식의 조리 및 판매하면서 유흥종사자를 두거나 유흥시설을 설치하고 노래와 춤을 추는 행위가 허용되는 업종을 말한다.

(3) 건축물용도에 따른 구분

① 제1종근린생활시설

휴게음식점, 제과점으로서 당해용도에 사용되는 건물의 바닥면적의 합계가 300㎡ 미만인 업종에 해당된다.

② 제2종근린생활시설

일반음식점과 휴게음식점 및 제과점으로서 당해용도에 사용되는 건물의 바닥면적의 합계가 300㎡ 이상인 업종과 노래연습장 및 단란주점으로서 당해용도에 사용되는 건물의 바닥면적의 합계가 150㎡ 미만인 업종에 해당된다.

③ 위락시설

유흥주점과 단란주점으로서 당해용도에 사용되는 건물의 바닥면적의 합계가 150㎡ 이상인 업종에 해당된다.

❷ 매출액의 계상

매장의 신용카드매출 및 현금영수증 발행금액에 현금매출액 등을 가산하여 계상하되 배달앱 등을 통한 매출액이 누락되지 않도록 주의하여야 한다. 음식점은 부가가치세법상 용역의 제공으로 본다. 음식용역 공급에 따른 매출액의 귀속시기는 용역의 제공이 완료된 때이다.

❸ 식자재와 의제매입세액공제

식자재와 부재료는 음식업의 주요경비에 해당된다. 식자재는 부가가치세 면세대상이므로 계산서나 신용카드전표를 수취하면 된다. 부가가치세가 면세된 식자재는 신고시 일정율만큼 의제매입세액으로 공제받을 수 있다. 의제매입세액공제란 사업자가 부가가치세 면세로 공급받은 농·축·수·임산물을 원재료로 제조, 가공하여 과세되는 재화 또는 용역으로 공급하는 경우 일정금액을 매입세액으로 공제받는 것을 말한다. 이때 의제매입세액으로 공제받은 금액은 원재료의 매입가액에서 차감한다.

① 제조업의 경우 4/104

② 간이과세 개인제조업(떡집)의 경우와 음식점 법인 6/106

③ 일반과세자로서 과세표준이 2억을 초과하는 경우 8/108

④ 일반과세자로서 과세표준이 2억 이하인 경우 9/109

⑤ 기타의 업종 2/102

🔖 사례1

> **의제매입세액공제의 회계처리**
>
> 음식점 개인사업자가 농산물 100,000원에 구입하고 계산서를 발급받은 후 의제매입세액공제
> (8/108)를 받은 경우의 회계처리는 다음과 같다.
>
> | (차) 원재료 | 92,593 | (대) 현금 등 | 100,000 |
> |---|---|---|---|
> | 부가세대급금 | 7,407 | | |

의제매입세액공제를 받고자 하는 경우에는 의제매입세액공제 신고서를 작성하여 제출하여야 한다. 음식점업의 경우 농어민으로부터 직접 구입한 후 영수증을 받은 경우에는 의제매입세액공제를 받을 수 없다(제조업은 가능).

❹ 음식점업의 주요경비

식자재 외의 주요경비에는 직원의 인건비, 임차료비용이 있다. 임차료는 세금계산서를 수취하여 부가가치세를 공제받고 소득세 비용으로 처리하면 된다.

인건비의 경우 상용근로자와 일용근로자로 구분하여 급여를 원천징수하여야 한다. 상용근로자는 4대보험 의무가입해야 한다. 반면, 일용근로자는 근로시간 등에 따라 4대보험 가입대상자에 해당될 수 있으므로 가입여부를 확인하여야 한다.

	세법에서의 개념	4대보험에서의 개념
일용근로자	동일 고용주로부터 3개월 미만 고용된 자	동일 고용주로부터 1개월 미만 또는 월 60시간 미만 고용(단시간근로자)된 자

(1) 원천징수이행상황 신고

근로소득을 지급하는 사업자는 소득세를 원천징수하고 이행상황을 신고하여야 한다. 원천징수는 근로소득을 지급하는 때 하고 다음달 10일까지 신고, 납부하여야 한다. 원천징수한 사업자는 근로자별로 1년간의 소득에 대하여 연말정산을 하고 소득세를 확정하여야 한다. 연말정산은 매월별로 원천징수한 세액과 확정된 세액의 차액에 대하여 추가 징수하거나 환급하는 절차이다.

(2) 봉사료 수입금액에 대한 원천징수

음식·숙박용역을 제공한 사업자가 수입금액과 함께 봉사료를 받고 해당 직원에게 지급하는 경우에는 봉사료에 대하여 소득세를 5%세율로 원천징수하고 봉사료지급대장을 비치하여야 한다. 봉사료 수입금액은 소득자의 사업소득이며 사업자는 사업소득 원천징수영수증을 발행하여야 한다.

원천징수 대상 봉사료는 신용카드전표 등에 구분 기재된 봉사료금액이 공급가액의 20%를 초과하고 이를 사업자의 수입금액으로 계상하지 않는 경우에 해당된다. 따라서 지급된 봉사료는 사업자의 필요경비에 해당하지 않으며 부가가치세 과세표준에서 제외된다.

❺ 음식점업의 일반경비

공산품 및 주류 등은 세금계산서를 수취하면 된다. 일반음식점업이 주류를 판매하고자 하는 경우에는 사업자등록 신청시 주류면허 신청을 하여야 한다.

전기, 가스, 수도 등의 공과금 영수증의 수취와 매장 비품 등 감가상각비 계상, 월 주차료, 신용카드매출 수수료 등의 경비를 확인하여야 한다.

❻ 프랜차이즈업

프랜차이즈란 상호, 상표 등의 사용허락에 의한 영업 행위를 말한다. 프랜차이즈에 가입하여 지급하는 가맹비(프랜차이즈 또는 로열티 등), 인테리어경비 및 식자재 등을 제공받는 경우에 세금계산서를 발급받아야 한다. 프랜차이즈 또는 가맹비(소멸성)는 무형자산의 요건을 충족한 경우에 무형자산상각을 통하여 필요경비 처리한다. 그 외에는 사용료 등의 수수료로 비용처리한다. 환급조건의 가맹비는 기타보증금 등의 계정으로 분류한다. 프랜차이즈 등 노하우를 제공하는 사업자는 사용료 수입금액계정으로 처리한다.

인테리어경비는 시설장치로서 감가상각을 통하여 필요경비 처리한다.

❼ 대형마트 내 음식점업

대형마트나 백화점 내에 직영점이 아닌 음식점업체가 매출액의 일정비율을 수수료로 지급한 후 세금계산서를 수취하면서 임차료를 대신하는 경우 이 비용은 임차료로 분류한다.

❽ 사업장의 폐업과 상가권리금(영업권)의 양도

(1) 기타소득세 과세

개인이 상가를 임차하여 사용하다가 임차인의 지위를 양도할 때 얻는 이익을 권리금이라고 한다. 권리금의 양도는 60% 필요경비가 인정되고 20%의 기타소득세를 납부하게 된다. 상가권리금의 양수자는 권리의 양도자에게 대금을 지급하면서 기타소득으로 원천징수한다. 따라서 권리의 양수자가 기타소득 원천징수영수증을 발급한다.

(2) 세금계산서의 발행

상가권리금의 양도자는 권리의 양수자에게 세금계산서를 발행하여야 한다. 면세사업의 경우에는 계산서를 발행한다. 다만, 사업의 포괄 양도·양수에 해당되는 경우에는 세금계산서를 발행하지 않는다.

제2절 유흥주점업

유흥주점업은 주류를 조리·판매하는 영업으로서 유흥종사자를 두거나 유흥시설을 설치할 수 있고 손님이 노래를 부르거나 춤을 추는 행위가 허용되는 영업을 말한다. 유흥주점업에는 룸싸롱, 요정, 카바레, 나이트클럽, 접객주점 등의 업종이 해당된다.

유흥주점업은 술과 접대행위를 제공하는 소비행위에 대하여 부가가치세 및 개별소비세가 추가로 과세되며 소비성서비스업에 해당되어 중점 세무관리대상 업종에 포함된다.

중점 세무관리 사항은 다음과 같다.
① 접객원에 대한 봉사료 과대계상 여부
② 개별소비세 과세대상 신고·납부
③ 신용카드 위장가맹점 및 명의위장 사업자 여부

❶ 유흥주점업의 부가가치세

(1) 사업자등록과 자금출처소명

유흥주점업은 명의를 위장하여 세금을 탈루하는 경우가 많으므로 실제 사업자인지를 확인하기 위하여 유흥주점업의 사업자등록 신청시 사업자금 내역 및 재무상황 등을 확인할 수 있는 서류를 제출하여야 한다.

(2) 과세유흥장소의 지방세 중과세

과세유흥장소에 해당하는 건물을 취득하거나 일반건물 취득 후 용도가 변경되어 과세유흥장소가 된 경우에는 해당 사유일부터 60일 이내에 사치성재산에 대한 취득세 중과세율을 적용하여 신고·납부하여야 한다. 취득세는 표준세율(4%)에 8%(중과기준세율2%×4배)를 가산하여 적용한다.

일반건물의 소유자가 임차인과의 계약을 통하여 임차인이 과세유흥장소로 용도를 변경하여 사용하는 경우에도 적용될 수 있으므로 취득세 중과세 여부에 대하여 검토하여야 한다.

과세유흥장소인 사치성 재산에 대하여 재산세와 공동시설세가 중과세된다.

(3) 부가가치세 과세표준과 세액

현금 및 신용카드등 매출액(부가가치세를 제외한 공급가액)을 과세표준으로 하되, 종업원에 대한 봉사료가 신용카드 전표 등에 구분·기재되고 봉사료 대장을 작성하여 실제 지급된 봉사료는 부가가치세 과세표준에서 제외한다. 다만, 사업자가 봉사료를 자기의 수입금액으로 계상한 경우에는 과세표준에 포함한다.

부가가치세의 과세표준에는 개별소비세(10%), 교육세(3%, 개별소비세의 30%)를 포함하므로 유흥음식요금을 1.1로 나누어 계산한다.

신용카드매출액의 1.3%(연간한도 1,000만원, 2023년까지)와 2/102에 해당하는 의제매입세액을 공제받을 수 있다.

❷ 유흥주점업의 개별소비세와 교육세

과세유흥주점에 대하여는 허가의 유무, 사업자의 규모 등에 관계없이 모두 개별소비세의 과세대상이 된다. 또한 개별소비세 과세대상이 아닌 단란주점이라도 유흥종사자를 두거나 독립된 객실을 두고 룸싸롱과 같은 영업을 하는 경우에는 개별소비세가 과세된다.

과세유흥장소에서 유흥음식행위에 대하여 그 행위를 한 때의 요금(부가가치세와 개별소비세 제외)을 과세표준으로 한다. 따라서 유흥음식요금을 1.243으로 나누어 계산한다.

• 유흥음식요금(부가가치세와 개별소비세 제외)를 1,000원이라고 가정하면,

1,000원(개별소비세 과세표준)×1.13(개별소비세 10%, 교육세 3%) = 1,130원

1,130원(부가가치세 과세표준)×1.1(부가가치세 10%) = 1,243원

- 1,130원은 개별소비세와 교육세만 포함된 유흥음식요금이고

  1,243원은 개별소비세와 교육세 및 부가가치세가 모두 포함된 금액이다.

과세표준에 봉사료는 제외하되 과세유흥장소의 사업주가 고객에게 직접 청구하여 전종업원에게 일정 지급기준에 따라 지급하는 봉사료의 경우에는 신용카드 전표 등에 봉사료가 구분기재된 경우에도 과세표준에 포함한다.

매 월 과세유흥 장소에 관한 인원, 유흥음식요금, 세액 등을 기재한 신고서를 유흥음식행위를 한 달의 다음달 25일까지 신고·납부하여야 한다. 다만, 폐업한 경우에는 폐업일이 속하는 달의 말일부터 다음달 25일까지 신고·납부하여야 한다.

❸ 봉사료의 원천징수

신용카드 전표 등에 요금의 20%를 초과하여 구분기재되고 봉사료 지급대장을 작성하여 실제 지급이 확인되는 봉사료는 과세유흥장소 사업자의 수입금액에 해당하지 않고 종업원의 원천징수 대상 사업소득에 해당한다. 봉사료의 5%를 원천징수하고 사업소득 원천징수영수증을 교부 및 지급명세서를 다음연도 3월 10일까지 제출하여야 한다.

따라서 사업소득에 해당하는 5% 원천징수 봉사료는 사업자의 소득세 총수입금액에 포함하지 않으므로 해당 봉사료는 필요경비에 해당하지도 않는다. 또한 부가가치세 및 개별소비세 과세표준에 포함하지 않는다.

다만, 봉사료를 일괄 수령하여 일정 지급기준에 따라 전 종업원에게 지급하는 봉사료는 사업자의 소득세 총수입금액에 포함하며 해당 봉사료는 필요경비(종업원의 근로소득으로 보아 원천징수하여야 함)에 해당한다. 또한 부가가치세 및 개별소비세 과세표준에 포함한다.

❶ 학원업의 구분

부가가치세가 면세되는 학원업의 구분은 다음과 같다. 면세되는 학원사업자는 면세사업에 관한 사업장현황신고 대상자이다.

(1) 학원

학원이란 일정한 수 이상의 학습자에게 30일 이상의 교습과정에 따라 지식·기술·예능·체능을 교습하거나 학습장소로 제공되는 시설을 말한다. 학원은 강사를 둘 수 있으며 10명 이상의 학습자를 수용할 수 있는 강의실이 있어야 한다.

① 학교교과교습학원

초·중·고교의 교과로서 입시·검정·보습학원, 외국어학원, 음악·미술·무용의 예능학원, 독서실, 특수교육의 학원을 말한다.

② 평생·직업교육학원

학교교과교습학원 외의 평생교육이나 직업교육을 목적으로 하는 학원을 말한다. 자동차, 항공, 조선, 디자인, 이·미용, 전산회계 및 회계, 컴퓨터, 간호조무사, 경영, 대학편입, 어학(성인대상), 바둑, 실용음악 등의 학원을 말한다.

(2) 교습소

교습소는 과외교습을 하는 시설로서 학원 시설이 아닌 시설을 말한다. 교습소는 강사를 둘 수 없지만 보조요원 1인을 둘 수 있다. 교습소는 같은 시간에 교습인원이 9명(피아노 5명) 이하이면서 교습자 1명이 한 장소에서 1과목만을 교습하여야 한다.

(3) 개인 과외교습자

학습자의 주거지나 교습자의 주거지에서 교습비를 받고 과외교습을 하는 자를 말한다. 개인과외교습자는 강사를 두거나 교습자 2인 이상의 공동과외는 허용되지 않는다. 개인과외교습자는 신고증명서를 교습장소에 게시하거나 학습자 또는 그 학부모의 요청이 있는 경우 제시하여야 한다. 개인과외교습 신고자의 교습장소, 교습과목, 교습비 변경, 교습중지시 그 사유가 발생한 날부터 15일 이내에 교육지원청에 변경(중지) 신고하여야 한다.

❷ 실내체육시설업

(1) 체육시설의 종류

① 등록 체육시설 : 골프장업, 스키장업 등
② 신고 체육시설 : 체육도장업, 체육교습업, 수영장업, 종합체육시설업, 골프연습장업, 체력단련장업, 당구장업, 무도학원업, 무도장업, 야구장업, 가상체험 체육시설업, 빙상장업 등

신고 체육시설업 중 체육도장업과 체육교습업은 다음과 같다.
1) 체육도장업 : 복싱, 레슬링, 태권도, 유도, 검도, 합기도, 우슈
2) 체육교습업 : 체육시설을 이용하는 자로부터 직접 이용료를 받고 농구, 축구, 야구, 줄넘기, 배드민턴, 빙상, 롤러스케이트 등에 대하여 13세 미만의 어린이를 대상으로 30일 이상 교습행위를 제공하는 업

(2) 부가가치세가 면세사업

부가가치세가 면세되는 실내체육시설업은 태권도, 유도, 검도 등 체육시설의 설치이용에 관한 법률에 의한 교육서비스용역을 제공하는 시설을 말한다. 면세사업에 관하여 사업장현황신고를 하여야 한다. 부가가치세법상 면세에 해당하기 위해서는 다음의 요건을 모두 갖추어야 한다.

① 해당 시설의 주 설치목적이 교육용역의 제공이며, 해당 교육용역을 제공하여야 한다. 따라서 교육용역을 제공하더라도 해당 시설의 설치 목적이 교육이 아닌 시설이용에 있다면 과세에 해당된다.
② 주무관청의 인허가, 등록, 신고를 하고 관리, 감독을 받는 학원 및 체육시설이어야 한다. 따라서 학원의 설립·운영 및 과외교습에 관한 법률(학원업법)에 따라 주무관청인 교육청에 등록 또는 신고하고 교육청의 지도, 감독을 받는 체육교습학원과 체육시설의 설치이용에 관한 법률(체육시설법)에 따라 주무관청인 시·구청장에 등록 또는 신고하고 시·구청장의 지도, 감독을 받는 체육시설도 교육관련시설로서 면세에 해당된다.

(3) 부가가치세 과세사업

부가가치세가 과세되는 실내체육시설업은 에어로빅, 줄넘기, 헬스클럽, 요가·필라테스, 탁구, 볼링장, 당구장, 수영장 등의 체육(스포츠)시설을 운영하는 것을 말한다. 과세사업자이

므로 부가가치세를 신고·납부하여야 한다. 다만, 어린이 수영장과 13세 이하 축구클럽 등 체육시설만을 이용하게 하지 않고 교육용역을 함께 제공하는 경우에는 면세된다.

체육관, 헬스클럽, 수영장, 골프장 등의 사업자가 회원으로부터 수입한 입회금은 부가가치세가 과세되며 받은 과세기간의 총수입금액에 산입한다. 다만, 규약 등에서 회원이 탈퇴할 때에 반환할 것을 규정하고 있는 경우에는 보증금 등 자산으로 처리한다.

❸ 학원업의 면세사업장현황신고

(1) 면세사업자 사업장현황신고

학원업을 운영하는 개인사업자(면세사업자, 주무관청의 허가·인가·승인을 얻은 경우)는 당해 사업장의 수입금액과 기본 경비내역을 신고서에 작성하여 과세기간 종료 후 다음연도 2월 10일까지 사업장현황신고를 하여야 한다. 학원업은 중소기업에 해당되어 접대비 한도액이나 결손금공제 등에 혜택이 있지만 중소기업특별세액감면은 받을 수는 없다(다만, 직업기술분야 학원은 감면가능하다).

다음은 면세적용이 가능한 교육영역에 포함된다.

① 주무관청에 신고된 동영상 교육용역

② 학습지판매(도서판매 면세)와 부수적으로 이루어지는 교육용역

③ 주무관청에 신고된 방문교육

④ 태권도, 검도 등 체육시설의 설치이용에 관한 법률에 의한 교육서비스용역
　　(에어로빅, 줄넘기, 헬스클럽, 수영장 등은 면세되지 않음)

(2) 수입금액

학원의 수입금액은 수강료, 특강료, 교재판매대 등으로 구성된다. 교재판매수입금액은 교재 등 재고자산을 관리하여야 하므로 수강료 등의 수입금액과 구분하여 기장한다. 수강료수입은 신용카드, 현금영수증, 지로매출 등으로 구성된다.

수강료를 특정 수강생에게 할인하여 주는 경우에는 할인액을 수입금액에 포함한 후 접대비로 처리한다. 모든 수강생에게 동일하게 할인하는 경우에는 매출에누리로 처리하고 수입금액에서 차감한다. 환불된 수강료는 반환일에 수입금액에서 차감한다.

(3) 수입금액의 귀속시기

회계는 발생주의, 세법은 권리·의무 확정주의를 적용한다. 발생주의는 교육용역의 제공에 대한 귀속시기를 구분하지만 권리·의무 확정주의는 교육용역의 제공이 완료된 때에

수입금액을 인식한다. 따라서 회계와 세법의 수입금액 인식의 차이로 세무조정이 필요할 수 있다.

📖 사례2

> **수강료의 세무조정**
>
> 강의기간이 20×1년 12월부터 20×2년 2월까지 3개월간 진행되고 수강료 3,000,000원을 20×1년 12월에 전부 수령한 경우 20×1년의 회계와 세무상 처리는 다음과 같다.
>
> 〈기업회계(20×1년)〉
>
> | (차) 현금 등 | 3,000,000 | (대) 수강료수익 | 1,000,000 |
> |---|---|---|---|
> | | | 선수수익 | 2,000,000 |
>
> 〈세무상(20×1년)〉
>
> | (차) 현금 등 | 3,000,000 | (대) 선수금 | 3,000,000 |
> |---|---|---|---|
>
> *강의 용역이 완료된 20×2년 2월의 사업연도에 귀속된다.
>
> 〈세무조정(20×1년)〉
>
> (총수입금액불산입) 수강료수익　　　　　1,000,000 (△유보)

(4) 현금영수증 가맹의무

학원업은 사업개시일부터 3개월 이내에 현금영수증가맹점에 가입하여야 하며 가입하지 않는 경우 수입금액의 1%의 가산세를 부담하여야 한다. 또한 거래 건당 10만원 이상인 경우 상대방이 요청하지 않는 경우에도 현금영수증을 의무적으로 발행하여야 한다. 발행하지 않는 경우 미발행금액의 20% 가산세가 부과된다.

❹ 프랜차이즈 학원

(1) 과세·면세 겸영하는 학원운영사업자

학원을 운영하는 사업자가 다른 학원운영자에게 상호, 상표, 교육프로그램, 교재 등의 노하우를 제공하고 받는 가입비(로열티) 등은 수입금액에 포함하되 부가가치세가 과세된다. 가입비(로열티)를 받는 학원운영사업자는 과세·면세 겸영사업자이다. 과세·면세 겸영사업자는 부가가치세 과세표준을 신고하면서 면세수입금액도 신고하면 된다. 따라서 면세사업장현황신고를 별도로 할 필요는 없다.

(2) 과세·면세사업의 매입액 구분

과세사업에 관련된 매입세액은 과세사업에서 공제하고 면세사업에 관련된 매입세액은 불공제한다. 과세 및 면세사업에 관련된 매입경비가 구분되지 않는 경우에는 당해 과세기간의 공급가액기준으로 안분계산한다.

(3) 프랜차이즈 가맹사업자

가입비를 지급한 학원사업자는 프랜차이즈 또는 가맹비(소멸성)가 무형자산의 요건을 충족한 경우에 무형자산상각을 통하여 필요경비 처리한다. 그 외에는 사용료 등의 수수료로 비용처리한다.

❺ 급여(강사료)와 원천징수

학원업의 강사는 일정조건을 갖춘 자로서 교육청에 등록해야 한다. 강사에게 지급되는 인건비는 다음과 같이 처리한다. 실내체육시설업은 별도의 등록이 필요없다.

(1) 고용된 경우

근로소득으로 원천징수하며 4대보험에 가입하여야 한다.

(2) 독립되어 강의를 반복적으로 하는 경우

사업자등록 없는 프리랜서로서 사업소득에 해당되며 3.3%를 원천징수한다. 이 경우 사업소득자에 해당되는 강사가 본인의 소득에 대하여 종합소득세 확정신고하여야 한다.

(3) 강의를 일시적으로 하는 경우

기타소득으로 보아 필요경비를 60% 공제 후 20%로 원천징수(8.8%에 해당함)한다.

❻ 학원차량의 운영비

어린이 셔틀버스 및 학원 통학차량을 교육청 및 경찰서에 등록(통학버스정보시스템)하고 차량비를 교습비에 포함하여 수입금액으로 계상한 경우 또는 그 외의 경우에도 차량의 감가상각비, 보험료, 세금과공과금, 차량유지·운영비를 필요경비로 처리한다. 차량운전기사 및 보호자탑승자 등의 인건비가 별도로 지급되는 경우에는 상용근로 여부, 독립된 인적용역의 계약 여부, 일용직인지 여부에 따라 인건비 처리를 하면 된다. 차량을 임차하는 경우에는 임차료를 비용으로 처리하면 된다.

실내체육시설은 경찰서에 신고·등록하여 운영하는 통학차량을 무상운송하더라도 사업에 운영하는 자산으로서 차량의 감가상각비 등을 비용으로 처리할 수 있다.

제4절 4대보험과 원천징수

❶ 4대보험

4대보험은 국민연금과 건강보험, 고용보험, 산재보험을 말한다. 4대보험은 사회보험으로서 국민에게 발생하는 질병, 장애, 노령, 실업, 사망 등의 사회적 위험으로부터 보험의 방식으로 건강과 소득을 보장하는 제도를 말한다.

4대보험은 가입과 탈퇴가 임의로 이루어지지 않고 일정요건을 충족하게 되면 반드시 가입해야 하며, 요건을 충족하지 못하면 탈퇴해야 하므로 본인의 자유의사와는 무관하다.

국민연금과 건강보험은 사업장(직장)과 지역가입제도로 구분되며, 고용보험과 산재보험은 근로자를 대상으로 하는 직장가입제도만 있다.

외국인 근로자는 대한민국의 국적을 가지지 않은 자이지만 국내에 체류자격을 받은 경우에는 4대보험의 적용을 받을 수 있다. 다만, 산재보험은 불법취업자도 원칙적으로 적용대상이 된다.

❷ 국민연금

국민연금이란 소득이 있을 때 일정액의 보험료를 납부하도록 하고 노령, 장애, 사망 등 일정한 사유가 발생하여 소득이 줄어들거나 없어졌을 때 연금을 지급하여 최소한의 소득을 보장하는 제도를 말한다.

(1) 국민연금에서 사용하는 주요용어의 정의

① 사업장과 가입자

근로자를 사용하는 사업장을 말하며 국민연금은 사업장별로 사업장가입자에 대한 연금보험료를 신고, 납부해야 한다. 가입자란 국민연금 가입자격을 유지하고 있는 자를 말한다. 국민연금제도에서 가입자는 사업장가입자와 지역가입자로 구분하여 적용되며 지역가입자

(근로자가 고용되어 있지 않은 사업자)는 자신이 운영하는 사업에서 생기는 소득에 의하여 보험료를 불입하는 자이다.

② 근로자

사업장에서 노무를 제공하고 그 대가로 임금을 받아 생활하는 자로 법인의 이사, 임원 등을 포함한다.

③ 사용자

사업주나 사업경영자로서 개인사업자는 사용자, 법인은 대표이사를 말한다.

④ 소득액

국민연금보험료 계산의 대상이 되는 소득이란 근로자의 경우 근로를 제공하여 얻은 수입에서 소득세법상 비과세금액을 제외한 금액(근로소득)을 말하고 개인사업장의 사용자는 사업에서 얻은 수입에서 필요경비를 제외한 금액(사업소득)을 말한다.

근로자의 근로소득세과세대상 소득금액	근로자의 국민연금부과대상 소득액
총급여액(수입금액-비과세등금액) →	소　　득　　액
(-)근 로 소 득 공 제	× 국민연금보험료율
근로소득금액(과세표준)	국민연금　보험료
× 소　　득　　세　　율	
근　로　소　득　세	

사업자의 사업소득세과세대상 소득금액	사업자의 국민연금부과대상 소득액
총 수 입 금 액	
(-)필 요 경 비	
사업소득금액(과세표준) →	소　　득　　액
× 소 득 세 율	× 국민연금보험료율
사 업 소 득 세	국민연금　보험료

⑤ 기준소득월액

연금보험료와 급여를 산정하기 위하여 가입자의 소득월액을 기준으로 하여 국민연금법시행령이 정하는 금액을 말한다.

(2) 국민연금공단에 신고할 사항

일반적으로 당연적용사업장 해당일이 속하는 달의 다음달 15일까지 신고서류 등을 제출하여야 한다. 당연적용사업장 해당일이란 근로자를 1인 이상 고용한 때이다.

1) 사업장 관련 신고사항

신고 사유	신고 서식
사업장 신규적용	당연적용사업장 해당신고서 + 가입자의 자격취득신고서
사업장 내용변경	사업장내용변경신고서 - 대표자, 주소, 상호 등의 변경
사업장 탈퇴	사업장탈퇴신고서

2) 사업장 가입자의 자격취득신고대상

① 18세 이상 60세 미만인 사용자 및 근로자

② 일용근로자 및 시간제근로자로 1개월 이상, 월 60시간(주 15시간) 이상 근로자

③ 월 60시간 미만인 단시간근로자 중 생업목적으로 3개월 이상 근로를 제공하고 사용자의 동의를 얻어 근로자 적용을 희망하는 자

1월 미만의 일용근로자와 월 소정근로시간이 60시간 미만(1주간 소정근로시간이 15시간 미만)인 단시간근로자자의 4대보험 적용 여부는 다음과 같다.

	국민연금	건강보험	고용보험	산재보험
일용근로자	적용제외	적용제외	적용대상	적용대상
단시간근로자			적용제외	

(3) 국민연금보험료의 산정

1) 보험료의 산정

자격취득시의 신고 등의 기준소득월액에 보험료율을 곱하여 산정하며, 기준소득금액은 최저 39만원에서 최고 617만원(2024.7.1.~2025.6.30.)[8]까지의 범위로 결정된다. 따라서, 신고한 소득월액이 39만원보다 적으면 39만원을 기준소득월액으로 하고, 617만원보다 많으면 617만원을 기준소득월액으로 한다. 최저한도를 두는 이유는 노후 등 미래소득에 대한 최저한의 연금소득을 보장하고 최고한도를 두는 이유는 노후 등 미래소득에 대한 저소득자와의 부의 편중을 방지하고자 하는 것이다.

---

8) 매년 3월말까지 보건복지부장관이 '국민연금 기준소득월액 하한액과 상한액'을 발표한다.

2) 소득총액신고와 사업장가입자의 기준소득월액의 결정

신규입사자와 같은 신규취득시에는 신고한 금액을 기준으로 결정한다. 신규취득일 이후 기준소득월액의 결정은 1년간의 소득총액을 매년 5월 31일(성실신고대상자의 경우는 6월 말일)까지 사용자가 근로소득원천징수영수증 등 공적서류 등을 첨부한 소득총액신고서를 작성하여 신고해야 한다. 신고된 기준소득월액은 해당연도 7월부터 다음연도 6월까지 1년간 당해연도에 적용할 보험료의 산정기준이 된다.

국민연금은 전년도 소득월액을 당해연도 보험료 산정기준으로 할 뿐 별도의 정산절차가 없다. 전년도에 발생한 소득을 기준소득으로 하여 당해연도 7월부터 다음연도 6월까지 보험료로 고지되므로 실제소득과 신고한 소득과의 차액에 대하여도 정산을 하지 않는다. 다만, 기준소득과 국세청에 신고한 소득과의 차이가 100만원 이상인 경우에는 사후관리를 통해 보험료를 징수한다.

3) 국민연금 보험료율

국민연금 보험료율은 9%이다. 사업장가입자는 본인과 사업주가 각각 4.5%씩 부담한다. 지역가입자는 본인이 전액 부담한다.

4) 국민연금보험료의 세무상 처리

당해연도에 연금보험료를 납부한 이력이 있는 가입자는 종합소득세 신고시 또는 연말정산시에 본인이 부담한 보험료 전액을 소득공제받을 수 있다. 사업자가 부담한 법정부담금은 근로자의 경우 비과세처리하고 사업자의 경우는 필요경비 또는 손금에 산입한다.

근로자 본인부담금액	전액 소득공제		
사업자 부담금액	근로자의 경우	→	비과세
	사업자의 경우	→	필요경비 및 손금산입

❸ 건강보험

건강보험이란 국민의 질병, 부상에 대한 예방, 진단, 치료, 재활과 출산, 사망 및 건강증진에 대하여 보험급여를 실시함으로써 국민보건을 향상시키고 사회보장을 증진하기 위한 제도를 말한다.

(1) 건강보험에서 사용하는 주요용어의 정의

① 직장과 가입자

근로자가 고용된 사업장이며 근로자입장에서 직장으로 표현한다. 가입자는 건강보험 가입자격을 유지하고 있는 자를 말한다. 건강보험제도에서 가입자는 직장가입자와 지역가입자로 구분하여 적용된다.

② 피부양자

직장가입자의 배우자, 직계존속, 직계비속 및 배우자의 직계존속 및 직계비속, 형제자매 중 그 직장가입자에 의하여 주로 생계를 유지하는 자로서 소득이 없는 자를 말한다. 이는 건강보험에만 적용되는 개념으로 피부양자의 요건은 다음과 같다. 피부양자의 소득요건은 이자 · 배당 · 사업 · 근로 · 공적연금 · 기타소득의 합계액이 연 2,000만원 이하이어야 한다. 피부양자의 재산요건은 재산세 과세표준 합계액이 3.6억원 이하이어야 한다. 다만, 재산세 과세표준이 3.6억원을 초과하고 9억원 이하인 경우에는 소득요건 중 연간소득합계액이 1,000만원 이하이어야 한다. 부양가족이 형제자매인 경우에는 재산세 과세표준 합계액이 1.2억원 이하이어야 한다.

③ 보수

근로의 제공으로 인하여 받은 봉급, 임금 등과 이와 유사한 성질의 금품 중 퇴직금, 현상금 및 소득세법의 비과세소득을 제외한 금액을 말한다.

근로자의 근로소득세과세대상 소득금액		근로자의 건강보험부과대상 소득액
총급여액(수입금액−비과세등금액)	→	보 수 액
(−) 근 로 소 득 공 제		× 건강보험보험료율
근로소득금액(과세표준)		국민건강 보험료
× 소 득 세 율		
근 로 소 득 세		

(2) 건강보험공단에 신고할 사항

일반적으로 보험관계 성립일로부터 14일 이내에 신고서류 등을 제출하여야 한다.

1) 직장 관련 신고사항

신고 사유	신고 서식
직장 신규적용	직장적용신고서 + 가입자의 자격취득신고서
직장 내용변경	직장내용변경신고서 - 대표자, 주소, 상호 등의 변경
직장 탈퇴	직장탈퇴신고서

2) 건강보험가입대상자

직장 가입자대상자는 다음의 가입제외자 이외의 나이제한이 없는 자이다.
① 1월 미만의 기간동안 고용되는 일용근로자
② 비상근 근로자 또는 1월간의 소정근로시간이 60시간 미만인 단시간 근로자
③ 근로자가 없거나 위 ①의 규정에 의한 자만을 고용하고 있는 사업장 사업주

(3) 건강보험료의 산정

1) 보험료의 산정

자격취득시의 신고등의 보수월액에 보험료율을 곱하여 산정하며, 월별 건강보험료의 상한과 하한액은 최저 19,780원에서 최고 9,008,340원[9])까지의 범위로 결정된다. 최고상한을 두는 이유는 고소득자의 건강보험료 납부액으로 저소득자의 건강보험혜택을 많이 누리도록 하여 실질적인 부의 이전효과를 거둘수 있기 때문이다.

2) 직장가입자의 보수월액 결정 및 적용

① 보수월액은 근로자의 경우 연말정산신고가 끝나는 3월 10일, 사업자의 경우는 소득세 신고기한인 5월 31일까지 세무서에 신고된 1년간의 소득금액으로 결정된다. 건강보험 은 보수총액 신고제도가 2024년에 폐지되었다.
② 보수월액의 적용은 다음과 같다.
근로자의 경우 당해연도 4월(연말정산이 끝나는 달의 다음달)부터 다음연도 3월까지 적용하며 개인사업장 사용자의 경우 당해연도 6월(종소세신고가 끝나는 다음달)부터 다음연도 5월까지 적용한다.

---

9) 매년 12월말 보건복지부장관이 '월별 건강보험료의 상한과 하한에 관한 고시'로 발표한다.

직장가입자의 건강보험료는 전년도 보수를 기준으로 납부하게 되므로 이미 납부한 보험료와 당해연도에 확정된 보수에 의하여 계산된 보험료의 차액이 발생하는 경우에는 보험료를 정산한다. 이러한 차액의 정산은 급여가 변동될 때마다 수시로 하거나, 연말정산으로 하게 된다.

3) 건강보험료율

건강보험료율은 7.09%(건강보험료율)를 적용하며, 직장가입자는 본인과 사업주가 각각 3.545%씩 부담한다. 장기요양보험료율은 건강보험료의 12.95%이다. 따라서 건강보험료율이 변동되는 경우에는 장기요양보험료율도 변경된다. 지역가입자는 본인이 전액 부담한다.

4) 국민건강보험료의 세무상 처리

당해연도에 국민건강보험료를 납부한 이력이 있는 가입자는 종합소득세 신고시 또는 연말정산시에 본인이 부담한 보험료 전액을 소득공제받을 수 있다. 사업자가부담한 법정부담금은 근로자의 경우 비과세처리하고 사업자의 경우는 필요경비 또는 손금에 산입한다.

근로자 본인부담금액	전액 소득공제		
사업자 부담금액	근로자의 경우	→	비과세
	사업자의 경우	→	필요경비 및 손금산입

❹ 개인사업체 사업주의 국민연금 · 건강보험

근로자를 1인 이상 고용한 사업장의 개인사업체의 사업주는 국민연금 및 건강보험의 사업장 적용대상이 되며 법인 대표이사의 경우 근로자 없이 혼자만 있는 경우라도 국민연금 및 건강보험의 사업장 적용대상이 된다. 다만, 대표이사가 무보수인 경우 사업장 적용대상에서 제외된다. 개인사업주 및 법인의 대표이사는 근로기준법상 사용자에 해당되어 고용보험 및 산재보험의 적용대상에서 제외된다.

개인사업장의 대표자는 급여라는 개념이 없으므로, 사업장이 최초 가입시에는 근로자와 동일하거나 그 이상으로 소득신고를 해야 한다. 계속 사업장의 경우에는 전년도 종합소득세 신고 금액을 기준으로 소득총액을 신고하면 된다.

(1) 개인사업장 사용자의 국민연금 기준소득월액의 결정

사업주인 사용자의 기준소득월액은 사업소득을 기준으로 신고소득에 의하여 결정하되, 당해 사업장 최고소득 근로자의 소득월액보다 낮거나 객관적인 소득자료가 없는 경우에

공단은 최고소득 근로자의 소득월액 이상이 되도록 권장하여 신고된 소득으로 결정할 수 있다.

개인사업장 사용자의 소득총액신고는 매년 5월 말일까지(성실신고 대상자는 6월 말일까지) 신고하며 당해연도 7월부터 다음연도 6월까지 적용한다.

사업장이 둘 이상인 경우 두 개 이상의 사업장 소득을 합산하여 결정한다. 공동사업자의 소득은 지분 또는 손익분배 비율에 따라 소득을 분배하되, 이를 확인할 수 없는 경우에는 각각 균등 분배한다. 국민연금 소득은 해당연도 중 해당사업장에서 발생한 소득으로 결정하며, 전년도 이월결손금은 국민연금 소득총액신고에서 공제하지 않는다.

개인사업장 사용자가 국민연금 기준소득월액을 20% 이상 변경 신청하는 경우에는 증빙자료 없이 변경신청을 인정한다.

(2) 개인사업장 사용자의 건강보험 보수월액 결정

개인사업장 사용자의 건강보험 보수월액 결정은 사업장별로 결정한다. 개인사업장 사용자의 당해 연도 중 사업장에서 발생한 사업소득과 부동산임대소득으로 하며 결손금 처리규정에 따라 결손인 부동산임대소득은 통산하지 않는다.

2개 이상의 사업장을 경영하는 사업주의 보수월액은 각각의 사업장별로 결정되므로 각각의 사업장에서 발생된 소득을 기준으로 보수월액에 보험료율을 곱하여 얻은 금액을 각 사업장으로 부과한다. 또한, 결손이 발생한 사업장이 있는 경우 해당 연도 결손이 발생한 사업장의 보험료는 환급한다.

사용자의 보수월액(소득금액)이 해당 사업장의 가장 높은 보수월액을 적용받는 근로자보다 낮을 경우에는 당해 사업장 근로자의 최고 보수월액으로 사용자 보수월액을 결정한다.

개인사업장 사용자의 보수월액은 매년 5월 말일까지(성실신고대상자는 6월 말일까지) 세무서에 신고된 소득금액으로 결정되며, 당해 연도 6월부터 다음연도 5월까지(성실신고대상자는 당해연도 7월부터 다음연도 6월까지) 적용한다.

❺ 지역가입자의 국민연금과 건강보험

(1) 지역가입자의 국민연금

지역가입 국민연금 가입대상자는 국내에 거주하는 18세 이상 60세 미만으로서 사업장가입자가 아닌 소득이 있는 대상자가 해당된다. 따라서 근로자를 고용하지 않은 개인사업장의 사업주와 프리랜서 등이 해당된다. 다만, 퇴직연금 등의 수급권자, 기초생계급여 수급권자 및 18세 이상 27세 미만인 자로서 학생이나 군복무 등으로 소득이 없는 자(다만, 연금보험료를 납부한 이력이 있는 경우는 가입대상임) 등은 지역가입 대상자에서 제외된다.

지역가입 대상자가 된 경우 또는 가입내용이 변경된 경우에는 가입자 본인이 해당 사유 등이 속하는 달의 다음달 15일까지 신고하여야 한다.

지역가입자는 국민연금보험료 9%를 전액 부담하며 신고된 소득을 기준으로 보험료율을 적용하여 부과된다. 5월(성실신고 대상자는 6월)까지 종합소득세 신고가 완료되면 당해연도 7월부터 다음연도 6월까지 기준소득으로 적용된다.

기준소득의 최고한도 및 최저한도의 적용은 사업장가입자와 동일하게 적용된다.

(2) 지역가입자의 건강보험

근로자를 고용하지 않은 개인사업장의 사업주와 프리랜서 등은 건강보험 지역가입자에 해당된다. 지역가입자의 건강보험은 당해연도 11월부터 다음연도 10월까지 적용하며 건강보험료율은 7.09%이며 지역가입자가 전액 부담한다.

지역가입자의 건강보험료는 가입자의 소득, 재산을 기준으로 점수를 매기고 점수 총합과 점수당 부과금액을 곱한 후 보험료율을 곱하여 보험료를 산정한다. 다만, 지역가입자의 건강보험료 부과체계를 개편하면서 소득을 비중을 높이고 재산에 부과되는 점수의 비중을 낮추고 있다.

지역가입자의 건강보험료 부과대상 소득이란 근로 · 연금 · 사업 · 이자 · 배당 · 기타소득을 말하며 근로소득과 연금소득은 50%를 적용하고 사업 · 이자 · 배당 · 기타소득은 100%를 적용하여 계산한다. 연금소득은 전년도 소득액에 대하여 해당 연도 1월부터 12월까지, 전년도 소득 중 연금소득을 제외한 소득(이자 · 배당 · 사업 · 근로 · 기타소득)에 대해서는 해당연도 11월부터 다음 연도 10월까지 반영한다.

연 소득이 336만원 이하인 경우 보험료의 하한액은 19,780원이고 보험료의 상한액은 4,504,170원이다.

재산이란 토지, 건축물, 주택, 선박, 항공기, 전월세를 말한다. 재산 과표에서 1억원을 공제하여 적용한다.

지역가입자는 지역가입대상자 자격취득등 사유가 발생한 날부터 14일 이내에 신고하여야 한다.

지역가입자에 보험료를 부과하는 소득은 자영업자나 프리랜서 등이 매년 5월에 전년도 종합소득금액을 신고하면 이 소득자료를 건강보험공단이 10월에 넘겨받고 이를 바탕으로 매년 11월에 새로 산정한 건강보험료 고지서를 발송하므로 지역가입자의 소득 발생시점과 보험료 부과시점에 시차가 발생한다. 시차가 생긴 시점에 지역가입자의 소득변동이 발생하는 경우 잘못된 보험료를 납부할 수가 있다. 따라서 건강보험 지역가입자의 경우에도 소득의 변화에 따라 11월에 사후정산제도를 두고 있다.

❻ 산재, 고용보험

산재보험이란 공업화에 따른 산업재해로부터 근로자를 보호하기 위한 사회보험제도이며 고용보험이란 실직한 근로자에게 실업급여를 지급하는 외에 실업의 예방, 고용의 촉진 및 근로자의 직업능력 개발과 향상을 꾀하기 위한 사회보험제도를 말한다.

(1) 산재, 고용보험의 적용

1) 적용대상

산재, 고용보험의 가입대상은 근로자를 사용하는 모든 사업장으로서 근로자를 1인 이상 사용하는 모든 사업 또는 사업장은 당연가입대상에 해당된다. 보험관계 성립 및 변경, 종료 일로부터 14일 이내(단, 근로자의 자격 취득 및 상실 신고는 해당 사유일이 속하는 달의 다음달 15일까지)에 신고서 등 서류를 제출하여야 한다.

2) 고용보험의 적용제외 근로자(산재보험은 제한 없음)

① 65세 이상인 자
② 1월간 소정근로시간이 60시간 미만인 자(1주간 소정근로시간이 15시간 미만인 자 포함)

(2) 산재, 고용보험료의 산정

1) 보수월액

보수란 근로의 제공으로 인하여 받은 봉급, 임금 등과 이와 유사한 성질의 금품 중 퇴직금, 현상금 및 소득세법의 비과세소득을 제외한 금액을 말한다.

2) 부과고지 사업장의 보험료부과와 정산

① 월별보험료 부과

보험료 징수를 위해 근로자 개인별 월평균보수에 보험료율을 곱하여 산정하며 매달 월별 보험료를 부과하여 고지한다.

② 보수총액신고와 보험료의 정산

전년도 보수총액을 매년 3월 15일까지 신고하며 신고된 전년도의 실제 지급한 보수총액으로 보험료를 확정하여 차액을 4월분 보험료에 추가하여 납부하거나 환급 및 충당으로 정산한다. 신고된 월평균보수액은 4월부터 다음연도 3월까지 1년간 적용한다.

3) 보험료율

① 고용보험료

1.8%(실업급여)를 적용하며, 본인과 사업주가 각각 0.9%씩 부담한다. 고용안정 및 직업능력개발사업의 경우는 사업장의 근로자수에 따라 0.25%~0.85%(전액사업주 부담)의 차등요율이 적용된다.

② 산재보험료

노동부 장관이 매년 고시하는 사업종류별 산재보험료율표[10]에 의하며 산재보험료는 사업주가 100% 부담한다.

4) 고용보험료 및 산재보험료의 세무상처리

당해연도에 고용보험료를 납부한 이력이 있는 가입자는 종합소득세 신고시 또는 연말정산시에 본인이 부담한 보험료 전액을 소득공제받을 수 있다. 사업자가 부담한 법정부담금은 근로자의 경우 비과세처리하고 사업자의 경우는 필요경비 또는 손금에 산입한다.

❼ 자영업자 고용보험 임의가입자의 실업급여

(1) 자영업자 고용보험 임의가입자의 실업급여

근로자가 없거나, 50인 미만의 근로자를 사용하는 사업자(법인의 대표이사도 가입가능)로서 사업자등록증상 개업연월일부터 1년 이내인 사업자가 자영업자 고용보험에 가입하여 폐업일 이전 24개월간(기준기간) 보험료를 1년 이상 납부한 후 다음의 사유로 폐업하여 취업을 하지 못한 상태에 있는 경우에는 기준보수의 60%를 최소 120일(보험가입기간 1년 이상 3년 미만)에서 최대 210일(보험가입기간 10년 이상)간 계산한 금액을 실업급여로 수령할 수 있다. 자영업자가 납부해야 할 보험료는 고용노동부장관이 고시하는 자영업자 고용보험 월 보수액의 등급 중 보험가입자가 선택한 기준보수액에 고용보험료율 2.25%(실업급여 2%, 고용안정 0.25%)를 적용하여 산정한다. 매월 부과된 보험료를 다음 달 10일까지 납부

---

10) 62개 업종에 최저 6/1,000에서 최고 354/1,000, 평균 17.7/1,000으로 결정고시되어 있다.

하여야 한다.

① 폐업한 날이 속하는 달의 직전 6개월 동안 연속하여 매월 적자가 지속된 경우
② 폐업한 날이 속하는 달의 직전 3개월(기준월)의 월평균 매출액이 직전 연도 중 같은 기간의 월평균 매출액 또는 기준월이 속하는 연도의 직전연도의 월평균 매출액 중 어느 하나에 비하여 20% 이상 감소한 경우
③ 기준월의 월평균 매출액과 기준월 직전 2분기의 월평균 매출액이 계속 감소 추세에 있는 경우
④ 건강악화 등 더 이상 사업을 지속하기 어려운 부득이한 사유가 있는 경우

법인의 대표이사도 법인 상황이 위 ①~④의 사유에 해당하면서 폐업한 경우 실업급여를 수령할 수 있다. 다만, 법인은 계속 유지하면서 단순히 대표이사만 변경 또는 사직한 경우, 사업을 제3자에게 양도하는 경우에는 실업급여를 받을 수 없다.

(2) 중소기업 사업주의 산재보험

근로자를 사용하지 않거나 300인 미만의 근로자를 사용하는 중·소기업의 사업주와 사업주의 배우자로서 노무를 제공하는 자가 산재보험 가입을 신청하여 보험료를 납부하는 경우 업무상 재해에 대하여 산재보험급여를 받을 수 있다.

산재보험료는 고용노동부장관이 고시하는 월 단위 보수액의 등급 중 하나를 선택하여 신고한 월 단위 보수액에 산재보험료율을 적용한다.

❽ 일용근로자

일용근로자는 근로계약이 일일단위로 체결되고 그 날의 근로관계가 종료되면 그 날의 성과를 시급 또는 일급형태의 임금으로 지급받는 근로자를 말한다.

소득세법에서는 일용근로자를 근로계약에 따라 동일한 고용주에게 3월 이상 계속하여 고용되어 있지 않은 자로 정의하고 있지만 4대보험에서 일용근로자(건설현장 일용근로자외의 일반일용근로자를 말함)란 1개월 미만의 기한을 정하여 근로를 제공하는 사람(건설현장 일용근로자는 1개월간 8일 미만 근무한 경우)으로 정의하고 있다.

(1) 일용근로자의 국민연금·건강보험 적용

일용근로자는 국민연금 및 건강보험의 자격취득 적용제외 대상이다. 따라서 1개월 미만의 기간을 정하여 고용된 일용근로자는 사업장가입자 또는 직장가입자 대상이 아니다. 다만,

1개월 이상 계속 근로를 하면서, 월 8일 이상 또는 60시간 이상 근로하거나, 1개월 동안 220만원 이상의 소득이 발생하는 경우에는 근로자로 인정되어 일반 상용근로자와 동일하게 자격취득대상이다.

최초 근로일로부터 1개월이 되는 날까지 근로하면서 1개월 동안 220만원 이상의 소득이 발생한 경우에는 1개월 간 근로일수가 8일 미만, 근로시간이 60시간 미만이더라도 가입대상이다.

(2) 일용근로자의 고용보험 · 산재보험 적용

일용근로자는 고용 · 산재보험의 자격취득 적용 대상이다.

건설업 일용근로자는 자진신고사업장으로 연간 개산보험료를 선납부한 후 확정보험료로 정산하며, 일반업의 일용근로자는 부과고지사업장으로 월별 보험료를 부과고지 후 보수총액 신고로 정산한다.

건설업의 개산보험료는 1년간 지급할 임금총액의 추정액에 고용 · 산재보험료율을 적용하여 산정한 금액을 그 보험연도의 3월 31일까지 신고 · 납부한 후 전년도 중 사용한 근로자에게 지급한 임금총액에 보험료율을 곱하여 계산한 확정보험료를 당해연도 3월 31일까지 신고 · 납부하여야 한다. 당해연도 확정보험료를 신고 · 납부하면서 차년도 개산보험료를 동시에 신고 · 납부하는 것이다.

보수총액신고는 매년 3월 15일까지 하며 매년 4월 보험료에 정산된다.

사업주는 근로내용 확인신고서를 고용한 달의 다음 달 15일까지 근로복지공단에 신고하여야 한다. 매월 별로 각각 신고하여야 한다. 사업주는 근로자 고용정보를 신고하여야 하지만, 일용근로자의 경우 입 · 퇴사가 빈번하여 월 단위로 근로내용 확인신고서를 제출하면 일용근로자별로 피보험자격의 취득 · 상실신고를 별도로 하지 않아도 된다.

❾ 단시간근로자

단시간근로자란 1주 동안의 소정근로시간이 그 사업장에서 같은 종류의 업무에 종사하는 통상 근로자의 1주 동안의 소정근로시간에 비하여 짧은 근로자를 말한다. 소정근로시간이란 1일 8시간, 1주 40시간의 법정근로시간의 범위에서 근로자와 사용자 사이에 근로하기로 약정한 시간을 말한다.

4대보험에서 단시간근로자는 1개월 동안의 소정근로시간이 60시간 미만(1주간 15시간 미만인자 포함)인 근로자를 말한다.

단시간근로자는 국민연금, 건강보험, 고용보험 적용 제외대상이다. 다만, 국민연금의 경우 생업을 목적으로 3개월 이상 계속하여 근로를 제공하는 강사와 사용자의 동의를 얻어 가입을 희망하는 경우에 적용 가능하다. 고용보험의 경우도 3개월 이상 계속하여 근로를 제공하는자는 적용 가능하다.

산재보험은 모든 근로자를 대상으로 하므로 단시간근로자도 가입 대상이다. 산재보험의 고용신고는 다음의 3가지 방법 중 선택할 수 있다.

① 근로자별 4대보험 취득신고서 중 산재보험 근로자고용신고서에 표시하여 신고
② 근로자별 근로내용확인신고서 중 산재보험에 표시하여 신고
③ 보수총액신고서 중 그 밖의 근로자란에 기재하여 신고

위 ① 및 ②와 같이 사업주가 근로자에 대하여 별도의 고용정보를 신고하는 경우에는 월별보험료가 산정되어 부과되지만, 위 ③과 같이 별도의 신고가 없는 경우에는 전년도 근로자 고용정보 신고제외자(기타근로자)에게 지급한 전체 보수총액을 기준으로 보수총액의 1/12을 매월의 기타 근로자의 월평균보수로 보아 월별 보험료를 산정·부과한다.

❿ 외국인근로자

외국인근로자란 대한민국의 국적을 가지고 있지 않으면서 대한민국에 소재하고 있는 사업장에서 임금을 목적으로 근로를 제공하는 근로자를 말한다. 취업활동을 할 수 있는 체류자격을 받은 외국인근로자도 내국인근로자와 동일하게 4대보험의 적용을 받을 수 있다. 재외동포 중 재외국민은 외국인근로자가 아니다.

구 분		내 용	관련서류 및 발급처
재외동포	재외국민	• 대한민국 국민으로서 외국의 영주권을 취득한 자 또는 영주할 목적으로 외국에 거주하고 있는자	• 재외국민등록증 • 재외공관
	외국국적동포	• 대한민국의 국적을 보유하였던 자 또는 그 직계비속으로서 외국국적을 취득한 자	• 외국인등록증 또는 거소신고증 • 출입국관리사무소
외국인	90일 이하 체류	• 대한민국의 국적을 가지지 않은 자 • 외국인 등록을 한 자 또는 국내거소신고를 한 외국국적동포	• 여권 • 해당국가
	위 외		• 외국인등록증 • 출입국관리사무소

(1) 외국인근로자의 국민연금

국민연금 당연적용사업장에 종사하는 18세 이상 60세 미만의 외국인은 내국인과 동일하게 국민연금 가입대상이다. 다만, 다음의 사유에 해당하는 경우에는 제외된다.

① 외교관 등 조약 등에서 국민연금법 적용을 배제한 경우
② 해당 외국인의 본국법이 국민연금에 상응하는 연금(사회경제적 위험분담형태의 소득보장제도)에 관하여 대한민국 국민에게 적용되지 않는 경우 – 상호주의 적용
③ 사회보장협정에 따라 외국인근로자가 본국의 가입증명서를 제출한 경우
④ 다음의 당연적용에서 제외하는 체류자격을 가진 자

- 외교(A-1), 공무(A-2), 협정(A-3)
- 사증면제(B-1), 관광통과(B-2)
- 일시취재(C-1), 단기상용(C-2), 단기종합(C-3), 단기취업(C-4)
- 문화 예술(D-1), 유학(D-2), 산업연수(D-3), 일반연수(D-4), 종교(D-5)
- 방문동거(F-1), 동반(F-2), 기타(G-1)

(2) 외국인근로자의 건강보험

외국인 중 출입국관리법에 따라 외국인 등록을 한 자 및 국내거소신고를 한 외국국적동포와 주민등록법에 따라 등록을 한 재외국민은 건강보험 직장가입자 당연적용대상자이다. 다만, 외국의 법령 및 보험에 따라 의료보장을 받는 경우와 사용자와의 계약에 따라 의료보장을 받는 경우에는 적용이 제외된다.

외국인근로자의 근로소득에 대해서는 내국인과 동일한 방법으로 연말정산을 실시하거나 단일세율(19%)에 의한 세액 중 선택하여 신고 가능하며, 단일세율을 적용하는 경우 소득세와 관련된 비과세·공제·감면 등에 관한 규정이 적용되지 않는다.

건강보험료 보수총액신고 시에는 보수에서 제외되는 비과세 근로소득을 제외하고 신고한다.

(3) 외국인근로자의 고용보험

외국인근로자는 언젠가는 본국으로 돌아갈 것이 예정되어 있기 때문에 원칙적으로 고용보험의 적용이 제외되지만 다음의 체류자격에 따라 예외적으로 적용되는 경우가 있다.

① 당연적용 체류자격자 : 거주(F-2), 영주(F-5), 결혼이민(F-6)
② 임의가입 신청가능 체류자격자 : 단기취업(C-4), 교수(E-1)~특정활동(E-7), 재외동포

(F-4), 방문취업(H-2)

외국인근로자 중 당연 적용되는 일용근로자는 국내근로자와 같이 근로내용확인신고서에 따라 신고하며, 외국인고용보험 가입신청서도 함께 제출하여야 한다.

외국인근로자가 고용보험 가입을 원하는 경우에는 외국인고용보험 가입신청서를 제출하여 승인을 얻은 후 근로내용확인신고서를 제출하여야 한다.

(4) 외국인근로자의 산재보험

산업재해보험은 내·외국인(불법취업자 포함) 근로자를 구분하지 않고 근로자를 사용하는 모든 사업장에 적용된다.

1) 고용정보관리

고용보험에 가입한 외국인근로자의 경우 고용정보신고를 하여야 하며 그 외의 경우에는 고용정보를 신고하지 않을 수 있다.

2) 보수총액신고

고용보험 적용 제외근로자인 외국인근로자와 1개월간 소정근로시간이 60시간 미만인 근로자(이를 '기타 근로자'라고 한다)는 보수총액시 개인별로 고용정보를 신고하지 않고 '그 밖의 근로자 보수총액'란에 지급한 보수를 기재하여 신고한다. 그러나 고용정보를 신고한 경우에는 기타 근로자에게 지급한 보수의 합계에서 제외하고 근로자 고용정보신고 근로자로 작성하여 신고하여야 한다.

(5) 고용허가제 관련 외국인근로자

외국인 고용허가제는 내국인을 고용하지 못한 중소기업 등이 정부로부터 고용허가서를 발급받아 합법적으로 비전문외국인력을 고용할 수 있도록 하는 제도를 말한다.

1) 고용허가제 관련 4대보험

체류자격이 비전문취업(E-9), 방문취업(H-2)인 고용허가제를 통해 입국한 외국인근로자에 대한 4대보험 적용은 다음과 같다.

① 국민연금

반환일시금은 국가간 상호주의에 따르지만 비전문취업(E-9), 방문취업(H-2)에 해당하는 체류자격으로 국민연금에 가입한 외국인이 본국으로 귀국하는 경우 본국법이 대한민국 근로자에게 반환일시금에 상응하는 급여를 지급하는지 여부와 관계없이 반환일시금을 지급받을 수 있다.

② 건강보험

당연적용사업장 대상으로서 출입국관리법에 따라 외국인 등록을 한 외국인근로자를 고용한 사업주가 취득일로부터 14일 이내에 직장가입자 자격취득 신고를 하여야 한다.

③ 고용보험

고용안정 및 직업능력개발사업은 당연적용사업장 대상이지만 실업급여사업은 임의가입 대상으로서 외국인근로자의 동의가 있어야 가입이 가능하다. 자격취득일(고용일)의 다음달 15일까지 취득신고를 하여야 한다.

④ 산재보험

당연적용 대상으로 불법체류 외국인근로자도 해당된다. 외국인근로자를 고용한 날로부터 14일 이내에 사업주가 관할 근로복지공단에 보험관계성립신고서를 제출하여야 한다.

2) 고용허가제 관련 의무보험

외국인근로자를 채용하는 경우 4대보험 외에 출국만기보험 및 임금체불보증보험을 반드시 가입하여야 하며, 외국인근로자는 근로 개시 후 귀국비용보험과 상해보험에 가입하여야 한다.

출국만기보험은 퇴직금 체불예방 및 퇴직금일시지급에 따른 부담을 완화하고 임금체불보증보험은 외국인근로자의 임금체불에 대비하고자 사업자가 가입하는 것이다.

귀국비용보험은 귀국시 필요한 비용에 충당하고 상해보험은 업무상 재해 이외의 사망·질병에 대비하고자 외국인근로자 본인이 가입하는 것이다.

⑪ 파견근로자

파견근로자란 파견사업주와 근로계약을 체결한 근로자가 실제 근무는 사용사업주의 지휘명령을 받아 수행하는 근로자를 말하며 파견법이 적용된다. 반면, 근로계약을 체결하지 않고 단순히 사실상 지배하의 근로자를 공급할 경우에는 근로자공급사업에 해당되어 직업안정법이 적용된다. 우리나라의 경우 파견법에서 구체적인 파견허용업종을 정해놓고 있으며, 법에서 허용하지 않는 업종 외의 근로자 파견은 불법파견이 된다.

파견근로자에 대해서는 파견사업주가 4대보험 취득·상실·변경신고의 의무가 있으며, 당해 소속 근로자에 대한 보험료 원천공제의 의무가 있다.

다만, 파견근로자의 산재사고 시 사용사업주의 산재보험범위 내에 속하는 근로자로 보며,

산업안전보건법상 사용사업주가 해당하는 규모 및 근로자수에 따라 안전·보건관리자를 선임하여야 한다.

⑫ EDI 서비스

EDI(Electronic Data Interchange)란 4대 사회보험(국민연금, 건강보험, 고용보험, 산재보험)에 대한 각종 신고를 인터넷을 이용하여 신고하고 필요한 자료를 받아볼 수 있는 민원처리 서비스를 말한다.

⑬ 원천징수와 사업주의 회계처리 사례

 사례3

원천징수의 회계처리

20×1년 9월분 급여 3,000,000원, 지급일 10월 5일(소득세 90,000원, 국민연금 9%, 건강보험료 6%, 고용보험료 1%, 산재보험료 0.5%로 가정한다), 근로소득의 귀속일은 9월 30일이며, 원천징수일은 급여지급일인 10월 5일이고, 원천징수대상금액의 신고, 납부일은 원천징수일이 속하는 달의 말일부터 다음달 10일까지인 11월 10일이다.

9월 30일 (차) 급여	3,000,000	(대) 미지급급여		3,000,000
10월 5일 (차) 미지급급여	3,000,000	(대) 현금		2,661,000
(원천징수)		예수금		339,000

* 현금은 원천징수 후의 지급되는 급여액이다.
  예수금은 다음의 원천징수된 금액의 합계액이다.
  ① 근로소득세 90,000 ② 지방소득세 9,000
  ③ 국민연금   135,000(국민연금 중 1/2인 근로자본인부담분)
  ④ 건강보험   90,000(건강보험 중 1/2인 근로자본인부담분)
  ⑤ 고용보험   15,000(고용보험 중 1/2인 근로자본인부담분)

11월 10일 (차) 예수금	339,000	(대) 현금	594,000
(신고및납부) 세금과공과	135,000		
복리후생비	90,000		
보험료	30,000		

** 세금과공과는 국민연금의 사업주부담분이다.
   복리후생비는 건강보험의 사업주부담분이다.
   보험료는 고용보험과 산재보험의 사업주부담분이다.

제5절 퇴직연금

❶ 퇴직금과 퇴직연금

직원이 1년 이상 근로 후 퇴사하는 경우 퇴직금을 지급하여야 한다. 우리나라는 확정기여형과 확정급여형 퇴직연금제도가 시행되고 있다. 퇴직연금은 사업주가 100% 부담한다. 확정기여형과 확정급여형 퇴직연금제도는 회사가 부담한 기여금을 외부 금융기관에 적립하여 운영하다가 근로자가 퇴직시 일시금 및 연금형태로 지급받는 방식을 말한다. 퇴직금을 일시금으로 받는 경우에는 퇴직소득으로 과세하고 연금형식으로 받으면 연금소득으로 과세된다.

❷ 확정기여형 퇴직연금

확정기여형(defined contribution plan, DC)은 기업이 별개의 독립된 실체(기금)에 고정기여금을 납부하면 기업의 종업원에 대한 퇴지금지급 의무는 소멸되고 종업원이 이 기금을 운영하는 방법을 선택하는 제도를 말한다. 따라서 기금운영에 의하여 퇴직기금이 종업원의 퇴직급여를 지급해야 하는 충분한 자산을 보유하지 못하더라도 기업이 추가로 기여금을 납부할 의무가 없다. 퇴직연금은 회사가 납부하는 것이기 때문에 근로자가 부담할 부분은 없다. 확정기여제도에 의하여 기업이 부담하는 퇴직부담금은 납부시점에 이미 확정되어 있으므로 전액 비용처리된다.

❸ 확정급여형 퇴직연금

확정급여형(defined benefit plan, DB)은 위 DC외의 모든 퇴직급여제도를 말한다. 이 제도에서는 종업원이 받을 퇴직급여의 금액과 내용이 기업과 사전에 약정된다. 기금운영에 대한 책임을 기업이 부담하게 되고 기금운용실적에 따라 기업이 종업원에게 지급할 일정액의 퇴직급여액에 대한 부담이 줄 수도 있고 늘 수도 있다. 확정급여제도에 의하여 기업이 부담하는 퇴직부담금은 납부시점에 확정되어 있지 않기 때문에 납부액 중 일정 한도만큼을 비용처리한다.[11]

---

11) 회사가 퇴직부담금을 비용처리하지 않고 '퇴직연금운용자산' 계정으로 자산처리한 경우에도 세법에서는 손금 한도범위만큼 세무조정으로 비용인정한다. 이를 신고조정에 따른 비용인정이라고 한다.

❹ 확정기여형과 확정급여형의 비교

	기업부담금	기금운용실적	기업의 추가부담금	종업원의 퇴직연금수령액
확정기여제도 (DC)	100(확정)	120	0	120
		80		80
확정급여제도 (DB)	100	120	− 20	100(확정)
		80	+ 20	

❺ 개인형 퇴직연금(IRP)

퇴직연금은 회사가 납부하므로 근로자의 부담은 없으나 회사부담분 외에 본인이 금융기관에 추가납입(IRP)할 수 있다. IRP는 연금저축의 납입액과 합하여 세액공제 혜택을 받을 수 있다.

내용 이해를 위한 OX 문제

1. 부가가치세 면세로 공급받은 농·축·수·임산물을 원재료로 제조, 가공하여 과세되는 재화 또는 용역으로 공급하는 경우 일정금액을 매입세액으로 공제받을 수 있는데 이때 의제매입 세액으로 공제받은 금액은 원재료의 매입가액에서 차감한다.

2. 학원업을 운영하는 개인사업자(면세사업자, 주무관청의 허가, 인가, 승인을 얻은 경우)는 당해 사업장의 수입금액과 기본 경비내역을 신고서에 작성하여 과세기간 종료 후 다음연도 2월 말일까지 사업장현황신고를 하여야 한다.

3. 학원업은 거래 건당금액이 10만원 이상인 경우 상대방이 요청하지 않는 경우에도 현금영수 증을 의무적으로 발행하여야 한다.

4. 일용근로자는 세법과 4대보험에 적용할 때 그 범위가 같다.

5. 확정급여제도(defined benefit plan, DB)는 기업이 별개의 독립된 실체(기금)에 고정기여 금을 납부하면 기업의 종업원에 대한 퇴직금지급의무는 소멸되고 종업원이 이 기금을 운영하 는 방법을 선택하는 제도를 말한다.

6. 국민연금, 건강보험, 고용보험, 산재보험 모두 사용자와 근로자가 50%씩 부담한다.

7. 국민연금, 건강보험의 지역가입자는 사업주와 본인이 각각 50%씩 보험료를 부담한다.

8. 국민연금의 자격취득대상자는 18세 이상 60세 미만인 사용자 및 근로자이다.

9. 음식점에서 음식의 제공은 재화의 공급에 해당된다.

10. 퇴직연금은 근로자 본인이 100% 부담하여 금융기관에 적립하여야 한다.

11. 퇴직연금은 회사부담분 외에 본인이 금융기관에 추가납입(IRP)할 수 있다.

12. 사업주가 매월 부담하는 퇴직연금 납부액은 필요경비로 처리한다.

13. 음식을 제조, 가공하지 않는 소매업의 경우에도 의제매입세액을 공제받을 수 있다.

14. 접객시설 없이 음식을 제조, 가공하여 배달하는 경우 음식업으로 분류된다.

15. 휴게음식점업도 주류를 판매하여 취식할 수 있다.

16. 일반음식점업은 음식류의 조리 및 판매와 주류판매가 허용되는 업종이다.

17. 단란주점업은 유흥종사자를 두고 노래를 부르는 행위가 허용되는 업종이다.

18. 일반음식점업은 제1종근린생활시설로 분류된다.

19. 휴게음식점 및 제과점으로서 당해용도에 사용되는 건물의 바닥면적의 합계가 300㎡ 이상인 업종은 제1종근린생활시설로 분류된다.

20. 근로소득을 지급한 사업자는 근로소득에 대한 원천징수를 하고 원천징수이행상황을 신고하여 한다.

21. 직원에 대한 봉사료의 원천징수세율은 3%이다.

22. 봉사료 수입금액은 소득자의 근로소득이며 사업자는 근로소득 원천징수영수증을 발행하여야 한다.

23. 원천징수 대상 봉사료는 신용카드전표 등에 구분 기재된 봉사료금액이 공급가액의 20%를 초과하고 이를 사업자의 수입금액으로 계상하지 않는 경우에 해당된다.

24. 프랜차이즈 음식점업으로서 지급한 가맹비(로열티 등)는 지급수수료로 비용처리한다.

25. 대형마트나 백화점 내에 직영점이 아닌 음식점업체가 매출액의 일정비율을 수수료로 지급한 후 세금계산서를 수취하면서 임차료를 대신하는 경우 이 비용은 임차료로 분류한다.

26. 상가권리금의 양도자는 권리의 양수자에게 대금을 지급하면서 기타소득으로 원천징수한다. 따라서 권리의 양도자가 기타소득 원천징수영수증을 발급한다.

27. 상가권리금의 양도자는 권리의 양수자에게 세금계산서를 발행하여야 한다. 다만, 사업의 포괄 양도·양수에 해당되는 경우에는 세금계산서를 발행하지 않는다.

28. 학원과 교습소는 강사의 채용이나 학습인원 등에 차이가 있다.

29. 부가가치세가 과세되는 실내체육시설업은 태권도, 검도 등 체육시설의 설치이용에 관한 법률에 의한 교육서비스용역을 제공하는 시설을 말한다. 과세사업에 관하여 부가가치세를 신고, 납부하여야 한다.

30. 주무관청에 신고된 동영상 교육용역과 방문교육은 부가가치세가 면세된다.

31. 교재판매수입금액은 수강료 등의 수입금액에 포함하여 기장한다.

32. 모든 수강생에게 동일하게 할인하는 경우에는 매출에누리로 처리하고 수입금액에서 차감한다.

33. 학원업의 수입금액을 회계는 발생주의, 세법은 권리의무 확정주의를 적용한다.

34. 가입비(로열티)를 받는 학원운영사업자는 과세·면세 겸영사업자이다.

35. 학원강사와 학원통학차량은 등록하여야 한다.

1. O
2. X 면세사업의 사업장현황신고는 사업연도 종료일부터 다음연도 2월 10일까지 하여야 한다.
3. O
4. X 일용근로자의 범위는 세법과 4대보험에서 차이가 있다.
5. X 확정기여제도(defined contribution plan, DC)는 기업이 별개의 독립된 실체(기금)에 고정기여금을 납부하면 기업의 종업원에 대한 퇴직금지급의무는 소멸되고 종업원이 이 기금을 운영하는 방법을 선택하는 제도를 말한다.
6. X 국민연금, 건강보험, 고용보험은 사용자와 근로자가 50%씩 부담하지만 산재보험은 사용자가 100% 부담한다.
7. X 국민연금, 건강보험의 지역가입자는 보험료의 100%를 본인이 부담한다.
8. O
9. X 음식점에서 음식의 제공은 용역의 공급에 해당된다.
10. X 퇴직연금은 사용자가 100% 부담하여 금융기관에 적립하여야 한다.
11. O 퇴직연금은 회사부담분 외에 본인이 금융기관에 추가납입(IRP)할 수 있다.
12. O 사업주가 매월 부담하는 퇴직연금 납부액은 필요경비로 처리한다. 다만, 확정급여제도에 의하여 기업이 부담하는 퇴직부담금은 납부시점에 확정되어 있지 않기 때문에 납부액 중 일정 한도만큼을 비용처리한다.
13. X 소매업의 경우에는 의제매입세액을 공제받을 수 없다.
14. X 접객시설 없이 음식을 제조, 가공하여 배달하는 경우 제조업으로 분류된다.
15. X 휴게음식점업은 주류를 판매하여 취식할 수 없다.
16. O
17. X 유흥주점업은 유흥종사자를 두거나 유흥시설을 설치하고 노래와 춤을 추는 행위가 허용되는 업종이다.
18. X 일반음식점업은 제2종근린생활시설로 분류된다.
19. X 휴게음식점 및 제과점으로서 당해용도에 사용되는 건물의 바닥면적의 합계가 300㎡ 이상인 업종은 제2종근린생활시설로 분류된다.
20. O
21. X 직원에 대한 봉사료의 원천징수세율은 5%이다.

22. X 봉사료 수입금액은 소득자의 사업소득이며 사업자는 사업소득 원천징수영수증을 발행하여야 한다.

23. O

24. X 프랜차이즈 음식점업으로서 지급한 가맹비(로열티 등)는 무형자산의 요건을 충족한 경우 무형자산으로 계상한 후에 무형자산상각비로 비용처리한다. 그외에는 지급수수료로 비용처리한다.

25. O

26. X 상가권리금의 양수자는 권리의 양도자에게 대금을 지급하면서 기타소득으로 원천징수한다. 따라서 권리의 양수자가 기타소득 원천징수영수증을 발급한다.

27. O

28. O

29. X 태권도, 검도 등 체육시설의 설치이용에 관한 법률에 의한 교육서비스용역을 제공하는 시설로 부가가치세가 면세되며 사업장현황신고를 하여야 한다.

30. O

31. X 교재판매수입금액은 교재 등 재고자산을 관리하여야 하므로 수강료 등의 수입금액과 구분하여 기장한다.

32. O

33. O

34. O

35. O

01 음식업종과 다른 업종의 구별기준이 되는 항목으로 볼 수 없는 것은?

① 접객시설   ② 조리시설

③ 의제매입세액공제   ④ 재화의 공급

Q정답 ④

음식점업의 음식제공은 용역의 공급에 해당된다.

02 음식업종의 의제매입세액공제에 관한 설명으로 틀린 것은?

① 의제매입세액으로 공제받은 금액은 원재료의 매입가액에서 차감한다.

② 의제매입세액공제율은 법인, 개인에 상관없이 모두 동일하다.

③ 의제매입세액공제를 받고자 하는 경우에는 의제매입세액공제 신고서를 작성하여 제출하여야 한다.

④ 음식점업의 경우 농어민으로부터 직접구입한 후 영수증을 받은 경우에는 의제매입세액공제를 받을 수 없다.

Q정답 ②

법인과 개인의 의제매입세액공제율은 다르다.

03 다음 중 건강보험만 사용하는 개념은?

① 보수 　　　　　　　　② 피부양자

③ 자격취득신고서 　　　④ 지역가입자

🔍정답 ②

04 납입한 4대보험료 중에서 소득공제를 받지 못하는 것은?

① 국민연금 　　　　　　② 고용보험

③ 산재보험 　　　　　　④ 건강보험

🔍정답 ③

　　산재보험은 근로자 본인이 부담하지 않기 때문에 소득공제되지 않는다.

05 4대보험에 관한 설명 중 옳은 것은?

① 근로소득자에게 소득을 지급할 때 사업자가 원천징수한 후 납부하여야 한다.

② 4대보험에 대하여는 강제성이 있으므로 4대보험 모두 50% 부담분을 종합소득공제받을 수 있다.

③ 국가와의 보험계약을 통하여 가입하므로 해지도 본인이 원하는 경우에는 언제든지 가능하다.

④ 4대보험에 대하여는 모두 가입대상자 및 가입제외 대상자를 나이 요건이나 소득요건 및 근로시간요건 등으로 규정하고 있다.

🔍정답 ①

　　4대보험에 대하여는 강제성이 있으므로 4대보험 중 국민연금, 건강보험, 고용보험에 대하여 50%의 본인부담분을 종합소득공제받을 수 있다. 사회보험으로 계약에 의하지 않고 가입조건 및 탈퇴요건이 되면 강제로 가입 및 탈퇴된다. 국민연금은 나이 및 근로시간, 건강보험은 나이제한 없이 근로형태, 고용보험은 나이 및 근로시간, 근로형태에 따라 가입이 제한될 수 있지만 산재보험은 제한이 없다.

06 다음 중 국민연금에서 사용하는 용어가 아닌 것은?

① 당연적용사업장　　　　　② 기준소득월액
③ 직장가입자와 지역가입자　④ 자격취득신고서

🔍**정답**　③
　　직장가입자는 건강보험에서 사용된다.

07 4대보험료의 산정기준이 되는 보수(소득)총액신고기한과 적용기간의 연결이 잘못된 것은?

		신고기한	적용기간
①	국민연금	5월(6월)	7월 ~ 익년6월
②	건강보험근로자		4월 ~ 익년3월
③	고용보험	3월	4월 ~ 익년3월
④	산재보험	3월	4월 ~ 익년3월

🔍**정답**　②
　　건강보험의 보수총액 신고제도는 폐지되었으며 적용기간은 4월부터 익년 3월까지이다.

08 다음 중 고용, 산재보험의 설명과 관련 없는 것은?

① 산재보험은 가입에 제한이 없다.
② 65세 이상인 자는 고용보험가입이 제외된다.
③ 산재보험은 100% 사업주가 부담한다.
④ 자영업자의 경우에 고용보험에 가입할 수 없다.

🔍**정답**　④
　　자영업자의 경우에도 고용보험에 임의가입할 수 있다.

09 주류와 함께 간단한 음식의 조리 및 판매하면서 노래를 부르는 행위가 허용되는 업종에 해당하는 것은?

① 휴게음식점   ② 일반음식점

③ 단란주점   ④ 유흥주점

🔍정답 ③

10 다음 중 제2종근린생활시설에 해당하지 않는 것은?

① 유흥주점

② 일반음식점

③ 건물 바닥면적이 150㎡ 미만인 단란주점

④ 건물 바닥면적이 300㎡ 이상인 휴게음식점

🔍정답 ①

유흥주점은 위락시설에 해당된다.

11 의제매입세액 공제율이 8/108에 해당하는 것은?

① 음식점 법인

② 제조업

③ 일반과세자로서 과세표준이 2억을 초과하는 경우

④ 일반과세자로서 과세표준이 2억 이하인 경우

🔍정답 ③

12 음식점업의 주요경비 및 일반경비로서 세금계산서 및 계산서의 수취대상이 아닌 것은?

① 임차료   ② 인건비

③ 식자재   ④ 공산품

🔍**정답** ②

인건비는 원천징수 대상이다.

13 원천징수 대상 봉사료에 대한 설명으로 틀린 것은?

① 신용카드전표 등에 구분 기재된 봉사료금액이 공급가액의 20%를 초과하여야 한다.

② 사업자의 수입금액으로 계상하지 않는 경우이어야 한다.

③ 사업소득에 해당하는 봉사료의 원천징수세율은 5%이다.

④ 지급된 봉사료는 사업자의 필요경비에 해당된다.

🔍**정답** ④

봉사료는 사업자의 수입금액에 포함하지 않으며 부가가치세 과세표준에서 제외된다. 따라서 지급된 봉사료는 사업자의 필요경비에 해당하지 않는다.

14 프랜차이즈 음식점업에 관한 설명으로 틀린 것은?

① 프랜차이즈란 상호, 상표 등의 사용허락에 의한 영업 행위를 말한다.

② 프랜차이즈에 가입하여 지급하는 가맹비(로열티), 인테리어경비는 세금계산서를 발급받아야 한다.

③ 프랜차이즈 등 노하우를 제공하는 사업자는 사용료 수입금액계정으로 처리한다.

④ 환급조건의 가맹비는 수수료 등의 계정으로 분류한다.

🔍**정답** ④

환급조건의 가맹비는 기타보증금 등의 계정으로 분류한다.

15 사업장의 폐업과 상가권리금의 양도에 관한 설명으로 틀린 것은?

① 상가권리금의 양도는 60% 필요경비가 인정되고 20%의 기타소득세를 납부하게 된다.

② 상가권리금의 양수자는 권리의 양도자에게 대금을 지급하면서 기타소득으로 원천징수하므로 양수자가 기타소득 원천징수영수증을 발급한다.

③ 원천징수된 권리금에 대하여는 세금계산서를 발행할 필요가 없다.

④ 사업의 포괄 양도·양수에 해당되는 경우에는 세금계산서를 발행하지 않는다.

Q정답 ③

상가권리금의 양도자는 권리의 양수자에게 세금계산서를 발행하여야 한다. 면세사업의 경우에는 계산서를 발행한다. 다만, 사업의 포괄 양도·양수에 해당되는 경우에는 세금계산서를 발행하지 않는다.

16 다음 중 학원에 관한 설명으로 틀린 것은?

① 학원은 일정한 수 이상의 학습자에게 30일 이상의 교습과정에 따라 지식 등을 교습하는 학습장소이다.

② 학원은 강사를 둘 수 있으며 9명 이하의 학습자를 수용하는 강의실을 갖추어야 한다.

③ 학교교과교습학원 외의 자동차, 회계, 경영, 실용음악 등은 평생·직업교육학원에 해당된다.

④ 교습소는 강사를 둘 수 없지만 보조요원 1인을 둘 수 있다.

Q정답 ②

학원은 강사를 둘 수 있으며 10명 이상의 학습자를 수용하는 강의실을 갖추어야 한다.

17 학원업 및 실내체육시설업의 면세사업장현황신고에 관한 설명으로 틀린 것은?

① 면세사업자는 과세기간 종료 후 다음연도 2월 말일까지 사업장현황신고를 하여야 한다.

② 과세·면세 겸영사업자의 경우에는 부가가치세 과세신고시 면세수입금액을 신고하면 된다.

③ 태권도, 검도 등의 교육서비스용역은 면세사업자이다.

④ 학원업은 중소기업에 해당되어 접대비한도액이나 결손금소급공제 등의 혜택이 있다.

🔍**정답** ①

면세사업자는 과세기간 종료 후 다음연도 2월 10일까지 사업장현황신고를 하여야 한다.

18 학원업의 수입금액에 관한 설명으로 틀린 것은?

① 학원의 수입금액은 수강료, 특강료, 교재판매대 등으로 구성된다.

② 수강료 수입은 신용카드, 현금영수증, 지로매출 등으로 구성된다.

③ 모든 수강생에게 할인한 수강료는 매출에누리로 처리한다.

④ 환불된 수강료는 반환일에 비용처리한다.

🔍**정답** ④

환불된 수강료는 반환일에 수입금액에서 차감한다.

19 학원의 수입금액 인식에 관한 설명으로 틀린 것은?

① 발생주의에 따라 회계처리한다.

② 세법에서는 권리·의무 확정주의에 따라 처리한다.

③ 발생주의와 권리·의무확정주의는 같은 개념이므로 차이가 없다.

④ 교육용역 제공이 동일한 년도에 시작해서 완료되는 경우에 세무조정이 필요 없다.

🔍**정답** ③

발생주의는 교육용역의 제공에 대한 귀속시기를 구분하지만 권리·의무 확정주의는 교육용역의 제공이 완료된 때에 수입금액을 인식한다. 교육용역 제공이 동일한 년도에 시작해서 완료되는 경우에 세무조정이 필요 없지만 귀속년도가 다른 경우에는 회계와 세법의 수입금액 인식의 차이로 세무조정이 필요할 수 있다.

20 프랜차이즈 학원에 관한 설명으로 틀린 것은?

① 가입비(로열티)를 받는 학원운영사업자는 과세·면세 겸영사업자이다.

② 학원을 운영하는 사업자가 다른 학원운영자에게 상호, 상표, 교육프로그램, 교재등의 노하우를 제공하고 받는 가입비(로열티) 등은 부가가치세가 면세된다.

③ 겸영사업자가 과세 및 면세사업에 관련된 매입경비가 구분되지 않는 경우에는 당해 과세기간의 공급가액기준으로 안분계산한다.

④ 가입비를 지급한 학원사업자는 프랜차이즈 또는 가맹비(소멸성)가 무형자산의 요건을 충족한 경우에 무형자산상각을 통하여 필요경비 처리한다.

Q 정답 ②

학원을 운영하는 사업자가 다른 학원운영자에게 상호, 상표, 교육프로그램, 교재 등의 노하우를 제공하고 받는 가입비(로열티) 등은 수입금액에 포함하되 부가가치세가 과세된다.

21 학원업의 강사에 관한 설명으로 틀린 것은?

① 학원 강사는 등록할 필요 없이 고용할 수 있다.

② 상용근로를 제공하는 경우에는 근로소득으로 원천징수하여야 한다.

③ 독립된 자격으로 용역을 제공하는 경우에는 사업소득으로 원천징수하여야 한다.

④ 일시적 용역제공의 경우에는 기타소득으로 원천징수하여야 한다.

Q 정답 ①

학원 강사는 일정 자격요건을 갖추어야 하며 강사로 등록되어야 한다.

22 다음 중 국민연금에 관한 설명으로 틀린 것은?

① 국민연금에서는 사업장가입자와 지역가입자로 구분된다.

② 국민연금 보험료 부과는 기준소득월액으로 계산한다.

③ 18세 이상 65세 미만인 사용자 및 근로자가 가입대상자이다.

④ 1주간 소정근로시간이 15시간 미만인 자는 가입대상자가 아니다.

Q 정답 ③

18세 이상 60세 미만인 사용자 및 근로자가 가입대상자이다.

23 다음 중 국민연금 보험료에 관한 설명으로 틀린 것은?

① 국민연금 보험료계산시 기준소득금액은 최저한도와 최고한도의 범위로 결정된다.

② 사업장가입자의 경우 보험료는 100% 사업자가 부담한다.

③ 사업자의 법정부담금은 필요경비 또는 손금산입된다.

④ 근로자의 본인부담금은 전액 소득공제된다.

🔍정답 ②

사업장가입자의 경우 보험료는 사업자와 근로자가 각각 50%씩 부담한다.

24 다음 중 건강보험에 관한 설명으로 틀린 것은?

① 건강보험에서는 사업장가입자와 지역가입자로 구분된다.

② 건강보험료는 보수월액으로 계산한다.

③ 보수월액은 최저한도와 최고한도의 범위로 결정된다.

④ 1월 미만의 기간동안 고용되는 일용근로자는 가입대상에서 제외된다.

🔍정답 ①

건강보험에서는 직장가입자와 지역가입자로 구분된다.

25 다음 중 고용 및 산재보험에 관한 설명으로 틀린 것은?

① 중기업사업주와 자영업자는 고용보험에 임의가입할 수 있다.

② 고용, 산재보험료는 보수월액으로 계산된다.

③ 보수월액의 범위는 건강보험과 같다.

④ 직장가입자와 지역가입자로 구분된다.

🔍정답 ④

고용, 산재보험은 직장가입자만 해당된다.

26 다음 중 고용, 산재보험료에 관한 설명으로 틀린 것은?

① 고용, 산재보험은 매달 월별보험료를 부과하여 고지한다.

② 보수총액신고를 매년 3월 15일까지 하여야 한다.

③ 고용보험료의 본인부담분은 전액 소득공제된다.

④ 개산보험료와 확정보험료에 의하여 정산한다.

Q정답 ④

건설업의 경우에 고용, 산재보험료를 자진 신고, 납부하여야 하며 개산보험료와 확정보험료에
의하여 정산한다.

27 다음 중 퇴직연금에 관한 설명으로 틀린 것은?

① 퇴직연금 가입 후 퇴직한 경우에는 연금형태로만 지급받는다.

② 확정기여형과 확정급여형이 있다.

③ 회사부담분 외에 본인 부담금으로 IRP를 가입할 수 있다.

④ 확정기여형과 확정급여형의 회사 부담금을 비용처리한다.

Q정답 ①

퇴직연금 가입 후 퇴직한 경우에는 일시금 또는 연금형태로 지급받을 수 있다.

제7장
병 · 의원업 및 약국업

VII 병 · 의원업 및 약국업

제1절 병 · 의원업

❶ 병 · 의원업

(1) 병 · 의원업의 구분

일반적으로 병원은 외래환자 및 입원환자를 대상으로 하는 의료기관(병상수 30 이상으로 규모가 큼)이고 의원은 외래환자진료를 위한 의료기관으로 이해하면 된다. 여기서는 의원에 관한 사항만 설명하고자 한다.

병 · 의원회계는 일반 기업의 회계와 차이가 있으며 보건복지부에서는 의료기관회계기준 규칙과 재무제표세부작성방법에 관한 고시를 하고 있다.

(2) 병 · 의원업의 사업자등록

병 · 의원을 개원하고자 하는 경우에는 보건소에 의료기관 개설신고 후 의료기관개설신고 필증을 첨부하여 사업자등록신청을 한다. 개설신고 전인 경우에는 의료기관개설신청서나 사업계획서를 첨부하여 신청할 수 있다. 사업자 등록 후 건강보험심사평가원에 요양기관지정 신청을 하여야 한다.

(3) 복식부기 및 성실신고확인

의료업과 전문자격사 등은 신규로 사업을 하는 경우에도 간편장부대상자에서 제외되어 복식부기의무자에 해당된다. 계산서 등의 적격증빙 수취의무도 부담한다.

해당 과세기간의 수입금액이 5억원 이상인 경우에는 성실신고 확인대상에 해당되므로 세무사에게 성실신고 확인을 받아야 한다.

(4) 현금영수증과 사업용계좌

건당 거래금액이 10만원 이상인 경우 현금영수증발급의무가 있으며 사업용계좌를 사용 (미사용 금액의 0.2% 가산세가 부과됨)하여야 한다.

(5) 의료용역의 과세, 면세구분

의료보건용역은 부가가치세가 면세되지만 다음에 해당되는 경우에는 과세된다. 부가가치세 과세대상 의료용역이 제공되는 의원은 과세·면세 겸영사업자로서 과세수입과 면세수입을 구분하여야 하고 관련 경비도 구분하여야 한다. 면세부분에 대하여는 매입세액이 불공제되고 과세·면세 공통부분은 당해과세기간의 공급가액 기준으로 안분계산하여야 한다.
  ① 미용목적의 피부 관련시술
  ② 외모개선 목적의 안면교정술
  ③ 미용목적의 성형수술

❷ 면세사업장 현황신고

사업장 현황을 과세기간 종료한 후 다음연도 2월 10일까지 신고하여야 한다. 신고하지 않는 경우 수입금액에 5/1,000의 가산세를 부담하게 된다.

수입금액에 관한 사항, 의약품의 매입 및 재고에 관한 사항, 인건비에 관한 사항, 의료기기 보유 현황 및 감가상각비 등에 관한 사항을 기재하여 신고한다.

의원, 한의원은 중소기업에 해당(기업업무추진비한도, 결손금공제 혜택)되나 중소기업특별세액감면은 제한적으로 적용(수입금액 중 요양급여비용이 차지하는 비율이 80% 이상으로서 해당 연도의 종합소득금액이 1억원 이하인 경우에 한정)된다.

일반과세자의 경우에는 폐업한 달의 말일부터 다음달 25일까지 폐업부가가치세 신고를 하지만 의료업을 폐업한 때에는 폐업한 날이 속하는 과세기간 종료 후 2월 10일 내에 사업장현황신고를 할 수 있다. 이 경우에는 사업장현황신고 불이행에 대한 무신고가산세를 적용하지 않는다.

❸ 의료업의 수입금액

의원의 수입금액은 '건강보험수입(요양급여)+의료급여+자동차보험+산재의료+비보험수입+판매장려금'으로 구성된다. 세법상 의료수입은 용역 제공이 완료된 날에 인식하여야 한다. 사업장현황신고서에 수입금액검토표를 작성, 제출하여야 하며 미제출하는 경우에는 수입금액의 0.5% 가산세가 부과된다.

(1) 건강보험수입(요양급여)

건강보험공단에 보험청구하여 지급받는 금액이며 3.3%로 원천징수 후 지급받게 된다(건강보험공단 홈페이지에서 인증서등으로 확인). 공단에 청구하면 심사하게 되는데 과다청구나 오류청구에 대하여 삭감될 수 있다.

진료비 청구금액을 수입금액으로 계상한 후 삭감된 금액은 진료비감액손실의 계정으로 필요경비산입한다. 수입금액은 요양급여 지급내역통보서의 진료일을 기준으로 인식하여야 한다. 진료비를 할인하여 주는 경우에는 진료비에누리와 할인으로 처리하고 수입금액에서 차감한다.

본인부담금이 현금영수증이나 신용카드로 결제된 경우 이중계상될 수 있으므로 별도의 관리(비보험수입에 해당되는 일반수입금액에서 제외 등)가 필요하다. 근로자의 연말정산 간소화를 위하여 국세청에 의료비 자료를 제출하여야 한다.

요양급여비용 지급내역통보서

요양기관					
지급년도	20×1	지급구분	전체	조회건수	
대표자		주민번호		사업자등록번호	

업무구분	지급차수	지급건수	④본인부담금	환수금상계액	⑧소득세
①진료년월	②지급일자	③총진료비	⑤공단부담금	가지급정산액	⑨주민세
기관기호	접수번호	본인부담환급금	국고단수액	⑥과세표준액	⑦실지급액
1차 지급		1,033	5,431,380	0	336,200
20×1. 11	20×1.12.16	16,638,320	11,206,940	0	33,620
11392578			0	11,206,940	10,836,590
1차 지급		1,026	4,589,920	0	304,780
20×1.12	20×2. 1.26	14,749,270	10,159,350	0	30,470
11392578				10,159,350	9,823,940

1차 지급에 관한 회계처리는 다음과 같다
* 20×1.11 (진료년월,①)

(차) 미수금(⑤공단부담금)   11,206,940   (대) 보험수입   16,638,320
    현금(④본인부담금)   5,431,380

* 20×1.12.16(지급년월일②)

(차) 현 금 등(⑦)   10,836,590   (대) 미수금(⑥)   11,206,940
    선납세금(⑧+⑨)   369,820

① 진료년월

진료년월은 의료기관이 의료용역의 제공을 완료한 날이다.

② 지급일

지급일은 의료기관이 청구한 공단부담금에 대하여 건강보험공단에서 심사하여 소득세 및 주민세를 원천징수한 후 지급한 날이다.

③ 총진료비

총진료비는 의료기관이 환자에게 진료한 후 얻은 진료비의 총수입금액을 말한다. 총진료비는 본인부담금과 공단부담금의 합계액이지만 진료비의 과다청구나 오류청구 등으로 삭감되는 경우에는 총진료비와 본인부담금과 공단부담금의 합계액에 차이가 있을 수 있다.

④ 본인부담금

본인부담금은 진료비에 대하여 환자가 부담하는 금액을 말한다. 신용카드나 현금영수증으로 진료비를 결제하는 경우에는 매출이 이중계상될 수 있으므로 별도관리를 하여야 한다.

본인부담환급금은 환자본인이 부담한 진료비가 과다하게 납부된 경우 환자에게 반환하는 것을 말하며 환급된 금액은 의료기관에게 지급할 청구금액에서 차감하여 지급하게 된다.

⑤ 공단부담금

공단부담금은 진료비에 대하여 건강보험공단에 청구하는 금액을 말한다. 청구된 금액은 공단에서 심사 후 삭감액 등을 반영하여 지급하게 된다.

⑥ 과세표준

과세표준은 사업소득세 및 주민세를 징수하기 위한 기준금액이다. 소득세는 3%로 주민세는 0.3%로 징수한다.

⑦ 실지급액

실지급액은 과세표준에서 소득세 등을 원천징수한 후 지급되는 지급액을 말한다.

(2) 의료급여

의료급여는 국민기초생활보장법에 의한 수급자를 위하여 건강보험심사평가원에서 심사한 후 지방자치단체가 대신 지급하여 받는 금액을 말한다.

(3) 자동차보험수입

자동차보험수입은 자동차사고 환자에 대하여 손해보험회사로부터 지급받는 수입금액이다. 보험사에 청구하면 3.3% 원천징수한 후 지급받게 된다.

(4) 산재의료수입과 공상매출

산재의료수입은 산업재해에 의하여 산재환자에 대한 진료비를 근로복지공단에서 지급받는 수입금액이다. 공상매출은 정형외과나 신경외과에서 주로 발생하는 것으로 건설현장에서 회사가 산재를 당한 노동자에게 직접 재해보상을 하여 의료기관이 진료 후 받는 의료수입을 말한다.

(5) 비보험수입

건강보험 미가입자나 보험료를 납부하지 않은 경우 및 건강보험 비급여항목으로 인한 수입금액이다. 신용카드결제나 현금영수증을 발급한 경우 요양급여 중 본인부담금에 해당되는 부분이 있는 경우 구분하여 이중계상되지 않도록 관리하여야 한다.

(6) 판매장려금

판매장려금을 지급하는 회사는 판매장려금 지급내역을 세무서에 제출하게 되어 있으며 제약회사로부터 받는 판매장려금을 영업외수익에 포함시켜 계상하여야 한다.

❹ 계산서 등의 발급 및 제출의무

의료업으로서 매입세금계산서와 매출 및 매입계산서의 합계표를 작성하여 사업장현황신고시 제출하여야 한다. 미제출하는 경우에는 공급가액의 0.5% 가산세가 부과된다.

❺ 원천징수영수증의 발급

고용의사, 간호사 및 간호조무사와 간병인 등의 인건비에 대하여 근로소득으로 원천징수하고 원천징수영수증을 발급하여야 한다. 고용형태 및 근로시간에 따라 상용근로 또는 독립된 용역의 사업소득으로 구분하고 4대보험에 해당되는 경우에는 4대보험에 대하여 원천징수한다.

간병인이 파견회사(인력공급업)에서 공급받는 경우에는 파견회사에 인건비를 지급하고 세금계산서를 수취하여야 한다.

❻ 의료장비(기기)와 감가상각

의료장비(기기)는 고가이므로 금융리스, 운용리스, 장기할부 등의 다양한 방법에 의하여 구입한다. 일반적으로 가장 많이 이용되는 방법은 금융리스와 운용리스이다. 금융리스는 장부할부와 유사한 방법이다. 금융리스는 리스약정기간 종료 후에 소유권이전을 선택할 수 있으며 리스기간 동안 금융리스자산으로서 해당 의원의 자산으로 인식한다. 운용리스는 단순임대하는 방법을 말한다.

(1) 금융리스

금융리스로 구입하는 경우 이자비용을 필요경비로 처리한다. 금융리스자산으로 계상된 의료장비에 대하여는 감가상각으로 비용처리한다.

의료장비는 의원업종별로 수입금액검토부표에 종류별로 대수, 취득일, 취득금액 또는 리스일, 리스금액으로 구분하여 표시하여야 한다.

(2) 운용리스

의료장비를 운용리스로 구입하는 경우에 지급하는 임차료를 운용리스료로 비용처리한다.

(3) 의료장비의 중소기업투자세액공제

중소기업에 해당하는 의원이 금융리스를 이용하여 의료장비를 투자한 경우 투자금액의 3%를 소득세에서 공제받을 수 있다. 다만, 세법에서 인정하는 투자기간 내의 투자만 해당되므로 세액공제 여부를 검토하여야 한다.

❼ 이자비용 및 초과인출금 지급이자

의원을 개업하면서 차입한 자금에 대한 이자비용은 필요경비로 인정된다. 다만, 사업용자산과 부채를 비교하여 부채가 더 많은 경우 이를 초과인출금이라고 하며 초과인출금에 대한 이자비용은 필요경비불산입된다.

공동사업자로서 출자를 하기 위하여 차입한 차입금이자는 필요경비로 인정되지 않는다.

❽ 의약품

(1) 보험수입과 치료의약품

의원은 치료의약품과 의료소모품을 사업장현황신고서에 기초재고, 당기매입 및 사용액, 기말재고로 구분 기재하여야 한다. 마취제를 사용하는 의원의 경우에는 마취제의 구입 및 사용에 관한 사항을 구분 기재하여야 한다.

의약품 사용액은 매출원가로 계상하지 않고 판매비와 관리비에 의약품비로 처리하는 것이 일반적이다. 그러나 기초와 기말재고액은 재무상태표의 금액과 일치하여야 한다.

(2) 비보험수입과 의약재료

비보험수입은 환자가 현금으로 결제하는 경우 수입금액에서 누락될 가능성이 높아 세무서에서는 비보험관련 의약품의 사용량으로 수입금액을 추산하여 과세자료로 활용하고 있으므로 재고관리 및 신고에 신중하여야 한다. 비보험과 관련된 의약재료는 수입금액에서 평균적으로 30%~40% 정도의 원가율을 차지한다.

1) 치과의원

치과의원은 임플란트, 교정용브라켓, 보철재료 등의 사용현황을 구분기재한다.

2) 성형외과의원

성형외과의원은 진료비에 대하여 치료목적과 미용목적으로 구분하여야 한다. 부가가치세가 과세되는 미용목적의 비보험수입은 마취제의 사용과 관련이 높다. 미용목적은 부가가치세 및 수입금액이 누락될 수 있으므로 특히 주의하여야 한다. 보톡스, 실리콘·콜라겐·고어텍스, 셀라인·하이드로겐 등의 사용현황을 구분기재한다.

3) 안과의원

안과의원의 비보험수입은 엑시머레이저나 라식, 라섹 등 시력교정 수술과 관련이 높다. 안과의원에서 비보험수입은 비보험 의약품보다 비보험 수술장비구비와 관련이 있으므로 이를 관리하여야 한다.

4) 한의원

한의원의 비보험수입은 한약재를 이용한 첩약수입과 관련이 있다. 한약재를 감초, 녹용, 당귀와 기타의 한약재로 구분하여 기초재고, 당기매입 및 사용액, 기말재고로 구분 기재하여야 한다.

❾ 의료사고 배상금의 필요경비

업무수행과 관련하여 발생되고 고의 또는 중과실이 없는 경우 지급된 의료사고 배상금은 필요경비에 산입된다.

❿ 인테리어(시설장치)와 철거 및 폐기

(1) 인테리어비용의 감가상각

인테리어비용은 시설장치인 유형자산으로 계상하고 감가상각을 통하여 비용처리한다.

(2) 인테리어의 철거와 폐기

의원의 폐업, 이전 등의 사유로 기존 인테리어를 철거하는 경우 철거비용이나 원상복구하는 다음의 비용은 유형자산폐기손실로 필요경비 처리된다.
① 시설의 개체로 생산설비의 일부를 폐기하는 경우
② 사업의 폐지 및 사업장의 이전으로 임대차계약에 따라 임차한 사업장의 원상회복을 위하여 시설물을 철거하는 경우

⓫ 영업권의 양도

의원이 영업권을 양도하는 경우 주된 의료용역의 부수공급으로서 부가가치세가 면세되고 기타소득으로 신고하여야 한다. 영업권의 양수자는 대금을 지급하면서 기타소득으로 원천징수하고 양도자는 계산서를 발행한다. 영업권의 양수자는 무형자산으로 계상하고 무형자산상각으로 비용처리한다. 사업용고정자산과 함께 양도하는 영업권은 양도소득으로 신고하여야 한다.

제2절 약국업

❶ 약국업의 사업자등록

약국업의 사업자등록 신청을 하는 경우에는 약국개설등록증을 첨부하여야 하며, 사업자등록증을 발급받으면 요양기관등록도 하여야 한다. 약국업은 부가가치세 과세수입(일반의약품, 매약)과 면세수입(조제수입)으로 구성되는 겸영사업자로 일반과세자로 등록하고 신고하며 사업장현황신고는 하지 않아도 된다. 약국업이 신규개업을 하는 경우에도 복식부기 대상에 해당된다.

복식부기 대상자는 사업개시일이 속하는 과세기간의 다음 과세기간 개시일부터 6개월이내에 사업용계좌를 개설하여야 하며 인건비, 임차료, 의약품 매입대금, 수익금액의 거래를 사업용계좌를 이용하여야 한다. 약국업은 중소기업에 관한 세액감면대상에 해당되지만 사업용계좌를 개설하지 않은 경우에는 감면대상에서 배제된다. 또한, 가산세가 부과(미사용 금액또는 수입금액의 2/1,000)되며, 세무조사의 사유에 해당한다.

약국업은 현금영수증 의무가입 대상자이며 의무발행 기준금액은 10만원이다. 현금영수증발행기준은 총 약제비를 기준으로 하되 실제 현금영수증 발급은 환자의 본인부담금에 해당하는 부분만 발급하면 된다. 또한 현금영수증 미발급 가산세는 미발급 금액의 20%이지만공단부담금은 가산세 대상에서 제외된다.

❷ 약국업의 매출구분

부가가치세 과세매출(소매매출)은 일반의약품 및 화장품, 담배 등의 판매수입으로 구성된다. 면세매출은 조제매출로 전문의약품의 판매수입이다. 조제수입은 건강보험공단에 청구하므로 의원업의 경우와 같이 3.3%로 원천징수된 후 지급받게 된다. 제약회사 등으로부터받는 판매장려금은 영업외수익에 포함시켜 계상하여야 한다.

지급받은 판매장려금은 재화나 용역의 공급대가가 아니므로 세금계산서 발급 및 수취대상이 아니며 부가가치세 신고대상이 아니지만 소득세 신고시 총수입금액에 포함하여야 한다.

또한, 약국을 경영하는 사업자가 의약품 구매대금을 구매카드로 결제하고 카드회사로부터그 결제금액의 일정비율을 포인트로 부여받아 이를 캐쉬백, 마일리지 적립금 등으로 사용하는 경우, 해당 마일리지 등은 총수입금액에 산입한다.

❸ 매입세액의 공제

조제매출에 사용되는 전문의약품은 면세관련 매입세액으로 불공제되어 의약품의 매입원가에 가산한다. 소매매출에 사용되는 일반의약품은 매입세액으로 공제된다. 다만 일반의약품 중 조제매출에 사용되는 경우에는 해당 부분은 매입세액불공제하여야 한다. 또한 일반의약품이 조제와 소매매출에 공통으로 사용되는 경우에는 공통매입세액으로 안분계산하여야한다. 임대료 및 일반경비가 과세, 면세사업에 귀속이 불분명한 경우에도 공통매입세액으로안분계산한다. 이 경우 당해 과세기간의 공급가액기준으로 안분한다.

❹ 의약품 재고관리

소득세 결산시 의약품 재고금액에 따라 소득률이 달라지며 세액에 영향을 미치므로 재고금액을 파악하여 결산에 반영하여야 한다.

약국업의 의약품은 일반의약품과 전문의약품으로 구분되며 일반의약품은 부가가치세 과세대상이고 전문의약품은 면세대상으로 개별사용 및 공통사용 여부에 따라 부가가치세 납부세액에 영향을 준다. 또한, 일반의약품은 약국업 폐업시 잔존재화에 대한 간주공급에 해당되므로 일반의약품과 전문의약품으로 구분하여 관리하는 것이 필요하다.

❺ 조세특례에 따른 세금감면

약국업은 조세특례제한법상 소매업에 해당하며, 소매업은 중소기업 특별세액감면 해당업종이므로 규모기준, 지역기준에 충족하는 경우 감면대상에 해당된다. 또한 중소기업으로서 각종 세액감면을 받을 수 있으므로 요건을 검토하여야 한다.

제3절 장기요양기관

건강보험에 가입하게 되면 동시에 (노인)장기요양보험에 자동 가입하게 되므로 건강보험가입자는 장기요양보험 가입자가 된다. 장기요양보험은 고령이나 노인성 질병 등의 사유로혼자서 일상생활을 수행하기 어려운 노인등에게 제공하는 간병, 장기요양 등의 서비스를제공받을 수 있는 보험을 말한다.

장기요양보험료를 납부하면 장기요양급여의 혜택을 받을 수 있다. 장기요양급여의 종류는 방문요양, 방문목욕, 방문간호, 주·야간보호, 단기보호 등의 서비스를 받을 수 있는 재가급여와 노인의료복지시설 등에 입소할 수 있는 시설급여, 그리고 가족요양비, 특례요양비, 요양병원간병비 등을 현금으로 받을 수 있는 특별현금급여가 있다.

(1) 장기요양기관의 지정 및 급여비용의 청구

장기요양기관은 재가급여를 제공하는 재가노인 복지시설과 재가장기 요양기관 및 시설급여를 제공하는 노인요양시설, 노인요양공동생활가정이 있다.

장기요양기관은 장기요양에 필요한 시설 및 인력을 갖추어 시설을 관할하는 시장·군수·구청장으로 지정을 받아야 한다.

장기요양기관은 수급자에게 재가급여 또는 시설급여를 제공한 경우 공단에 장기요양급여비용을 청구하여야 한다. 건강보험공단은 청구내용을 심사하여 재가 및 시설급여비용 중 본인부담금을 제외한 공단부담금을 해당 장기요양기관에 지급하여야 한다. 급여비용을 지급하는 경우 소득세 및 지방소득세 3.3%를 원천징수하여야 한다. 공단은 청구 내용을 심사하여 장기요양급여비용을 가산 또는 감액조정하여 지급할 수 있다.

수급자가 본인부담금을 정해진 금액보다 많이 납부한 경우 기관에 지급해야 할 비용 중 일부를 공제하여 수급자에게 환급한다. 기관은 지급받은 비용 중 보건복지부장관이 정하여 고시하는 비율에 따라 간호(조무)사, 물리치료사, 사회복지사, 요양보호사 등 장기요양요원에 대한 인건비로 지출하여야 한다.

(2) 장기요양기관의 부가가치세

장기요양기관이 제공하는 용역에 대하여 부가가치세가 면제된다. 다만, 기관이 장기요양인정을 받은 자에게 일상생활 및 신체활동 지원에 필요한 복지용구(보건복지부장관이 정하여 고시하는 것과 영세율을 적용하는 것으로 열거되지 않은 것)를 공급하는 경우 부가가치세 10%가 적용된다.

복지용구 중 의수족, 휠체어, 보청기, 목발, 지팡이, 성인용 보행기 등은 영세율이 적용된다.

수급자가 본인부담금에 대하여 신용카드 등 사용금액에 대하여 소득공제가 가능한 경우에는 당해 용역을 제공받은 자에게 현금영수증을 발급할 수 있다.

(3) 장기요양기관의 소득세 및 법인세

장기요양기관에 해당하는 사회복지시설에서 제공하는 사회복지사업은 소득세가 비과세되고 면세사업장 현황신고의무를 지지 않는다.

법인의 경우 법인세가 과세되는 수익사업에서 제외된다. 따라서 이 경우에는 고유번호를 부여받아 원천징수의무 및 매입세금계산서합계표 제출 등의 의무를 이행하여야 한다.

장기요양기관은 급여비용을 청구하여 공단으로부터 지급받을 때 원천징수(원천징수대상 장기요양기관에 한함)되며 원천징수 외에는 부담할 소득세 및 법인세는 없다.

(4) 장기요양요원에 대한 인건비와 원천징수

간호(조무)사, 물리치료사, 사회복지사, 요양보호사 등을 고용하여 인건비를 지급한 경우에는 근로소득에 해당되어 원천징수를 이행하여야 하며 연말정산 등의 의무를 부담한다.

(5) 요양보호사 교육기관

요양보호사 교육기관을 설치하여 요양보호사교육기관 설치신고필증을 발급받은 경우 부가가치세가 면제되는 교육용역에 해당된다. 다음 연도 2월 10일까지 면세사업장 현황신고를 하여야 한다.

교육용역을 제공하고 수강생으로부터 받는 수강료는 수익사업에 해당되어 소득세 및 법인세가 과세된다.

1. 병의원을 개원하고자 하는 경우에는 보건소에 의료기관 개설신고 후 의료기관개설신고필증을 첨부하여 사업자등록신청을 한다. 사업자 등록 후 건강보험심사평가원에 요양기관지정신청을 하여야 한다.

2. 의료업의 진료비 청구금액을 수입금액으로 계상한 후 삭감된 금액은 진료비감액손실의 계정으로 필요경비산입한다.

3. 약국업은 면세사업자이므로 면세사업장현황신고를 하여야 한다.

4. 의료업은 신규로 사업을 개시하는 경우에 간편장부대상자에 해당된다.

5. 의료업에서 해당과세기간의 수입금액이 5억원 이상인 경우에 성실신고확인대상자에 해당된다.

6. 의료업은 면세사업자이므로 모든 의료용역에 대하여 부가가치세가 면세된다.

7. 의료업이 면세사업장현황신고를 하지 않는 경우에 가산세를 부담하여야 한다.

8. 의원 및 한의원은 중소기업에 해당되므로 중소기업특별세액감면을 받을 수 있다.

9. 의료업의 폐업시 폐업일이 속하는 달의 다음달 10일까지 사업장현황신고를 하여야 한다.

10. 의료업의 세법상 수입금액의 귀속시기는 용역이 제공된 날이다.

11. 건강보험공단에 청구하여 지급받는 공단부담금에 대하여 5.5%의 세율로 원천징수된다.

12. 진료비를 할인하여 주는 경우에는 진료비에누리와 할인으로 처리하고 수입금액에서 차감한다.

13. 의료업자는 근로자의 연말정산 간소화를 위하여 국세청에 의료비 자료를 제출하여야 한다.

14. 요양급여비용 지급내역통보서에 총진료비는 본인부담금과 공단부담금의 합계액이다.

15. 요양급여는 국민기초생활보장법에 의한 수급자를 위하여 건강보험심사평가원에서 심사한 후 지방자치단체가 대신 지급하여 받는 금액을 말한다.

16. 자동차보험수입은 자동차사고 환자에 대하여 손해보험회사로부터 지급받는 수입금액이다. 보험사에 청구하면 3.3% 원천징수한 후 지급받게 된다.

17. 산재의료수입은 산업재해에 의하여 산재환자에 대한 진료비를 건강보험공단에서 지급받는 수입금액이다.

18. 제약회사로부터 받는 판매장려금은 매출수익에 포함시켜 계상하여야 한다.

19. 의료업이 매입계산서나 매입세금계산서를 신고하여 제출하지 않는 경우에도 불이익은 없다.

20. 의료장비를 금융리스로 구입하는 경우 이자비용만 필요경비로 인정된다.

21. 공동사업자로서 출자를 하기 위하여 차입한 차입금이자는 필요경비로 인정되지 않는다.

22. 사업용자산과 부채를 비교하여 부채가 더 많은 경우 이를 초과인출금이라고 하며 초과인출금에 대한 이자비용은 필요경비불산입된다.

23. 의료장비는 의원업종별로 수입금액검토부표에 종류별로 대수, 취득일, 취득금액 또는 리스일, 리스금액으로 구분하여 표시하여야 한다.

24. 의원은 치료의약품과 의료소모품을 사업장현황신고서에 기초재고, 당기매입 및 사용액, 기말재고로 구분 기재하여야 한다.

25. 의약품 사용액은 매출원가로 계상하지 않고 판매비와 관리비에 의약품비로 처리하는 것이 일반적이다. 따라서 기초와 기말재고액은 재무상태표에 표시하지 않는다.

26. 비보험수입은 환자가 현금으로 결제하는 경우 수입금액에서 누락될 가능성이 높아 세무서에서는 비보험관련 의약품의 사용량으로 수입금액을 추산하여 과세자료로 활용하고 있으므로 재고관리 및 신고에 신중하여야 한다.

27. 업무수행과 관련하여 발생되고 고의 또는 과실이 있는 경우에도 지급된 의료사고배상금은 필요경비에 산입된다.

28. 의원의 폐업, 이전 등의 사유로 기존 인테리어를 철거하는 경우 철거비용이나 원상복구하는 비용은 필요경비로 인정되지 않는다.

29. 의원이 영업권을 양도하는 경우 부가가치세가 과세되고 기타소득으로 신고하여야 한다.

30. 약국의 조제수입은 건강보험공단에 청구하므로 의원업의 경우와 같이 3.3%로 원천징수된 후 지급받게 된다.

31. 일반의약품 중에 조제매출에 사용되는 경우에도 해당 부분은 매입세액이 공제된다.

32. 일반의약품이 조제와 소매매출에 공통으로 사용되는 경우에는 공통매입세액으로 안분계산하여야 한다.

33. 장기요양급여 중 방문요양, 방문목욕, 방문간호, 주·야간보호, 단기보호 등의 서비스를 받을 수 있는 급여를 재가급여라 한다.

34. 장기요양기관이 제공하는 용역에 대하여 부가가치세가 면제되므로 복지용구 중 의수족, 휠체어, 보청기, 목발, 지팡이, 성인용 보행기 등도 면제된다.

1. O

2. O

3. X 약국업은 과세·면세 겸영사업자이므로 부가가치세 신고하면 면세사업장현황 신고는 별도로 할 필요가 없다.

4. X 의료업과 약국업은 신규로 사업을 개시하는 경우에도 복식부기의무자에 해당된다.

5. O

6. X 의료업은 부가가치세가 면세되지만 다음의 용역에 대하여는 부가가치세가 과세된다.

    ① 미용목적의 피부 관련시술

    ② 외모개선 목적의 안면교정술

    ③ 미용목적의 성형수술

7. O

8. O 의원 및 한의원은 중소기업에 해당되어 중소기업특별세액감면을 제한적으로 받을 수 있다.

9. X 의료업을 폐업한 때에는 폐업한 날이 속하는 과세기간 종료 후 2월 10일 내에 사업장현황신고를 할 수 있다. 이 경우에는 사업장현황신고 불이행에 대한 무신고가산세를 적용하지 않는다.

10. O

11. X 건강보험공단에 청구하여 지급받는 공단부담금에 대하여 3.3%의 세율로 원천징수된다.

12. O

13. O

14. O

15. X 의료급여는 국민기초생활보장법에 의한 수급자를 위하여 건강보험심사평가원에서 심사한 후 지방자치단체가 대신 지급하여 받는 금액을 말한다.

16. O

17. X 산재의료수입은 산업재해에 의하여 산재환자에 대한 진료비를 근로복지공단에서 지급받는 수입금액이다.

18. X 판매장려금을 지급하는 회사는 판매장려금 지급내역을 세무서에 제출하게 되어 있으며 제약회사로부터 받는 판매장려금을 영업외수익에 포함시켜 계상하여야 한다.

19. X 의료업으로서 매입세금계산서와 매출 및 매입계산서의 합계표를 작성하여 사업장현황신고시 제출하여야 한다. 미제출하는 경우에는 공급가액의 0.5% 가산세가 부과된다.

20. X 의료장비를 금융리스로 구입하는 경우 이자비용을 경비처리하고 금융리스자산으로 계상된 의료장비에 대하여는 감가상각으로 비용처리한다.

21. O

22. O

23. O

24. O

25. X 의약품 사용액은 매출원가로 계상하지 않고 판매비와 관리비에 의약품비로 처리하는 것이 일반적이다. 그러나 기초와 기말재고액은 재무상태표의 금액과 일치하여야 한다.

26. O

27. X 업무수행과 관련하여 발생되고 고의 또는 중과실이 없는 경우 지급된 의료사고 배상금은 필요경비에 산입된다.

28. X 의원의 폐업, 이전 등의 사유로 기존 인테리어를 철거하는 경우 철거비용이나 원상복구하는 다음의 비용은 유형자산폐기손실로 필요경비 처리된다.

    ① 시설의 개체로 생산설비의 일부를 폐기하는 경우

    ② 사업의 폐지 및 사업장의 이전으로 임대차계약에 따라 임차한 사업장의 원상회복을 위하여 시설물을 철거하는 경우

29. X 의원이 영업권을 양도하는 경우 주된 의료용역의 부수공급으로서 부가가치세가 면세되고 기타소득으로 신고하여야 한다.

30. O

31. X 일반의약품 중에 조제매출에 사용되는 경우에는 해당 부분은 매입세액불공제하여야 한다.

32. O

33. O

34. X 복지용구 중 의수족, 휠체어, 보청기, 목발, 지팡이, 성인용 보행기 등은 영세율이 적용된다.

01 다음 업종 중 면세사업장현황신고 대상에 해당되지 않는 것은?

① 의원업   ② 병원업

③ 학원업   ④ 약국업

정답 ④

02 다음 중 의료업의 세법상 수입시기에 해당되는 것은?

① 용역제공 완료일

② 진료비의 공단 청구일

③ 진료비의 공단 원천징수일

④ 진료비의 공단 심사일

정답 ①

03 다음 업종 중 건당 10만원 이상의 거래금액에 대하여 현금영수증발급의무가 없는 것은?

① 의료업   ② 학원업

③ 부동산임대업   ④ 음식업

정답 ③

04 약국업의 수입금액 구성에 관한 설명으로 틀린 것은?

① 부가가치세 과세매출(소매매출)은 일반의약품 및 화장품, 담배 등의 판매수입으로 구성된다.

② 면세매출은 조제매출로 전문의약품의 판매수입이다.

③ 조제수입은 건강보험공단에 청구하므로 의원업의 경우와 같이 3.3%로 원천징수된 후 지급받게 된다.

④ 제약회사 등으로부터 받는 판매장려금은 신고대상이 아니므로 수입금액에 포함되지 않는다.

🔍정답 ④

제약회사 등으로부터 받는 판매장려금은 영업외수익에 포함시켜 계상하여야 한다.

05 다음 중에서 부가가치세가 면세되는 의료용역에 해당되지 않는 것은?

① 성형수술로 인한 후유증 치료

② 외모개선 목적의 안면교정술

③ 골절로 인한 정형외과 수술

④ 백내장으로 인한 안과 치료

🔍정답 ②

외모개선 목적의 안면교정술은 부가가치세가 과세된다.

06 병 · 의원에 관한 설명으로 틀린 것은?

① 병원과 의원의 구분은 의사와 간호사의 수에 따라 구분된다.

② 병 · 의원의 사업자등록 후 건강보험심사평가원에 요양기관지정 신청을 하여야 한다.

③ 병 · 의원이 신규로 개업한 경우에도 복식부기의무자에 해당된다.

④ 병 · 의원을 개원하고자 하는 경우에는 의료기관 개설신고 후 의료기관개설신고필증을 첨부하여 사업자등록을 신청한다.

🔍정답 ①

병원과 의원의 구분은 입원환자 및 병상수에 따라 나누어진다.

07 의원의 건강보험(요양급여)수입에 관한 설명으로 틀린 것은?

① 진료비 청구금액을 수입금액으로 계상한 후 삭감된 금액은 진료비감액손실의 계정으로 필요경비산입한다.

② 수입금액은 요양급여 지급내역통보서의 진료일을 기준으로 인식하여야 한다.

③ 진료비를 할인하여 주는 경우에는 판매수수료 등의 비용처리한다.

④ 근로자의 연말정산 간소화를 위하여 국세청에 의료비 자료를 제출하여야 한다.

🔍**정답** ③

진료비를 할인하여 주는 경우에는 진료비에누리와 할인으로 처리하고 수입금액에서 차감한다.

08 요양급여비용 지급내역통보서의 내용에 관한 설명으로 틀린 것은?

① 진료년월은 의료기관이 의료용역의 제공을 완료한 날이다.

② 총진료비는 본인부담금과 공단부담금의 합계액이다.

③ 본인부담금은 의료기관이 진료비에서 차감하여 지급받는 금액을 말한다.

④ 공단부담금은 진료비에 대하여 건강보험공단에 청구하는 금액을 말한다.

🔍**정답** ③

본인부담금은 진료비에 대하여 환자가 부담하는 금액을 말한다.

09 의원의 수입금액 인식에 관한 설명으로 틀린 것은?

① 지방자치단체에서 지급받는 의료급여는 수입금액에 포함된다.

② 손해보험회사로부터 지급받는 자동차보험금은 수입금액에 포함된다.

③ 제약회사로부터 지급받는 판매장려금은 수입금액에 포함된다.

④ 회사로부터 직접 지급받는 노동자의 재해보상비용은 수입금액에서 제외된다.

🔍**정답** ④

공상매출은 정형외과나 신경외과에서 주로 발생하는 것으로 건설현장에서 회사가 산재를 당한 노동자에게 직접 재해보상을 하여 의료기관이 진료 후 받는 의료수입을 말한다.

10 의료장비(기기)에 대한 설명으로 틀린 것은?

① 운용리스는 단순임대방식을 말한다.

② 금융리스는 장부할부판매를 말한다.

③ 운용리스료는 비용처리한다.

④ 금융리스이자는 비용처리하고 금융리스자산은 감가상각한다.

정답 ②

금융리스는 장기할부판매와 유사하지만 다르다. 금융리스는 리스약정기간 종료 후 소유권 이전을 선택할 수 있다. 장기할부판매는 소유권이전 후 대금을 일정기간에 나누어 지급하는 조건이다.

11 의원업의 이자비용에 관한 설명으로 틀린 것은?

① 의원을 개업하면서 차입한 자금의 이자는 이자비용으로 처리된다.

② 공동사업자로서 출자를 하기 위하여 차입한 차입금이자는 필요경비로 인정되지 않는다.

③ 사업용자산과 부채를 비교하여 사업용자산이 더 많은 경우 이를 초과인출금이라고 한다.

④ 초과인출금에 대한 이자비용은 필요경비불산입된다.

정답 ③

사업용자산과 부채를 비교하여 부채가 더 많은 경우 이를 초과인출금이라고 한다.

12 의원업의 의약품에 관한 설명으로 틀린 것은?

① 의원은 치료의약품과 의료소모품을 사업장현황신고서에 기초재고, 당기매입 및 사용액, 기말재고로 구분 기재하여야 한다.

② 의약품 사용액을 매출원가로 계상하는 것이 일반적이다.

③ 기초와 기말재고액은 재무상태표의 금액과 일치하여야 한다.

④ 비보험수입과 관련된 의약품의 사용량으로 수입금액을 추산하여 과세자료로 활용된다.

정답 ②

의약품 사용액은 매출원가로 계상하지 않고 판매비와 관리비에 의약품비로 처리하는 것이 일반적이다.

13 다음 의료사고 배상금 및 시설장치에 관한 설명으로 틀린 것은?

① 업무수행과 관련하여 발생되고 과실이 없는 경우 지급된 의료사고 배상금은 필요경비에 산입된다.

② 인테리어비용은 시설장치인 유형자산으로 계상하고 감가상각을 한다.

③ 시설의 개체로 생산설비의 일부를 폐기하는 경우 유형자산폐기손실로 필요경비 처리된다.

④ 사업의 폐지 및 사업장의 이전으로 임대차계약에 따라 임차한 사업장의 원상회복을 위하여 시설물을 철거하는 경우 유형자산폐기손실로 필요경비 처리된다.

🔍정답 ①

업무수행과 관련하여 발생되고 고의 또는 중과실이 없는 경우 지급된 의료사고 배상금은 필요경비에 산입된다.

14 의원의 영업권 양도·양수에 관한 설명으로 틀린 것은?

① 의원이 영업권을 양도하는 경우 주된 의료용역의 부수공급으로서 부가가치세가 면세된다.

② 영업권의 양수자는 대금을 지급하면서 기타소득으로 원천징수하고 계산서를 발행한다.

③ 영업권의 양수자는 무형자산으로 계상하고 무형자산상각으로 비용처리한다.

④ 사업용고정자산과 함께 양도하는 영업권은 양도소득으로 신고하여야 한다.

🔍정답 ②

영업권의 양수자는 대금을 지급하면서 기타소득으로 원천징수하고 양도자는 계산서를 발행한다.

15 약국의 매입세액에 관한 설명으로 틀린 것은?

① 조제매출에 사용되는 전문의약품은 면세관련 매입세액으로 불공제되어 의약품의 매입원가에 가산한다.

② 소매매출에 사용되는 일반의약품은 매입세액으로 공제된다.

③ 일반의약품 중에 조제매출에 사용되는 경우에는 해당 부분은 매입세액불공제하여야 한다.

④ 일반의약품이 조제와 소매매출에 공통으로 사용되는 경우에는 공통매입세액으로 안분계산하되 직전과세기간의 공급가액기준으로 안분한다.

Q정답 ④

일반의약품이 조제와 소매매출에 공통으로 사용되는 경우에는 공통매입세액으로 안분계산하되 당해과세기간의 공급가액기준으로 안분한다.

16 장기요양기관에 관한 설명으로 틀린 것은?

① 장기요양급여에는 재가급여와 시설급여, 특별현금급여가 있다.

② 장기요양기관에 해당하는 사회복지시설에서 제공하는 사회복지사업은 소득세가 비과세된다.

③ 장기요양기관은 지급받은 비용 중 보건복지부장관이 정하여 고시하는 비율에 따라 간호(조무)사 및 요양보호사등 장기요양요원에 대한 인건비로 지출하여야 한다.

④ 요양보호사교육기관 설치신고필증을 발급받은 경우 교육용역을 제공하고 수강생으로부터 받는 수강료에 대하여 소득세 및 법인세가 비과세된다.

Q정답 ④

요양보호사교육기관 설치신고필증을 발급받은 경우 교육용역을 제공하고 수강생으로부터 받는 수강료 수익사업에 해당되어 소득세 및 법인세가 과세된다.

제8장
기타의 업종

VIII 기타의 업종

제1절 프랜차이즈업

❶ 개요

(1) 정의

프랜차이즈는 그 업종에 대한 전문적인 노하우를 가지고 동일 업종의 다수의 소매점포를 소유 또는 임차하여 자기의 책임과 계산하에 직접 매장을 운영하거나 계약에 의해 동일업종의 다수의 소매점포에 대하여 계속적으로 경영을 지도하고 상품을 공급하는 사업을 말한다.

프랜차이즈 본부가 재화등을 공급하고 노하우를 제공하게 되면 그에 따른 수수료를 가맹점사업자가 수수료를 프랜차이즈 본부에 지급하게 된다. 그리고 가맹점사업자는 일반소비자에게 재화와 용역 등을 판매하며 영업을 진행하게 된다.

(2) 구성원

1) 프랜차이즈 본부

프랜차이즈 본부는 전문적인 노하우를 바탕으로 가맹사업자에 대하여 독점적 영업권을 부여하고 가맹비와 사용료를 받게 된다. 프랜차이즈본부는 가맹사업가가 창업 시 설비와 유형자산을 제공하고 영업의 과정에서 각종 지원용역을 제공하게 된다.

2) 가맹사업자

프랜차이즈 본부로부터 영업에 관련된 지원 및 원재료, 상품 등을 공급받아 영업을 하게 되며 주로 일반소비자에게 판매하게 된다.

3) 일반소비자

가맹사업자로부터 재화 등을 구매하고 그 대가를 지급하게 된다.

❷ 부가가치세

(1) 프랜차이즈 수수료(프랜차이즈 본부)

  1) 가맹비 : 설비와 기타 유형자산의 제공에 따른 수수료로 주로 창업초기와 리모델링
   시 발생하게 된다.
  2) 사용료 : 창업지원용역과 운영지원용역에 따른 수수료로 계속적으로 영업활동과정에
   서 발생한다.
  3) 프랜차이즈 수수료 수입은 용역의 공급으로 부가가치세 과세대상이다. 따라서 공급시
   기에 세금계산서를 발급하여야 한다.

❸. 소득세 · 법인세

(1) 프랜차이즈 수수료수익에 대한 손익의 귀속시기

  용역제공을 완료한 날이며 이는 부가가치세법상 공급시기와 동일하다.

(2) 프랜차이즈 가맹비

  반환의무에 따라 다음과 같이 수익인식 여부를 결정한다.

  1) 반환의무가 없는 경우 : 가맹비를 보증금수익 처리

  (차) 현금 및 현금성자산   xxx   (대) 보증금수익   xxx
                                        VAT예수금   xxx

  2) 반환의무가 있는 경우 : 가맹비를 보증금(부채)으로 처리

  (차) 현금 및 현금성자산   xxx   (대) 보증금(부채)   xxx

(3) 가맹점 사업자의 경우

  일반적인 그 업종에 합당하게 회계처리 및 세무를 적용하게 되며, 추가적으로 프랜차이즈
본부에게 지급하는 수수료가 비용으로 발생하게 된다.

(4) 관련 예규 서면3팀-2822(2006.11.15.)

  프랜차이즈 본사가 가맹자로부터 가맹비와 함께 광고료 등을 받는 경우 가맹자로부터

광고비 및 관리비 명목으로 받는 가맹금 또는 반환의무가 없는 가맹비에 대하여는 부가가치세법 제7조 제1항의 규정에 의하여 부가가치세가 과세된다.

제2절　여행사업

❶ 개요

여행업은 여행자 또는 운송시설, 숙박시설. 그 밖에 여행에 딸리는 시설의 경영자 등을 위하여 그 시설의 알선이나 계약 체결의 대리, 여행의 안내, 그 밖의 여행 편의를 제공하는 업을 말한다.(관광진흥법 3)

(1) 여행업의 종류

1) 일반여행업

국내외를 여행하는 내국인 및 외국인을 대상으로 하는 여행업이다. 사증을 받는 절차를 대행하는 행위를 포함한다. 등록기준으로는 자본금이 1억원 이상이어야 하고 사무실을 소유하고 있거나 사용권이 있어야 한다.

2) 국내여행업

국내를 여행하는 내국인을 대상으로 하는 여행업이다. 등록기준으로는 자본금이 1,500만원 이상이어야 하고 사무실을 소유하고 있거나 사용권이 있어야 한다.

3) 국외여행업

국외를 여행하는 내국인을 대상으로 하는 여행업이다. 사증을 받는 절차를 대행하는 행위를 포함한다. 등록기준으로는 자본금이 3,000만원 이상이어야 하고 사무실을 소유하고 있거나 사용권이 있어야 한다.

(2) 여행업의 개시절차

1) 관광사업등록증

필요서류

- 관광사업등록신청서
- 사업계획서
- 성명, 주민등록번호를 기재한 서류
- 부동산의 소유권 또는 사용권 증명서류
- 자본금 증빙서류
- 법인등기부등본(법인만 해당)

2) 보증보험 등 가입

관광사업등록증을 발급받기 위해서는 보증관련 서류를 제출해야 하며, 이는 여행알선과 관련한 사고로 인하여 관광객에게 피해를 준 경우 그 손해를 배상할 것을 내용으로 하는 보증보험 또는 영 39조에 따른 공제에 가입하거나 법 제45조에 따른 업종별 관광협회에 영업보증금을 예치 유지해야 한다.(관광진흥법 시행규칙 18 ①)

3) 사업자등록

시군구청에서 발급받은 관광사업등록증을 첨부하여 사업자등록 신청을 진행한다. 사업자등록 신청은 앞에서 설명한 일반적인 사업자등록과 동일하게 진행하면 된다.

❷ 여행사의 회계처리

(1) 여행사 매출액에 대한 회계처리

여행사의 매출액에 대하여 고객으로부터 받은 모든 금액을 수익으로 계상하는 총액법과 여행사가 제공한 용역에 대한 수수료 부분만을 계상하는 순액법이 주요 논의 사항이다.

결론적으로 여행사는 관광고객으로부터 항공비, 숙박비 등의 여행 대금을 받아 관광지에서 필요한 비용을 지급한다. 따라서 랜드비용이 구분되는 경우가 일반적이며 여행사가 제공한 용역에 대한 수수료 부분만을 계상하는 순액법이 타당하다 볼 수 있다.

(2) 회계처리 예시

1) 고객으로부터 수탁금을 받은 경우

(차) 현금 및 현금성자산   XXX   (대) 여행수탁금   XXX

2) 숙박비, 식사비 등을 지급정산하는 경우

(차) 단체입체금(여행행사비)　　　XXX　　(대) 현금 및 현금성자산　　　XXX

3) 여행알선수입의 계상

고객으로부터 받은 금액에서 각종 경비 지출분을 차감하고 남은 부분이 여행사의 수입에 해당한다.

(차) 여행수탁금　　　　　　　　　XXX　　(대) 단체입체금(여행행사비)　XXX
　　　　　　　　　　　　　　　　　　　　　　　 여행알선수입　　　　　　XXX
　　　　　　　　　　　　　　　　　　　　　　　 VAT예수금　　　　　　　XXX

❸ 부가가치세

(1) 알선수수료와 랜드비용이 구분되는 경우(일반적인 경우)

고객으로부터 수령한 관광요금에서 숙박비 등의 랜드비용을 차감한 여행알선수수료가 부가가치세의 과세표준에 해당한다. 즉, 순액법을 적용한다.

(2) 알선수수료와 랜드비용이 구분되지 않는 경우(총액을 과세표준으로 함)

여행사업자가 여행객에게 여행의 목적지와 여행기간만을 제시하고 여행객으로부터 여행자가 부담하여야 할 비용의 종류별 금액과 여행알선수수료를 구분하지 아니하고 대가를 받는 경우에는 그 대가 전액이 부가가치세 과세표준이 된다. 따라서 여행의 과정에서 거래징수된 매입세액은 매출세액에서 공제되는 것이다.

(3) 관련예규 부가-958(2012.09.18.)

여행알선업자가 여행객에게 여행의 목적지와 여행기간만을 제시하고 여행객으로부터 여행자가 부담하여야 할 비용의 종류별 금액과 여행알선수수료를 구분하지 아니하고 대가를 받는 경우에는 그 대가 전액이 부가가치세 과세표준이 되는 것이나, 여행알선업자가 교통비, 숙박비, 주요 방문지의 입장료, 식대 등의 소요비용과 여행알선수수료를 각각 구분하여 받는 경우에는 여행알선수수료에 대하여만 부가가치세를 과세하는 것이다.

(4) 영세율 적용

관광진흥법에 따른 일반여행업자가 외국인관광객에게 공급하는 관광알선용역으로서 그 대가를 다음 어느 하나의 방법에 의하여 받는 것은 영제율을 적용한다. 여기서 외국인관광객이란 관광의 목적으로 우리나라에 입국한 외국인 또는 재외국민을 말한다.

① 외국환은행에서 원화로 받은 것

② 외화 현금으로 받아 외국인관광객과의 거래임이 확인된 것

(5) 공급시기와 세금계산서 등

여행알선용역의 제공이 완료되는 때에 여행객에게 공급하는 여행알선용역만 부가가가치세 과세대상이므로 세금계산서를 발급한다.

❹ 소득세 · 법인세

(1) 손익의 귀속시기

여행알선용역의 귀속사업연도는 여행알선용역 제공이 완료된 사업연도로 한다.

(2) 중소기업 해당 여부

세법상 중소기업요건을 충족하는 경우 조세특례를 적용받을 수 있으며 대표적으로 중소기업특별세액감면을 적용받을 수 있다.

제3절 영농조합

❶ 개요

(1) 영농조합법인

농산물의 출하 · 유통 · 가공 · 수출 및 농어촌 관광휴양사업 등을 공동으로 하려는 법인으로 농업인 5명 이상을 조합원으로 해야 설립이 가능하다. 사업의 범위는 1) 농업경영, 2) 농산물의 유통, 가공, 판매 농작업 대행, 3) 농어촌관광휴양사업, 4) 영농에 필요한 자재의 생산, 공급, 5) 종자 생산 및 종균배양 사업, 6) 농산물의 구매, 비축사업, 7) 농기계 기타 장비의 임대, 수리, 보관, 8) 소규모관개시설의 수탁, 관리 등으로 분류할 수 있다.

조합원의 경우 농업인만 조합원이 될 수 있으며, 농업인이 아닌 경우도 조합에 참여할

수 있지만 준조합원으로서 의결권이 부여되지는 않는다.

대표자와 이사가 반드시 농업인이어야 한다는 조건도 있으며 민법상 조합에 관한 규정을 준용한다.

영농조합법인의 경우 5인 이상을 조합원으로 설립을 해야 하기 때문에 사안에 대해 의결 속도가 느리다는 단점이 있고 법인의 재산으로 발생한 채무를 갚지 못하는 경우 개별 조합원에게 책임이 돌아가기도 한다. 또한 조합원 사이 반목이 있을 경우 운영에도 악영향이 발생할 수 있다.

(2) 농업회사법인

농업회사법인은 농업 경영, 농산물 유통·가공 판매, 농어촌 관광휴양사업을 하려는 목적으로 설립하는 법인으로 1인만으로도 설립이 가능하다.

농업인이 아닌 사람도 투자지분에 비례한 의결권을 가질 수 있으며, 구성원에 제한이 없다.

농업회사법인은 상법상 회사에 관한 규정을 준용한다. 대표자와 이사가 반드시 농업인이어야 한다는 영농조합법인과 달리 비농업인이 대표자를 맡을 수 있다.

농업인 혹은 농업생산자단체가 총 출자금의 10% 이상을 출자해야 하며 합명회사, 합자회사, 유한책임회사, 주식회사, 유한회사의 형태로 설립할 수 있다.

(3) 농업회사법인과 영농조합법인의 장단점

농업회사법인과 영농조합법인은 서로 다른 특성을 가지고 있기 때문에 법인의 구성원, 사업목적에 맞춰 둘 중 어떤 법인이 적합한지 결정해야 한다.

	영농조합법인	농업회사법인(주식회사)
장점	① 큰 규모로 영농 운영 가능 ② 조합원 및 준조합원은 출자액 한도 내에서 책임(유한책임) ③ 공동구입, 공동판매시설 이용 등으로 비용 절감 가능 ④ 조합원이 현물출자 시 세금혜택	① 농업인 1인만으로 설립 가능 ② 자유로운 주식양도로 주주의 투자자금 회수 용이 ③ 설립자 및 주주는 투자액 한도 내에서 책임(유한책임) ④ 전문경영인의 효율적인 경영 가능

	영농조합법인	농업회사법인(주식회사)
단점	① 조합원 사이 반목이 생길 경우 경영 효율 감소 ② 준조합원의 경우 의결권이 인정되지 않아 준조합원 투자 활성화 어려움 ③ 의사결정 속도가 느림	① 농업 경영의 경험이 없는 전문경영인에 의한 경영 판단 오류 ② 회부회계감사 대상에 해당하는 경우 외부 감사 필요

❷ 농업회사법인 설립방법

(1) 농업회사법인 사전신고

2022년 8월 농업법인 사전신고제가 시행됨에 따라, 농업회사법인을 설립하기 전에 법인의 주사무소 소재시를 관할하는 시·군·구에 신고한다.(농어업경영체 육성 및 지원에 관한 법률/시행령/시행규칙) 사전 신고 후 신고확인증을 발급받아 농업회사법인 설립등기를 진행한다.

(2) 농업회사법인 자본금

자본금의 한도는 없으며 구성원의 협의에 의하여 결정된다.

(3) 법인설립 등기

필요 서류를 구비하여 본점 소재지 등기소에 설립등기를 진행한다. 농업회사법인 설립등기를 위한 필요서류는 다음과 같다.

- 농업회사법인 설립등기 신청서
- 발기인 총회 의사록
- 정관
- 조합법인을 대표할 조합원임을 증명하는 서류
- 출자금납입증명서
- 출자한도 준수 여부를 확인할 수 있는 서류(각 주주 또는 사원의 지분율과 농업인 여부를 표시)
- 농업인 또는 농업생산자단체임을 확인하는 농업확인서 또는 농업경영체등록증

(4) 사업자 등록

법인설립 후 법인등기부등본을 첨부하여 사업자 등록을 진행한다.

❸ 부가가치세

(1) 과세여부

영농조합법인 등이 부가가치세법상 과세대상을 공급하는 경우에는 부가가치세의 납세의무를 진다. 그러나 면세 대상을 공급하는 경우에는 부가가치세 과세대상이 아니다. 대부분의 경우 면세대상을 공급하는 영농조합법인의 경우 부가가치세 납세의무가 없다.

(2) 부가가치세 환급에 관한 특례

농민이 농업, 임업 또는 어업에 사용하기 위하여 구입하는 기자재 또는 직접 수입하는 기자재로서 구입 또는 수입 시 부담한 부가가치세액을 해당 농민에게 환급할 수 있다.

(3) 농업 경영 및 농작업의 대행용역의 면세

농업 경영 및 농작업의 대행 용역에 대하여 부가가치세를 면제한다.

(4) 농업용 석유류에 대한 부가가치세 등의 감면

농업용 석유류에 대한 부가가치세, 개별소비세, 교통·에너지·환경세 및 자동자주행에 대한 자동차를 2026년 12월 31일까지 면제한다.

❹ 법인세

(1) 영농조합법인에 대한 법인세의 면제

「농어업경영체 육성 및 지원에 관한 법률」 제4조에 따라 농어업경영정보를 등록한 영농조합법인(이하 "영농조합법인"이라 한다)에 대해서는 2026년 12월 31일 이전에 끝나는 과세연도까지 곡물 및 기타 식량작물재배업에서 발생하는 소득(이하 "식량작물재배업소득"이라 한다) 전액과 식량작물재배업소득 외의 소득 중 대통령령으로 정하는 범위의 금액에 대하여 법인세를 면제한다.

(2) 농업회사법인 대한 법인세의 면제

「농어업경영체 육성 및 지원에 관한 법률」 제4조에 따라 농어업경영정보를 등록한 농업회사법인(이하 "농업회사법인"이라 한다)에 대해서는 2026년 12월 31일 이전에 끝나는 과세연도까지 식량작물재배업소득 전액과 식량작물재배업소득 외의 작물재배업에서 발생하는 소득 중 대통령령으로 정하는 범위의 금액에 대하여 법인세를 면제하고, 작물재배업에서 발생하는 소득 외의 소득 중 대통령령으로 정하는 소득에 대해서는 최초로 해당 소득이 발생한 과세연도(사업개시일부터 5년이 되는 날이 속하는 과세연도까지 해당 소득이 발생하지 아니하는 경우에는 5년이 되는 날이 속하는 과세연도를 말한다)와 그 다음 과세연도의 개시일부터 4년 이내에 끝나는 과세연도까지 해당 소득에 대한 법인세의 100분의 50에 상당하는 세액을 감면한다.

❺ 유보소득의 분배(배당)

(1) 영농조합법인

영농조합법인의 조합원이 영농조합법인으로부터 2026년 12월 31일까지 받는 배당소득 중 식량작물재배업소득에서 발생한 배당소득 전액과 식량작물재배업소득 외의 소득에서 발생한 배당소득 중 대통령령으로 정하는 범위의 금액에 대해서는 소득세를 면제한다. 이 경우 식량작물재배업소득에서 발생한 배당소득과 식량작물재배업소득 외의 소득에서 발생한 배당소득의 계산은 대통령령으로 정하는 바에 따른다.

영농조합법인이 조합원에게 지급하는 배당소득 중 제2항에 따라 소득세가 면제되는 금액을 제외한 배당소득으로서 2026년 12월 31일까지 받는 소득에 대한 소득세의 원천징수세율은 「소득세법」 제129조에도 불구하고 100분의 5로 하고, 그 배당소득은 「소득세법」 제14조 제2항에 따른 종합소득과세표준에 합산하지 아니한다.

(2) 농업회사법인

농업회사법인에 출자한 거주자가 2026년 12월 31일까지 받는 배당소득 중 식량작물재배업소득에서 발생한 배당소득 전액에 대해서는 소득세를 면제하고, 식량작물재배업소득 외의 소득 중 대통령령으로 정하는 소득에서 발생한 배당소득은 「소득세법」 제14조 제2항에 따른 종합소득과세표준에 합산하지 아니한다. 이 경우 식량작물재배업소득에서 발생한 배당소득과 식량작물재배업소득 외의 소득 중 대통령령으로 정하는 소득에서 발생한 배당소득의 계산은 대통령령으로 정하는 바에 따른다.

❻ 조합원의 현물출자와 양도소득세 면제

(1) 영농조합법인

대통령령으로 정하는 농업인이 2026년 12월 31일 이전에 농지 또는 「초지법」 제5조에 따른 초지조성허가를 받은 초지(이하 "초지"라 한다)를 영농조합법인에 현물출자함으로써 발생하는 소득(현물출자와 관련하여 영농조합법인이 인수한 채무가액에 상당하는 대통령령으로 정하는 소득은 제외한다)에 대해서는 양도소득세의 100분의 100에 상당하는 세액을 감면한다. 다만, 해당 농지 또는 초지가 「국토의 계획 및 이용에 관한 법률」에 따른 주거지역·상업지역 및 공업지역(이하 이 조부터 제69조까지, 제69조의 2부터 제69조의 4까지 및 제70조에서 "주거지역등"이라 한다)에 편입되거나 「도시개발법」 또는 그 밖의 법률에 따라 환지처분(換地處分) 전에 농지 또는 초지 외의 토지로 환지예정지 지정을 받은 경우에는 주거지역등에 편입되거나, 환지예정지 지정을 받은 날까지 발생한 소득으로서 대통령령으로 정하는 소득에 대해서만 양도소득세의 100분의 100에 상당하는 세액을 감면한다.

(2) 농업회사법인

대통령령으로 정하는 농업인이 2026년 12월 31일 이전에 농지 또는 초지를 농업회사법인(「농지법」에 따른 농업법인의 요건을 갖춘 경우만 해당한다)에 현물출자함으로써 발생하는 소득(현물출자와 관련하여 농업회사법인이 인수한 채무가액에 상당하는 대통령령으로 정하는 소득은 제외한다)에 대해서는 양도소득세의 100분의 100에 상당하는 세액을 감면한다. 다만, 해당 농지 또는 초지가 주거지역등에 편입되거나 「도시개발법」 또는 그 밖의 법률에 따라 환지처분 전에 농지 또는 초지 외의 토지로 환지예정지 지정을 받은 경우에는 주거지역등에 편입되거나, 환지예정지 지정을 받은 날까지 발생한 소득으로서 대통령령으로 정하는 소득에 대해서만 양도소득세의 100분의 100에 상당하는 세액을 감면한다.

❼ 양도소득세 이월과세

(1) 영농조합법인

대통령령으로 정하는 농업인이 2026년 12월 31일 이전에 영농조합법인에 「농업·농촌 및 식품산업 기본법」 제3조 제1호에 따른 농작물재배업·축산업 및 임업에 직접 사용되는 부동산(제4항에 따른 농지 및 초지는 제외한다)을 현물출자하는 경우에는 이월과세를 적용받을 수 있다.

(2) 농업회사법인

대통령령으로 정하는 농업인이 2026년 12월 31일 이전에 농업회사법인에 「농업·농촌 및 식품산업 기본법」 제3조 제1호에 따른 농작물재배업·축산업 및 임업에 직접 사용되는 부동산(제2항에 따른 농지 및 초지는 제외한다)을 현물출자하는 경우에는 이월과세를 적용받을 수 있다. 이 경우 제66조 제9항 및 제10항을 준용한다.

❽ 농업법인 등의 취득세 감면

다음 각 호의 어느 하나에 해당하는 법인 중 경영상황을 고려하여 대통령령으로 정하는 법인(이하 이 조에서 "농업법인"이라 한다)이 대통령령으로 정하는 기준에 따라 영농에 사용하기 위하여 법인설립등기일부터 2년 이내(대통령령으로 정하는 청년농업법인의 경우에는 4년 이내)에 취득하는 농지, 관계 법령에 따라 농지를 조성하기 위하여 취득하는 임야 및 제6조 제2항 각 호의 어느 하나에 해당하는 시설에 대해서는 취득세의 100분의 75를 2026년 12월 31일까지 경감한다.
   1) 「농어업경영체 육성 및 지원에 관한 법률」 제16조에 따른 영농조합법인
   2) 「농어업경영체 육성 및 지원에 관한 법률」 제19조에 따른 농업회사법인

제4절   협동조합

❶ 개요

협동조합은 재화 또는 용역의 구매·생산·판매·제공 등을 협동으로 영위함으로써 조합원의 권익을 향상하고 지역사회에 공헌하는 사업조직으로 공동으로 소유되고 민주적으로 운영되는 사업체를 통하여 공통의 경제적, 사회적, 문화적 필요와 욕구를 충족시키고자 하는 사람들이 자발적으로 결성한 자율적인 조직이다.

공동의 목적을 가진 5인 이상이 모여 조직한 사업체로서 그 사업의 종류에 제한이 없으나 금융 및 보험업은 할 수 없다. 출자 규모와 무관하게 '1인 1표'제 조합원은 출자자산에 한정한 유한책임을 지며 자유로운 가입과 탈퇴가 가능하다. 전체 배당액의 100분의 50

이상을 협동조합 사업 이용 실적에 따라 배당할 수 있다.

(1) 경제주체별 효과

원하는 맞춤형 물품(유기농산물 등), 서비스(의료, 돌봄, 보육 등)를 저렴하고 안정적으로 구매하여 편익이 증가한다.

1) 소비자 : 원하는 맞춤형 물품(유기농산물 등), 서비스(의료, 돌봄, 보육 등)를 저렴하고 안정적으로 구매하여 소비자편익이 증가하게 된다.
2) 생산자 : 소비자조합 등과 연계하여 직거래 및 사전계약재배 등을 통해 안정적이고 높은 수익을 보장받게 된다.
3) 근로자 : 직원으로 구성된 협동조합 설립을 통해 고용불안정 문제 해결은 물론 임금수준 향상도 기대할 수 있다.

(2) 경제 · 사회적 효과

새로운 법인격 도입을 통해 경제 활력 및 경쟁력을 제고하고 사회서비스 등 기존 복지체계에 민간 참여를 확대한다.

1) 경제적 효과 : 창업활성화를 통한 일자리 확대, 유통 구조 개선을 통한 물가안정, 경제위기 시 경제안정 효과를 기대할 수 있다.
2) 사회적 효과 : 취약계층에게 일자리 및 사회서비스를 제공하여 '복지시스템'을 보완하고 복지 증진에 기여할 수 있다.

(3) 구성원의 동기 부여, 만족감 증가

민주적 운영(1인 1표)에 따른 의사결정의 조합원 참여를 보장하여 구성원의 만족감, 주인의식 등을 제고할 수 있다.

(4) 국제협동조합연맹(ICA)의 협동조합의 7대 원칙

① 자발적이고 개방적인 조합원 제도
② 조합원에 의한 민주적 관리
③ 조합원의 경제적 참여
④ 자율과 독립
⑤ 교육훈련 및 정보제공
⑥ 협동조합간 협동

⑦ 지역사회에 대한 기여

❷ 부가가치세

(1) 과세여부

협동조합기본법에 의하여 협동조합 등은 법인으로 한다. 다만 사회적 협동조합은 비영리법인으로 한다. 따라서 협동조합은 법인사업자에 해당한다.

협동조합이 부가가치세가 과세되는 재화와 용역을 공급하는 경우 부가가치세가 과세되며 면세대상인 재화와 용역을 공급하는 경우에는 부가가가치세가 면제된다.

예를 들어 사회적 협동조합이 부가가치세법 시행령 제45조 제1호에 규정하는 종교, 자선, 학술, 구호, 그 밖의 공익을 목적으로 하는 단체에 해당하고 당해 단체의 고유의 사업목적을 위하여 일시적으로 공급하거나 실비 또는 무상으로 공급하는 재화 또는 용역에 대하여 부가가치세가 면제된다.

❸ 법인세

(1) 법인세의 납세의무(일반적인 협동조합)

협동조합은 법인으로 보며 일반영리법인과 동일한 납세의무를 진다. 그러나 사회적 협동조합은 비영리법인으로 보므로 수익사업에 대해서만 납세의무를 진다.

따라서 일반적인 다른 법인과 동일하게 익금총액에서 손금총액을 차감하여 각사업연도소득을 계산한다. 여기서 이월결손금 등을 차감하여 과세표준을 계산하고 세율을 적용하여 법인세 산출세액을 계산한다.

(2) 당기순이익 과세 협동조합

다음 각 호의 어느 하나에 해당하는 법인의 각 사업연도의 소득에 대한 법인세는 2025년 12월 31일 이전에 끝나는 사업연도까지 「법인세법」 제13조 및 같은 법 제55조에도 불구하고 해당 법인의 결산재무제표상 당기순이익[법인세 등을 공제하지 아니한 당기순이익(當期純利益)을 말한다]에 「법인세법」 제24조에 따른 기부금(해당 법인의 수익사업과 관련된 것만 해당한다)의 손금불산입액과 같은 법 제25조에 따른 기업업무추진비(해당 법인의 수익사업과 관련된 것만 해당한다)의 손금불산입액 등 대통령령으로 정하는 손금의 계산에 관한 규정을 적용하여 계산한 금액을 합한 금액에 100분의 9[해당금액이 20억원(2016년 12월

31일 이전에 조합법인간 합병하는 경우로서 합병에 따라 설립되거나 합병 후 존속하는 조합법인의 합병등기일이 속하는 사업연도와 그 다음 사업연도에 대하여는 40억원을 말한다)을 초과하는 경우 그 초과분에 대해서는 100분의 12]의 세율을 적용하여 과세(이하 이 조에서 "당기순이익과세"라 한다)한다. 다만, 해당 법인이 대통령령으로 정하는 바에 따라 당기순이익과세를 포기한 경우에는 그 이후의 사업연도에 대하여 당기순이익과세를 하지 아니한다.

1) 「신용협동조합법」에 따라 설립된 신용협동조합 및 「새마을금고법」에 따라 설립된 새마을금고
2) 「농업협동조합법」에 따라 설립된 조합 및 조합공동사업법인
3) 「수산업협동조합법」에 따라 설립된 조합(어촌계를 포함한다) 및 조합공동사업법인
4) 「중소기업협동조합법」에 따라 설립된 협동조합·사업협동조합 및 협동조합연합회
5) 「산림조합법」에 따라 설립된 산림조합(산림계를 포함한다) 및 조합공동사업법인
6) 「엽연초생산협동조합법」에 따라 설립된 엽연초생산협동조합
7) 「소비자생활협동조합법」에 따라 설립된 소비자생활협동조합

(3) 고유목적사업준비금의 손금산입

비영리내국법인(법인으로 보는 단체의 경우에는 대통령령으로 정하는 단체만 해당한다. 이하 이 조에서 같다)이 각 사업연도의 결산을 확정할 때 그 법인의 고유목적사업이나 제24조 제3항 제1호에 따른 일반기부금(이하 이 조에서 "고유목적사업등"이라 한다)에 지출하기 위하여 고유목적사업준비금을 손비로 계상한 경우에는 다음 각 호의 구분에 따른 금액의 합계액(제2호에 따른 수익사업에서 결손금이 발생한 경우에는 제1호 각 목의 금액의 합계액에서 그 결손금 상당액을 차감한 금액을 말한다)의 범위에서 그 계상한 고유목적사업준비금을 해당 사업연도의 소득금액을 계산할 때 손금에 산입한다.

1) 다음 각 목의 금액(2018.12.24. 개정)

가. 「소득세법」 제16조 제1항 각 호(같은 항 제11호에 따른 비영업대금의 이익은 제외한다)에 따른 이자소득의 금액(2018.12.24. 개정)
나. 「소득세법」 제17조 제1항 각 호에 따른 배당소득의 금액. 다만, 「상속세 및 증여세법」 제16조 또는 제48조에 따라 상속세 과세가액 또는 증여세 과세가액에 산입되거나 증여세가 부과되는 주식등으로부터 발생한 배당소득의 금액은 제외한다.(2018.12. 24. 개정)

다. 특별법에 따라 설립된 비영리내국법인이 해당 법률에 따른 복지사업으로서 그 회원이나 조합원에게 대출한 융자금에서 발생한 이자금액(2018.12.24. 개정)

2) 그 밖의 수익사업에서 발생한 소득에 100분의 50(「공익법인의 설립·운영에 관한 법률」에 따라 설립된 법인으로서 고유목적사업등에 대한 지출액 중 100분의 50 이상의 금액을 장학금으로 지출하는 법인의 경우에는 100분의 80)을 곱하여 산출한 금액

(4) 사회적 협동조합의 법인세 감면

1) 법인세 감면 규정

「사회적기업 육성법」 제2조 제1호에 따라 2025년 12월 31일까지 사회적기업으로 인증받은 내국인은 해당 사업에서 최초로 소득이 발생한 과세연도(인증을 받은 날부터 5년이 되는 날이 속하는 과세연도까지 해당 사업에서 소득이 발생하지 아니한 경우에는 5년이 되는 날이 속하는 과세연도)와 그 다음 과세연도의 개시일부터 2년 이내에 끝나는 과세연도까지 해당 사업에서 발생한 소득에 대한 법인세 또는 소득세의 100분의 100에 상당하는 세액을 감면하고, 그 다음 2년 이내에 끝나는 과세연도에는 소득세 또는 법인세의 100분의 50에 상당하는 세액을 감면한다.

2) 감면한도

감면기간 동안 해당 과세연도에 감면받는 소득세 또는 법인세는 다음에 따른 금액을 한도로 한다.

> 사회적기업으로 인증받은 내국인의 경우 : 1억원 + 「사회적기업 육성법」 제2조 제2호에 따른 취약계층에 해당하는 상시근로자 수 × 2천만원

3) 감면배제

세액감면기간 중 다음 각 호의 어느 하나에 해당하여 「사회적기업 육성법」 제18조에 따라 사회적기업의 인증이 취소되었을 때에는 해당 과세연도부터 제1항에 따른 법인세 또는 소득세를 감면받을 수 없다.
① 거짓이나 그 밖의 부정한 방법으로 인증을 받은 경우
② 사회적기업 육성법 제8조의 인증요건을 갖추지 못하게 된 경우

1. 프랜차이즈는 그 업종에 대한 전문적인 노하우를 가지고 타 업종의 다수의 소매점포를 소유 또는 임차하여 자기의 책임과 계산하에 직접 매장을 운영하거나 계약에 의해 타업종의 다수 의 소매점포에 대하여 계속적으로 경영을 지도하고 상품을 공급하는 사업을 말한다.

2. 프랜차이즈 수수료수익에 대한 손익의 귀속시기는 재화를 인도한 때이다.

3. 프랜차이즈 수수료(프랜차이즈 본부)는 주로 가맹비와 사용료로 구분할 수 있다. 따라서 공급시기에 세금계산서를 발행하여야 한다.

4. 반환의무가 없는 프랜차이즈 가맹비는 보증금수익으로 처리한다.

5. 가맹점 사업자의 경우 프랜차이즈 본사에 지급하는 창업지원용역과 운영지원용역에 따른 수수료는 비용으로 처리하며 프랜차이즈 본사는 공급시기에 수수료에 대하여 세금계산서를 발행한다.

6. 여행업을 시작하기 위해서는 다른 업종과 달리 우선 관할 시군구청에서 관광사업등록증을 발급받아야 한다.

7. 사업자등록은 시군구청에서 발급받은 관광사업등록증을 첨부하여 신청을 진행하게 된다.

8. 여행업의 수입은 랜드비용등이 구분된다 하더라도 고객으로부터 받은 총액으로 계상한다.

9. 여행사업의 경우 영세율이 적용되는 경우는 없다.

10. 여행사의 경우 세법상 중소기업으로 인정받을 수 없다.

11. 영농조합법인은 큰 규모로 영농 운영이 가능하게 한다.

12. 영농조합법인은 조합원 및 준조합원은 출자액 한도 내에서 책임을 진다.

13. 농업회사법인은 농업인 1인만으로 설립 가능하다.

14. 농업회사법인은 자유로운 주식양도로 주주의 투자자금 회수가 용이하다.

15. 농업회사법인의 상법상의 회사형태로 설립할 수 없다.

16. 영농조합법인과 농업회사법인의 식량작물재배업의 소득에 대한 법인세를 면제한다.

17. 영농조합법인과 농업회사법인으로부터 받은 배당소득 중 식량작물재배업의 소득으로 발생한 것에 대한 소득세를 면제한다.

18. 공동의 목적을 가진 5인 이상이 모여 조직한 사업체로서 그 사업의 종류에 제한이 없으나 금융 및 보험업은 할 수 없다.

19. 협동조합은 출자 규모와 무관하게 1인 1표제이며 조합원은 출자자산에 한정한 유한책임을 지며 자유로운 가입과 탈퇴가 가능하다.

20. 협동조합은 자발적이고 폐쇄적인 조합원 제도를 가지고 있다. 따라서 조합원의 변동이 자유롭지 못하다.

21. 협동조합기본법에 의하여 협동조합 등은 법인으로 한다. 따라서 법인세법을 적용한다.

22. 사회적 협동조합은 법인으로 볼 수 없다.

23. 「소비자생활협동조합법」에 따라 설립된 소비자생활협동조합은 당기순이익 과세협동조합이다.

24. 사회적 협동조합의 경우 고유목적사업준비금 손금산입이 적용될 수 있다.

정 답

1. X 전문적인 노하우를 가지고 동일 업종의 다수의 소매점포에 대하여 계속적인 지도 공급을 하는 사업을 말한다.
2. X 프랜차이즈 수수료수익에 대한 손익의 귀속시기는 용역제공을 완료한 때이다.
3. O
4. O
5. O
6. O
7. O
8. X 여행사가 제공한 용역에 대한 수수료 부분만을 계상하는 순액법 타당하다 볼 수 있다.
9. X 관광진흥법에 따른 일반여행업자가 외국인관광객에게 공급하는 관광알선용역으로서 그 대가를 다음 어느 하나의 방법에 의하여 받는 것은 영제율을 적용한다. 여기서 외국인관광객이란 관광의 목적으로 우리나라에 입국한 외국인 또는 재외국민을 말한다.
   ① 외국환은행에서 원화로 받은 것
   ② 외화 현금으로 받아 외국인관광객과의 거래임이 확인된 것
10. X 세법상 중소기업요건을 충족하는 경우 조세특례를 적용받을 수 있으며 대표적으로 중소기업특별세액감면을 적용받을 수 있다.
11. O
12. O
13. O
14. O
15. X 농업회사법인의 상법상의 다양한 회사형태로 설립 가능하다.
16. O
17. O
18. O
19. O
20. X 협동조합은 자발적이고 개방적인 조합원 제도를 가지고 있다.
21. O

22. X 사회적 협동조합은 비영리법인으로 한다.
23. O
24. O

■ 저자소개

이선표

- 중앙대학교 대학원 졸업(경영학박사)
- 한국세무학회, 한국회계정보학회, 대한회계학회 이사(전)
- 서인천세무서 국세심사위원(전)
- 저서 : 회계원리 / 전산회계 / 재산세제법
- 논문 : 부동산세제의 개선방안에 관한연구 / 부동산투자회사의 회계처리 및 조세에 관한 고찰 외 다수
- 전산세무회계 출제위원(현)
- 경인여자대학교 세무회계과 교수(현)

장대준

- 세무사
- 경영지도사(재무관리)
- 국제무역사
- 한양대학교 경영학부 졸업
- 중앙대학교 일반대학원 회계학과 졸업(경영학석사)
- 안양대학교 일반대학원 경영학과 졸업(경영학박사)
- 경인여자대학교 세무회계과 겸임교수
- 국가공인 기업회계자격시험 출제위원
- 저서 : 2024 생활속의 세금강의(개정7판), 도서출판퍼스트북 2024년 2월
- 논문 : 조세회피와 세무위험의 정보특성에 관한 연구-보수주의를 중심으로-(2020년 11월, 세무와 회계 연구)

(전)
- 동수원세무서 국세세무대리인
- 동수원세무서 납세자보호위원회 위원
- 화성세무서 국세심사심의위원
- 자영업자 고용보험제도 고용보험공단 자문위원

손정호

- 손정호세무회계사무소 대표세무사
- 경인여자대학교 세무회계과 겸임교수
- 동양미래대학교 세무회계과 겸임교수
- 서울디지털대학교 세무회계과 겸임교수
- 중앙대학교 평생교육원 강사
- 한국세무사회 기업회계 출제위원

- 저서 및 연구
  - 차입경영이 경영성과에 미치는 영향 (석사, 중앙대학교)
  - 2023 세법의 이해(어울림)

(전)
- 중앙대학교 회계학과 수석졸업(경영학사)
- 중앙대학교 일반대학원 회계학과 졸업(경영학 석사)
- 중앙대학교 일반대학원 회계학과 박사과정 수료
- 세무사 시험 합격
- 경영지도사(재무관리) 시험 합격
- 일천세무법인 일산 지점장
- 한국세무사회 전산회계 1급 출제위원
- 안산대학교 겸임교수
- 숭의여자대학교 겸임교수
- 중앙대학교 경영학부 강사

업종별 회계와 세무

제 5 판 : 2025년 3월 5일
저   자 : 이선표 · 장대준 · 손정호
발 행 인 : 허 병 관
발 행 처 : 도서출판 어울림
주   소 : 서울시 영등포구 양산로 57-5, 1301호 (양평동3가)
전   화 : 02) 2232 - 8607, 8602
팩   스 : 02) 2232 - 8608
등   록 : 제2 - 4071호

저자와의 협의하에 인지생략

ISBN   978 - 89 - 6239 - 978 - 3   13320

정 가 : 24,000 원

※ 도서출판 어울림 발행도서는 정확하고 권위 있는 해설 및 정보의 제공을 목적으로 하고 있습니다.
   그러나 항상 그 완전성이 보장되는 것은 아니기 때문에 적용결과에 대하여 당사가 책임지지 아니합니다.
   따라서 실제 적용할 경우에는 충분히 검토하시고 저자 또는 전문가와 상의하시기 바랍니다.
※ 파본은 구입하신 서점이나 출판사에서 교환해 드립니다.